«... es mußten neue Götter
hingesetzt werden.»

Stefan Leber

«...es mußten neue Götter hingesetzt werden.»

Menschen in der Entfremdung:
Marx und Engels,
Cieszkowski, Bauer, Hess,
Bakunin und Stirner

Verlag Freies Geistesleben

CIP-Kurztitelaufnahme der Deutschen Bibliothek

Leber, Stefan:
«. . . es mußten neue Götter hingesetzt werden»: Menschen in d. Entfremdung: Marx u. Engels, Cieszkowski, Bauer, Hess, Bakunin u. Stirner. Stefan Leber – Stuttgart: Verl. Freies Geistesleben, 1987.

ISBN 3-7725-0730-1

Umschlag: Walter Krafft

Satz und Druck: Greiserdruck, Rastatt

Inhalt

Vorwort

Im nachfolgenden werden Biographien und Denken von sieben sehr unterschiedlichen Persönlichkeiten vorgestellt, die durch ihre denkerische Schulung an Hegel miteinander verbunden sind, die aber in ihren Erkenntnisergebnissen sehr voneinander abweichen: Marx, Engels, Cieszkowski, Bauer, Hess, Bakunin und Stirner.

Das Leben der einzelnen ist sehr unterschiedlich dokumentiert; so gibt es über Marx eine Fülle von sehr guten Darstellungen und eine recht verdienstvolle Sammlung der Äußerungen von Zeitgenossen über ihn durch H. M. Enzensberger, die sein Leben plastisch werden läßt. Doch bei den anderen Gestalten wird das Material und damit ihr Leben schattenhafter. – Wir zitieren aus den Werken zumeist in heutiger Schreibweise, weisen bei Hervorhebungen im Zitat aber nicht nach, ob sie im Original oder durch uns erfolgen. Jeder Nachweis kann über das Literaturverzeichnis vollständig erschlossen werden. – Für die Reinschrift danke ich Ursula Hanke und vor allem Margit Nimmerfall.

Stefan Leber

Einführung

Die Gegenwart ist von tiefgreifenden Widersprüchen gezeichnet: Der erstaunlichen Entfaltung technischer Fertigkeiten stehen erschreckende Veränderungen in der Natur gegenüber: sterbende Wälder, verseuchte Böden und Gewässer, verpestete Luft. Die Spitze des Fortschritts kommt mit zielgenauen Vernichtungswaffen daher. Damit die Lebensbedrohung vollständig wird, erzeugt die friedliche Nutzung der Kerntechnologie nicht nur erwünschte Energie, sondern auch jedem Leben verderbliche Radioaktivität im Überfluß. In den Industriestaaten ist die materielle Wohlversorgung der Bevölkerung im Sinne eines nahezu vollkommenen irdischen Paradieses fast erreicht, die Vorrats- und Lagerhäuser quellen über, während gleichzeitig zahllose Menschen in weiten Teilen der Erde, aber auch Minderheitsgruppen in den Industrieländern darben. Selbst dort, wo kein Mangel herrscht, herrscht weder Zufriedenheit noch Glück, sondern Überdruß, Ängstigung, innere Unruhe, Suche nach anderen Werten.

Niemals kann es Leben geben, ohne daß Gegensätze und Spannungen auftreten, entfaltet sich doch Leben stets im Widerspruch zu Untergang und Tod. Doch die Widersprüche der Gegenwart mit ihren globalen Lebensbedrohungen und ihren konkurrierenden Gesellschaftsordnungen in West und Ost, dem Gegensatz von Nord und Süd brachten die Menschheit an den Abgrund des Daseins, in eine einzigartige Schwellensituation, wo die Gegensätze endgültigen Entscheidungscharakter erhalten, d. h. über Sein oder Nichtsein befinden.

Mit der Neuzeit wandte sich die europäische Menschheit allmählich von der Vorstellung ab, daß die Welt von Gott geschaffen und in sich letztlich volkommen sei, abgesehen von der Unruhe stiftenden erbsündlichen Verfehlung des Menschen. Für das Mittelalter bedurfte es nur einer inneren heilsgeschichtlichen Veränderung des Menschen, um dann im jenseitigen Dasein der Erlösung teilhaftig zu werden. Ganz im Gegensatz hierzu gewann nun in der Neuzeit die diesseitige Welt an Interesse. Und in diesem Blickwechsel fallen zwei Bewegungen auf, die neue Einsichten vermitteln: die *Aufklärung* und der *Pietismus.*

Im Zuge der neuen *naturwissenschaftlichen Verstehensweisen* ragen einerseits die Phänomene des Berechenbaren in der Physik heraus, die durch formulierbare Gesetze und Modelle in den Griff und damit in die Beherrschbarkeit genommen werden; andererseits stellen die Erscheinungen des Wachstums von Pflanzen und Tieren sowie der dabei auftretende Gestaltwandel neue Rätselfragen: ist im Keim schon alles enthalten, was sich dann nur noch ausschachtelt? Oder gibt es bei aller Vererbung Entwicklung, und wie verläuft sie? Nun erst entdeckte man Muscheln, Ammoniten u. a., also Meeresbewohner, in großen Höhen des Gebirgsgesteines, so daß sich die Frage aufdrängt: wie hat sich die heute wohlgeordnete Schöpfung so umgekrempelt, daß Meeresboden zum Gebirgshang wurde? Wie stehen Bibelbericht und Funde zueinander? Einen Ausweg für diese und ähnliche Fragestellungen bot hier der Entwicklungsgedanke, den nun die Aufklärungsbewegung formulierte, die in ihrer Rationalität in Gegensatz zum überlieferten Offenbarungsglauben kam.

Gleichzeitig – im Erkenntnisansatz aber geradezu gegenteilig – verweist der *Pietismus* auf innere Erfahrungen, auf Erweckungserlebnisse, bei denen der vom Geist Berührte sich als neuer Mensch wiedergeboren erlebt – eine Wandlung, die in inneren Umbrüchen verläuft. Also ist auch im Innern, nicht nur in der Natur, Entwicklung bemerkbar. Allmählich verengt sich dieser Begriff der Entwicklung in seiner Richtung: er meint Fortschritt, dieser aber schließt ein: zum Besseren, Aufgeklärteren, zu einem primitive Stufen hinter sich lassenden Ziel der Vollkommenheit.

Obgleich beide Begriffe, der der Entwicklung und der des Fortschritts, zusammenhängen, benennen sie doch Verschiedenes: im einen ist eingeschlossen, daß es eine Richtung auf Entfaltung und Vollkommenheit hin, aber auch eine Rückbildung, Altern und Tod, kurz: organische Entwicklung gibt; im anderen Begriff, dem des Fortschritts, liegt eher nur eine Linie: die des Aufstiegs zum Ziel der Vollkommenheit und Endgültigkeit. Das Leben ist jedoch widersprüchlich, und so kann jemand aus unzähligen leidvollen Erfahrungen zwar weise geworden sein, also vollkommener, doch sein Leib ist müde, krank, gealtert. Der Begriff der Entwicklung schließt diese gegensätzlichen Dimensionen zusammen, der des Fortschritts aber nicht.

Seit der Französischen Revolution war die Menschheit von ungeheurem Fortschrittsglauben erfüllt – und doch wird zugleich im ersten Drittel des 19. Jahrhunderts im Innern eine ungeheure Kluft zur Welt, zum Mitmenschen erlebt – «Entfremdung» wird sie von Hegel genannt. Doch die Entfremdung umfaßt mehr: das ganze Dasein, das Grunderleben der Seele wird für viele Zeitgenossen von ihr durchsetzt. Wie kommt man heraus, wie gewinnt man neue Positionen, gelangt zu einer Versöhnung der Widersprüche? Diese Frage – und zwar mehr oder weniger klar bewußt bezogen auf den Hintergrund eines Entwicklungsgedankens einerseits oder einer inneren Sicherheit, daß es nur eines geben kann, nämlich Fortschritt – lebt nach Hegels und Goethes Tod in den wachsten Geistern, die von einem tiefen Entfremdungserlebnis umgetrieben werden. Wie sind die Widersprüche aufzuheben? Wie ist die Entfremdung zu überwinden? In der Gedankenschmiede der Nachhegelianer, die wie keine andere Gruppe am Puls der Zeit abspüren, was fällig ist, formen sich sowohl Gedanken aus, wie die Entfremdung überwunden, Widersprüche versöhnt werden können, als auch Bezüge dazu, wie Entwicklung organisch bewirkt oder Fortschritt «gemacht» werden könnte. Ein Konzept ist dabei die Philosophie der Tat. Sie wird, anthropologisch gesehen, aus neuem Selbsterleben geboren, aus der Gewißheit des eigenen Selbst einerseits und unbändiger Zukunftshoffnung andererseits. Entwicklung bzw. Fortschritt und der Glaube, Neues, nie zuvor Dagewesenes schaffen zu können, erfüllt viele Geister nach dem Tode der Großen: Hegels und Goethes. Die Kritik an ihnen bildet den Absprung zur radikalen, bis an die Wurzeln gehenden Kritik.

In dem kurzen Zeitraum von nur wenigen Jahren – nämlich von 1838 bis 1845 – werden all jene Gedankenformen ausgebildet, die – und das ist nicht ohne Ironie –, in der Hoffnung, alle Widersprüche zu überwinden, noch fundamentalere erst schufen. Neue Gedanken, die weitere Gegensätze erst aufreißen, werden jetzt geboren: Es ist wie eine Welle großer Inspirationen, die in dieser kurzen Zeit über die Menschheit hingeht, die vom einzelnen menschlichen Bewußtsein aufgefangen werden:

So wird etwa von Julius Robert Mayer 1842 erstmals das Gesetz von der Erhaltung der Kraft formuliert. Der alte Gedanke des Atomismus war nunmehr neu gefaßt; damit war der Weg zur Kernspaltung erschlossen – kriegerisch und friedlich. Denn wenn Stoff und Energie zwei ineinander zu verwandelnde Erscheinungen sind, dann ist die im Stoff eingebundene Energie auch zu befreien, und ein einzigartiger Zustand wird Wirklichkeit: eine Menschheit im Energie-Überfluß, im satten irdischen Paradies. Auch wenn Mayer selbst dieser Gedanke noch fern lag, er entwickelt sich notwendig aus dem von ihm erfaßten Naturgesetz, die Gegenwartsprobleme mitgestaltend.

Es war ferner Charles Darwin, der seine Gedanken über die Entstehung der Arten durch Anpassung und Auslese infolge eines Kampfes ums Dasein im Keim schon 1838 erfaßt hatte, als ihm eine Schrift von

Malthus in die Hand kam; 1842 schreibt er dann erstmals seine Theorie auf 35 Seiten nieder, er der bisher stolz darauf war, daß er theorielos nur Tatsachen gesammelt hatte (Darwin, S. 101 f.). Aus der so gefaßten Theorie erwachsen dann Gedanken, die schließlich zur Ausmerzung lebensunwerten Lebens, zur Rassentheorie (Apartheid), zu Auschwitz, zum Sozialdarwinismus führen. Nicht Befriedung und Ausgleich, sondern unmenschliche Verschärfung der Gegensätze ist die Folge. Die weiteren Auswirkungen im Bereich der Gentechnologie sind noch unabsehbar.

Das Genannte bezieht sich auf den Bereich der Natur. Aber gerade im Hinblick auf die Gesellschaft und auf Erkenntnisprobleme verändert sich in der genannten kurzen Zeit das menschliche Bewußtsein ebenso entscheidend und grundlegend wie auf naturwissenschaftlichem Gebiet. Auch wenn sich Ansätze der Renaissance fortsetzen, so wird doch radikal der Wert des Diesseitigen, des Materiellen, Sinnlichen entdeckt. Ausgehend von der Bibelkritik eines Strauß, Feuerbach oder Bauer wird der Offenbarungsglaube in seiner Widersprüchlichkeit «entlarvt» und damit voraussetzungslos der Blick für die gesellschaftliche Wirklichkeit und ihre künftige Entwicklung – auch für das Sein-Sollende – freigekämpft. Was in das solcherart durch Destruktion des Ideellen, Geistigen, Übersinnlichen geschaffene Vakuum an Gedankenformen einströmt, ist eine neuerliche Inspiration von hinter diesen Gedanken stehenden geistigen Wesen, die sich bei genauerer Untersuchung als von dämonischer Wucht und moralisch anfechtbarer Qualität erweisen. Mit besessen machender Kraft lösen sie in den von ihnen Inspirierten ein Begehren nach der sinnlichen Welt aus, die für sie zum Besten, zum Paradies wird, das es zu gestalten gilt. In der Auseinandersetzung mit dem Großmeister und Systematiker des Idealismus, Hegel, wird das Werden und die Entwicklung dieser den Menschen umgebenden sozialen Welt konzipiert. Dabei wirkt der Gedanke organischer Entwicklung, dann aber der des sprunghaften Fortschritts, der nach einer Destruktion des Bestehenden einsetzen wird. Im einen Fall haben wir den Versuch, durch die sozialen Gegensätze hier und jetzt, durch Milderung der Widersprüche ebenso wie durch Vermittlung zwischen der endlichen und der absoluten Welt das Sein zu versöhnen. Cieszkowski ist es, der sich mit dem dialektischen Prozeß der Geschichte befaßt und der versucht, mit seinem «absoluten Spiritualismus» Keime ganz zukünftiger Gestaltung aus dem Vorhandenen zu entwickeln: aus moralisch verantwortetem Handeln soll Erkenntnis die Tat lenken. Mit seiner Philosophie der Tat, die einem Bewußtsein von einer Zeit des Heiligen Geistes entspricht, greift Cieszkowski aus der Gegenwart in die Zukunft, die für ihn notwendig ein spirituell orientiertes Handeln erfordert, das sich einerseits einem philosophisch begründeten Geschichtsverständnis wie andererseits wahrer Selbsterkenntnis von der Herkunft des Ich aus der Wiederverkörperung verpflichtet weiß.

Diesem Ansatz stehen kurz darauf ganz andere – auch sie verstehen sich als Tatphilosophien – gegenüber, die sich auch nach einer neuen, besseren Welt sehnen. Stark vom Fortschrittsgedanken imprägniert, der nur durch die dialektische Schulung mit Sprüngen, d. h. Umschlägen rechnet, wissen die entsprechenden Denker, daß sie in der Zeit einer geistigen Entscheidung leben. Sie nehmen an, daß das bevorstehende Neue, die Überwindung der Entfremdung und der Widersprüche nur durch Verschärfung der Gegensätze, durch Kritik und Zerstörung des Bestehenden erreicht werden könne. Nach dem Einriß, der Destruktion bildet sich der ideale, eschatologische Zustand der Aussöhnung. In diesem Typus denken – in sich wieder recht differenziert – Bauer, Hess, Marx, Engels, Bakunin, wohl auch Stirner. Doch einige (Bauer, Stirner) wollen im Destruktionsprozeß bei der Kritik des Gegebenen stehen bleiben, andere drängen auf tatsächliche Zerstörung, d. h. Revolution, doch dies auch wieder mit unterschiedlichen Mitteln. So gebiert sich in der Gedankenschmiede am Beginn der vierziger Jahre des 19. Jahrhunderts eine Fülle von Ansätzen, die die Widersprüchlichkeit der sozialen Welt vertiefen:

- der *Intellektualismus* mit seinem Kritikvermögen, der etwa bei Bauer ein geistiges Vakuum schafft, in das Gedanken aristokratischer Überlegenheit und rassischer Minderwertigkeit einströmen (*Antisemitismus*),
- der *revolutionäre Sozialismus* in der Ausformung des Marxismus und des Anarchismus Bakunins und aus ihm später erwachsend, aber keineswegs intendiert, der Terrorismus,
- der Individualismus Stirners, der aus sich zum reinen Anarchismus drängt mit den Stilmitteln des passiven Widerstands und der Verweigerung,
- der religiöse Sozialismus von Hess, der später in den Zionismus – als Antwort auf den Antisemitismus – übergeht.

All dies sind Faktoren, die in Verbindung mit den vorgenannten naturwissenschaftlichen Änderungen und in Auseinandersetzung mit der bestehenden Wirklichkeit zu unüberbrückbaren Widersprüchen und

Spannungen der Gegenwart führen. In wenigen Jahren bilden sich diese gegensätzlichen Gedankenformen aus, zumeist als «blitzartige Einfälle» den Denkern als Inspiration zukommend. Wo liegt die Inspirationsquelle? In einer Wesenswelt, die just in diesem Moment der Blickwendung aufs ausschließlich Diesseitige verlorenging. Deshalb wird von ihr nichts mehr gewußt. Doch die aus dem Geistigen einwirkenden Inspirationen können moralisch recht verschiedene Qualitäten haben. Und gerade das, was etwa Bruno Bauer als geistige Entscheidungsschlacht beschreibt, die zwischen dem «Drachen» und «Michael» tobt, findet real statt und wird in dieser besonderen Zeit des Umbruchs im Denken tatsächlich wahrgenommen. Diesem Zusammenhang zwischen dem «Sturz der Geister der Finsternis» und der Verdichtung der Gegensätze und Widersprüche soll hier biographisch und im Werk von sieben Nachhegelianern nachgegangen, ein Geburtsmoment bestehender Spannungen herausgearbeitet werden.

1. Teil: Marx und Engels – die Suche nach neuen Göttern

Karl Marx (1861)

I. Karl Marx

1. Einleitung

Kaum ein Mensch auf Erden hat bisher durch sein Denken in so kurzer Zeit einen vergleichbaren geschichtlich gestaltenden Einfluß erlangt wie Karl Marx (1818–1883). Was ihm gelang, war kaum Mysterienführern oder Religionsstiftern je möglich, allenfalls Mohammed könnte mit ihm verglichen werden. Seine Lehre und Auffassung verbreiteten sich so schnell in der Menschheit, daß danach sich die entsprechenden Gedanken in Millionen und Abermillionen von Köpfen verankerten – und dies gerade bei einem Denker, der der Kraft des Denkens keine selbständige, bestimmende Bedeutung – unabhängig von der ökonomischen Basis – beimaß, es sei denn, daß die Theorie zur materiellen Gewalt würde. Dies ist aber dann der Fall, wenn sie die Massen ergreift: «Die Theorie ist fähig, die Massen zu ergreifen, sobald sie ad hominem demonstriert, und sie demonstriert ad hominem, sobald sie radikal wird. Radikal sein ist die Sache an der Wurzel fassen. Die Wurzel für den Menschen ist aber der Mensch selber» (MEW 1, S. 385). Nur: die Theorie hat die Massen erst dann ergriffen, als es die Führer befahlen.

Der *Wunsch, daß Gedanken die Masse ergreifen* mögen, war zu Lebzeiten Marxens vielen Denkern eigen. Doch wie sollte das geschehen? Marx' Antwort: «In der *Bildung einer Klasse mit radikalen Ketten* . . ., welche einen universellen Charakter durch ihre universellen Leiden besitzt . . ., welche mit einem Wort der *völlige Verlust* des Menschen ist, also nur durch die *völlige Wiedergewinnung des Menschen* sich selbst gewinnen kann. Diese Auflösung der Gesellschaft als ein besonderer Stand ist das *Proletariat* . . . Wie die Philosophie im Proletariat ihre *materiellen,* so findet das Proletariat in der Philosophie seine *geistigen* Waffen . . . *Die Emanzipation des Deutschen ist die Emanzipation des Menschen. Der Kopf dieser Emanzipation ist die Philosophie, ihr Herz das Proletariat»* (ebd., S. 390 f.)

Es liegt schon eine eigentümliche Spannung zwischen dem, was unser Denker sinnt, projektiert, und dem, was er bewirkt: zu Zeiten seines

Lebens stand seine reale Wirkung weit hinter der beabsichtigten zurück. Nachtodlich dagegen kehrt sich das Verhältnis um: die Wirkung verstärkt sich, wird mächtig, greift um sich, und dies vor allem dort, wo es der Urheber nicht vermutet hätte: Die Revolution findet in *rückständigen Agrarländern* statt und nicht, wie von ihm vorhergesagt, in den Hochburgen kapitalistischer Industrieproduktion. Rußland 1917, Jugoslawien und China nach 1945 waren die Länder, wo tatsächlich die sozialistische Revolution ohne große Fremdhilfe gelang, wenn auch unter anderen als den theoretisch vorhergesagten Bedingungen.

Nennt man Marx, dann ist zugleich seines Mitstreiters, Freundes und kongenialen Helfers Friedrich Engels (1820–1895) zu gedenken, denn ohne ihn ist jener allenfalls geistig, wirtschaftlich dagegen kaum vorstellbar. Widersprüchlich und damit spannend ist dieser beider Biographie in vieler Hinsicht, voller Gegensätze in Lehre und Wirksamkeit. Ihre Lehre wirkt fort «als stärkste geistige Kraft des 19. Jahrhunderts» (Blumenberg, S. 7).

2. Kindheit, Jugend, frühes Mannesalter

Geboren wurde Karl Marx am 5. Mai 1818 in Trier, sein Leben beendete er am 14. März 1883 in London, also 65jährig. Die Eltern, Heinrich Marx und Henriette, geb. Preßburg, stammten beide aus traditionsreichen Rabbiner-Gelehrtenfamilien. Der Vater trat 35jährig – noch vor Karls Geburt – als Rechtsanwalt im katholischen Trier vom Judentum zum Protestantismus über, weil er in der Zeit der preußischen Reaktion – sie entzog im Gegensatz zur Stein-Hardenbergschen Judenemanzipation den jüdischen Bürgern wieder die Gleichberechtigung – sonst seinen erlernten Beruf nicht hätte ausüben können. Karl selbst wurde erst im fünften Lebensjahr protestantisch getauft. Er hatte drei Brüder und fünf Schwestern, allerdings überlebten nur drei Schwestern die Kindheit. Seine eigene Kindheit und Jugend waren sorglos. «Das Familienleben war herzlich; im Umgang herrschte der gefühlvolle Ton der Biedermeierzeit» (Blumenberg, S. 9). Bemerkenswert ist, daß erst wenige Jahre vor Marxens Geburt Trier, zuvor selbständiges erzbischöfliches Gebiet, durch den Wiener Kongreß als Rheinprovinz an Preußen fiel, wodurch Marx in den «preussischen Untertanenverband» hineingeboren wurde.

Aus der Kindheit von Karl Marx ist nicht allzuviel überliefert. Gleichwohl berichtet die Tochter Eleanor später (1895), ihre Tanten, also

Marxens Schwestern, hätten ihr oft erzählt, daß der «Mohr» - Spitzname des schwarzhaarigen Karl – als «Junge ein schrecklicher Tyrann war; er zwang sie, im vollen Galopp den Maxberg zu Trier hinunterzukutschieren, und, was noch schlimmer war, er bestand darauf, daß sie die Kuchen äßen, welche er mit schmutzigen Händen aus noch schmutzigerem Teige selbst verfertigte. Aber sie ließen sich alles ohne Widerrede gefallen, denn Karl erzählte ihnen zur Belohnung so wundervolle Geschichten» (Enzensberger, S. 1), Zeichen seines Einfallsreichtums und der Phantasiekraft wie sprachlichen Darstellungsgabe, aber auch seines Willens zur Herrschaft über andere.

Marx besuchte die Elementarschule, anschließend das Jesuitengymnasium in Trier, das in der damaligen Epoche der Reaktion erstaunlicherweise überwiegend liberale Lehrer aufwies. Von 32 Schülern des Marxschen Abiturjahrgangs wurden später nicht weniger als elf Pfarrer. Von Marx selbst ist als frühestes Dokument sein Abituraufsatz erhalten geblieben: «Betrachtungen eines Jünglings bei der Wahl eines Berufes». Er wurde als «recht gut» bewertet, wenngleich der Schreiber «auch hier in den gewöhnlichen Fehler, in ein übertriebenes Suchen nach einem seltenen bilderreichen Ausdruck» verfallen sei. Daraus kann man, wenn man will, schon den künftigen «großen Marx» erkennen, denn er zeigt darin sein besonderes Vermögen, sehr weit auseinanderliegende Dinge geschickt zusammenzufassen und aufeinander zu beziehen. «Hauptlenkerin», so heißt es in dem Aufsatz, «die uns bei der Standeswahl leiten muß, ist das Wohl der Menschheit und unsere eigene Vollendung.» Für den jungen Schreiber ist Beruf und Berufung identisch, fällt doch das Erringen der eigenen Würde mit den allgemeinen Errungenschaften, ja dem Glück der Millionen zusammen. «Unser Glück gehört Millionen, unsere Taten leben still, aber ewig wirkend fort. Und unsere Asche wird benetzt von den glühenden Tränen edler Menschen.» Das Wort «Würde» wird von Marx im genannten Aufsatz vielfach benutzt, es hat in seiner Größe und Vieldeutigkeit, aber auch Idealität eine zentrale Stellung für ihn. «Die Würde ist dasjenige, was den Mann am meisten erhebt, was seinem Handeln, all seinen Bestrebungen einen höhern Adel leiht, was ihn unangetastet, von der Menge bewundert und über sie erhaben, dastehen läßt.» Ein einzelner führt die Menge. Er hat einen göttlichen Auftrag. Gelingt es ihm nicht, das Erkannte durchzusetzen, so mißlingt sein Leben. «Unsere ganze Existenz sehen wir vernichtet.» Die Gottheit wählt die Führer aus (MEW, E.Bd. 1, S. 591 ff.). Der Siebzehnjährige fühlt sich tatsächlich, wie so mancher in diesem Alter, zum Führer erwählt.

Ein Interpret schreibt: «An diesen Abiturienten Karl Marx erging also ein ‹Ruf der Gottheit›, er fühlte sich sichtlich als ein von Gott Angesprochener, als ein Auserwählter. Deutlicher hätte sich das Gefühl, die Ahnung, der Glaube, als ältester Sohn ‹Gottes Sohn› zu sein, kaum manifestieren können.» - «Der älteste Sohn des Judentums hat in der Familie oder als Rabbiner einerseits eine besondere soziale Funktion zu erfüllen, ist aber außerdem noch Stellvertreter Gottes, ‹Gottes Sohn›, der eigentlich Gott gehört. Und das heißt: Er ist Gott ähnlich. Gott aber ist die Vollkommenheit, und deshalb erfüllt also der Älteste seinen Auftrag umso getreuer, je mehr er sich der Vervollkommnung nähert» (Künzli, S. 80 ff.)

Die Handschrift war schon damals auffällig und wurde immer schwerer lesbar, ja unlesbar. Schon der Vater klagt über des Sohnes «Schreiben, das mit Not lesbar war» (MEW, E. Bd. 1, S. 616), und über ein Gedicht, das er «buchstabierend gelesen» (ebd., S. 618). Sie wurde darum graphologisch untersucht und zeigt dem Schriftkundigen ein «stark ausgeprägtes Selbstgefühl, herausragende intellektuelle Veranlagung, erheblichen Eigensinn, deutliche Empfindlichkeit gegen Kritik.» Der Grundduktus der Schrift blieb lebenslang gleich, sie war nur einem kleinen Kreis «Eingelesener» entzifferbar, einer Gruppe von Eingeweihten, wozu die Familie, Ehefrau und Töchter, zählten, die darum später dann auch Sekretärsdienste zu leisten hatten, sowie dem Freund Engels. «Im Lauf dieser Entwicklung dürfte sich mehr und mehr das Bild einer egozentrisch-eigensinnig-zynischen Persönlichkeit geformt haben, wozu die erwähnte Empfindlichkeit und sein temperamentbedingtes reizbares Reagieren beigetragen haben dürften» (Raddatz, S. 22)

Karl blieb der einzige Sohn, der bis ins Erwachsenenalter überlebte, und war durch seine besonderen Geistesgaben der Stolz der Eltern. Das Verhältnis zu ihnen war zunächst gut, die Mutter nannte er in Briefen der frühen Zeit «Engelsmutter» oder «große herrliche Frau». Das wird sich aber später grundlegend ändern. Der Vater läßt den vielversprechenden Sohn studieren, zunächst in Bonn, wo er ihn brieflich, von Ferne, mit Anteilnahme und Fürsorge zu begleiten sucht. Einmal schreibt der Vater, als der Sohn immer wieder Geld fordert, obgleich er unverhältnismäßig gut dotiert wird: «Wenn du daher etwas über die Schnur gehauen hast, so mag es, weil es muß, verschleiert werden» (MEW, E. Bd. 1, S. 620). Marx bleibt während des ersten Semesters, zwar wie im Gymnasium gesellig lebend, doch ohne persönliche Freunde, treibt wohl auch manchen studentischen Streich. Außerdem fängt er, der Alterslage entsprechend, zu dichten an, wobei ihm der

Vater sogar Stoffvorschläge macht (so über den Sieg Preußens bei Waterloo, was sowohl die Monarchie verherrliche als auch der Karriere förderlich sei).

In einem seiner Gedichte, die in der Zeitschrift «Athenäum» veröffentlicht wurden, heißt es u. a.: «Alles möcht ich mir erringen, / Jede schönste Göttergunst, / Und im Wissen wagend dringen / Und erfassen Sang und Kunst. / Darum laßt uns alles wagen, / Nimmer rasten, nimmer ruhn, / Nur nicht dumpf so gar nichts sagen / Und so gar nichts woll'n und tun."

Es entstehen Balladen, epische und dramatische Versuche, Marx arbeitet schon jetzt stets mit Intensität.

Achtzehnjährig verlobt sich Karl Marx anläßlich eines Heimatbesuches mit der vier Jahre älteren Jenny von Westphalen, die er als das «schönste Mädchen von Trier» bezeichnet; sie ist Ballkönigin und vielfach umworben; Marx hatte sie ihrem ursprünglichen Verlobten, einem Leutnant Karl von Pannewitz, abspenstig gemacht. Jenny war die Schwester seines Klassenkameraden Edgar, durch den er in das Haus der Westphalen kam. Der Vater Jennys, der Geheime Regierungsrat Ludwig von Westphalen, war der höchstbezahlte Justizangestellte der Stadt mit 1800 Talern Jahreseinkommen. Er wurde von Marx hochverehrt und erwiderte dies mit Zuneigung; auf langen Wanderungen führte er Karl in Homer, die griechischen und französischen Klassiker, in Shakespeares Werke, die romantische Literatur und den Sozialismus, d. h. in die Lehre Saint-Simons, ein. Lebenslang rezitierte Marx aus dem Gedächtnis lange Passagen aus den Klassikern. Auch die Dissertation widmete er später «seinem väterlichen Freunde . . . als ein Zeichen kindlicher Liebe».

Die Verlobung des Achtzehnjährigen (1836) hat Folgen, als Marxens eigener Vater davon erfährt. Er, der seinen Sohn sehr frei ließ, aber auch anteilnehmend und oft bewundernd begleitete, schreibt: «Ich sage es Dir unverhohlen, mich freuen innig Deine Anlagen, und ich verspreche mir viel davon . . .» Dann aber wird er ernst und eindringlich: «. . . Es gibt für den Mann keine heiligere Pflicht, als die er gegen das schwächere Weib übernimmt . . . Mein Herz schwelgt zuweilen in Gedanken an Dich und Deine Zukunft. Und dennoch zuweilen kann ich mich trauriger, ahnender, Furcht erregender Ideen nicht entschlagen, wenn sich wie ein Blitz der Gedanke einschleicht: Ob Dein Herz Deinem Kopfe, Deinen Anlagen entspricht? – Ob es Raum hat für die irdischen, die sanften Gefühle, die in diesem Jammertale dem fühlenden Menschen so trostreich sind? . . . Ob Du je – und das ist für mein Herz nicht der weniger peinigende Zweifel – je für wahrhaft menschliches – häusliches – Glück empfänglich sein wirst? ... Jenny ... zeigt zuweilen unwillkürlich und gegen ihren eigenen Willen eine Art von Furcht, von ahnungsschwangerer Furcht, die mir nicht entgeht» (MEW, E. Bd. 1, S. 626).

Dem Vater ist die zu frühe Bindung, dazu standesmäßig so hoch gegriffen, unheimlich, kennt er doch die außerordentliche intellektuelle Befähigung des Sohnes, aber auch seine gefühlsmäßige Unausgeglichenheit und seelische Armut, wie er meint. Karl als gut aussehender, kraftvoller, einfallsreicher Jüngling siegt über seine Mitbewerber bei Jenny. Die Beziehung zu Jenny scheint tatsächlich nicht ganz einfach gewesen zu sein. Sie schreibt ihm: «Dein Blick ... mir war, als müßte mir das Herz brechen ... Dir genügte der stechende Blick nicht, du wolltest mich ganz niederschmettern ... Das konntest Du im Augenblick der höchsten Liebe; was kann ich erwarten, wenn sie einst erkaltet sein wird? ... Das zweite Mal wäre es mein Tod» (veröffentlicht bei Raddatz, S. 33). Ein Gedichtband, ihr gewidmet, mag das Gleichgewicht wieder hergestellt haben.

Der Vater macht dem Sohn massive Vorhaltungen, setzt er, der den Sohn liebt, dessen Geistesgaben er bewundert, doch alle Hoffnungen auf ihn; er befürchtet aber auch seine «nicht immer gerechte Empfindlichkeit» und ist in Sorge bei dem Gedanken an ein «beräuchertes Zimmer» mit «einem verwilderten Gelehrten» (MEW, E.Bd. 1, S. 637).

Vom Vater brieflich in die Enge getrieben, zieht der Neunzehneinhalbjährige eine Lebenssumme und legt sein Bekenntnis in einem Brief vom 10. November 1837 an ihn ab. Er, der sonst der Familie inzwischen störrisch und gereizt, ja distanziert gegenübersteht, faßt sein bisheriges Leben zusammen und beschreibt seinen neu begonnenen Lebensabschnitt; dabei fließt er – brieflich – dem Vater gegenüber «gefühlig» über. Dieses Zeugnis ist einzigartig in dem reich dokumentierten Leben von Marx. Es heißt in dem sehr umfangreichen Brief zu Anfang: *«Teurer Vater! Es gibt Lebensmomente, die wie Grenzmarken vor eine abgelaufene Zeit sich stellen, aber zugleich auf eine neue Richtung mit Bestimmtheit hinweisen ... Wenn ich also jetzt am Schlusse eines hier verlebten Jahres einen Blick auf die Zustände desselben zurückwerfe und so, mein teurer Vater, Deinen so lieben, lieben Brief von Ems beantworte, so sei es mir erlaubt, meine Verhältnisse zu beschauen, wie ich das Leben überhaupt betrachte, als den Ausdruck eines geistigen Tuns, das nach allen Seiten hin, in Wissen, Kunst, Privatlagen dann Gestalt ausschlägt.*

Als ich Euch verließ, war eine neue Welt für mich erstanden, die der Liebe, und zwar im Beginne sehnsuchtstrunkener, hoffnungsleerer Liebe.

Selbst die Reise nach Berlin, die mich sonst in höchstem Grade entzückt, zu Naturanschauung aufgeregt, zur Lebenslust entflammt hätte, ließ mich kalt, ja, sie verstimmte mich auffallend, denn die Felsen, die ich sah, waren nicht schroffer, nicht kecker als die Empfindungen meiner Seele, die breiten Städte nicht lebendiger als mein Blut, die Wirtshaustafeln nicht überladener, unverdaulicher als die Phantasiepakete, die ich trug, und endlich die Kunst nicht so schön als Jenny. In Berlin angekommen, brach ich alle bis dahin bestandenen Verbindungen ab, machte mit Unlust seltene Besuche und suchte in Wissenschaft und Kunst zu versinken.

Nach der damaligen Geisteslage mußte notwendig lyrische Poesie der erste Vorwurf, wenigstens der angenehmste, nächstliegende sein, aber, wie meine Stellung und ganze bisherige Entwicklung es mit sich brachten, war sie rein idealistisch . . .

Doch was soll ich weiter die Blätter füllen mit Sachen, die ich selbst verworfen? Trichotomische Einteilungen (in Marxens eigenen Ausarbeitungen, S.L.) *gehen durch das Ganze durch, es ist mit ermüdender Weitläufigkeit geschrieben und die römischen Vorstellungen auf das barbarischste mißbraucht, um sie in mein System zu zwängen. Von der anderen Seite gewann ich so Liebe und Überblick zum Stoffe wenigstens auf gewisse Weise. Am Schlusse des materiellen Privatrechts sah ich die Falschheit des Ganzen, das im Grundschema an das Kantische grenzt, in der Ausführung gänzlich davon abweicht, und wiederum war mir klar geworden, ohne Philosophie sei nicht durchzudringen. So durfte ich mit gutem Gewissen mich abermals in ihre Arme werfen und schrieb ein neues metaphysisches Grundsystem, an dessen Schluße ich abermals seiner und meiner ganzen früheren Bestrebungen Verkehrtheit einzusehen gezwungen wurde . . .*

Am Ende des Semesters suchte ich wieder Musentänze und Satyrmusik . . . und schon in diesem letzten Hefte, das ich Euch zugeschickt, spielt der Idealismus durch erzwungenen Humor (Skorpion und Felix), durch ein mißlungenes phantastisches Drama Oulanem (hindurch), bis er endlich gänzlich umschlägt, in reine Formkunst, meistenteils ohne begeisternde Objekte, ohne schwunghaften Ideengang übergeht.

Und dennoch sind diese letzten Gedichte die einzigen, in denen mir plötzlich wie durch einen Zauberschlag – ach! der Schlag war im Beginn zerschmetternd – das Reich der wahren Poesie wie ein ferner Feenpalast entgegenblitzte und alle meine Schöpfungen in Nichts zerfielen.

Daß bei diesen mancherlei Beschäftigungen das erste Semester viele Nächte durchwacht, viele Kämpfe durchstritten, viele innere und äußere Anregung erduldet werden mußten . . .

Ein Vorhang war gefallen, ein Allerheiligstes zerrissen, und es mußten neue Götter hingesetzt werden.

Von dem Idealismus, den ich beiläufig gesagt, mit Kantischem und Fichteschem verglichen und genährt, geriet ich dazu, im Wirklichen selbst die Idee zu suchen. Hatten die Götter früher über der Erde gewohnt, so waren sie jetzt das Zentrum derselben geworden.

Ich habe Fragmente der Hegel'schen Philosophie gelesen, deren groteske Felsenmelodie mir nicht behagte. Noch einmal wollte ich hinabtauchen in das Meer, aber mit der bestimmten Absicht, die geistige Natur ebenso notwendig konkret und festgerundet zu finden wie die körperliche, nicht mehr Fechterkünste zu üben, sondern die reine Perle ans Sonnenlicht zu halten.

Ich schrieb einen Dialog von ungefähr 24 Bogen, ‹Kleanthese oder vom Ausgangspunkt und notwendigen Fortgang der Philosophie›. Hier vereinigte sich einigermaßen Kunst und Wissen, die ganz auseinandergegangen waren. Und ein rüstiger Wanderer, schritt ich ans Werk selbst, an eine philosophisch-dialektische Entwicklung der Gottheit, wie sie als Begriff an sich, als Religion, als Natur, als Geschichte sich manifestiert» (MEW E.Bd. I, S. 3–12).

Der durchaus Züge des jugendlich Überspannten tragende Brief verdeutlicht seine Lebenssituation: Es eröffnet sich ihm eine Welt, dabei zerriß sein «Allerheiligstes», das Überlieferte, in dem er bisher gelebt hatte. Es war dies, wie er sagt, der Idealismus. An seine Stelle müssen «neue Götter» gesetzt werden. Es ist, als ob Karl durch die Anrufung von seiten des Vaters in seinem Innersten erschüttert wird, so daß er seine geheimsten Regungen, ohne die später übliche Ironie, unvermittelt offenlegt und sein Innerstes bekennt. Dabei breitet er nicht nur seine Suche, sein inneres Streben aus, sondern auch sein Lebensziel, «neue Götter» in das leere Allerheiligste zu setzen. Es ist, als ob Karl Marx einen zutreffenden Vorblick auf seine Lebensaufgabe täte – als Neunzehneinhalbjähriger. Dies geschieht so, daß er auf das vorangegangene Jahr einen Rückblick hält, also auf die Zeit von 18 ½ bis 19 ⅓ Jahren. Gleichzeitig aber blickt er nach vorn, tastend, mehr noch: sich auch zielhaft seine Lebensaufgabe beschreibend.

In der biographischen Entwicklung eines jeden Menschen nimmt das 19. Jahr eine besondere Stellung ein. In der die ganze Jugendzeit durchziehenden Fragestellung: wer bin ich, was ist meine Aufgabe, wird jeder Mensch inne, was sein eigener Lebensplan ist, allerdings beim einen mehr träumend, beim anderen recht bewußt. Gemäß diesem Alter ist dieses aufkeimende «Sich-selbst-Wissen» stark idealistisch und hochgestimmt – schließt es doch die dann eintretenden Hemmnisse, Widerstände und Rückschläge in sich. Dieses verstärkte Sich-selbst-Erleben und das Gewahren der eigenen Lebensaufgaben hängt damit zusammen, daß mit etwa 18 2/3 Jahren nach der Geburt die Schnittpunkte der Mond- und Sonnenbahn (Mondknoten) wiederum eine Stellung erreichen, die sie genau zur Zeit der Geburt, also 18 2/3 Jahre früher, innehatten. In der Zeit der Wiederholung dieser Konstellation läßt sich in den meisten Fällen eine biographisch herausgehobene Situation beobachten. Dies ist für die anthroposophische Geisteswissenschaft eindeutig: «Die Nächte, die der Mensch zu diesen Zeitpunkten durchlebt, sind die wichtigsten Nächte des menschlichen Lebens . . . da ist es, wo der Mensch gewissermaßen *ein Fenster geöffnet hat gegenüber einer ganz anderen Welt.*» Diesen Zeitpunkt selbst kann man nicht äußerlich erfassen oder als Erlebnis klar und bewußt im Moment des Vollzugs bemerken, er kann aber nachträglich bewußt und deutlich werden. «Aber es könnte jeder versuchen, auf solche Zeitpunkte im menschlichen Leben *zurückzublicken*» (Steiner, GA 201, 16. 4. 1920). Das tut Marx etwa ein dreiviertel Jahr darauf.

Dieses Bewußtwerden im Hinblick auf den eigenen Lebensplan gründet darin, daß das menschliche Leben nicht allein aus den Geschehnissen und Erlebnissen, wie sie zwischen Geburt und Tod auftreten, verständlich ist, sondern auf darunterliegende Schichten verweist. Spätestens seit C.G. Carus (1789–1869) und dann seit S. Freud (1856–1939) kennt man den Begriff des Unbewußten, jene Region also, wo dem Bewußtsein zwar unbekannte, gleichwohl aber stark wirkende Triebkräfte angeschlossen sind. Und da liegt die Einsicht nahe, «daß alles je und je gegenwärtig Erlebte mit dieser seiner Gegenwart nicht spurlos verschwindet und ins Nichts zurücktaucht . . . Vielmehr strömt alles Erlebte mit dem Augenblick seines Erlebtwerdens in einen dunkleren Hintergrund ab. Es geht der Seele nichts verloren, sondern bleibt in einer gewissen Tiefenschicht aufbewahrt als lebendig wirksame Macht und ragt von dort her in jeden als Gegenwart erlebten Augenblick hinein» (Lersch, S. 46). Im Gedächtnis wird dieser Tatbestand faßbar. Jedoch gibt es, da ohnehin nur ein verschwindend kleiner Teil unserer Vergangenheit im Gedächtnis anwesend sein kann, noch tiefere Schichten, wo eine fernere Vergangenheit, nämlich die geistige Existenz vor der Geburt, ebenso anwesend ist wie die Zukunft. «Jede erlebte Gegenwart ist Vorgriff in die Zukunft. Das gilt in dem Maße, als jeder Augenblick des seelischen Lebens durchwirkt ist von der Thematik und Dynamik seelischer Strebungen, die auf die Verwirklichung eines noch nicht bestehenden Zustandes gehen» (ebd., S. 47). Wie es frühkindliche Erfahrungen gibt, die bestimmend ins Leben einzugreifen vermögen, so auch solche, die noch weiter zurückliegen in einer Welt der Absichten, die vor der Geburt ihren geistigen Ort hat, in jener Zeit, wo der Mensch sich zur Inkarnation entschließt, um Bestimmtes zu verwirklichen.

Dies ist, wie später darzustellen ist, eine Aussage, die just zu jener Zeit Cieszkowski zur Gewißheit wird, als in Marx' Seele jene Impulse aufsteigen, die er in der Seele gefaßt hatte. Sie werden wie im Rückblick halbbewußt, als er vom Vater seelisch bedrängt wird. In ihm steigt die eigene Lebensaufgabe ahnungsweise durch den Blick aus dem «inneren Fenster» in eine höhere Welt auf, wo er die eigene Zukunft gewahrt. Er hat, wie viele vor und nach ihm, sich in dieser besonderen Zeit des Lebens in einem geheimen Erlebnis klarzumachen gewußt und es in unvergleichlicher Reife und Schärfe auszusprechen versucht, was er als Aufgabe empfand. Dieser glücklicherweise überlieferte Brief bildet daher einen Schlüssel zur Biographie von Karl Marx.

Die Antwort des Vaters auf Karls Bekennerbrief, auf seine Lebenssumme, bestand aus eindringlichen Vorhaltungen, Ermahnungen und Vorwürfen, vor allem über die Geldverschwendung des Sohnes. «Als wären wir Goldmännchen, verfügt der Herr Sohn in einem Jahre für beinahe 700 Taler gegen alle Abrede, gegen alle Gebräuche . . . Und warum? Ich lasse ihm die Gerechtigkeit widerfahren, daß er kein Prasser, kein Verschwender ist. Aber wie kann ein Mann, der alle 8 oder 14 Tage neue Systeme erfinden und die alten mühsam erwirkten Arbeiten zerreißen muß, wie kann der, frage ich, sich mit Kleinigkeiten abgeben?» (MEW, E.Bd. 1, S. 639). Schon früher hatte der Vater ihm vorgehalten: «Deine Rechnung, lieber Karl, ist à la Carl, ohne Zusammenhang, ohne Resultat» (ebd., S. 620). Der Vater, den schon die Furcht beschlich, «ob Dein Herz Deinem Kopf, Deinen Anlagen entspricht?» sieht einen *Dämon* in ihm wirken und warnt den Sohn davor, durch übertriebenes Studium die Nächte zu durchwachen, denn: «was er heute baut, zerstört er morgen, und am Ende hat er das Seinige zerstört. Am Ende wird der Körper siech und der Geist verwirrt» (ebd., S. 639). Doch was bewirken diese «bürgerlichen» Vorstellungen bei einem, der dem eigenen *Genius* begegnet?

Freiligrath, acht Jahre älter, lebt damals mit 200 Talern im Jahr «famos», wie er selbst in anderem Zusammenhang schreibt. Der Vater Marxens legt, wie er schon früher schrieb, «aus Müdigkeit» die «Waffen nieder. Doch glaube immer und zweifle nie, daß ich Dich im Innersten meines Herzens trage und Du einer der stärksten Hebel meines Lebens bist . . .» Nun, ein halbes Jahr nach Karls Brief, am 10.5.1838, stirbt der Vater, der dem genialen Sohn mit Liebe und Bewunderung folgte, an Leberleiden und Tuberkulose, einem in der Familie häufig auftretenden Krankheitsbild. Für Karl brach damit die Beziehung zur Familie endgültig ab, er ging fortan eigene Wege, losgelöst von den naheliegenden Banden der Vererbung und des Blutes.

Diese eigenen Wege führen ihn in den im Bekenntnisbrief erwähnten «Doktorklub», dem sein «intimster Freund Dr. Rutenberg» (1808–1869), aber auch Bruno (1809–1892) und Edgar Bauer (1820–1886) und Karl Friedrich Köppen (1775–1858) angehören. In diesen Kreis wirken aber auch andere Junghegelianer geistig herein, wie Ludwig Feuerbach (1804–1872), David Friedrich Strauß (1808–1874) und Arnold Ruge (1802–1880). Durch diese Versammlung wesentlich älterer Geister «offenbart sich manche widerstrebende Ansicht, und immer fester kette ich mich selbst an die jetzige Weltphilosophie, der ich zu entrinnen gedachte, aber alles Klangreiche war verstummt, *eine wahre Ironiewut befiel mich,* wie es wohl leicht nach so viel Negiertem geschehen konnte», heißt es in dem Bekenntnis-Brief gegen das Ende hin. Marx bewegt sich nunmehr im Kreis der Jung- oder Linkshegelianer als ein viel Jüngerer, der ihnen jedoch geistig bereits gewachsen, ja überlegen ist.

Von Moses Hess (1812–1875), den wir noch vorstellen werden, haben wir ein eindrückliches Persönlichkeitsbild des jungen Marx, er schreibt wenige Jahre später von dem inzwischen schon Geformten, aber auch Promovierten an Berthold Auerbach: «Du kannst dich darauf gefaßt machen, den größten, vielleicht den *einzigen* jetzt lebenden, *eigentlichen* Philosophen kennenzulernen, der nächstens, wo er öffentlich auftreten wird (in Schriften sowohl als auf dem Katheder), die Augen Deutschlands auf sich ziehen wird . . . Dr. Marx heißt mein Abgott. Er ist noch ein ganz junger Mann (etwa 24 Jahre höchstens alt), der der mittelalterlichen Religion und Politik den letzten Stoß versetzen wird; er verbindet mit dem tiefsten philosophischen Ernst den schneidendsten Witz; denk dir Rousseau, Voltaire, Holbach, Lessing, Heine und Hegel in Einer Person vereinigt, ich sage *vereinigt,* nicht zusammengeschmissen – so hast Du Dr. Marx» (Enzensberger, S. 3). Gustav von Mevissen nennt ihn in derselben Zeit «herrlich, ungestüm, leidenschaftlich, *voll unermeßlichen Selbstgefühles,* aber tief ernst und gelehrt, ein rastloser Dialektiker . . .» (ebd., S. 4).

In Berlin also setzt Marx das Studium der Jurisprudenz zunächst fort, hier wird er zu dem werden, der so überschwenglich beschrieben wird.

Der Kreis, der ihn beeinflußt, anregt, herausfordert, formt, besteht aus glänzenden, intellektuell befähigten, etwas älteren Zeitgenossen. Im Umgang mit ihnen erfährt er, was von Grenzgängern in der Philosophie bewegt wird; eine ungeahnt reiche Welt tut sich auf, die aber auch eine Orientierung erfordert, die sich Marx gründlich verschafft. So dauert es bis zur Promotion immerhin noch viereinhalb Jahre. Bei den vielen einzuschlagenden «Umwegen» dieses geistigen Abenteurers war kein Studium auf vorgeschriebenen Bahnen möglich, dagegen aber ein eigenständiges Weltbild, das in manchem anders aussah als das vieler anderer Studienkollegen.

Den Doktor der Philosophie erhält er 24jährig am 15. April 1841 von der Universität Jena, der er seine Dissertation eingereicht hatte – ohne Prüfung, in absentia! Daß er dafür so lange braucht bei der vielfach bezeugten außergewöhnlichen intellektuellen Begabung, ist zwar verwunderlich, hängt aber mehr mit dem enzyklopädischen Wissens- und Aneignungsdrang zusammen, der ihn bei jedem Problem, auf das er stößt, immer wieder drängt, tiefer zu schürfen und weitere Wissensfelder seinem eigenen Wesen einzufügen. Lebenslang blieb er von einem geistigen *Eroberungsdrang* beseelt, der sich immer neue Gebiete anzueignen bestrebt war. Ganze Bibliotheken verschlang er, um sein Wissen fortdauernd zu erweitern. Das zeigt sich durchgängig: in Berlin beschäftigt er sich neben seinem Jurastudium vor allem mit der Philosophie, daneben aber führt er sich selbst in die schöne Literatur und die Philologie ein. Exzerpte aus Lessing, Winckelmann, Solger, Übersetzungen des Tacitus, Aristoteles, Ovid finden sich neben englischen und italienischen Sprachstudien, Dante zitiert er gern im Original, ebenso Homer und Cervantes. Hinzukommt ein gründliches Studium von Savigny und Feuerbach, alles zeigt eine energische und immense Arbeitskraft, dazu unermüdlichen Fleiß und Lernbegier, die er auch von seiner Umgebung erwartet. Der ihm zukommende Aneignungs- und Wissensdrang führt ihn später dazu, sich den «Jungen gegenüber als *Lehrer* zu fühlen . . . Er verlangte *viel.* Sobald er eine Lücke im Wissen entdeckt hatte, . . . drängte er ungestüm darauf, daß sie ausgefüllt wurde – wozu er die nötigen Ratschläge gab. War man allein mit ihm, so wurde man regelrecht examiniert. Und diese Examina waren kein Spaß . . . Es war eine Ehre für uns, von ihm geschulmeistert zu werden. Nie war ich mit ihm, ohne zu lernen», berichtet W. Liebknecht aus seinen Londoner Jahren 1850–62 (Enzensberger, S. 217).

Zunächst erhofft sich Marx, nachdem er das «lumpige Examen», wie es der Freund Bruno Bauer nannte, abgeschlossen hatte, eine Privatdozentur in Bonn. Zu diesem Zweck läßt sich der Dreiundzwanzigjährige im Frühjahr 1841 in Bonn nieder; zuvor war er zwei Monate in Trier. Als Habilitation gedachte er die Dissertation auszubauen, denn Material hatte er reichlich gesammelt. Stattdessen schreibt er aber nur ein neues Vorwort, widmet sich ausgedehnten Kunststudien. Die Habilitation scheitert, weil Bauer wegen seiner Bibelkritik in Bonn nicht Professor wird. Marx kehrt nach Trier zurück. In einem Jahr schreibt er einen heute verschollenen Aufsatz, der jedoch nicht fertig wird, und begründet Ruge gegenüber mit zahlreichen Entschuldigungen, weshalb er nicht fertig sei: Familienkontroversen, Krankheit, Todesfälle und – der Aufsatz war zum Buche angewachsen.

3. Hegel der Geistesriese

In dem großen Bekenntnisbrief hieß es, daß in das zerrissene Allerheiligste neue Götter hineingesetzt werden müßten. Welche sind das? Sie waren für ihn *nicht im «Idealismus zu finden»*, sondern im *Wirklichen*, das von Ideen durchsetzt ist. Wirklich meint hier: im Äußeren, Endlichen, Sinnlichen im Gegensatz zum Höheren, Absoluten, Idealen. Die Götter, die früher «über der Erde gewohnt» hatten, sind jetzt unten. Marx bemüht sich, in das «Meer des Wirklichen» hinabzutauchen, nachdem ihm die «Hegel'sche Felsenmelodie», also auch ein Zugang zum Wirklichen, grotesk geklungen und ihm nicht behagt hatte.

Um dieses Marxsche Bemühen richtig verstehen zu können, ist es notwendig, den geistigen Riesen, der die zwanziger und dreißiger Jahre in Deutschland mit seinem Denken formte, ins Bewußtsein zu rufen: es ist dies Georg Wilhelm Friedrich Hegel (1770–1831). Er war es, der einen eigenständigen methodischen Weg ausbildete und ihn auf so zahlreiche Erscheinungsgebiete – in Philosophie, Theologie, Geschichte, Ästhetik usf. – anzuwenden vermochte, daß kein nachfolgender Denker den Rang beanspruchte, sich an ihm vorbeischlängeln zu können.

Für Hegel ist die Welt durch und durch vernünftig, wobei die ihr innewohnende Idee allerdings ein «austernhaftes, graues oder ganz schwarzes Wesen» ist (so an Goethe, 20. 2. 1821). Dialektisch ist aber die Idee zugleich als die Darstellung Gottes aufzufassen, wie er in seinem ewigen Wesen vor der Erschaffung der Natur und eines endlichen Geistes ist. Im Weltprozeß entfaltet sich dieses austernhaft Verborgene, Schattenhafte dann als Gedankenentwicklung, die durch den inhaltsvollen, individuellen Menschengeist zum Ausdruck kommt. Dabei lebt der Gedanke in der Natur in anderer Weise als im Menschen, und zwar lebt er in der Natur so, daß es Vorstufen jenes Prozesses sind, der im Menschen selbst seine Erfüllung hat im denkenden Erfassen des Gedankens.

In den Naturwerken ist der Gedanke selbstverständlich enthalten, freilich seiner selbst noch entfremdet, erscheint er doch nicht in reiner Gestalt. Im Körperhaften spricht sich der Gedankengehalt der Welt zwar aus, aber die Erscheinung selbst ist nicht unmittelbar nur gedanklich. Dadurch entsteht Entfremdung, Trennung, die Hegel schmerzlich erlebt und zu überwinden sucht (vgl. Teil II, 1. Kapitel). Erst wenn der Gedanke, den der Mensch denkt, sich selbst auch weiß, hat er die Entfremdung überwunden. «Dies Wissen ist Selbstbewußtsein Gottes, aber ebenso ein Wissen desselben vom Menschen, und dies Wissen Gottes vom Menschen ist Wissen des Menschen von Gott. Der Geist des Menschen, von Gott zu wissen, ist nur der Geist Gottes selbst» (Hegel, Vorlesungen über die Philosophie der Religion, Werke Bd. 17, S. 480).

Daß der Geist sich seiner selbst bewußt werden kann, ist also einzig im Menschen möglich, und zwar in dessen Bewußtsein. Allerdings erreicht er auch da nicht immer und überall die höchste Erscheinungsform. Vielmehr kommt das menschliche Bewußtsein erst allmählich zu sich, sowohl biographisch als auch geschichtlich. Deshalb ist durchaus beobachtbar, daß in historischen Erscheinungen vielfältig etwas zu finden ist, was dem reinen Gedanken keineswegs entspricht. Der tiefer blickende Philosoph erkennt indessen, daß in der geschichtlichen Abfolge der vernünftige Gedanke sich letztlich doch verwirklicht. Denn der Weltgeist verwirklicht sich dialektisch, d. h. aber in Widersprüchen. So strebt ein Großer in der Geschichte zweifellos nur partikulare Ziele an, oft mit sehr vordergründigen und auch sehr selbstsüchtigen Absichten. Ein dunkler, bewußtloser Instinkt trübt sein Wollen – scheinbar. Gleichwohl steckt aber auch darin das Substantielle des Weltgeistes.

Dieser groß angelegte Gedanke, wonach jedes einzelne Individuum, sei es Perikles als Politiker, Plato als Denker und Alexander als Held oder der unbekannte Herr Schulze aus Krähwinkel, gleichermaßen am Gewebe der Weltgeschichte mitwirkt, beinhaltet auch, daß jeder zugleich Werkzeug zur Verwirklichung der Absichten und Zwecke des Weltgeistes ist. Doch dieser Zweck ist unlösbar mit dem Ziel verbunden, daß sich der Mensch seiner selbst und damit Gott in ihm sich seiner selbst bewußt werde. Der einzelne ist damit unwesentlich und bedeutungslos, vielmehr ist die «höchste, zugeschärfte Spitze ... die reine

Persönlichkeit, die allein durch die absolute Dialektik, die ihre Natur ist, ebenso sehr alles in sich befaßt und hält, weil sie sich zum Freiesten macht . . .» (Wissenschaft der Logik, II., 3. Kap.).

Eben der Erwerb der Freiheit ist Ziel der Geschichte. Der Mensch schafft im Verein mit den Urwesen erst den Inhalt der Welt. Der Schöpfungsprozeß mündet in sein Endstadium, wenn Freiheit erworben ist. Die Weltgeschichte selbst ist die Entwicklung der Menschheit «im Bewußtsein der Freiheit». Dabei gliedert sich jeweils das Besondere in das Vollendete, in die Einheit ein. Für Hegel sind von dieser Position her die Völker das Besondere im Ganzen der Geschichte, sie bilden die eigentliche Lebenswirklichkeit der Geschichte. Der Volksgeist ist gewissermaßen der Schöpfungswille Gottes, der in volkhafter Individualität erscheint. Was in der Geschichte, auch zwischen den Völkern, wirkt, ist der Weltgeist, der «in der Welt verwirklichte Geist». Die menschliche Art gestaltet sich in den Völkern hin zum Unbedingten, Menschheitlichen. Jedes Endliche strebt, sich zu verabsolutieren, was seine Vernichtung herausfordert; so erfährt es, daß es nur Organ eines Unbedingten ist. Darum der unablässige Kampf, Gegensatz, Schmerz. Das Ziel der Geschichte wird erreicht, wenn die Freiheit erreicht ist, d. h. wenn der Mensch selbstbewußter Träger des Gedankens geworden ist. Da aber der Staat realisierter Gedanke ist, hat der einzelne dem Staate zu dienen. «Die Vereinigung als solche ist selbst der wahrhafte Inhalt und Zweck, und die Bestimmung der Individuen ist, ein allgemeines Leben zu führen» (Grundlinien der Philosophie des Rechts, Werke Bd. 7, S. 399).

Solange das philosophische Betrachtung bleibt, mag dies so hingehen, aber die nähere Bestimmung, die Hegel dem Gedanken gibt, muß doch beunruhigen: «Die Regierung ruht in der Beamtenwelt, und die persönliche Entscheidung der Monarchen steht an der Spitze, denn eine letzte Entscheidung ist . . . schlechthin notwendig» (ebd.). Wenn der Staat die «vollständige Realisierung des Geistes im Dasein», die «göttliche Idee, wie sie auf Erden vorhanden ist», darstellt, ja das «an und für sich Vernünftige», die «absolut höchste Erscheinungsform des Geistes überhaupt», dann waren damit die Lebensverhältnisse liberal Denkender in Preußen schwer in Übereinstimmung zu bringen. So bleibt nur übrig, nicht nur die Praktiken der Zensur, die Verfolgung freiheitlicher Regungen, die fortgesetzte Verletzung der Menschenrechte zu rügen, wo immer dies möglich war, sondern es drängt sich förmlich auf, gegen jene Philosophie selbst anzugehen, die geeignet war, die preußische Herrschaft zu legitimieren und alle sattsam bekannten reaktionären Maßnahmen zu rechtfertigen.

Aber auch im großen Ansatz der Religionsphilosophie bleibt im Hegelschen System manches unklar. So ist es nicht verwunderlich, daß sich vor allem an ihr – kreist doch alles Denken um das Absolute, um Gott, Religion – die gegensätzlichsten Auffassungen entzünden müssen; dies kann sogar kritisiert werden, ohne damit sofort mit der Staatsautorität zu kollidieren. Hatte Kant festgestellt: «Reich, Kirche und Staat sollen einander in Ruhe lassen und gehen einander nichts an», so setzt Hegel dagegen, daß der Mensch nicht in einen Staats- und Kirchenmenschen «zertrümmert» werden dürfe und «Kirche und Staat unmöglich verschieden sein können» (Rosenkranz: Hegels Leben, S. 87, zit. n. Franz Wiedmann, S. 27). «Erst der Staat ist der vollendete Gottesdienst. Wie sich die Philosophie zur Religion, so verhält sich der Staat zur Kirche . . .» (ebd., S. 84).

Damit sind einige Charakteristika des Hegelschen Denkens aufgezeigt, das durch seine Methode Anlaß gab, daß sich Tausende zu seinen Lebzeiten und erst recht nach seinem Tode mit ihm beschäftigten und Bibliotheken füllten.

4. Auseinandersetzung mit Hegel und Kritik der christlichen Religion

Etwa sieben Jahre nach Hegels Tod (1831), also um 1838, beginnt die Kritik an ihm durch seine Schüler. Schon unmittelbar nach seinem Tod war es zu einer Spaltung innerhalb seiner Schülerschaft gekommen: alle gingen zwar von ihm aus, handhabten auch seine Methode zuverlässig, und doch unterschieden sie sich: die «Rechtshegelianer» versuchten, ihn pfleglich weiterzuentwickeln, die «Jung- oder Linkshegelianer» strebten danach, ihn inhaltlich, unter Beibehaltung der dialektischen Methode, zu überwinden. Zu den «Rechten» werden u. a. Karl Rosenkranz (1805–1879) und Carl Ludwig Michelet (1801–1893) gezählt. Michelet stößt dabei auf ein Problem, das ihn – anders als etwa Marx – nicht weiter beunruhigt: «Wird man es noch länger für eine Schranke der Philosophie halten, nur Gedanken, nicht einmal einen Grashalm schaffen zu können. D.h. nur das Allgemeine, Bleibende, einzig Wertvolle, nicht das Einzelne, Sinnliche, Vergängliche? Soll aber die Schranke der Philosophie nicht bloß darin bestehen, daß sie nichts Individuelles machen könne, sondern auch darin, daß sie nicht einmal wisse, wie es gemacht werde . . . Bei dem Wie dieser Wandlung der Idee in die

Wirklichkeit geht nämlich das Wissen verloren, eben weil die Natur die bewußtlose Idee ist und der Grashalm ohne irgendein Wissen wächst. Das wahre Schaffen, das des Allgemeinen bleibt aber der Philosophie in ihrer Erkenntnis selber verloren» (Michelet, Naturphilosophie, Vorrede, zit. n. Steiner, GA 18, S. 348).

Ganz anders drängt es dagegen die «Linkshegelianer» nach einer *Einsicht in die Praxis,* in die Gestaltung des Wirklichen, das uns umgibt. Ihnen genügt es nicht mehr, sich mit dem abzufinden, was Hegel als Ziel der Entwicklung ansah, daß sich «die denkende Idee», die «wissende Wahrheit» selbst weiß. Der Ansatz für die Überwindung und Weiterführung Hegels vom Idealismus zur Praxis spielte sich allerdings, wie erwähnt, zunächst eher auf einem Nebenschauplatz ab, nämlich in der Beziehung Hegels zur Religion, die bei Hegels Kritikern rasch in eine grundsätzliche Religionskritik einmündet, indem durch den neuen Ansatz die Kritik alle christliche Weltauffassung zersetzt und diese durch eine «freigeistige» ersetzt wird.

Hierbei bereiten drei – Marx mehr oder weniger verbundene – Persönlichkeiten das Feld: Feuerbach, Strauß und Bauer. Sie sind unerläßliche «Pfadfinder»; auf den von ihnen gefundenen Wegen schreitet Marx weiter, wendet sich dann aber ganz anderen Gebieten zu, zunächst zwar auch der Religion und Philosophie, später aber der Politik und Ökonomie. Zunächst zu Ludwig Feuerbach. Er wurde 1804 als Sohn des berühmten Juristen, der später Kaspar Hausers Schicksal eindrücklich als Kriminalfall beschrieben hat, geboren. Feuerbach studierte 1824–26 bei Hegel Philosophie, promovierte und habilitierte sich dann aber in Erlangen. Wegen seiner anonymen Schrift über «Tod und Unsterblichkeit» bleibt ihm die Anstellung an der Universität versagt. Er zieht sich auf ein recht bescheidenes Besitztum seiner Frau zurück, das ihn doch ernährt, und schreibt in den von A. Ruge und Th. Echtermeyer herausgegebenen «Halleschen Jahrbüchern» - jenem kritisch-liberalen Organ, das ständig von der Zensur bedroht war, deshalb bald «Deutsche Jahrbücher» heißt und in Sachsen ediert werden muß – Aufsätze. Sein größeres Werk «Zur Kritik der Hegelschen Philosophie» (1839) stellte eine Verbindung zum Berliner Kreis der «Freien» her. «Das Wesen des Christentums» bringt ihm 1841 großen Erfolg und wird von Marx begeistert begrüßt. Von 1860 an lebt er verarmt, ganz zurückgezogen, er stirbt 1872. R. Steiner setzt in seinen «Rätseln der Philosophie» die Tat Feuerbachs in Beziehung zu einem Vorgang in der Naturwissenschaft, der sich nahezu hundert Jahre zuvor zwischen Albrecht Haller (1708–1777) und Kaspar Friedrich Wolff (1733–1794) abgespielt hat.

Die Streitfrage war damals, ob im Keim der Lebewesen bereits alle Teile im Kleinen, wenn auch unsichtbar, enthalten seien und sich dann nur entfalten, gewissermaßen «auswickeln» (Einschachtelungstheorie), wie Haller behauptete, oder ob in den Keimzellen nichts Eingeschachteltes enthalten sei, wie Wolff embryologisch zeigte, daß vielmehr die Entfaltung des Keims eine Kette von Neubildungen darstelle. Haller sagte: «Es gibt kein Werden», womit er sich zunächst durchsetzte und den Gedanken der Neubildung und Entwicklung behinderte. Auch in Hegel lebt – nach Steiner – etwas vom Einschachtelungsgedanken wie in einem letzten Rest: es ist bei ihm der reine Gedanke, der in allen Erscheinungen schon eingeschachtelt vorliegt. Denn vor der Natur und vor dem individuellen Geist war für ihn der reine Gedanke Gottes: die «Darstellung Gottes, wie er in seinem ewigen Wesen vor Erschaffung» der Welt war (Wiss. der Logik; Objektive Logik, Einleitung). Entwicklung ist also nur Ausschachtelung des reinen Gedankens.

Genau dagegen protestiert nun Feuerbach; für ihn kann der Geist nicht vor dem Menschen auftreten, dessen individueller Geist ist eine *Neu*bildung, er ist nicht vor seinem Auftreten da, sondern entsteht erst, wenn er wirklich da ist. Einen Allgeist, aus dem der individuelle Geist herrührt, lehnt Feuerbach ab. Er fragt nicht allein nach dem denkenden Menschen, sondern dem «wirklichen, ganzen Menschen», der «Augen, Ohren, Hände und Füße hat» (Sämtliche Werke, Bd.X, S. 291).

«Der Höhepunkt der schöpferischen Tätigkeit Feuerbachs lag zweifellos in den Jahren 1839–1843» (Sass, S. 122). Das Bemühen der «Neubildung» bewegt ihn: «Die Menschheit muß, wenn sie eine neue Epoche begründen will, rücksichtslos mit der Vergangenheit brechen; sie muß voraussetzen, das bisher Gewesene sei nichts. Nur durch diese Voraussetzung gewinnt sie Kraft und Lust zu neuen Schöpfungen. Alle Anknüpfungen an das Vorhandene würden den Flug ihrer Tatkraft lähmen. Sie muß daher von Zeit zu Zeit das Kind mit dem Bade ausschütten; sie muß ungerecht, parteiisch sein. Gerechtigkeit ist ein Akt der Kritik; aber die Kritik folgt nur der Tat, kommt nicht selbst zur Tat» (SW II, S. 378, zit. n. Sass, S. 48).

An die Stelle des Ichs oder Selbstbewußtseins bei Fichte oder Kant, des Weltgeistes bei Hegel, tritt bei ihm der Mensch, an die Stelle der Theologie die Anthropologie. «Wie der Mensch denkt, wie er gesinnt ist, so ist sein Gott ... Das Bewußtsein Gottes ist das Selbstbewußtsein des Menschen. Die Erkenntnis Gottes die Selbsterkenntnis des Menschen. Gott ist das offenbare Innere, das angesprochene Selbst des Menschen; die Religion ist die feierliche Enthüllung der verborgenen Schätze des

Menschen, das Eingeständnis seiner innersten Gedanken, das öffentliche Bekenntnis seiner Liebesgeheimnisse» (Wesen des Christentums, 1. Kap.). «Der Mensch verlegt sein Wesen zuerst außer sich, ehe er sich findet» (ebd.). Will man die Religion kritisieren, so reicht es nicht, allein historisch zu untersuchen, ob Christus denn auch historisch gelebt habe, weil Christus nicht allein eine historische, sondern eine religiöse Person ist. Feuerbach will *«diesen Traum des menschlichen Geistes»* begreifen. Religion ist Phantasieprodukt des menschlichen Geistes, das dieser aus seiner Wirklichkeit nimmt. *«Das Wissen des Menschen von Gott ist das Wissen des Menschen von sich,* von seinem eigenen Wesen. Nur die Einheit des Wesens und Bewußtseins ist Wahrheit. Wo das Bewußtsein Gottes, da ist auch das Wesen Gottes – also im Menschen» (Wesen des Christentums, 24. Kap.). «Wie einst von der Kirche, so muß sich jetzt der Geist vom Staate freimachen. Der bürgerliche Tod ist allein der Preis, um den Du Dir jetzt die Unsterblichkeit des Geistes erwerben kannst» (SW II, S. 381, n. Sass, S. 55).

Mit diesem Ansatz wird an Hegels Religionsphilosophie massiv gerüttelt, wenn nur wahr und göttlich ist, was sonnenklar ist – «das Sinnliche; nur wo die Sinnlichkeit anfängt, hört aller Zweifel und Streit auf» (ebd., 28. Kap.). Doch im Sinnlichen ist es weniger der einzelne als die Gattung, um die es geht: «Nur die Gattung ist imstande, die Gottheit, die Religion aufzuheben zugleich und zu ersetzen. Keine Religion haben heißt: nur an sich selber denken; Religion haben: an Andere denken. Und diese Religion ist die allein bleibende . . . denn so wie wir nur zwei Menschen wie Mann und Weib haben, so haben wir auch schon Religion. Zwei, der Unterschied ist der Ursprung der Religion – das Du, der Gott des Ich, denn ich bin nicht ohne Dich; ich hänge vom Du ab, kein Du – kein Ich» (SW VIII, S. 303, n. Sass, S. 77 f.)

Es versteht sich, daß Feuerbachs Hinwendung zum Sinnlichen für Marx in seiner Suche nach der Idee im Wirklichen richtungweisend und eine Hilfe sein mußte.

In der Religionskritik war David Friedrich Strauß (1808–1874) mit seinem «Leben Jesu» (1834) Feuerbach vorangegangen , wobei er mehr als Historiker denn als Philosoph den Begriff des Gottmenschen kritisch untersucht. Für ihn ist Gott ein Begriff, den sich die Menschheit allmählich gebildet hat, wobei sich die Idee niemals in einem Menschen vollkommen verwirklichen konnte. In jedem Menschen findet sich etwas Göttliches, die Menschheit als Ganzes ist der fleischgewordene Gott. Das Christentum personalisiert diesen Vorgang in einer Person: in Jesus. «In einem Individuum, einem Gottmenschen, gedacht, widersprechen sich die Eigenschaften und Funktionen . . . in der Idee der menschlichen Gattung stimmen sie zusammen» (Leben Jesu, 2. Bd., § 149). Jesus ist für ihn ein Mythos, dichterisch gestaltet.

Diese verkürzte Darstellung mag etwas von dem geistigen Klima andeuten, das Marx umgibt. Allerdings muß diese Szenerie noch in größere Entwicklungslinien eingeordnet werden. Während Strauß und Feuerbach zunehmend kritisch mit der überlieferten religiösen Tradition verfahren, müssen sie bemerken, wie gleichzeitig der Protestantismus, dem sie konfessionell zugehören, immer fragwürdigere Züge annimmt und zugleich eine Liaison mit dem Thron eingeht, wodurch ihm zusätzliche Wirkens- und Herrschaftsmittel zuwachsen. Der *Restaurationspietismus* – er wird innerhalb der Jugendentwicklung von Engels noch eingehender zu betrachten sein – ist nur die Reprise eines schon Dagewesenen, seine eigentliche Kraft und die originale innere Erfahrung hatte er bereits verloren. Die innere Frömmigkeit und mystische Erfahrung der Begründer auf deutschem Boden erwuchs aus den Erschütterungen der Glaubenskämpfe im und nach dem Dreißigjährigen Krieg. Zu nennen sind Kaspar von Schwenkfeld (1489–1564), Johann Arnd (1555–1621), Johannes Valentin Andreae (1586–1654), Jakob Böhme (1575–1624) u. a. Sie erschließen ganz neue Bezirke des seelischen Erlebens; ebensolches gilt für die Zeit der sich ausbreitenden Aufklärung, des Rationalismus. Wachsen der Erweckungsbewegung vertiefte Erlebnisse eines erweckten, neuen Menschen zu, so erleben die Aufklärer eine verstärkte Erfahrung des eigenen Denkens. *Sucht der Pietismus den inneren Frieden, so die Aufklärung den äußeren Fortschritt.* Die Vernunft wird der Aufklärung zur Quelle für die Autonomie, die Selbständigkeit, Eigengesetzlichkeit und Eigenverantwortlichkeit des Menschen, wird aber auch als Quell des Selbstbewußtseins erlebt. Das Denken ist zu jeder Art der Erkenntnis befähigt, eignet allen Menschen, und in der Vernunft ist die einzige und letzte Instanz, über die Methode, aber auch Wahrheit und Irrtum in der Erkenntnis zu suchen und zu finden sind. Dieses neue, erkraftete Erleben des Denkens aus der Bewußtseinsseele hat tiefgreifende Folgen: es emanzipiert den Menschen aus überlieferten Bindungen, führt zu empirischer Betrachtungsart, zu politischer Revolutionierung (Emanzipation des Bürgertums), weil keine erblichen Standesunterschiede vor der ratio Bestand haben, führt aber auch zu Abwehr «unbegründeter» Offenbarung, kurz: zur Ablösung bisher religiös überlieferter und gerechtfertigter Lebensformen. Somit erhält die Philosophie zunehmend eine Eigenständigkeit gegenüber der Theologie. Kant bestimmt knapp: «Aufklärung ist der Ausgang des Menschen aus seiner selbstverschuldeten Unmündigkeit» (1783). «Die Aufklärer waren ausgezogen, um die Welt zu erobern und zu verbessern ... Sie sind diesseitsgerichtet. Die jenseitige Welt hat dienende Stellung: sie muß der diesseitigen Sinn und Sicherheit gewährleisten ... Im Idealismus reift aus und vertieft ..., was in der Aufklärung zu wachen begann» (Seeger, Herkunft, S. 10).

Durch diesen aus dem selbsterfahrenen Denken herrührenden, überquellenden Lebenswillen bleibt zunächst aber die tatsächlich fortbestehende Leid-Erfahrung des irdischen Lebens gänzlich ausgespart. Als dieses Erleben von Not, Ungerechtigkeit und Leid im Gefolge der Französischen Revolution und der napoleonischen Kriege anwächst, wird von manchem wieder eine größere Sicherheit durch die überlieferte Glaubenslehre gesucht. Nun schlägt die Stunde für eine Erneuerung des Pietismus, der jetzt aber ohne die ihm eigene ursprüngliche Kraft als *Spätpietismus* auftritt. Was ihm an innerem Gehalt abgeht, wird durch Entschiedenheit, Eiferertum und Zelotismus ersetzt; der verlorene Reichtum des Erlebens wird durch orthodoxe Enge, durch Buchstabenglaube und Fundamentalismus ausgeglichen. Friedrich Wilhelm Krummacher (1796–1868), Ernst Wilhelm Hengstenberg (1802–1869) sind Träger der neuen Rechtgläubigkeit von Pietismus und Orthodoxie. So treffen sich die Nachfahren des Idealismus und der Orthodoxie zum Beginn von Marxens Wirken gleichzeitig zum Werk. «Die Epigonen des Idealismus und der Aufklärung kämpfen mit den Epigonen des Pietismus und der Romantik» (Seeger, S. 11). Allerdings zeugt die Auseinandersetzung wohl von erheblicher Kritikfähigkeit, aber doch auch von wenig selbst-schöpferischem Vermögen. Während die philosophischen Kritiker aus der linken Hegelschule ihre gedankliche Schwäche mit kritischer Schärfe ausgleichen und die Überwindung der Philosophie durch eine «Philosophie der Tat» (Cieszkowski, Hess) ausrufen, kann zunächst das Bündnis der restaurativen Kräfte, für die der preußische Hof offen war, mit dem Pietismus unter Friedrich Wilhelm IV. (1785–1861), der seit 1840 regierte, einige Kraft und Einfluß gewinnen. Diesem Bündnis ist das Licht der Vernunft suspekt. Krummacher, der spätere Hofprediger (seit 1853), attackiert alles Denken, weil in der Seele des Menschen «nur Drachen und Ottern gottwidriger Gedanken und Begierdigen hausen» (Blicke in das Reich der Gnade 1818, S. 7, zit. n. Seeger: Herkunft, S. 15 f). Wenn der Mensch so verderbt ist, kann alles Eigenstreben nur des Teufels sein. Alle Philosophie ist dann Ausdruck der Gottwidrigkeit. Denn «im Reiche Jesu» geht «alles so gerade wider die Vernunft und den natürlichen Begriff», ja die Philosophie – anders als die Offenbarung – hat «recht eigentlich in der hochmütigen Menschenseele ihren Ursprung» (Ev. Kirchenzeitung, 29. 8. 1838, zit. n. Seeger, S. 16).

Der Rückgriff auf völlig überholte Positionen führt dazu, daß die Kritiker immer schärfere Formulierungen finden und daß – wahrhaft dialektisch – die religiöse Restauration (verbunden mit der politischen) die Säkularisation stärker voranbringt und zur Stärkung des Materialismus mehr beiträgt, als dies die Aufklärung allein zu tun in der Lage gewesen wäre. Die völlige Ohnmacht des Pietismus gegenüber den wahren Triebkräften der Zeit, wie sie sich in der Verelendung der Arbeiter offenbart, erweist sich, wenn die Evangelische Kirchenzeitung 1842 meint, alle Probleme seien behoben, indem der «Fabrikherr zum Fabrikarbeiter» die Stellung eines mittelalterlichen Barons, Lehens- und Gerichtsherrn» einnehme (zit. n. Seeger, S. 24). Als ob mit einer agrarischen Lehensform des Mittelalters die Entfremdung des Industrialismus zu heilen gewesen wäre – dies ist fortgeschrittener Illusionismus, völlige Täuschung! So kann es nicht verwundern, daß der Hallenser Privatdozent Arnold Ruge (1802–1880) erst einmal fordert, das Christentum müsse mundtot gemacht werden, denn «die deutsche Kritik des Christentums ist die notwendige Voraussetzung aller Befreiung» (Werke, 346, S. 6; zit. n. Seeger, S. 25). Zuerst ist die Aussicht auf die Himmelsfreuden zu zerstören, ehe an den Aufbau einer sozialen Neuordnung für die Gequälten gedacht werden kann. Ruge schreibt: «Für diesen gewaltigen Aufschwung ist das Gemüt nicht eher zu gewinnen, als bis ihm die Tröstungen und Verheißungen der Religion sämtlich als Täuschungen erschienen sind» (ebd.). Aber Ruge geht noch weiter, er will die Glückseligkeit, die die Religion verheißt, schon auf Erden Wahrheit werden lassen. «Die Religion ist vorüber, die Religion wird realistisch und ihr Zweck erfüllt . . . Ihre Erfüllung, durch die sie überflüssig wird, wäre, das Wesen des Menschen wirklich zu verherrlichen» (Werke 6, S. 66; zit. n. Seeger, S. 66). Nicht eine transzendente Welt, heißt es zu erlangen, sondern ihre Immanenz in der diesseitigen durch Wissenschaft und Praxis aufzuzeigen. Was von der christlichen Religion bleibt, ist der Humanismus, nicht aber ihre menschenverachtenden Züge, wie sie im Pietismus auftraten.

Gegen die sich ausbreitende Tendenz der Erweckung, die gegen den «gottlosen Aufkläricht» eifert, wendet sich schon mit Ärger der alte Goethe, als er einen Predigtband von Krummacher: «Blick in das Reich der Sprache» rezensiert. Er entrüstet sich über die «narkotischen Predigten», den «tropischen und bilderreichen» Stil, durch die «die

Einbildungskraft nach allen Seiten hingewiesen und zerstreut» wird (Goethe, Sämtliche Werke, Bd. 14 S. 391 f.). Geistig ginge etwas Benebelndes, Berauschendes von den Predigten aus auf die überanstrengten Fabrikarbeiter, die «man eigentlich über ihre körperlichen und geistigen Unbilden nur in den Schlaf zu lullen braucht». Dies erreicht Krummacher dadurch, daß er die Leiden der Arbeiter «behaglich, ihre Mängel erträglich darstellt» und auch die «Hoffnung auf ein gegenwärtiges und zukünftiges Gute zu beleben gedenkt». Goethe wendet sich gegen die Verbalinspiration und den gesamten Rückstand der alten Zeit, in dem sich viele gedrückte Gemüter finden (ebd.). Goethes Analyse ist ein Vorgriff auf sozialistische Gedanken, sie macht Schule.

In die Ablehnung dieser überzogenen Art religiöser Verkündigung gliedern sich dann Strauß, Feuerbach und Bauer, Ruge und Engels ein. Aber auch Amtsbrüder kritisieren die «narkotische, wilde, benebelnde Taumelrede», die «die rohesten Nerven» betäubt (so F. W. Paniel, zit. n. Seeger, S. 33)

Eine Steigerung erfährt die Art des Kampfes, als Bruno Bauer auf Drängen der Orthodoxen hin nicht nur seine Anstellung, sondern auch die Venia legendi (Lehrbefugnis) verliert. Kaum war der Opiumkrieg (1840–42) ausgebrochen, durch den England sich den Absatz des in Indien angebauten Opiums in China sichert, taucht bei Bruno Bauer in einem Aufsatz in den Halleschen Jahrbüchern die Formulierung auf: «Der allerchristlichste Staat ist der, in welchem die theologische Satzung herrscht. Diese bringt es nämlich zur wirklichen Herrschaft, d. h. sie kann es endlich soweit *durch ihren opiumartigen Einfluß* bringen, bis sie die Spur von Widerstand nicht mehr findet und alle Triebe der freien Menschlichkeit . . . einschlafen . . . dafür herrscht das Dogma» (Hallesche Jahrbücher 1841, Sp. 537 ff.). Der Mensch ist den Himmeln, dem verkehrten Geiste, der Illusion und Lüge abzugewinnen. Ein Jahr darauf verschärft sich die Wendung: «Nachdem diese Wut der Zerstörung sich gegen alles, was es im Himmel und auf Erden gibt, vergangen, und alles, das Edelste und Beste mit Füßen getreten hat, spricht sie in dem *Opiumrausch ihrer Zerstörungssucht* von einem künftigen Zustande, wo alles neu geworden, oder . . . wo das Nichts herrscht» (B. Bauer: Die gute Sache der Freiheit und meine eigene Angelegenheit, Zürich 1842, S. 212). Dieser Argumentationstypus verbreitet sich über Hess und wird von Marx aufgenommen und zurechtgeschliffen, womit sie erst Breitenwirkung entfaltet. Marx ist in dieser Hinsicht nur Mitgänger, nicht selbständig. Seine Aufgabe liegt auf anderem Feld, nicht auf dem der Theologie.

Bauer ist der radikalste unter den Kritikern, er ist geraume Zeit in Berlin mit Marx befreundet und übt auf ihn Einfluß aus. Für ihn ist die leidenschaftliche Kritik der eigentliche Antrieb. Dem «alles verschlingenden Ich graute vor sich selbst, es wagte sich nicht als alles und als die allgemeinste Macht zu fassen, daß heißt, es blieb noch der religiöse Geist und vollendete seine Entfremdung, indem es seine allgemeine Macht als eine fremde sich selbst gegenüberstellte und dieser Macht gegenüber in Furcht und Zittern für seine Erhaltung und Seligkeit arbeitete» (zit. n. Steiner GA 18, S. 305 f.). Wir werden uns mit Bauer im II. Teil noch eingehender befassen, hier wird er nur im Hinblick auf die Gedankenbildung, die sich bei Marx wiederfindet, angeführt.

Mit Strauß, Bauer und Feuerbach war eine durch Jahrhunderte verlaufende Entwicklung zum Abschluß gekommen, die darin bestand, daß das Ringen um eine Erkenntnis des Übersinnlichen einmündet in den konsequenten Materialismus. Schon mit dem Ereignis von Golgatha stellte sich die Frage, wie dieses von einer Kultur zu verstehen sei, in der es im Gegensatz zu früheren Zeiten keine unmittelbare Einsicht in eine übersinnliche Welt mehr gab. Zwar bestanden noch gewisse Überlieferungen, ein Rest-Wissen, teilweise unsicher zu handhaben, das ermöglichte, zu einem ersten Verstehen des rational unfaßbaren Geschehens der «leiblichen Auferstehung» zu gelangen. So war es zunächst die gnostische Strömung, die Elemente eines Verstehens lieferte, die jedoch von der sich entfaltenden Kirche verketzert, verfolgt und schließlich ausgerottet wurde, denn die offizielle Kirche wollte statt des Verstehens den Glauben. Sie folgte Tertullian (um 160–nach 220), der deshalb an Tod und Auferstehung Christi glaubte, weil es töricht ist. «Prorsus credibile est, quia ineptum est.» Die sich zentralisierende Kirche mit ihrem dogmatisierten Lehrgut setzte an die Stelle tatsächlicher «Einsicht» den «Glauben» in das, was geoffenbart wurde. Nicht Einsicht in und Beschreibung der Wege, wie Offenbarung zustande kommt, sondern Glauben an den Inhalt wurde wichtig. Dieser Gang gipfelt in Auseinandersetzungen zwischen östlichem und westlichem Credo-Verständnis, wobei sich die Frage stellt, von welcher Wesensqualität die «Einsicht» ausgeht. Dogmatisch formuliert: Wie stehen die Qualitäten von Vater Gott, Sohnes Gott und Geist Gott zueinander? Sohn und Geist sind gleichrangig, aber dem Vater nachgeordnet, geht doch der Geist wie der Sohn vom Vater aus, – so nahm es die Kirche des Ostens an – oder geht der Geist von Vater *und* Sohn (filioque) aus – dann wird der Geist zu etwas Nachgeordnetem –, wie es im westlichen Glaubensbekenntnis heißt. Im 9. Jahrhundert spitzt sich dieser Streit um das filioque so zu, daß es zum 8. ökumenischen Konzil von 869/870 kommt, das sich nun endgültig auf die westliche Auffassung festlegt.

Die Konsequenz lautet für das Menschenverständnis, daß der Mensch nur «unam animam rationalem et intellectualem» besitze, d. h. *eine* Seele, verstandes- und intelligenzbegabt, nicht aber anima *und* spiritus, also nicht Seele und Geist. Die Seele selbst reicht an die geistige Wirklichkeit der Auferstehung niemals heran, diese ist etwas, was dem Verständnis ein für allemal entrückt ist, etwas für sie Jenseitiges darstellt, d. h. sie kann dieser Tatsache allein im Akt des Glaubens innewerden und ist sich ihrer als einer Heilstatsache gewiß. Dadurch zieht erstmals eine prinzipielle Spaltung in das gesamte Erkenntnisleben ein, die in allen nachfolgenden Jahrhunderten nicht überwunden werden konnte: die Trennung von *Glauben* und *Wissen*.

Erst für Kant schien die Abgrenzung der beiden Bereiche endgültig geleistet, erkenntnismäßig begründet und damit auch annehmbar geworden zu sein; nach ihm sollte der Offenbarungsbereich durch Kirche und Theologie verwaltet werden, der des Wissens durch die neu heraufgekommene rationale und empirische positive Wissenschaft. Beide haben in der Aufgabenstellung nichts miteinander zu tun, sie behandeln qualitativ ganz Verschiedenes und ergänzen sich, d. h. tun sich gegenseitig keinen Abbruch. Doch ging die Absicht Kants nicht ganz auf. In dem Maße, wie sich das rationale und das naturwissenschaftliche Bemühen der Offenbarungsinhalte der Theologie bemächtigen, entsteht eine *Quellenkritik*, die nachweist, daß die Offenbarungsinhalte selbst nicht aus einem Guß sind, sondern ihrerseits verschiedene Schichten aufweisen, also unterschiedliche Verfasser haben. Wie aber kann das Absolute selbst sich zeitlich, d. h. stufenweise kundgeben, offenbaren? Damit zieht der Zweifel, die Kritik auch gegenüber der Offenbarung ein und unterhöhlt letztlich den Glauben selbst. Was ist dann noch an Glauben für die ratio zu retten? Es gibt da zunächst den Rückfall in die Naivität des schlichten, unbeirrbaren Glaubens – dies ist für den «Fortschritt» ohne Belang – oder eine Radikalisierung der Kritik, wie sie sich nach Hegel vollzog; dann kann immerhin die unbewußte Projektion eines Gattungstraums, ein Mythos, weiterbestehen bleiben. Genau diese Konsequenz ziehen die geistig fortgeschrittensten Zeitgenossen von Marx.

Ursächlich für diese Konsequenz, die im 19. Jahrhundert auftritt, ist die Haltung des «Katholizismus aus den früheren Jahrhunderten, der sagt: Alle Wissenschaft, die dieses Namens würdig ist, kann nur von sinnlichphysischen Ereignissen handeln. Geisteswissenschaft gibt es nicht, weil es keinen Geist gibt» (Steiner, GA 181, 30. 7. 1918).

Daraus zieht Marx dann die weitere Konsequenz, daß er in Feuerbachs Überlegungen das Gattungswesen Mensch in der Klasse, seine Entwicklung im Klassenkampf usf. sieht. Während in einer vom Glauben getragenen Kultur die Seele innerhalb des Glaubens einem Göttlichen hingegeben ist, muß sie bei der Kritik des Glaubens den inneren Halt, das sie Tragende und Ernährende an einer anderen Stelle finden. Denn ohne diesen Halt, ohne die Ernähruung durch ein Höheres, Transzendentes kann keine Seele auf Dauer leben, will sie nicht vertrocknen, ausdünnen, verflachen. Ihren Gehalt, ihre Steigerung erfährt sie mit und durch Ideale. Sind die alten Götter aber weggeschafft, so entsteht die Frage, welche neuen an ihre Stelle gesetzt werden. Und hierfür hatte Marx ein sicheres Gespür: er setzt das Höhere, Ideale einer göttlichen Welt, alles Sehnen nach Heil, ja die Erlösung statt von oben in die soziale Struktur, sie ist in sozialen Programmen zu finden. Deshalb kann R. Steiner, die Entwicklung eines Jahrtausends umspannend, sagen: «Sie verstehen den Bolschewismus nicht, wenn Sie nicht wissen, wie er als eine Nachwirkung des achten ökumenischen Konzils im Jahre 869 geworden ist. Sie verstehen ihn nicht, wenn Sie ihn nicht verstehen als ein Erzeugnis der Verkümmerung der geistigen Kräfte für die übersinnliche Welt» (ebd.).

Wie das genannte Konzil Glauben und Wissen aufspaltete, so beseitigt die radikale Bibelkritik eines Strauß, Bauer und Feuerbach den Glauben an ein Höheres, das bei Strauß durch den Mythos, bei Bauer durch das Selbstbewußtsein, bei Feuerbach durch das Sinnliche und das Du ersetzt wird. Marx reicht dies allerdings nicht aus, er fühlt sich gedrängt, *neue Götter hinzuzusetzen:* die Klassengegensätze, aus deren Beseitigung das Heil und die Erlösung erwachsen werden. Das nicht der Welt zu überlassen, sondern der Gestaltung durch die Partei zu unterwerfen, ist dann Bolschewismus.

5. Marxens Dissertation

Damit wird etwas von dem geistigen Umfeld sichtbar, in dem Karl Marx sich bewegt und nun seine neuen Götter anstelle des «zerrissenen Allerheiligsten» zu suchen hat; dies ist das «Meer», in das er «hinabtauchen», aus dem er die «reine Perle ans Sonnenlicht» bringen wollte. Wir schreiben inzwischen 1841, dreieinhalb Jahre nach dem Bekenntnisbrief. Eben schließt er seine Dissertation mit dem Titel «Die Differenz der demokritischen und epikureischen Naturphilosophie» ab. Marx bearbeitet darin ein Gebiet, das bisher nur wenig erschlossen war, wobei ihm in der Antike ein Verhältnis – ähnlich dem der Hegelianer zu ihrem großen Ahnen – vor Augen stand: Die Philosophie war mit Aristoteles systematisiert und – enzyklopädisch – auf alle Erscheinungsgebiete angewendet worden, ähnlich wie dies nun auch Hegel geleistet hatte. Wie damals sich die Nachgeborenen, Epikur, Stoa und die Skeptiker, dem eigenen Selbstbewußtsein zuwenden, so tut dies auch Marx gegenüber Hegel. Dieser hat Marx zufolge überhaupt erst die «Geschichte der Philosophie» begründet und dabei die griechischen «Systeme im ganzen richtig bestimmt», aber «teils hinderte den riesenhaften Denker» das Spekulative dieser Systeme wiederum daran, sie richtig zu werten. Ebenso wie nach Aristoteles, «der höchsten Blüte der Philosophie», die Wendung zum Materiellen erfolgte, so ist diese auch jetzt nötig, das heißt: «Weg von der Religion, hin zur äußeren Wirklichkeit» (MEW, E.Bd. 1, S. 261 ff.).

In der Dissertation – sie liegt fragmentarisch vor mit rund 50 Seiten Umfang – wird die Wende zum Sinnlichen so beschrieben, daß Demokrit zum Atom vorstößt, das selbst nicht sinnlich ist; so muß Demokrit die sinnliche Welt zum subjektiven Schein machen, Epikur dagegen kann sie als objektive Erscheinung gelten lassen. Dieser steht Marx näher, für ihn ist das Atom «Substanz der Natur, aus der sich alles erhebt, in die alles sich auflöst . . . das Atom selbst aber bleibt immer als Bodensatz zugrunde liegen» (MEW, E. Bd. 1, S. 293 f.). Demokrit hat, anders als Epikur, keinen Zeitbegriff, die «Zeit . . . ist in der Welt der Erscheinung, was der Begriff des Atoms in der Welt des Wesens ist, nämlich die Abstraktion, Vernichtung . . . *Die Sinnlichkeit des Menschen ist also die verkörperte Zeit, die existierende Reflexion der Sinnenwelt in sich»* (ebd., S. 296 f.). Von den Formen der Dinge strömt fortwährend etwas aus, das, dringt es in die Sinne ein, die Objekte erscheinen läßt. «Im Hören hört daher die Natur sich selbst, im Riechen riecht sie sich selbst . . . *Die menschliche Sinnlichkeit* ist so das Medium, in dem als in einem *Fokus* die Naturprozesse sich reflektieren und zum Licht der Erscheinung entzünden . . . *Wie also das Atom* (dieses wird als *der Mensch* verstanden) *nichts als die Naturform des abstrakten, einzelnen Selbstbewußtseins ist: so ist die sinnliche Natur nur das vergegenständlichte empirische, einzelne Selbstbewußtsein, und dies ist das sinnliche. Die Sinne sind daher die einzigen Kriterien in der konkreten Natur, wie die abstrakte Vernunft in der Welt der Atome»* (ebd., vgl. hierzu Strawe, S. 35 f.).

Die Wendung zu den Sinnen wird in dieser dialektischen Begrifflichkeit deutlich – eine ähnliche Gebärde, wie sie sich bei den zitierten Zeitgenossen findet.

Zur Anfertigung dieser Dissertation exzerpierte Marx aus antiken Quellen sieben Hefte, die im heutigen Druck nicht weniger als hundertzwanzig Seiten umfassen – Zeichen seines Fleißes und Aneignungswillens. Es wird dabei aber auch etwas von dem inneren Zustand und dem Selbsterleben von Karl Marx deutlich, von einer «bestimmenden Grunderfahrung», die Künzli in seiner Psychographie in dem Erlebnis sieht, «ein vom Allgemeinen Abgesonderter zu sein, der älteste Sohn Israels, ‹Gottes Sohn›, mit einer auszeichnenden Berufung, der Rabbinerenkel, der im erzkatholischen Trier Protestant war, von der Welt aber trotzdem noch als Jude angesehen wurde, der mit ungewöhnlichem Intellekt begabte, der sich seinen Mitschülern . . . überlegen fühlen mußte . . .» (S. 503), kurz: ein Entfremdeter, der in der Dissertation schon mehrfach die späteren Zentralbegriffe Entfremdung, Entäußerung verwendet. Gleichwohl ist keine Äußerung von Marx bekannt, wo «er sein eigenes Entfremdungsschicksal in Beziehung gebracht hätte zu seiner Entfremdungstheorie . . . Die eigene Entfremdung war für ihn tabu . . ., tabuisiert durch seinen jüdischen Selbsthaß» (Künzli, S. 505). Marx weist in den Vorstudien zur Dissertation auf Themistokles, der, als Athen die Zerstörung drohte, «die Athener bewog, es vollends zu verlassen und zur See, auf einem *anderen Element,* ein neues Athen zu gründen» (MEW, E.Bd. 1, S. 217). So fühlt auch Marx, daß er zu einem neuen Element gelangen müsse.

Doch zunächst stößt er auf Hegel, den absoluten Philosophen; läßt sich nach ihm noch weiterleben? Ja! «Ohne diese Notwendigkeit ist es nicht zu begreifen, wie nach Aristoteles ein Zeno, ein Epikur . . . wie nach Hegel die meistenteils bodenlos dürftigen Versuche neuerer Philosophen ans Tageslicht treten konnten» (ebd.). Es ist also auch nach Hegel weiterzuleben, aber nur für *prometheische Naturen* – und eine solche ist Marx. «Wem es nicht mehr Vergnügen macht, aus eigenen Mitteln die ganze Welt zu bauen, Weltschöpfer zu sein, als in seiner eigenen Haut sich ewig herumzutreiben, über den hat der Geist sein Anathema gesprochen» (ebd.). Das verdeutlicht sein eigenes Erleben.

Während Feuerbach, Strauß und Bauer noch eng an der Religionskritik hängen, wird eine Ausdehnung dieser begonnenen kritischen Betrachtung auf das Gebiet der Staats- und Rechtsphilosophie unvermeidlich – und dies wird Marx' Leistung sein. Während bei Hegel Idee und Wirklichkeit völlig zur Harmonie verschmolzen sind, bleibt im alltäglichen Leben eine reale Wirklichkeit mit ihrer kleinlichen Beschränkung bestehen: Diese muß aber erst von Marx durchlebt werden: in der Tätigkeit als Redakteur der «Rheinischen Zeitung», wo er zu bearbeiten hat, was die Korrespondenten berichten. Doch bis er dahin kommt, gehen die Pläne zunächst noch in andere Richtung. Georg Jung schreibt am 18. 10. 1841: «Dr. Marx, Dr. Bauer und L. Feuerbach assoziieren sich zu einer theologisch-philosophischen Zeitschrift, dann mögen alle Engel sich um den alten Herrgott scharen und er selber sich gnädig sein. Denn diese drei schmeißen ihn gewiß aus seinem Himmel heraus und hängen ihm noch obendrein einen Prozeß an den Hals. Marx wenigstens nennt die christliche Religion eine der unsittlichsten, übrigens ist er, obgleich ein ganz verzweifelter Revolutionär, einer der schärfsten Köpfe, die ich kenne» (Enzensberger, S. 4). Arnold Ruge schreibt: «Gott, Religion und Unsterblichkeit wird abgesetzt und die philosophische Republik und die Menschen (als) die Götter proklamiert» (ebd., S. 4).

Marx ist in seinem Philosophieren noch weitgehend auf der Stufe Bauers, er beherrscht die Negation, die Kritik souverän, kann aber noch keinen selbstgestalteten Ideenzusammenhang aufzeigen, er hat die «Perle» noch nicht gefunden. Gleichwohl wird sich diese in der Auseinandersetzung mit Feuerbach ergeben – aber erst später. Vorausblickend mahnt Marx in der Auseinandersetzung zwischen Strauß und Feuerbach: «Es gibt keinen anderen Weg für euch zur *Wahrheit* und *Freiheit* als durch den *Feuer-bach*. Der Feuerbach ist das Purgatorium der Gegenwart» (MEW 1, S. 27; dies Zitat wurde als von Feuerbach stammend von Sass, S. 135, Anm. 2, nachgewiesen).

6. Chefredakteur der «Rheinischen Zeitung»

Ehe Marx auf seinem Erkenntnisweg, auf der Suche nach den neuen Göttern fortschreiten und fündig werden kann, drängen ihn die uneingelöste Verlobung und seine ungesicherten Verhältnisse dazu, eine Anstellung zu suchen. Die Hoffnung auf eine Dozentur oder gar einen Lehrstuhl in Bonn – wo Bruno Bauer Privatdozent geworden und dann des Amtes enthoben worden war – zerschlägt sich. Der Jurastudent, der sich als Philosoph profilierte, hat an preußischen Universitäten keine Chance. Stattdessen erhält Marx das überraschende Angebot, die Chefredaktion der «Rheinischen Zeitung» als Nachfolger eines unfähigen

Vorgängers zu übernehmen, die seit dem 1. Januar 1842 als liberales, bürgerliches Blatt erscheint. Er übernimmt am 15. Oktober des gleichen Jahres, also 24 1/2jährig, die Leitung der Redaktion, die allerdings vor allem von zugesandten Aufsätzen, nicht von hauptamtlichen Mitarbeitern lebt.

Eines der Gründungsmitglieder der «Rheinischen Zeitung» war der «früheste deutsche Kommunist» Moses Hess (1812–1875), der, Autodidakt und Visionär, sich früh schon der entstehenden «sozialen Bewegung» verband und später auch zum Vorbereiter des Zionismus wurde. Auch ihm wenden wir uns im 2. Teil ausführlich zu. Er formulierte bereits 1837 «Eine heilige Geschichte der Menschheit», in der er den Dreischritt der Hegelschen Dialektik auf die Gegenwart und Zukunft anwendet. Dabei mißt er den Deutschen als Denkern, den Franzosen als Moralisten eine bedeutsame Aufgabe im gemeinsamen Wirken zu, während sich das englische Volk der sozialen Bewegung an die Seite stelle. Er hat auf Marx zunächst einige Wirkung und schreibt selbst ein erstes «Kommunistisches Manifest».

Marx veröffentlicht gleich zu Beginn seiner Tätigkeit einen vielbeachteten Aufsatz über die ständischen Ausschüsse in Preußen. Er setzt sich mit verschiedenen anderen Zeitungen – so der «Augsburger Allgemeinen Zeitung» - kritisch auseinander, wodurch er geschickt einer direkten Konfrontation mit den Inhabern der Macht entgeht. Mit Ironie und scharfer Dialektik weist er sachlich falsche Folgerungen nach und entlarvt die «ungerechte» Zusammensetzung der Ausschüsse: ein Deputierter in Berlin pro 100.000 Einwohner, in Potsdam für 30.000 (MEW, E. Bd. 1, S. 417). Für seinen Stil ein Beispiel: «Wollte man in Deutschland die *Komödie des Dilettantismus* schreiben, so wäre Herr Dr. O.F. Gruppe die unentbehrliche Person. Das Schicksal hat diesen Mann mit jener eisernen Zähigkeit ausgerüstet, deren die großen Männer nicht entraten können, am wenigsten die großen Männer des Dilettantismus. Enden auch seine meisten Abenteuer, wie die des Sancho Pansa, mit zweideutigen Zeichen der Anerkennung . . .» (ebd., S. 381).

Marx macht sich, indem er sich Gegenwartsproblemen zuwendet, zum Anwalt der verarmten Moselbauern und kritisiert die geplante Regelung des Holzdiebstahls, bei dem das «Raffholz» als Diebstahl geahndet werden soll. Die Besitzer können somit nicht nur eine Entschädigung für das gestohlene Holz, sondern auch noch Strafgelder einkassieren. «Es kann sich ein Mehrwert ergeben.» Dabei verkommt exekutive Gewalt «zu materiellen Mitteln des Privatinteresses», *der Staat dient also dem Interesse der Mächtigen*, er ist nicht neutrales

Instrument, sondern *parteiisch*. Die ganzen Überlegungen sind eingebettet in philosophische Reflexion. «Der Verstand ist nicht nur einseitig, sondern es ist sein wesentliches Geschäft, die Welt einseitig zu machen, eine große und bewunderungswürdige Arbeit, denn nur Einseitigkeit formiert und reift das Besondere aus dem Schleim des Ganzen» (MEW, 1, S. 109 ff.)

Es ist also die vordergründige Tagesproblematik, die den Blick von Marx auf das Soziale hinlenkt.

«Daß der Stand, der heute nichts besitzt, am Reichtum der Mittelklassen teilzunehmen verlangt, das ist ein Faktum» (MEW 1, S. 106). Von da aus stößt er auf den Kern und die Ursache der Entfremdung: Man ist «so weit gegangen, das Privateigentum ein Vorrecht zu nennen. Das ist Fouriers Grundsatz» (ebd., S. 168). Zunächst ist er der «festen Überzeugung, daß nicht nur der praktische Versuch, sondern die theoretische Ausführung der kommunistischen Ideen die eigentliche Gefahr bilden, denn auf praktische Versuche ... kann man mit Kanonen antworten ... aber Ideen ... das sind Ketten, denen man sich nicht entreißt, ohne sein Herz zu zerreißen» (ebd.). Hier ist Marx noch ganz von der Macht der Ideen überzeugt.[1]

1 Durch das Buch seines Berliner Lehrers Eduard Gans (1797-1837) «Rückblick auf Personen und Zustände» erfährt er als Literat einige Grundgedanken über das soziale Leben, die ihm eingehen. «Doch inmitten dieser Gedankenwirren haben die Saint-Simonisten wieder etwas Großes gesagt und auf einen offenen Schaden der Zeit ihren Finger gehalten. Sie haben richtig bemerkt, daß die Sklaverey eigentlich noch nicht vorüber sey, daß sie sich zwar formell aufhebe, aber materiell in vollkommenster Gestalt vorhanden wäre. Wie sonst der Herr und der Sklave, später der Patrizier und Plebejer, dann der Lehnsherr und Vasall sich gegenübergestanden haben, so jetzt der Müßige und der Arbeiter. Man besuche die Fabriken Englands, und man wird Hunderte von Männern und Frauen finden, die abgemagert und elend, dem Dienste eines Einzigen ihre Gesundheit, ihren Lebensgenuß, bloß der ärmlichen Erhaltung wegen, zum Opfer bringen. Heißt das nicht Sklaverey, wenn man den Menschen wie ein Tier exploitiert, auch selbst, wenn er frei wäre, sonst vor Hunger zu sterben? ... Dieses, daß der Staat für die ärmste und zahlreichste Klasse zu sorgen habe, daß, wenn sie arbeiten will, sie niemals einer ihrer angemessenen Beschäftigung entbehren dürfe, daß ein Hauptaugenmerk dahin gestellt werden müsse, jene Kruste der bürgerlichen Gesellschaft dünner zu machen, die man gewöhnlich Pöbel nennt, ist ein tiefer Blick in unsere Zeit, und die folgende Geschichte wird auf ihren Seiten mehr wie einmal von dem Kampfe der Proletarier gegen die mittleren Klassen der Gesellschaft zu sprechen haben. Das Mittelalter mit seinen Zünften hatte eine organische Einrichtung für die Arbeit. Die Zünfte sind

Nun erhält Marx in der Redaktion durch Korrespondenten immer wieder Hinweise auf eine Thematik, der er sich zunächst nicht gewachsen fühlt. Denn als verschiedene Mitarbeiter in ihren Artikeln Anspielungen auf den Kommunismus bringen, lehnt er deren Veröffentlichung ab. Marx schreibt an Ruge: «Ich forderte auf, weniger vages Räsonnement, großklingende Phrasen, selbstgefällige Bespiegelungen und mehr Bestimmtheit, mehr Eingehen in die konkreten Zustände, mehr Sachkenntnis an den Tag zu fördern. Ich erklärte, daß ich das Einschmuggeln kommunistischer und sozialistischer Dogmen, also einer neuen Weltanschauung, in beiläufigen Theaterkritiken etc. für unpassend, ja unsittlich halte und eine ganz andere und gründlichere Besprechung des Kommunismus, wenn er einmal besprochen werden solle, verlange» (MEW, 27, S. 412).

Die Augsburger Zeitung, mit der sich Marx angelegt hatte, verdächtigt die «Rheinische» ohnehin des Kommunismus, darauf antwortet Marx in einem Artikel: «Die ‹Rheinische Zeitung›, die den kommunistischen Ideen in ihrer jetzigen Gestalt nicht einmal *theoretische Wirklichkeit* zugestehen, also noch weniger ihre *praktische Verwirklichung* wünschen oder auch nur für möglich halten kann, wird diese Ideen einer gründlichen Kritik unterwerfen ...» (MEW 1, S. 108). Damit war zugleich ausgesprochen, womit sich Marx genauer zu beschäftigen beabsichtigte.

Alle Marxschen Artikel waren, wie schon gezeigt, in einem neuen Stil geschrieben: leicht, witzig-ironisch, teilweise bissig mit fremdsprachlichen Zitaten und Belegen der besten Dichter, die das Thema illustrieren. Es heißt einmal: «Zum Erstaunen des ganzen schreibenden und lesenden Deutschland publizierte die preußische ‹Staatszeitung› an einem schönen Frühlingsmorgen ihre Selbstbekenntnisse.» Dies «Organ ist geschaffen, um die mündige Bevölkerung von oben zu belehren, die Zeitung selbst ist ein Säugling und beurteilt wie dieser alles mit der *Nase*», insbesondere andere Zeitungen. «Wohlriechende Zeitungen sind für sie die *‹guten›* Zeitungen» (MEW 1, S. 28 f.).

Die «Rheinische» war ein vom König selbst argwöhnisch verfolgtes Organ, so daß sie wiederholt unter den Eingriffen der Zensur zu leiden hatte, sie wurde schließlich am 1. April 1843 verboten. Bereits am

zerstört und können nie wieder errichtet werden. Aber sollte jetzt die freigelassene Arbeit aus der Corporation in die Despotie, aus der Herrschaft der Meister in die Herrschaft des Fabrikherrn verfallen? Gibt es kein Mittel dagegen? Allerdings. Es ist die freie Corporation, es ist die Vergesellschaftung» (zit. n. Friedenthal, S. 46).

18. März war Marx der Zensurverhältnisse wegen ausgeschieden, um das Blatt zu retten. Seinem Stellvertreter Karl Heinzen (1809–1856), der später einige gehässige Erinnerungen an Marx zum Besten gab, bot er an, die Schuld für alles zu übernehmen und auch den Chefsessel zu räumen, wenn er dafür einen Artikel über ihn, Marx, in der «Mannheimer Abendzeitung» schreiben würde (Enzensberger, S. 12 ff.). Marx hatte das Material dafür schon beisammen. Heinzen lehnte dieses Ansinnen ab, der Artikel erschien trotzdem – unter dem Namen von K. Grün (1817–1887), der Autor ist aber Marx selbst. Es heißt dort, daß der zurückgetretene Marx der leitende Geist der «Rheinischen» gewesen sei, der über eine «wahrhaft bewunderungswürdige Dialektik» verfügt, «womit sich der Verfasser in die hohlen Äußerungen der Abgeordneten gleichsam hineinfraß und sie dann von innen heraus vernichtete». Er – eben Marx über Marx – verfüge über eine «zerstörungslustige Virtuosität», die ihren Haß gegen das «sogenannte Positive» wendet, das er in seinen Netzen fängt und dann zerdrückt. Marx habe eine «merkwürdige Begabung» und «Vielseitigkeit des Talents», so heißt es weiter. Mit dieser nicht unprätentiösen Selbstanzeige beschreibt Marx sein Selbstverständnis und seine Leistung. Dieses Selbstbewußtsein stammt aus einem elementar psychologischen Erleben bzw. Selbsterleben, aber es ist zugleich von ihm ja in der Dissertation philosophisch wohlbegründet worden. Wer in seine Nähe geriet, hatte mit diesem Selbsterleben zu tun, so der Zensor der «Rheinischen», der Offizier Wilhelm von Saint-Paul: «Dr. Marx ist allerdings der doktrinäre Mittelpunkt, der lebendige Quell der Theorien des Blattes; ich habe ihn kennengelernt, er stirbt auf seine Ansichten» (Enzensberger, S. 9).

Kaum hatte Marx in Köln die Arbeit begonnen, da erschien dort im November 1842 Friedrich Engels, der sich schon in verschiedenen Zeitungen mit Beiträgen hervorgetan hatte. Engels arbeitete auch an der neuentstandenen «Rheinischen» mit, nun will er den «Chef» selbst kennenlernen. Es kommt zur Unterredung, die aber aufgrund der anderen ideellen Ausbildung, die Engels mitbringt, zunächst die wirkliche «Begegnung» verstellt, doch nicht für lange.

Die dauernden Auseinandersetzungen mit der preußischen Obrigkeit veranlassen Marx schließlich, Köln verärgert den Rücken zu kehren, wobei als ein Erträgnis für ihn zu gelten hat, daß ihm das «neue Element», mit dem eine neue, heile Welt aufzubauen sei, «*die* elementarische Klasse der menschlichen Gesellschaft», die von den Besitzenden getrennt ist, aufgegangen war. Ferner wird ihm die Ursache gesellschaftlicher Entfremdung deutlich. «Wenn je die Verletzung des Eigentums ohne Unterschied, ohne nähere Bestimmung Diebstahl ist, wäre nicht alles Privateigentum Diebstahl? Schließe ich nicht durch mein Privateigentum jeden Dritten von diesem Eigentum aus? Verletze ich also nicht sein Eigentumsrecht?» (MEW 1, S. 113). Dieser Zusammenhang muß noch ausgearbeitet werden, weil dies die Quelle der bleibenden Marxschen Empörung ist. Doch Marx empört sich nicht ethisch, sondern *politisch*, und zwar konkret, weil der Staat sich – etwa beim Holzdiebstahl – Sonderinteressen zu eigen macht und sie schützt, wodurch die Armen – dies ist die Mehrheit, mithin das allgemeine Interesse – radikal und öffentlich benachteiligt werden, ohne daß es bemerkt würde. An Ruge schreibt er: «Es ist schlimm, Knechtsdienste selbst für die Freiheit zu verrichten und mit Nadeln statt mit Kolben zu fechten. Ich bin der Heuchelei, der Dummheit, der rohen Autorität und unseres Schmiegens, Rückendrehens und Worteklauberei müde geworden ... In Deutschland kann ich nichts mehr beginnen. Man verfälscht sich hier selbst» (MEW 27, S. 415). Dabei ergibt sich ihm schon deutlich, daß eine Revolution unabwendbar sei, ein Schiff voll Narren, nämlich Preußen, treibe seinem Schicksal, der Revolution, entgegen (MEW 1, S. 338). Dieses Thema – Ursprung, Triebkräfte und Natur der Revolution – begleitet Marx fortan und wird Zentrum seines Denkens, Ankergrund der eigenen Dogmatik.

7. Neue Aufgabe: Dialektisches Vermögen

Marx erhielt während seiner Redaktionstätigkeit ein ansehnliches Gehalt, aber auch danach noch eine reichliche Abfindung. Die Eheschließung erfolgt nach siebenjähriger Verlobung am 19. Juni 1843, wobei der Ehekontrakt zwischen «Herrn Carl Marx, Doctor der Philosophie, wohnhaft in Cöln; und der Fräulein Johanna Bertha Julia Jenny von Westphalen, ohne Geschäft, wohnhaft in Kreuznach», geschlossen wird. Marx liebt «von Kopf bis Fuß, und zwar allen Ernstes», wie er Ruge schreibt – dies ist für einen ganz der Kritik ergebenen Denker wohl besonders mitteilenswert (MEW 27, S. 417). Ruge hatte ihm zuvor angeboten, an den «Deutschen Jahrbüchern» mitzuarbeiten, was ihm als Mitherausgeber jährlich 850 Taler bringen sollte, eine zwar ordentliche Summe, aber dennoch unzureichend, da schon der Student 700 benötigte. Die Hochzeit findet in Kreuznach statt, wo Marx mit der Angetrauten Jenny die Zeit von Mai bis Oktober in deren elterlichem Haus verbringt. Diese Zeit ist zugleich einem ausgedehnten Studium gewidmet, er liest 45 Bände mit 20 000 Seiten in den Flitterwochen! In diesem Lebensabschnitt reift der Plan, nachdem sich verschiedene andere zerschlagen hatten, endgültig nach Frankreich zu gehen, wo schon große Vorbilder – Börne, Heine u. a. – geachtet lebten und wo inzwischen auch der Mitredakteur Hess weilte. Im Gespräch mit Ruge wird der Plan «Deutsch-Französischer Jahrbücher» genauer entwickelt. Ruge soll sich vor allem um das Wirtschaftliche kümmern, Marx selbst plant das Woher und Wohin, die Inhalte. Es bedarf, meint Marx, der *«Selbstverständigung der Zeit über ihre Kämpfe und Wünsche»*. Deshalb muß der Wahlspruch sein: *«Reform des Bewußtseins* nicht durch Dogmen, sondern durch Analysierung des mystischen, sich selbst unklaren Bewußtseins, trete es nun religiös oder politisch auf. Es wird sich dann zeigen, daß die Welt längst den Traum von einer Sache besitzt, von der sie nur das Bewußtsein besitzen muß, um sie wirklich zu besitzen» *(MEW* 1, S. 346).

Um selbst zur Klarheit zu kommen, nimmt sich Marx Hegels Staatsphilosophie vor. In der «Kritik» kommt er stets zu sich selbst. Wie in anderen Fällen, so benötigt Marx einen Gegenstand, ein Ärgernis, wovon er sich abzusetzen vermag, in der Absetzung erlebt er dann verstärkt – sich selbst. So wird ihm nun Hegel zur These, zu der er seine Antithese entwickeln kann. Jetzt sollen, ja müssen die neuen Götter sich finden lassen. Dabei ist sein Ausgangspunkt, daß es schlechte, darum zu kritisierende Einrichtungen gibt, so die Zensur, so das Eigentum usf. «Die eigentliche *Radikalkur der Zensur* wäre ihre *Abschaffung*, denn das Institut ist schlecht» (MEW 1, S. 25). Aus dem preußischen Pressegesetz ergab sich ihm, daß die Regierung ihren Verstand als Staatsvernunft ansehe – gerade das, was Hegel rechtfertigte. So ist nach den Kräften zu suchen, die diese schlechte Ordnung überwinden können. Zum anderen war ihm deutlich, daß «das System des Erwerbs und Handels, des Besitzes und der Ausbeutung» zu einem Bruch innerhalb der jetzigen Gesellschaft führen wird (an Ruge, MEW 1, S. 342 f.). Systematisch erarbeitet er sich Teile der Hegel-Kritik.

In Kreuznach entwirft er die ersten 39 Manuskriptbogen (130 Druckseiten) der «Kritik des Hegelschen Staatsrechts», daneben skizziert er von August bis Dezember 1843 einen Aufsatz *«Zur Judenfrage»*, wobei er sich mit seinem früheren Freund Bruno Bauer erstmals anlegt. Dieser hatte in Aufsätzen behauptet, daß das jüdische Emanzipationsstreben unsinnig sei, da in Deutschland niemand politisch emanzipiert sei. Der jüdische Egoismus drücke sich gerade in dieser Emanzipationsforderung besonders aus (Vgl. auch 2. Teil, IV, 6.). Marx will diese Frage aber nicht religiös, sondern sozial geklärt wissen. So führt er das *«Geheimnis des Juden»* nicht auf ihre Religion, sondern auf den «wirklichen Juden» zurück. «Welches ist der weltliche Grund des Judentums? Das *praktische* Bedürfnis, der *Eigennutz.* Welches ist der weltliche Kultus des Juden? Der *Schacher.* Welches ist sein weltlicher Gott? Das *Geld.* Nun wohl! Die Emanzipation vom *Schacher* und vom *Geld,* also vom praktischen, realen Judentum wäre die Selbstemanzipation unsrer Zeit ... Wir erkennen also im Judentum ein allgemeines, *gegenwärtiges antisoziales* Element ... *Die Judenemanzipation in ihrer letzten Bedeutung ist die Emanzipation der Menschheit vom Judentum* ... Die Juden haben sich insoweit emanzipiert, als die Christen zu Juden geworden sind» (MEW 1, S. 372 f.).

Diese – scheinbar – antisemitischen Äußerungen sind nicht schon das, was sie für das heutige Bewußtsein – nach Auschwitz – vorgeben. Marx schildert wie häufig keine soziale Wirklichkeit, sondern benutzt die Vorlage Bauers, um seine neu gewonnene Gedankenfigur, daß das Bewußtsein von der sozialen Lage stärker bestimmt wird als etwa von religiösen Inhalten, auszuformen. Dabei treibt ihn oft seine Sprach- und Formulierungsfreude: «Der Mensch wurde nicht von der Religion befreit, er erhielt Religionsfreiheit», die Form des Chiasmus, der verkehrenden Verschränkung – dies wird zur durchgängigen dialektischen Manier. Dasselbe wird vom Eigentum, vom Gewerbe gesagt und läßt sich beliebig variieren, weil es über den Dingen schwebt. Ihn interessiert natürlich nicht *das* Judentum, sondern lediglich dessen Bourgeoisie, wobei er das Wesentliche des Judentums, die Religion, weitgehend ausblendet. *«Für Deutschland ist die Kritik der Religion im wesentlichen beendigt, und die Kritik der Religion ist die Voraussetzung aller Kritik* ... Der Kampf gegen die Religion ist also mittelbar der Kampf gegen *jene Welt,* deren geistiges *Aroma* die Religion ist. Das *religiöse* Elend ist in einem der *Ausdruck* des wirklichen Elendes und in einem die *Protestation* gegen das wirkliche Elend. Die Religion ist der Seufzer der bedrängten Kreatur, das Gemüt einer herzlosen Welt, wie sie der Geist geistloser Zustände ist. Sie ist das *Opium* des Volks», jenes Wort, das wir bereits kennen (Zur Kritik der Hegelschen Rechtsphilosophie, MEW 1, S. 378). So kann ihm der jüdische Ritus, den er kaum kennt, nur «widerwärtig» sein.

Marx sieht also nur die Außenseite des Judentums, und da wieder nur einen Ausschnitt, den dem sozialen Vorurteil entstammenden Topos des geldgierigen Schacherers. Damit entleert Marx den Begriff des Juden, zu dem das Gesetz mit seiner Heilserwartung gehört, und «münzt ihn um zur Chiffre, meint ihn ausschließlich ökonomisch. Und genau hier erweist sich, daß damit nichts erklärbar ist ... Es taucht hier statt einer Führer- und Erlöserideologie ein Vergewaltigungsmechanismus auf ... Die Entwicklung vom egoistischen Individuum (dem Juden) zum wahren Menschen (dem Citoyen) will er erzwingen ... Rückübersetzt man das ökonomisch überlagerte Vokabular in die Sprache des Heils beziehungsweise der Verdammung, setzt man für Wucher Schuld und für Emanzipation Erhöhung ein, so kann man daran Marx' selbstauferlegten Auftrag ableiten: die Schuld der Menschheit nicht auf sich zu ziehen, aber zu tilgen» (Raddatz, S. 59 f.).

Doch es gibt im Hinblick auf das Judentum auch ganz andere Interpretationsmöglichkeiten, denn zur Zeit von Marxens Geburt kam eine neue Woge des Judenhasses auf. Ein Berliner Historiker, Friedrich Rühs, fordert 1815 die Einführung einer Judensteuer und einer Volksschleife zur Kenntlichmachung der Juden. «Jude verrecke!»

Dieses Klima und der Einfluß der Familie auf Karl Marx – so das Psychogramm von Künzli – mit dem liebenswerten, aber anpassungswilligen, darum auch schwächlichen Vater, dazu eine Mutter, die aufs Praktische gerichtet ist und den Sohn zum Abschluß des Studiums drängt, wobei sie ihn in seiner Berufung in Frage stellt, führt zu einem *«jüdischen Selbsthaß»* in Marx, der sich ohnehin auf dem Weg der Entfremdung und Heimatlosigkeit befindet. Er projiziert das für ihn Negative – Judentum und Mutter- in ein «Reich der Schatten», wo sie das schlechthin «Egoistisch-Minderwertige, Niedrige und Geistfeindliche» verkörpern (Künzli, S. 117). Der Schatten ist der im Leben verdrängte, nicht zugelassene Inhalt der Seele. Marx sucht in der ‹Nation der Arbeiter› einen Ersatz für die ihm entfremdete eigene Nation» (ebd., S. 194). Entsprechend dem Vater-Erlebnis sah er im Juden das Unterwürfige, Minderwertige, also Knechtische, was die Kehrseite der Herrschaft des Kapitalismus ist. «Die Unterwürfigkeit des Knechts ist ein Symptom desselben Übels wie das Ausbeutertum des Herrn» (ebd., S. 212). Beachtlich ist ein Arsenal von Schimpfwörtern im Zusammenhang mit Juden, das Marx jederzeit benutzt, wobei ihm nie einfiel, jemandem sein Christentum oder Germanentum vorzuhalten. «Bloß Juden waren Lumpen, weil sie Juden waren ...» (ebd., S. 216). All dies ist eindrücklicher Beleg und Ausdruck seines «jüdischen Selbsthasses». Dies deutet auf verborgene, verdrängte Tiefenschichten. Im Feld des Bewußtseins dagegen galt für ihn anderes. In der Prognose des geschichtlichen Werdens, der kommenden Revolution ist er Prophet, er zeigt das Ziel: die

Emanzipation, die kommen muß. Allerdings hat nur er – wie der Prophet – Einsicht, denn der sich vorbereitende wissenschaftliche Sozialismus unterschied scharf das Wünschenswerte vom Möglichen, die Hoffnung vom Machbaren. Diese Unterscheidung trennt Marx von den leicht entflammbaren Revolutionären wie Herwegh und Bakunin, die sich von den Massen mitreißen ließen. Marx analysiert und weiß als Wissenschaftler mit Selbstüberzeugung, der die Zusammenhänge durchschaut, wann es so weit ist und was sich tun läßt. Darin ist er «Einsichtiger», «Berufener». Seine Partei kann dementsprechend auch nur klein sein. Man mag darin Züge eines jüdischen Weisen erkennen. Der chaddinische «Rabbi Binsam sprach zu seinen Schülern: ‹Jeder von euch muß zwei Taschen haben, um nach Bedarf in die eine oder die andere greifen zu können: in der rechten liege das Wort ‹um meinetwillen ist die Welt erschaffen worden› und in der linken ‹Ich bin Staub und Asche›» (Raddatz, S. 112). Dieser dialektisch-talmudischen Tradition ist Marx verwandt.

Entsprechend war auch das dialektisch-intellektuelle Vermögen bei Marx: zumindest diese Fähigkeit, mehr als die inhaltlichen Bezüge, dürfte mit der Herkunft aus dem Judentum zu tun haben. Denn es war ursprüngliche Aufgabe des «auserwählten Volkes», durch den Bund mit Jahwe im 2. Jahrtausend vor Christus eine Erbströmung und einen Blutszusammenhang auszubilden, der ermöglichte, daß die Volkszugehörigen sich gerade durch Klarsicht und präzise Erkenntnis, ja durch ihr Abstraktionsvermögen von den träumend-hellseherischen Fähigkeiten der umliegenden Völker abhoben. Das Judentum sollte Gott im Glauben, nicht wie andere Völker in der Natur, also in Quellen, Steinen und Wolken erleben. Die Ausbildung des «Gehirnerkennens» war weltgeschichtliche Aufgabe des jüdischen Volkes. Der Stammvater Abraham war dazu ausersehen, anstelle des überlieferten alten Hellsehens eine besondere Gehirnanlage auszubilden und im Erbstrom weiterzugeben, durch die die Welt verstandesmäßig, nicht nur einfühlend erkannt werden kann und der Glaube an die Macht der Gottheit im Innern auftritt. «Diese Individualität war imstande, die Erscheinungen der äußeren physischen Welt nach Maß, Zahl, Ordnung und Harmonie zu überschauen, die Einheit zu suchen in den äußerlich ausgebreiteten Erscheinungen. Während also die Angehörigen der früheren Kulturen sozusagen durch die Eingebungen von innen heraus etwas gewußt haben aus der geistigen Welt, mußte diese Individualität den Blick hinausrichten in den Umkreis der Erscheinungen, mußte sie kombinieren, logisch abwägen und sich sagen: da draußen sind die Erscheinungen, alles ordnet sich zu einer

Harmonie, wenn man alles überschaut mit einem großen Einheitsbilde. Dasjenige, was da als Einheit erscheint, das erschien als Einheit in der Außenwelt, als der Gott hinter den Erscheinungen des physischen Planes. Das war ein Unterschied gegenüber den anderen Gottesanschauungen ... Abraham war derjenige, der sozusagen von den geistig-göttlichen Mächten ausersehen war, diese besondere Mission zu empfangen, der Menschheit zu überliefern, die an Maß und Zahl der äußeren Erscheinungen gebundenen Kräfte. Er ging aus der chaldäischen Kultur hervor ... Abraham, der Urvater der Arithmetik, ging hervor, um alles das durch Kombination zu finden, dadurch zu finden, daß das physische Gehirn hier einmal eine ganz besondere Ausziselierung erfahren hat» (Steiner, GA 117, 14. 11. 1909). Durch Abraham ist die Menschheit, und zwar zunächst das Judentum und dann alle Völker, in eine ihm selbst ähnliche oder gleiche Situation versetzt worden. Rudolf Steiner schildert, daß zunächst dem auserwählten Volk die Pionieraufgabe zukam, die Leiblichkeit *durch Vererbung* und Reinhaltung des Erbstromes so vorzubereiten, daß nichts, aber auch gar nichts an Hellsichtsfähigkeit mehr Bestand hatte, so daß der Mensch im Erkenntnisbemühen ganz auf seine eigene Gehirnapparatur, auf die ratio, zurückgeworfen wurde. Durch sie hat er zu erfahren, was es heißt, mit dem kombinierenden und abstrahierenden Denken an die Erscheinungen der Welt heranzugehen und die Einheit herzustellen, zu ordnen, aber außerhalb des Wesenhaften und Vielgestaltigen zu bleiben, Klarheit zu gewinnen, in einer anderen Hinsicht aber zu verarmen. Die Lenkung dieser Entwicklung oblag dem «Führer» des Bundes selbst, Jahve, einer erhabenen Gottheit des Lichts.

Karl Marx verfügt schon aus dem Erbstrom über eine Denkorganisation, die es seiner Individualität ermöglicht, das gebotene Instrument meisterlich zu handhaben. Das heißt aber auch, die durch das Gehirn wirkenden Kräfte setzen den Menschen in eine andere Beziehung zur Welt als etwa die des Herzens oder der Glieder, ihre besonderen Merkmale sind Distanz, Analyse, vor allem *Kritik,* und Marx verfügt über diese Fähigkeit wie keiner seiner Zeitgenossen. Er schrieb eine Kritik der kritischen Kritik, eine Deutsche Ideologie – Kritik der neuesten deutschen Philosophie ..., eine Kritik von Proudhons: Misère de la Philosophie, Kritik der «Großen Männer des Exils» (eine kleinliche Abrechnung), Zur Kritik der Politischen Ökonomie, Das Kapital – Kritik der politischen Ökonomie, Kritik des Gothaer Programms, kurz: seine Leistung ist die Kritik. An Freiligrath schrieb er einmal: «Wenn Du Poet bist, so bin ich Kritiker» (29. 2. 1860, zit. n. Künzli, S. 390).

Die Vererbungsströmung war es in der Vergangenheit, die den Menschen, indem sie ihm «irdische Eigenschaften» verlieh, daran hinderte, daß er vorzeitig «als Individualität» auf sich selbst gestellt sein mußte. Er war von Gruppenzusammenhängen, von den Blutskräften geborgen und getragen. Insofern war der Erbstrom zugleich ein Schutz, den die «Geister des Lichts» gaben, um eine zu schnelle und menschheitsgeschichtlich zu frühe Verselbständigung, wie sie von den Verführermächten (Luzifer) erstrebt war, zu verhindern. Wir sprechen damit in der Sprache auch der jüdischen Religion, der die Versuchung im Paradies als Ausgangspunkt des heilsgeschichtlichen Wirkens galt. «So daß wir in alle dem, was in Verbindung steht mit Vererbung, mit Zeugung, mit Fortpflanzung, mit der Liebe auf dem irdischen Felde, uns verbunden denken müssen jene geistige Wesenheit, deren Führerschaft als Jahve oder Jehova bezeichnet wird» (Steiner, GA 177, 26. 10. 1917). Jahve ist nicht nur der Inspirator des Judentums, sein geistiger Führer, sondern auch als der Herr derjenige, der die Erbkräfte lenkt und schützt. Ein Verstoß gegen die Blutszusammenhänge mußte damit einen Aufruhr der Verführermächte gegen die schützende Gottheit bedeuten. Daß diese immer wieder versuchte Empörung in dem Volksgemisch Palästinas nicht gelang, wurde durch den rechten Glauben an die jüdische Religion gesichert, die, indem sie Gesetzestreue verlangte, das Bewußtsein des Bundes im Sinne des auserwählten Volkes lebendig hielt. Dies hatte – unausgesprochen – auch biologisch-rassische Auswirkungen, indem das Gebot die Eheschließung und ihre blut- und erbmäßigen Folgen regelte, so daß dadurch die Assimilation später auch in der Diaspora verhindert wurde. Ein Abweichen vom Erbstrom durch Heirat mit anderen Volks- oder Stammesangehörigen war demnach Aufruhr gegen Gott und ein Pochen auf individuelle Freiheit.

Zwei Strömungen gehen somit durch die Geschichte: eine von «Geistern des Lichts» geleitete Vererbungsströmung, die sich besonders an Israels Mission heftet, und eine dagegen rebellierende, die von «Geistern der Finsternis» gelenkt wird und den Menschen Freiheit und Individualität zur Unzeit vermitteln will (vgl. S. 129 ff.), wie sie in anderen Völkern, etwa bei den Hellenen, vorkommt. Die Wirkungskraft dieser überlieferten Verhältnisse hat sich bereits mit dem Eintritt des Christentums in die Menschheit grundlegend gelockert, weil durch Christus jeder Mensch als Glied der Menschheit angesehen wurde, jedes Wesen, das Menschenantlitz trägt, als logosbegabt dieselbe Würde erlangt hat. Das Ziel, die Gleichwertigkeit eines jeden Menschen bei allen Unterschieden in Aussehen, Begabung, sozialem Status zunächst zu denken und dann auch sozial zu praktizieren, war mit Golgatha der Menschheit vor Augen gestellt. Von jetzt an war Individualitätsentwicklung berechtigt möglich. Ihr diente der Impuls des Christentums. Gleichwohl existiert die überlieferte Abgrenzung, die Differenzierung durch das blutmäßige Herkommen fort, ja steigert sich sogar noch zu den Formen des Nationalismus und gegenwärtigen Rassismus, wie er weltweit seit dem 19. Jahrhundert registriert werden kann. Doch drückt sich gerade darin ein «dialektischer Umschlag» aus. Und dies ist auch ein Forschungsergebnis der anthroposophischen Geisteswissenschaft: im Verlauf des 19. Jahrhunderts ziehen sich jene Kräfte, die bisher ihr Wirken im Vererbungsstrom hatten, aus diesem heraus, sie geben diesen frei in dem Sinne, daß das bisher Geschaffene und weisheitsvoll Gewordene wie eine Matrix zwar weiterwirkt, aber keine Höherentwicklung im Sinne einer Steigerung bestimmter Anlagen mehr erfolgt. Diejenigen Kräfte, die früher gegen die weisheitsvolle Regelung des Erbstroms rebellierten, um dem Menschen vorzeitig Freiheit von der Bindung an die Leiblichkeit zu verleihen, bemächtigen sich nun – dies ist der dialektische Umschlag – der Vererbung und versuchen, den erreichten Stand zu konservieren, was sich in Bestrebungen der Reinhaltung des Erbguts, der Zucht einer neuen Rasse, der Gen-Manipulation in Huxleys Vision von der «Schönen neuen Welt» ausdrückt. Eine durch Äonen gegebene Ordnung stülpt sich um, just in jener Zeit, wo das menschliche Bewußtsein voll zu sich selbst erwacht wie durch die Philosophie des Idealismus. Was gut zu seiner Zeit war, die Lenkung des Erbstroms, wird nunmehr freigegeben und magisch von anderen Geistern, den Geistern der Finsternis, ergriffen; sie sind es, die auf Blut, auf Erbanlagen und Volkstum pochen. Alle früheren Kulturen kannten eine Ordnung der Ehe- und Fortpflanzungsbeziehungen, die untereinander sehr unterschiedlich waren, stets aber als Normgefüge auf «Führer», Eingeweihte, Propheten oder Seher, Priester oder Schamanen zurückgeführt wurden. Hinter den Erscheinungen werden lenkende, wirkende Wesen empfunden, die mit Namen benannt wurden. Im Judentum lebt als Lenker des Blutstroms, als Gesetzgeber Jehova; er offenbarte sich, wie das Alte Testament überliefert, wieder und wieder als Erzieher. Eben diese Wirksamkeit zieht sich aus dem Blutstrom heraus – andere, als Versucher erlebte Wirksamkeiten können sich nun im Vererbungsgeschehen breit machen, können alle Sitten und Geschlechtsnormen als ideologischen Überbau entlarven, neue Götter an die Stelle der alten setzen. Um einen Namen für sie zu haben, bezeichnet sie Steiner als «Geister der Finsternis» (GA 177, 26. 10. 1917).

Marx hat an diesem Wandlungsvorgang insofern indirekt Anteil, als er mit seinem dialektisch reduzierenden Denken vom Judentum die religösen Seite abstrahiert, die soziale vereinfachend in den Vordergrund rückt und dadurch zu einer Denkfigur gegenüber dem Judentum kommt, die sich später mit beliebigem Inhalt füllen läßt. Es ist eine neuzeitliche Art der Prophetie, wenn tatsächlich stattfindende Veränderungen in ihrer Wirksamkeit, für die der nicht übersinnlich empfängliche Mensch zunächst kein Organ hat, doch soweit begriffen werden, daß zumindest eine Denkfigur zur Interpretation überlebter Zusammenhänge bereitgestellt wird. Wenn Marx von der Judenemanzipation als Emanzipation der Menschheit vom Judentum spricht, erfaßt er das, was sich wandeln wird, die Bedeutung der Vererbung; wie er es aber tut, ermöglicht, daß die Denkfigur mit verschiedenen Inhalten beliebig angefüllt werden kann: wie niedere Rasse, egoistische Weltverschwörung usf.

8. Paris – Der Weg in den Materialismus

Ende Oktober 1843 übersiedelt Marx mit Jenny nach Paris, jener Stadt, die in vielerlei Hinsicht schon Züge des 20. Jahrhunderts aufwies, was Größe, Bevölkerungszahl, Geschäftigkeit, Reichtum des intellektuellen Lebens, den alljährlichen Wechsel der Mode und anderes anbetraf. Marxens wollten ursprünglich mit den Freunden A. Ruge und Georg Ludwig Ritter von Maurer (1790–1872) eine sozialistische «Phalanstère» im Sinne Fouriers begründen, wo bereits etwas von einer von Zwängen befreiten Gesellschaft realisiert werden sollte. Marx fühlt sich von dem Bild der zukünftigen Menschheit, das er selbst auf sich hin individualisiert, angezogen: «Heute dies, morgen jenes zu tun!» (Fourier) Es kann nicht verwundern, daß der soziale Versuch keine vierzehn Tage überlebt – Marxens ziehen aus der Gemeinschaft aus, nunmehr in ihre eigene Welt. Gleichwohl taucht vor allem Marx jetzt tief in das «geistige Zentrum» der damaligen Zeit, in die Atmosphäre von Paris mit all ihren verschiedenen Angeboten unter: in den französischen Lebensstil dieser Weltstadt, wo große romantische Opern Meyerbeers die Spitzen der Gesellschaft amüsieren, wo Liszt hinreißende Konzerte gibt, wo Balzacs «Comédie Humaine» sich abspielt, der Kampf um Renten tobt, die Mode geboren wird, wo sich der Reichtum zusammenballt, der sich durch die heraufkommende Industrialisierung ergibt, wo Banken und Börse den Wohlstand der Oberen dokumentieren, wo im Untergrund Verschwörer von einer Revolution, Utopisten Bilder einer neuen sozialistischen Gesellschaft träumen, Pläne neuer Kommunen entwerfen und Emigranten nach Zehntausenden zählen – da also erfährt Marx etwas vom Aufbruch des Kommenden, eines künftigen Zeitalters. Nachdem er durch historische Studien in Kreuznach auf die Große Revolution von 1789 aufmerksam wurde, lernt er nun, ein halbes Jahrhundert später, am Ort des Geschehens selbst das Erbe kennen: die verschiedenen sozialistischen Richtungen, die er später als kleinbürgerlich (Pierre Leroux, 1797–1871, Philippe Buchez, 1796–1865), staatssozialistisch (Babeuf, 1760–1797, Saint-Simon, 1760–1825) oder utopisch (Louis Blanc, 1811–1882, Pierre-Joseph Proudhon, 1809–1865) bezeichnen wird. Daneben entwickelt sich der utopische Kommunismus von Etienne Cabet (1788–1856), den dieser friedlich einzuführen beabsichtigt, während Theodore Dézamy (1805–1860) und Auguste Blanqui (1805–1881) mit Hilfe kleiner Verschwörergemeinschaften revolutionäre Aktionen zur Einführung einer kommunistischen Diktatur planen. Was allen fehlt – das weiß Marx –, ist der wirkliche Durchblick, die wahre Übersicht. Die Angebote sind vielseitig, in sich widersprüchlich, unklar, aber allesamt zukünftig – das spürt Marx auch. Was ihm alle voraus haben, das ist die reale soziale Erfahrung. An Feuerbach schreibt er (11. August 1844): «Sie müßten einer der Versammlungen der französischen ouvriers (Arbeiter) beigewohnt haben, um an die jungfräuliche Frische, an den Adel, der unter diesen abgearbeiteten Menschen hervorbricht, glauben zu können ... Jedenfalls ... bereitet die Geschichte unter diesen ‹Barbaren› unserer zivilisierten Gesellschaft das praktische Element zur Emanzipation des Menschen vor» (MEW 27, S. 426).

Marx taucht in ein neues Erfahrungsfeld ein. So bleibt es nicht aus, daß er hier einen Umbau des bisher Erarbeiteten durchzumachen hat. In seinem Haus verkehren bald die Führer des «Bundes der Gerechten», der Organisation deutscher Handwerker in Frankreich, so Hermann Ewerbeck (1816–1860) und German Mäurer (1815–1885), aber auch Radikale wie Karl Ludwig Bernays (1815–1876), Michail Bakunin (1814–1876), der Arzt Roland Daniels (1819–1855), Heinrich Bürgers (1820–1878), Georg Friedrich Herwegh (1817–1875) und kein geringerer als Heinrich Heine (1797–1856), der sich mit Jenny ebenso gut versteht wie mit Karl Marx.

Zunächst aber bricht eine Beziehung, deretwegen er mit nach Paris ging, auseinander. Der 25jährige Marx verkracht sich mit dem Mitherausgeber der Deutsch-Französischen Jahrbücher, Arnold Ruge, endgültig. Dafür gibt es viele Gründe, ihre Beziehung ist von tiefer Antipathie getragen, ideell entstehen Gegensätze: Ruge ist «nur» Liberaler und

Marx ist werdender Kommunist. Ruge schreibt, daß «plötzlich mein Mitredakteur (Marx), ein auflösendes sophistisches Naturell, dessen praktische Talente ich sehr überschätzt habe, mir erklärte, er könne mit mir, da ich nur Politiker, er aber Kommunist sei, nicht weiter gemeinschaftlich arbeiten ... *Von September 1843 bis zum März 1844 hatte er diesen Fortschritt zum ‹krassen Sozialismus›* zurückgelegt» (Enzensberger, S. 21 f.). Aus derselben kritischen Distanz, aber sicher nicht falsch gesehen, meint Ruge (an Feuerbach, 15. 5. 44) über Marx: «Alsdann ist er eine eigene Natur, die ganz zum Gelehrten und Schriftsteller geeignet, aber zum Journalisten vollständig verdorben ist. *Er lernt sehr viel, er arbeitet mit ungemeiner Intensität* und hat ein kritisches Talent, das bisweilen in Übermut ausartende Dialektik wird, aber *er vollendet nichts,* er bricht überall ab und stürzt sich immer von neuem in ein endloses Büchermeer. Er gehört seiner gelehrten Disposition nach ganz der deutschen Welt an, und seiner revolutionären Denkweise nach ist er von ihr ausgeschlossen ... (Marx ist von) exzessiver Empfindlichkeit ... am meisten, wenn er sich krank gearbeitet und drei, ja vier Nächte hintereinander nicht ins Bett gekommen ist» (ebd., S. 23 f.)

Wie vollzog sich nun das, was Ruge den Weg zum «krassen Sozialismus» nennt, bei Marx? Ist dies der Weg zu den «neuen Göttern», von denen er neunzehnjährig schrieb und die er nun im 26. Jahr, also sieben Jahre später, gefunden hat? Gelingt ihm dabei der Versuch, «hinabzutauchen in das Meer», um von dort «die geistige Natur ebenso notwendig und festgerundet zu finden wie die körperliche» und die «reine Perle ans Sonnenlicht zu holen»?

Marx begegnet zwei Sozialisten näher, einmal Proudhon, einem genialen Autodidakten, der in einer Schrift mit gleichem Titel fragt: Was ist Eigentum? (1840 erschienen) und antwortet: Diebstahl, der zugleich aber weder im Erwerb noch im Gebrauch des Eigentums nur etwas Verwerfliches sieht, weil in der Disposition darüber Freiheit ermöglicht wird. Ferner Dézamy und dessen «Gesetzbuch der Gütergemeinschaft», in dem sich das Bild einer liberalen Gütergemeinschaft findet. *Geld* und *Eigentum,* die Grundlagen aller Leidenschaften, sind abgeschafft. Es heißt originell: «Peter hat großen Hunger und möchte einen Ochsen (un boeuf) verspeisen. Paul dagegen hat nur Appetit auf ein Ei (un oeuf). Beiden gleich viel, z. B. einen Hühnerschlegel auf den Teller zu legen, wäre doch unsinnig, wider die Natur» (zit. n. Goertz, S. 51). Die Arbeit ist an den Fähigkeiten in den «ateliers communes» orientiert, wobei trotz Arbeitsteilung abwechslungsreiche Tätigkeiten bestehen. Diese Begegnungen lenken Marxens Blick konsequent auf den Sozialismus.

Daneben fordert der Umgang mit Arbeitervereinigungen, dem «Bund der Gerechten», Marx auf, das sozial Wirkliche, Diesseitige zu beachten. Unmittelbar nach dem Ausscheiden aus der «Rheinischen» studiert er die Geschichte Englands und Frankreichs. Das parallel aufgenommene Studium der Geschichte Englands und Frankreichs vermittelt Marx, daß das *Wirkliche* im *Sozial-Politischen*, im Gesellschaftlichen liegt und nicht, was auch möglich gewesen wäre, in den Erscheinungen der Natur und ihrer Gesetze. Beim «Hinabtauchen in das Meer» des Wirklichen hätte er möglicherweise die «geistige Natur» in der Weise zu finden vermocht wie Goethe: «Es gibt eine zarte Empirie, die sich mit dem Gegenstand identisch macht und dadurch zur eigentlichen Theorie wird. Diese Steigerung, die des geistigen Vermögens, gehört einer hochgebildeten Zeit an» (Maximen und Reflexionen). Oder: «Das Höchste wäre zu begreifen, daß alles Faktische schon Theorie ist ... Man suche nur nichts hinter den Phänomenen; sie selber sind die Lehre» (Wilhelm Meister, II). Marx' Streben zielt wie das Goethes auf einen *Monismus*, der die Spaltung, die Entfremdung, den Dualismus überwindet. Das Einheitsstiftende ist die Dialektik, die Vereinigung der Gegensätze in der Synthese. Somit müßte er bei Hegel gut aufgehoben sein, aber Hegel beschäftigt sich mit zwei Gegenständen unzulänglich: mit der Psychologie und der Natur, so daß sein Monismus, der den Materialismus überwunden hat, Schwächen aufweist. In der Psychologie enthüllt sich am deutlichsten das «Unbefriedigende der Hegelschen Weltanschauung». In ihr ist alles Gedanke; Wollen und Fühlen haben ganz untergeordnete Bedeutung. So gibt diese Psychologie keine Antwort darauf, was die Seele ihrem innersten Wesen nach ist. Ist sie eins mit dem Körper oder ist sie ihm gegenüber selbständig? Wenn der Mensch seinen Trieben folgt, ist er dem Tier gleich, wie kommt er dann zu höheren Antrieben, zu Motiven? Das Denken ist daran beteiligt, doch wie greifen Motive so ein, daß daraus Tat wird? Eine «Philosophie der Tat» ist das, was auch in den Augen Cieszkowskis Hegel als Desiderat hinterlassen hat. Wo ist der Ursprung des Sittlichen? Dafür gibt es bei Hegel keine Erklärung. «Bedeutungsvoll in der Seele ist nicht ihr individuelles Erleben, sondern ihr Enthaltensein in der allgemeinen Gedankenwelt ... Nicht die einzelne Seele ist wirklich, der geschichtliche Prozeß ist es» (Steiner, GA 18, S. 334 ff.). Diese Spur verfolgt Michelet weiter, und gegen diese Position zieht Cieszkowski zu Felde, der die Bedeutung des Ich ebenso herausarbeitet wie Stirner und Bauer. Davon wird später zu handeln sein. Marx, der denselben Mangel an Hegel erlebt, füllt das leer Gelassene mit *Arbeit* aus. Der *Arbeitende* ist erst Mensch, nicht der Denkende; erst in der Arbeit entäußert man sich, kann sich deshalb sich selbst entfremden.

Steiner vergleicht den Gedanken mit einem Keim, der wie der pflanzliche Same zur Saat oder zur Nahrung verwendet werden kann, sich steigern läßt und damit neue Qualitäten erwirbt. «Die Art, wie Hegel den Gedanken auffaßt, führt in der Tat die Weltanschauungsentwicklung zu einem toten Punkt. Man fühlt, man hat es mit den Gedanken zu einem Äußersten gebracht, doch will man den Gedanken so, wie man ihn erfaßt hat, in das unmittelbare Leben des Erkennens überführen, «man lechzt nach einem Leben» - einer Steigerung (ebd., S. 339). «Der Fortgang über Hegel hinaus würde dazu führen, daß in der Seele der Gedanke über sich hinaus und in eine geistige Welt hineinwächst.» Im Hinblick auf die Natur ist es mit dem Hegelschen Denken ähnlich bestellt. Ihm ist als Monist klar, Natur ist Geist, «ob aber mit diesem ‹Geist der Natur› aller Geist in der Natur durchschaut ist, konnte als Frage empfunden werden» (ebd., S. 347). Aber weder in der einen noch der anderen Richtung, sondern dazwischen, gegenüber der Gesellschaft setzt Marx mit seiner Hegelkritik an.

Marx beschäftigt sich erneut mit Feuerbach und Hegel. Am 13. 3. 1843 schreibt er: «Feuerbachs Aphorismen sind mir nur in dem Punkte nicht recht, daß er zu sehr auf die Natur und zuwenig auf die Politik hinweist» (MEW 27, S. 417). Durch Feuerbach war «der Bann, den das System Hegels ausgeübt hatte, . . . mit einem Schlag gebrochen . . . Die Begeisterung war allgemein, wir waren alle momentane Feuerbachianer. Wie enthusiastisch Marx die Auffassung begrüßte, kann man in der ‹Heiligen Familie› nachlesen . . . Die Hegelsche Schule war aufgelöst, aber die Hegelsche Philosophie war nicht kritisch überwunden» (so schreibt Engels 1886 rückblickend. Marx/Engels, Ausgewählte Schriften, Bd. II. S. 336).

Die kritische «Überwindung» Hegels wird nun durch Marx geleistet. Hegel macht überall die Idee zum Subjekt und das wirkliche Subjekt, die Familie und bürgerliche Gesellschaft, zum Prädikat. «Die Logik dient nicht zum Beweis des Staates, sondern der Staat dient zum Beweis der Logik» (MEW 1, S. 216). «Der Staat ist ein Abstraktum. Das Volk allein ist das Konkretum» (ebd., S. 229). Das Volk ist der wirkliche Staat. Hegel behauptet die Übereinstimmung von Vernunft und Wirklichkeit. Marx dagegen zeigt, daß die Gesellschaft, die Staatsordnung zwar wirklich, aber nicht vernünftig ist.

In der «Kritik des Hegelschen Staatsrechts», entstanden 1843, aber erst 1927 veröffentlicht, kritisiert Marx grundlegend jenes Werk, das darin gipfelt, den Staat zum sittlichen Universum zu erklären. Er ist «göttlicher Wille, als gegenwärtiger, sich zur wirklichen Gestalt und Organisation einer Welt entfaltender Geist» (Hegel, Grundlinien der Philosophie des Rechts, § 270); er ist «die sich wissende sittliche Wirklichkeit» (ebd.). «Es ist der Gang Gottes in der Welt, daß der Staat ist» (ebd., § 258). Marx setzt dagegen: *«Der Mensch ist – anders als bei Hegel – nicht des Gesetzes, sondern das Gesetz ist des Menschen wegen da ...»* (MEW 1, S. 231).

«Hegel ist nicht zu tadeln, weil er das Wesen des modernen Staates schildert, wie es ist, sondern weil er das, was ist, für das Wesen des Staates ausgibt». Er müßte vielmehr das Bestehende an der Idee messen, er mißt aber die Idee am Bestehenden. Hegel fehlt der Maßstab, den Marx zu haben glaubt: die Idee des Staates. Hegel verflüchtigt «die vorhandenen politischen Bestimmungen in abstrakte Gedanken», dadurch schlägt fortdauernd Empirie und Spekulation ineinander um. «Nicht der Staat, sondern *die Gesellschaft ist «das eigentlich Tätige»* (MEW 1, S. 225 ff. et passim).

Hegel ist Monist, in seiner Denkweise leitet er «das Höhere aus dem Niederen» her und nimmt das Mittlere als «Durchgangspunkt», «während die Alten das Mittlere als Wirkung des höheren idealen Prinzips auf das Niedere ansahen» (Willmann, 10, S. 427 ff.). Marx sucht die Hegelsche subjektive Logik in seiner *«Lehre von den Extremen»* zu überwinden. Denn alle Extreme, die Hegel durch den Staat als Mitte überwinden will, arbeitet nun Marx heraus, polarisiert sie, wodurch zunächst ein Dualismus entsteht, unaufhebbar, bis dieser – aber erst später – durch den Endzustand des Kommunismus für immer aufgehoben wird.

In dem Aufsatz «Kritik der Hegelschen Rechtsphilosophie – Einleitung zu den Deutsch-Französischen Jahrbüchern» fragt Marx, ob Deutschland zu einer Revolution gelangen könne: *«Die Waffe der Kritik kann allerdings die Kritik der Waffen nicht ersetzen, die materielle Gewalt muß gestürzt werden durch die materielle Gewalt»;* dies geschieht, wenn die Theorie die Massen ergreift (MEW 1, S. 385).

Indem sich Philosophen und die «Klasse mit radikalen Ketten» verbünden, kann die Emanzipation des Menschen in Deutschland erfolgen. *Das Proletariat erfährt kein besonderes Unrecht, sondern das Unrecht schlechthin,* denn es erleidet den *«völligen Verlust des Menschen» und kann «nur durch die völlige Wiedergewinnung des Menschen sich selbst gewinnen»* (ebd., S. 390).

Dadurch, daß Marx das Bündnis von Philosophie und Proletariat verkündet, ist er genötigt, sich systematisch mit der Politischen Ökonomie zu befassen. Dies geschieht in den von April bis August 1844 abgefaßten *Ökonomisch-philosophischen Manuskripten,* die als selbständige Broschüren über Recht, Moral, Politik usw. erscheinen sollen und zum Schluß sowohl den Zusammenhang mit der Nationalökonomie als auch den Zusammenhang des Ganzen herstellen wollen. Sie blieben Fragment; erst 1926 werden sie veröffentlicht und bilden eine Sensation. Sie zeigen Marx noch auf dem Weg, aber doch schon fündig. «. . . Arbeitslohn wird bestimmt durch den feindlichen Kampf zwischen Kapitalist und Arbeiter . . .» - «Die niedrigste und die einzig notwendige Taxe für den Arbeitslohn ist die Subsistenz des Arbeiters während der Arbeit und so viel mehr, daß er eine Familie ernähren kann und die Arbeiterrace nicht ausstirbt» (MEW, E. Bd. 1, S. 471). «Aber die Nationalökonomie kennt den Arbeiter nur als Arbeitstier, als ein auf die striktesten Leibesbedürfnisse reduziertes Vieh . . .» (ebd., S. 478).

In seiner Hegelkritik anerkennt Marx, daß Hegel den Menschen «als Resultat seiner eigenen Arbeit begreift», wobei Marx hinzufügt, daß durch Arbeit die Natur – in der Bearbeitung der gegenständlichen Welt – als sein Werk und seine Wirklichkeit erscheint. Dabei hat Marx einen Begriff vom Wesen der Arbeit als dem schöpferischen Urprinzip; dagegen ist abgesetzt die konkrete Arbeit, sie ist immer *entfremdet.* «Der *Gegenstand,* den die Arbeit produziert, ihr *Produkt,* tritt als ein *fremdes Wesen,* als eine von dem Produzenten *unabhängige Macht* gegenüber. Das Produkt der Arbeit ist die Arbeit, die sich in einem Gegenstand fixiert, sachlich gemacht hat, es ist die *Vergegenständlichung* der Arbeit: Die Verwirklichung der Arbeit ist ihre *Vergegenständlichung.* Diese Verwirklichung der Arbeit erscheint . . . als *Entwirklichung* des Arbeiters, die Vergegenständlichung als *Verlust und Knechtschaft des Gegenstandes,* die Aneignung als *Entfremdung und Entäußerung*» (ebd., S. 511 f.).

Konkrete Arbeit ist also immer Zwangsarbeit, das Gegenteil ist die «freie Arbeit», wo man der eigenen Zielsetzung folgt. Dieser Einsicht folgt dann Marx: er entzieht sich lebenslang jeder von außen bestimmten Arbeit im Sinne der Erwerbsarbeit – auch auf Kosten seiner Familie. Ohne Engels hätte er diese Haltung freilich nicht durchstehen können.[2]

2 Marx ist, was die eigene Existenz betrifft, hilflos, ja hilflos wie ein Embryo, so meint Adrien Turel. Er «blieb Geld und Beruf gegenüber in einem Zustand psychischer Infantilität. Seine Nabelschnur, die ihn mit dem nährenden Mutterleib verband, blieb bis an sein Lebensende undurchschnitten. Er verhielt sich zeitlebens (so, daß) er automatisch von der ihn umgebenden Umwelt ernährt wird . . . Der Säugling trinkt, er macht sich keine Gedanken darüber, ob die

Notwendig fällt Marxens Blick auf den Kommunismus. «Der Kommunismus als positive Aufhebung des Privateigentums als menschlicher Selbstentfremdung und darum als wirkliche Aneignung des menschlichen Wesens durch und für den Menschen; darum als vollständige, bewußt und innerhalb des ganzen Reichtums der bisherigen Entwicklung gewordene Rückkehr des Menschen für sich als eines gesellschaftlichen, d. h. menschlichen Menschen. Dieser Kommunismus ist als vollendeter Naturalismus = Humanismus, als vollendeter Humanismus = Naturalismus, er ist die wahrhafte Auflösung des Widerstreits zwischen dem Menschen mit der Natur und dem Menschen, die wahre Auflösung des Streits zwischen Existenz und Wesen, zwischen Vergegenständlichung und Selbstbestätigung, zwischen Freiheit und Notwendigkeit, zwischen Individuum und Gattung. Er ist das aufgelöste Rätsel der Geschichte und weiß sich als diese Lösung» (MEW, E.Bd. 1, S. 536).

Bei Hegel wirkt der Geist, er kämpft sich durch die Entfremdung hindurch und schafft Versöhnung, bei Marx ist es der Mensch als Gattungswesen. Deshalb spricht er von Humanismus. Es heißt da: Hegel spricht von der «Selbsterzeugung des Menschen» als Prozeß, er faßt die «Vergegenständlichung als Entgegenständlichung, als Entäußerung und als Aufhebung dieser Entäußerung; ... (er faßt) als das Wesen der *Arbeit* ... (und begreift) den gegenständlichen Menschen, wahren, weil wirklichen Menschen, als Resultat seiner *eigenen Arbeit* ... Das *wirkliche, tätige* Verhalten des Menschen zu sich selbst als Gattungswesen oder die Betätigung seiner als eines wirklichen Gattungswesens, d. h. als menschliches Wesen, ist nur möglich dadurch, daß er wirklich alle seine *Gattungskräfte* – was wieder nur durch das Gesamtwirken der Menschen möglich ist, nur als Resultat der Geschichte – herausschafft, sich zu ihnen als Gegenständen verhält, was zunächst wieder nur in der Form der Entfremdung möglich ist» (ebd., S. 574).

«Entfremdung» und «Entäußerung» werden bei Marx synonym gebraucht, verbal heißt es auch «entmenschen» und «entwesen» bei ihm. Wovon der Mensch entfremdet ist, wird nicht genauer beschrieben. Trotzdem ist klar, daß der Arbeiter zur Ware, «zur elendsten Ware herabsinkt» und daß das Elend des Arbeiters im umgekehrten Verhältnis zur Macht und Größe seiner Produktion steht. «Der Arbeiter wird umso ärmer, je mehr Reichtum er produziert, je mehr seine Produktion an

Mutter genug Milch hat oder nicht, er kennt der Mutter gegenüber keine Verantwortung.» Später wird dann Engels zur Ersatzmutter, die Milch ist das Geld (n. Künzli, S. 581 f.)

Macht und Umfang zunimmt ... Die Arbeit produziert nicht nur Waren; sie produziert sich selbst und den Arbeiter als eine Ware» *(ebd., S. 511)*. Dann beschreibt Marx, wie der Arbeiter sein Leben in den Gegenstand legt und wie es dadurch nicht mehr ihm, sondern dem Gegenstand gehört. Das ist die Entäußerung des Arbeiters. Die entfremdete Arbeit «produziert Wunderwerke für die Reichen, aber sie produziert Entblößung für die Arbeiter. Sie produziert Schönheit, aber Verkrüppelung für den Arbeiter. Sie ersetzt Maschinen, aber wirft einen Teil der Arbeiter zu einer barbarischen Arbeit zurück und macht den anderen Teil zur Maschine. Sie produziert Geist, aber sie produziert Blödsinn, Kretinismus für den Arbeiter» (ebd., S. 513). Arbeit wird zu einem sinnlich-übersinnlichen Wesen. In der Thematisierung des Privateigentums wird die Quelle aller Widersprüche und der Entfremdung ausgemacht. «Die politische Verfassung in ihrer höchsten Spitze ist ... die *Verfassung des Privateigentums*» (MEW 1, S. 303).

Die Marxsche Auseinandersetzung mit Hegel mündet schließlich in die Kritik der Hegelschen Philosophie überhaupt ein. Marx wirft dabei Hegel vor, daß dieser zwar das Wesen der Arbeit zu erfassen versuche, aber für Hegel die Entfremdung nur eine Sache des Selbstbewußtseins sei. Die wirkliche, als real erscheinende Entfremdung bleibt ihm mithin verborgen. Sie deckt dagegen Marx auf, wie er meint, und stellt somit *Hegel auf die Beine* (MEW 23, S. 27 f.).[3]

Mit seiner Kritik hatte Marx nicht nur den universalen Meister der Logik kritisiert, sondern die Begriffe der Entfremdung, der Arbeit, Vergegenständlichung und Entgegenständlichung einem anderen Bezugsrahmen eingefügt, nämlich in die «sinnliche», soziale Welt verlegt, also vom «Idealen» ins «Reale», wie er meint, vom Idealismus in den Materialismus. Im sozialen Prozeß, in der geschichtlichen Entwicklung, in den Gegensätzen zwischen den Klassen vollzieht sich die Entfremdung ebenso real wie in der Arbeit. Dabei stehen sich die Klassen

3 Dieser hatte schwärmerisch über die Französische Revolution geschrieben: «Solange die Sonne am Firmamente steht und die Planeten um sie herum kreisen, war das nicht gesehen worden, daß der Mensch sich auf den Kopf, das ist auf den Gedanken, stellt und die Wirklichkeit nach diesem erbaut ... Nun aber erst ist der Mensch dazu gekommen, zu erkennen, daß der Gedanke die geistige Wirklichkeit regieren sollte ... Es war dies somit ein herrlicher Sonnenaufgang. Alle denkenden Wesen haben diese Epoche mitgefeiert. Eine erhabene Rührung hat in jener Zeit geherrscht. Ein Enthusiasmus des Geistes hat die Welt durchschauert, als sei es zur wirklichen Versöhnung des Göttlichen nun erst gekommen» (Hegel: Vorlesungen über Philosophie der Geschichte, Werke, Bd. 12, S. 529).

deshalb entfremdet gegenüber, weil die eine die Herrschaft ausübt, die andere hingegen von ihr beherrscht und ausgebeutet wird: es gibt *real* ein Oben und Unten. *Oben* sind, wie es später selbstredend und eindeutig formuliert wird, die *Kapitalisten, unten* dagegen die *Proletarier* – ein Begriff, den Marx zeitenüberspringend aus der römischen Welt zur Kennzeichnung der Arbeitenden und Besitzlosen herüberholt, ohne sich bei der Abgrenzung der verschiedenen Erscheinungsformen von damals und jetzt irgendwie aufzuhalten. Ebensowenig definiert er je den Begriff Klasse; wo immer er genauer zu differenzieren beginnt, also etwa: Kapital, Grundeigentum, Lohnarbeit, fügt er flugs hinzu, daß das Grundeigentum in Auflösung begriffen sei, und *reduziert alles auf einen Dualismus.*[4]

Um die Entwicklung zu verdeutlichen, die Marx mit Hilfe der dialektischen Methode in seiner Abkehr vom Idealismus und Hinwendung zum Materialismus vollzieht, wenden wir uns nochmals Hegel selbst zu. Steiner macht verständlich, wie Hegels Stärken und Schwächen besonders damit zusammenhängen, daß dieser in einzigartiger, aber auch extremer Weise darstellt, welche *Bedeutung der Mensch in und durch sein Denken* hat. Die von ihm entwickelte Methode, *«die Dialektik, ist eine großartige Zucht des Denkens»* (Steiner, GA 108, 13. 11. 1908). Wer

4 Marx' Werk ist von apokalyptischer Sichtweise durchsetzt; die apokalyptische Überlieferung wird in ihrer Grundstruktur von der Theologie auf iranisches Erbe zurückgeführt. (Wolfgang Philipp, Die Absolutheit des Christentums und die Summe der Anthropologie, Heidelberg 1959, S. 111, zit. n. Künzli, S. 692, weist darauf hin, daß der Iran bei den Mazdakieten eine kommunistische Struktur hatte, und sieht es als Symbol, «daß Karl Marx, der Vollender des modernen sozialistischen Dual- und Eschatologie-Denkens, eigentlich einen persischen Namen, Charles Mardochai, trägt. Mardochai ist ein in der persisch-babylonischen Mischkultur des 5.Jahrhunderts beliebter Name, hinter dem sich Marduk, der Sonnengott, verbirgt.» Marduk war – dies ist der Genauigkeit wegen hinzuzufügen – nicht der Sonnengott, sondern dessen Antlitz, und er hieß hebräisch Michael: wer ist wie Gott; er verhält sich zum Geist der Sonne wie die Offenbarung zum Wesen.) Knüpft Hegel an das trinitarische Prinzip an, so Marx an den «Ormuzd- und Ahriman-Mythos» (Künzli, S. 694) mit seinem Dualismus von Licht und Finsternis. «Das Bourgeoisregime war hassenswert als Macht der Finsternis, achtenswert als das Böse, das das Gute schafft, als notwendige Übergangsstufe im dialektischen Heilsprozeß ... Eine ähnlich ambivalente Haltung hat Marx gegenüber dem Proletariat eingenommen: Einerseits sah er in ihm die Macht des Lichtes ... andererseits befand sich das vorrevolutionäre Proletariat ja noch im Zustand der Selbstentfremdung ..., so daß Marx nicht müde wurde, über die ‹Knoten› zu schimpfen» (ebd., S. 701).

dieses Wissen von der Bedeutung des Denkens einmal innerlich erfahren hat, kann dann auch ein für allemal auf das Denken und seine Macht vertrauen, ja sogar erfahren, daß er dadurch einen «Zugang zu einer übersinnlich-geistigen Welt gewinnen kann». Hegel läßt durch das Denken Begriffe ineinander übergehen und dialektisch umschlagen. Dadurch bildet sich ein Begriffsnetz, das Hegel «diamanten» nannte. Dabei stellt sich die Frage, wie das ganze Netz von Begriffen auf die sinnliche Erscheinung einerseits und auf das übersinnliche Wesen andererseits bezogen ist. Steiner nennt es eine «Tafel», die die Grenze bildet zwischen der übersinnlichen und der sinnlichen Welt. Genau in dieser Grenzschicht bewegt sich Hegel. Wer in das Reich geistiger Wesenheiten vordringt, bemerkt, wie die geistige Wirklichkeit «ihre Strahlen auf das Begriffsnetz (wirft), wie auf der einen Seite die sinnliche Wirklichkeit». Doch das Begriffsnetz ist nur als Schattenbild dem geistigen Urbild, d. h. der geistigen Wirklichkeit ähnlich: «Es ist eigentlich nichts. Dadurch, daß an die Stelle des Lichtes das Nichtlicht tritt, durch Auslöschung des Lichtes entsteht das Schattenbild. Genau ebenso entstehen Begriffe dadurch, daß hinter unserer denkenden Seele die übersinnliche Wirklichkeit steht. Die Begriffe sind auch eigentlich ein Auslöschen der übersinnlichen Wirklichkeit» (Steiner, GA 108, 13. 11. 1908). «Man versteht vielleicht Hegel am besten, wenn man die in ihm waltende Kraft des Erkenntnisstrebens in Bahnen leitet, die er gar nicht selbst gegangen ist . . ., so daß er die übersinnliche Natur des Denkens nicht selbst hatte in übersinnliche Gebiete hinaufführen können» (Steiner: Vom Menschenrätsel, GA 20, S. 52 f.). Hegel verbleibt also in einer Schwebelage, indem er zwar die übersinnliche, d. h. geistige Natur der Gedankenwelt verdeutlicht, inhaltlich dies aber – oft unzulänglich – an äußeren, nicht jedoch an geistigen, d. h. übersinnlichen Tatsachen und Wesenheiten selbst festmacht. Zu den geistigen Tatsachen selbst dringt er nicht vor. So wird die Anbindung, die Versicherung des Denkens an einem Sachlichen, Dinglichen, also die Wendung zum Äußeren, die Hinwendung zum Materiellen verständlich, wie sie Marx vollzog.

Dieses Äußere, Diesseitige, Sinnliche, «Materielle» ist es aber, auf das Marx die Wendung hinvollzieht. Allerdings ist es keineswegs so äußerlich, so dinglich, so sinnlich eindeutig, materiell konkret, wie von Marx vorgestellt und behauptet; vielmehr ist die «Praxis», wie es später heißt, zu einem erheblichen Teil lediglich gedacht, d. h. Theorie. Generell ist die soziale, gesellschaftliche Welt keine natürlich-kreatürliche. Wenn Marx aufs Materielle hinzielt – er geht in seiner Hegelkritik ja von dessen Rechts- und Staatsphilosophie aus –, so wendet er sich in Wahrheit einem Zwischenreich zu: Denn sowohl von der Entstehung her ist die soziale Welt *wirklich* durch das Tatsächliche der Einrichtungen, der Überlieferung, des Gewordenen als auch durch das Gedachte und Erstrebte. In jeder Betrachtung dieser sozialen Wirklichkeit ist das Erscheinende nur durch – gedankliche, d. h. theoretische – Interpretation verständlich. Wann ist jemand arm? Der Asket, der von einer Handvoll Reis lebt? Der Sozialhilfe-Empfänger? Die Witwe mit Kindern? Der Eskimo in Schnee und Eis Grönlands? Wann ist jemand reich? Der Einkommensmillionär? Der Rentier, der von den Zinserträgnissen leben kann und sogar genötigt ist, den Überschuß zusätzlich anzulegen, und deshalb fortdauernd Aktienkurse studieren muß? Wer ist reich? Buddha? Die Hippies? Der Asket? Ein Urteil über das, was als Wirklichkeit, als Erscheinung vorliegt, läßt sich nur dann treffen, wenn zuvor der Zusammenhang – bewußt oder unbewußt – durchdrungen wurde, denn ohne ihn ist das Tatsächliche nicht zu fassen. Wer nicht die Gesellschaft der Eskimos, das Selbstverständnis und die Gedanken der Asketen kennt, versteht «arm» und «reich» falsch. Wer «kapitalistisch» oder «sozialistisch» sagt, denkt von einem anderen Wertsystem her als die Eskimos oder Buddha.

Marx interpretiert den Begriff der *Selbstentfremdung* anders als Hegel, nämlich von der Arbeit her, und kommt zu seinen pochenden, hämmernden, berauschenden Aussagen weniger durch die Begrifflichkeit selbst als durch das darin wirkende *anklagende Gefühlselement,* also durch sein eigenes tiefes Entfremdungserlebnis, daß im Kapitalismus die Würde des Menschen verletzt sei. Selbstverständlich korrespondiert dieses Erleben mit jenem, über das wachere Teile der Arbeiterschaft – im Hinblick auf ihren materiell-sozialen Status – auch verfügen, so daß das Gefühl der Empörung keiner weiteren oder ausdrücklichen Begründung bedarf. Aber das Marxsche Erleben entzündet sich nicht am Elend der anderen, an deren Entfremdung selbst, nicht an dem, was er direkt irgendwo wahrgenommen hätte, sondern allenfalls am eigenen – seelischen, aber weniger sozialen – Entfremdungserlebnis, das er allerdings mit vielen Zeitgenossen teilt und das in seinem Gehalt später noch geklärt werden muß. Die *«Wahrnehmung»,* die er seinen Darstellungen unterlegt, verdankt er Berichten von Handwerkern und natürlich vor allem: Büchern; es sind Wahrnehmungen aus «zweiter Hand», genauer: Vorstellungen, die aber eine Gewalt über ihn und andere haben. Marx selbst hat, obwohl dies über Engels unschwer möglich gewesen wäre, niemals – mit Ausnahme einer Porzellanmanufaktur in Karlsbad, von der er den technischen Ablauf der Herstellung, nicht aber die Situation der Arbeiter beschrieben hat – eine Fabrik von innen gesehen, niemals auch nur eine Arbeiterbehausung betreten. Abgesehen von der Stellung der *Arbeiterschaft* allgemein, die Marx hoch einstuft, als *Masse, die etwas bewegt,* hat er für den einzelnen Arbeiter nur abfällige Bemerkungen übrig. Die konkrete Erscheinung des einen Arbeiters wird abschätzig von ihm als «Straubinger» oder «Knoten» bezeichnet; diese Bezeichnungen kommen im Lied fahrender Handwerksgesellen vor: «Grüß dich, Straubinger!»

Marx interessiert die konkrete Erscheinung im Grunde nur insoweit, als das Generalisierbare, Abstrakte, also Vorstellungshaft-Begriffliche daraus zu gewinnen ist. Er ist Denker! Einer seiner Gegner, der Kölner Arzt Gottschalk (1815–1849), warf nach der Revolution Karl Marx genau diese Haltung vor: «Das Elend des Arbeiters, der Hunger der Armen hat für Sie nur wissenschaftliches, doktrinäres Interesse. Sie sind erhaben über solche Misere. Als gelehrter Sonnengott bescheinen Sie bloß die Parteien . . .» (Enzensberger, S. 120).

Der Grund für das abstrakte Interesse ist – wie eingangs schon zitiert – einleuchtend: *«Die Theorie wird zur materiellen Gewalt, sobald sie die Massen ergreift»* (MEW 1, S. 385). Da ist der einzelne gleichgültig, das Konkrete, der Mensch, wie er sich selbst erfährt, ist – wie ausdrücklich vermerkt wird – eine «unwahre Erscheinung» (ebd., S. 257). Was ist der Proletarier, was die Masse? Im einzelnen beim Übergang von der Agrar- zur Industriegesellschaft schwer zu beschreiben, schwer vom Handwerk, noch schwerer vom «Lumpenproletariat» abzugrenzen, zweifellos aber erniedrigt, ausgebeutet, unwürdig behandelt, entmenschlicht (Kinder-, Frauenarbeit, Vierzehnstundentag usf.), kurz: Teil der Wirklichkeit und darum geeignet, begrifflich – wenn auch abgezogen, abstrahiert – systematisch durchdrungen zu werden und darauf dann weittragende Theorien zu bauen.

Die Hinwendung zum sinnlichen, d. h. arbeitenden Menschen geht nicht auf den konkreten, einzelnen, sondern auf den gedachten Klassenangehörigen. Die Not des einzelnen läßt gleichgültig, nicht aber die Not aller; es ist *ein generelles Mitleid, eine allgemeine Empörung,* die sich – dialektisch – sehr wohl mit der Verachtung im Einzelfall verträgt. Die dialektischen Begriffe vereinigen Gegensätzliches in sich, sie typisieren. So tragen für Marx Proletarier Zukunftskräfte in sich, von ihnen heben sich die einzelnen Species ab, die «Lumpenproletarier» sein können, wie für ihn die Bürger immer «Philister», teilweise «Spießer» sind, von denen sich wiederum die wirklichen «Revolutionäre» positiv abheben; zu ihnen gehören selbstredend Marx und Engels sowie einige wenige

Freunde, die aber auch, weil zu konkret, gelegentlich in die Schußlinie geraten und dann «erledigt» werden.

Dieses sich widersprechende und Marx Erscheinung beeinträchtigende Bild klärt sich, wenn sein Denkstil betrachtet wird. «Marx war nicht ein Forscher, der in wissenschaftlicher Arbeit eine Antwort auf seine Fragen zu finden versuchte, die ihn bewegten, sondern er hatte die Antwort von allem Anfang an – wenn auch zunächst weitgehend nur unbewußt – und suchte sie nachträglich zu legitimieren» (Künzli, S. 284). Wir werden sehen, daß Marx dies selbst bemerkte, wie er aus einer überschauenden Eingebung heraus die Zusammenhänge aufwies (vgl. Kap. III). Karl Jaspers wies darauf hin, daß Marx die «Totaleinsicht» besitze: «Alle besonderen Untersuchungen wollen Bestätigungen und Entfaltungen dieser feststehenden Totaleinsicht von der Geschichte sein. – Der Stil der Schriften ist nicht der der Untersuchung, das heißt des Aufrufens der Gegeninstanzen . . ., sondern sie künden eindeutig das für jetzt endgültig Wahre, finden nur Bestätigungen. Sie vollziehen ein advokatorisches, nicht ein forschendes Denken, aber ein advokatorisches, das sich der vollkommenen Wahrheit gewiß, nicht wissenschaftlich, sondern glaubend ist» (Marx und Freud, in: Der Monat, 1950, H. 26, S. 142 f., zit. n. Künzli, S. 284). Engels nannte das Verfahren des Freundes «halb apriorisch». «Marx' Apriorismus war ein Absolutismus. Er verstand sich als ein Wissen um die absolute Wahrheit über die Wirklichkeit. Marx selbst glaubte, diese Wahrheit aus der Wirklichkeit selbst empirisch deduziert zu haben» (Künzli, S. 285).

Ganz im Sinne seines Bekennerbriefes wollte er die Idee im Hinabtauchen in das Wirkliche suchen, dabei ergab sich ihm tatsächlich die *«Vorstellung»* der Wirklichkeit. Von daher wird sein Streben verständlich, das bereits ideell Gewußte, Gesicherte zu belegen. Dazu war die unausgesetzte *Lektüre nötig, nicht aber die eigene Wahrnehmung. Marx war Kopfmensch,* allerdings bemühte er von den beiden Funktionen, die das Haupt dem Menschen ermöglicht – Wahrnehmen und Vorstellen –, nur die eine, das Vorstellen; die andere, das Wahrnehmen, ersetzte er durch das Literaturstudium und machte es dadurch auch zur Vorstellung. Die wirkliche, sinnliche Tätigkeit ist keine wahrgenommene, sondern eine vorgestellte. Dadurch eröffnen sich ihm «neue, gewaltige Horizonte», «revolutionäre Erkenntnisse», «aber ebenso gewaltig waren die Irrtümer, die zu begehen Marx durch das Besessensein von seinem Apriorismus verführt wurde . . .» (ebd., S. 287).

Zunächst leistet diese merkwürdige begriffliche Schwebelage, daß *«die rücksichtslose Kritik alles Bestehenden»* möglich wird (MEW 1, S. 344).

Ursprünglich suchte Marx sich durchaus noch nach vielen Richtungen offenzuhalten und der Gefahr zu entkommen, die diesem weder rein empirischen noch rein gedanklichen Verfahren, dieser Schwebelage eignet: der dogmatischen, d. h. ideologischen Festlegung, wodurch das gedanklich Errungene dann in der vorgefundenen Wirklichkeit interpretativ aufgesucht wird: «Ich bin daher nicht dafür, daß wir eine dogmatische Fahne aufpflanzen, im Gegenteil. Wir müssen den Dogmatikern nachzuhelfen versuchen, daß sie sich ihre Sätze klarmachen. So ist namentlich der *Kommunismus* eine dogmatische Abstraktion ...» (MEW 1, S. 344).

In den ökonomisch-philosophischen Manuskripten legt sich Marx schon stärker fest, bis er dann später in der Deutschen Ideologie in einen eigenen Dogmatismus einmündet, den er nur noch selten verläßt. Da heißt es dann, daß Kommunismus nicht der spekulative Plan einer Zukunftsgesellschaft sei, sondern «die *wirkliche* Bewegung, welche den jetzigen Zustand aufhebt». Oder: «In der Praxis muß der Mensch die Wahrheit, i.e. Wirklichkeit und Macht, Diesseitigkeit des Denkens beweisen» (Thesen über Feuerbach, 2, MEW 3, S. 533). Dabei versteht Marx seinen Kommunismus im Unterschied zum Gleichheitskommunismus nicht als «Rückkehr zur *unnatürlichen* Einfachheit des *armen*, rohen und bedürfnislosen Menschen» (MEW, E.Bd. 1, S. 535). Er meint aber auch, daß es nicht ausreicht, den Gedanken des Privateigentums theoretisch zu überwinden, «dazu gehört eine wirkliche *kommunistische* Aktion» (ebd., S. 553).

Als die Jahrbücher keine Fortsetzung finden, arbeitet Marx an der Emigrantenzeitschrift «Vorwärts» mit, wo Chefredakteur Bernays seit Mai tätig ist. Darin setzt er sich mit Ruge auseinander, die Fehde geht um den schlesischen Weberaufstand. Während Ruge vom Staat die Lösung der sozialen Frage erwartet, setzt Marx auf die Revolution. Der Staat ist Interesseninstrument der Bourgeoisie. «Jede Revolution löst die *alte Gesellschaft* auf; insofern ist sie *sozial*. Jede Revolution stürzt die alte Gewalt, insofern ist sie politisch» (MEW 1, S. 409). Im Sturz der herrschenden Mächte ist die politische Bedeutung der Revolution zu sehen, in der Zerstörung der Gesellschaftsstruktur die soziale.

Die dogmatische Festlegung und Eindeutigkeit geschieht bei Karl Marx in und durch die biographisch für ihn einzigartige Begegnung mit Friedrich Engels, der im Herbst 1844 für «zehn Tage» in Paris lebt und in dieser kurzen Zeit intensiv mit Marx zusammenarbeitet. Es ist eine Begegnung, die beide Persönlichkeiten lebenslang fesselt, anregend, fördernd, klärend, kurz: eine der großen Freundschaften von ungewöhnlichem Format hebt an. Wenden wir uns zunächst der Biographie von Engels zu.

Friedrich Engels (1845)

II. Friedrich Engels

1. Herkunft und Jugend

Friedrich Engels wurde als Sohn einer Kaufmannsfamilie am 28. 11. 1820 in Barmen, dem heutigen Wuppertal, geboren. Ähnlich wie Trier kam Barmen auch erst durch den Wiener Kongreß an Preußen, zuvor war es Besitztum des Großherzogtums Berg. Barmen war ein Zentrum industriellen Fortschritts, gemessen am zurückgebliebenen agrarischen Preußen. Wirtschafts- und religiöse Fragen bewegten das Wuppertal allerdings weit mehr als politische, die erst der junge Engels dort thematisieren wird. Er ist der Älteste von neun Kindern. Die Familie geht auf die hugenottische Einwanderung zurück und betätigt sich spätestens seit 1747 im Baumwollgewerbe sowohl durch eine Bleicherei als eine Weberei. Die Vorväter waren eng mit der «Vereinigt-Evangelischen Gemeinde» in Unterbarmen verbunden und taten außerordentlich Bedeutendes zur Linderung von äußerer Not, indem sie z. B. Waisenhäuser gründeten und großzügig unterstützten. Zu seiner Mutter, Elise Engels, eine geborene van Haar, Tochter des Gymnasialdirektors von Hamm in Westfalen, hat Friedrich eine tiefe und warme Beziehung, was sich so vom Vater nicht sagen läßt. Durch den gebildeten Großvater mütterlicherseits wird er in die griechische Götter- und Sagenwelt eingeführt, die ihm aber weniger nahesteht als die geliebte germanische.

Friedrich besucht zunächst die Stadtschule, später dann die Realschule, schließlich das Städtische Gymnasium in Elberfeld. Friedrich Engels sen. schreibt an eine Verwandte über den Vierzehnjährigen am 27. August 1834: «Friedrich hat mittelmäßige Zeugnisse in voriger Woche gebracht. Im äußeren ist er, wie Du weißt, manierlicher geworden, aber trotz der früheren strengen Züchtigungen scheint er, selbst aus Furcht vor Strafe, keinen unbedingten Gehorsam zu kennen. So hatte ich heute wieder den Kummer, ein schmieriges Buch aus einer Leihbibliothek, eine Rittergeschichte aus dem 13. Jahrhundert, in seinem Sekretär zu finden. Merkwürdig ist seine Sorglosigkeit, mit welcher er solche Bücher in seinem Schranke läßt. Gott wolle sein Gemüt bewahren, oft wird mir bange um den im übrigen trefflichen Jungen» (Enzensberger, S. 1). Daraus spricht eine straffe Erziehungsauffassung, die Ordnung und Gehorsam in das Zentrum rückt, einem pubertierenden Jüngling aber nur schwer gerecht werden kann, so daß er innerlich nicht gewonnen wird, sondern dem Vater entgleitet. Dieser hat den Eindruck, daß es für den Sohn besser sei, wenn er der ständigen Aufsicht unterliege. Weil der weite Schulweg seinen Studien hinderlich sei, wird er nach Elberfeld zum dortigen Gymnasialdirektor in Pension gegeben. «Auf Geld dürfen wir bei dem Wohle des Kindes nicht sehen. Und Friedrich ist ein eigentümlicher, beweglicher Junge, daß eine abgeschlossene Lebensart, die ihn zu einiger Selbständigkeit führen muß, für ihn das Beste ist. Noch einmal: Der liebe Gott wolle den Knaben in seinen Schutz nehmen, damit sein Gemüt nicht verderbt werde. Bis jetzt entwickelt er eine beunruhigende Gedanken- und Charakterlosigkeit bei seinen übrigen erfreulichen Eigenschaften», heißt es in dem vorgenannten Brief weiter (ebd., S. 2).

Engels selbst hat später, achtzehnjährig, seine Schule in den «Briefen aus dem Wuppertal» – seiner ersten Veröffentlichung – aus seiner Sicht unter dem Pseudonym Friedrich Oswald beschrieben. Da heißt es: Die Barmer Stadtschule «liegt ganz in den Händen eines beschränkten, knikkerigen Kuratoriums, das meist auch nur Pietisten zu Lehrern zählt». Darunter wird ein Lehrer vorgestellt, der auf die Frage «eines Quartaners, wer Goethe gewesen sein, versicherte: ein gottloser Mann». Demgegenüber ist «das Gymnasium in Elberfeld in sehr bedrängten Verhältnissen, aber anerkannt eines der besten im preußischen Staat. Das ist Eigentum der reformierten Gemeinde . . . Die Lehrerwahlen liegen jetzt auch in den Händen der Scholarchen, Leute, die zwar einen Posten sehr korrekt ins Hauptbuch übertragen können, aber von Griechisch, Latein oder Mathematik keine Ahnung haben. Das Hauptprinzip ihrer Wahl ist: lieber einen reformierten Stümper als einen tüchtigen Lutheraner oder gar Katholiken zu wählen» (MEW 1, S. 426 ff.). Vor 1820 gab es nur je eine Rektoratsschule, aber eine Menge von Privatinstituten, «die keine gediegene Bildung geben konnten. Ihre Nachwirkungen sind noch an den älteren Kaufleuten Barmens zu spüren. Von Bildung – keine Idee; wer Whist und Billard spielen, etwas politisieren, ein gewandtes Kompliment machen kann, das ist in Barmen und Elberfeld ein gebildeter Mann. Es ist ein schreckliches Leben, das diese Menschen führen, sie sind doch so vergnügt dabei. . .» (ebd., S. 427).

Siebzehnjährig, Michaeli 1838, verläßt er – ein Jahr vor dem Abitur – «vom Vater gedrängt», die Schule, um den Kaufmannsberuf zu erlernen, zunächst im väterlichen Betrieb. Der Vater hatte Sorge, daß der Sohn Abwege beschreiten könnte, falls er später – wie er beabsichtigte – Jura studieren würde. So schreibt die betagte Schwägerin Charlotte Engels an Friedrich Engels am 30. 12. 1884, die Familienauffassung wiedergebend: «Wenn man Dir den Willen zum Studium gelassen, wärst Du nicht auf diese Bahn gekommen» (d. h. auf die kommunistische) (Mayer I, S. 374 f.). Dies war dann spätere Einsicht.

In seinem Abgangszeugnis heißt es, daß er sich «eines recht guten Betragens befleißigt» hat, «namentlich durch Bescheidenheit, Offenheit und Gemütlichkeit seinen Lehrern sich empfohlen, ingleichen von guten Anlagen unterstützt, ein rühmliches Streben . . . an den Tag gelegt. . .» Der Betreuungslehrer bescheinigt ihm «religiösen Sinn, durch Reinheit des Gemüthes, gefällige Sitte», eine «vornehme Seelengesinnung» (MEW, E. Bd. 2, S.480 f.). In der Schule schätzt er Dr. Clausen, der den Sinn für Poesie zu wecken weiß, «der sonst elend verkommen müßte bei den Philistern des Wuppertals», wie es im ersten Aufsatz von Engels heißt; Dr. Clausen bestätigt ihm seinerseits «selbständige Gedanken» und «rühmliches Interesse» an den deutschen Klassikern.

Engels flüchtet nach Feierabend gern aus der Berufsatmosphäre in die Poesie, liest seine Gedichte einem Freundeskreis vor, der schon in der Gymnasialzeit entstanden war und noch einige Zeit zusammenhielt. Dieser umfaßt vor allem Jünglinge, die angehende Pastoren sind. Engels selbst träumt davon, Dichter zu werden. Sein Vorbild ist Ferdinand Freiligrath, der 1837 nach Barmen gekommen war und in einer Firma als Kontorist arbeitete, abends Verse schmiedete, also «zwischen Journal und Hauptbuch» hin- und herpendelt. «Stolz auf den als Dichter berühmten Berufsgenossen überboten sich anfangs die jungen Kaufleute und Familiensöhne, der ‹grüne Adel›, wie Freiligrath sie zu nennen beliebte, ihn zu umschwärmen und nachzuahmen» (Mayer I, S. 15).

Engels ist durchaus vielfältig talentiert, er schreibt nicht nur Aufsätze und Gedichte neben Theaterstücken, sondern zeichnet, komponiert und singt auch, er hat das «lebendige Interesse des fröhnlichen und um die Grenzen seines Könnens unbekümmerten Dilettanten» (ebd., S. 14).

Dieser begabte junge Mann tritt nun also auf Geheiß des Vaters eine Lehre im elterlichen Betrieb an, flüchtet sich daneben in eine eigene Welt, die er sich dadurch aufbaut, daß er sich von der im Elternhaus und in der Stadt herrschenden Religiosität, genauer: einem eifernden, bigotten Pietismus, absetzt. Die Welt der Sagen hält ihn zunächst. Als er nach Xanten zu mütterlichen Verwandten reist, wächst ihm Jung-Siegfried ans Herz – er will, wie dieser, ausbrechen. «Der wilde Bergstrom gießt sich brausend / Allein durch Waldesschlucht voran, / Die Fichten stürzen vor ihm sausend, / So wühlt er selbst sich seine Bahn, / Und wie der Bergstrom will ich sein, / Die Bahn mir brechend ganz allein» (MEW E.Bd. 2, S. 375).

Der «Ausbruch» gelingt ihm aber erst, als er während seines Aufenthaltes in Bremen seine heimatlichen Erlebnisse überdenken und mit außergewöhnlicher Meisterschaft anschaulich niederschreiben und veröffentlichen kann. Darin findet sich eine Klärung seiner Weltanschauung (vor allem eine Auseinandersetzung mit den Predigern seiner Heimatstadt). Parallel dazu aber findet sich in den Briefen an seine Freunde, insbesondere an Friedrich und Wilhelm Graeber, eine wachsende Auseinandersetzung mit religiösen Fragen, die seine tief moralisch gestimmte Seele gänzlich vom überlieferten Christentum wegführt hin zum materialistisch verstandenen Sozialismus, der in seinem inneren Gehalt weitgehende Übereinstimmung mit urchristlichen Anschauungen aufweist, sofern es die Hinwendung zum Mitmenschen betrifft. Im weltanschaulichen Ansatz dagegen, im Sinnverständnis, in der Deutung über Ursprung, Werden und Ziel der Schöpfung und des Menschen sind gegensätzlichere Vorstellungen nicht denkbar. Heilsgeschichte: Schöpfung durch Gott, Sündenfall, Erlösung durch Christus einerseits – sich selbst organisierende Materie, Entwicklung über den Affen zum Menschen, Ausbeutung und schließlich Abschaffung der Herrschaft von Menschen über Menschen andererseits. Wie war diese radikale Umpolung in so kurzer Zeit von drei Jahren möglich? Durch den ersten Biographen, Gustav Mayer, wurden die Engelschen Briefe dieser frühen Zeit aufgefunden, so daß ein Einblick in die Seelenentwicklung möglich wird.

Zunächst nimmt Friedrich als Ältester der Söhne in der väterlichen Planung eine besondere Position ein: er soll der kaufmännische Nachfolger werden, der die Märkte kennt; die anderen Söhne sollen andere Teilgebiete übernehmen: Hermann wird Bankkaufmann, Emil Maschinenbauer, zuständig für die Betriebstechnik, Rudolf, der Jüngste, Textilkaufmann. Zu diesem Plan gehört es, daß die Ausbildung des Ältesten in Bremen fortgesetzt wird (von Juli 1838 bis März 1841). Diese Abwesenheit von Barmen führt zu einer ausgedehnten Korrespondenz mit seinen Freunden, die alle – zumeist Theologie – studieren. Es sind dies Gustav Wurm (1819–1888), die Brüder Graeber (Wilhelm 1820–1895, Friedrich 1822–1895), Friedrich Plümacher (1819–1905), Peter Jonghaus (1816–1864) sowie die eigene Familie, insbesondere die Schwester Marie (1824–1905). Wenn er die ausgedehnte Korrespondenz nicht hätte, «wie sollte ich die unendliche Zeit totschlagen, die ich auf dem Comptoir, ohne doch lesen zu dürfen, zubringen muß?» (MEW, EB 2, S. 338).

In Bremen ist er bei einem pietistischen Kaufmann, Heinrich Leupold (gest. 1865), tätig, den gleichwohl eine weltläufige Haltung auszeichnet. In seiner Firma werden Baumwolle, Leinen, Porzellan, aber auch Kaffee gehandelt. Untergebracht ist Engels bei einem Pastor Georg Gottfried Treviranus (1788–1856), einem aktiv tätigen Seelsorger, der sich der Nöte der Menschen annimmt. Der große protestantische sozial engagierte Theologe Wichern nennt ihn einen «Glaubensmann der Tat, wie ihn gerade die großen Städte unserer Tage gebrauchen» (zit. n. Mayer I, S. 22).

Liebenswürdig, wie Friedrich ist, wird er überall gern gesehen. In den Pausen dichtet er, komponiert Choräle, treibt Sport, reitet und lernt Sprachen. Dabei gibt er – gegenüber der Schwester Marie – an, daß er in fünfundzwanzig Sprachen parliere. Seine Überlegungen schreibt er nieder und schickt sie an Zeitungsredaktionen, die die frisch und gewandt geschriebenen Artikel ob ihrer Lebendigkeit und der Kraft der Überlegung gern aufnehmen, wenngleich ihr Autor noch völlig unbekannt ist. Als Ausdruck der erwachenden Selbständigkeit und als Protest gegen das Philistertum läßt er sich einen Schnurrbart wachsen. Er liest, wie in Barmen, Volksbücher, Epen, den «Faust», begeistert sich für Burschenschaftsideale und das nationale Werden des jungen Deutschland. Entscheidend aber wird für ihn, daß sich mit dem Abstand von zuhause das dort Erlebte klärt. In jugendlichem Schwung vergegenwärtigt sich Friedrich – auf dem Weg zum Dichter – schriftstellerisch die Szenerie in der Heimat. Bereits im März und April 1839 erscheint in sechs Folgen, wie schon erwähnt, eine erste Frucht der Engelschen Distanzierung von der Heimat und eine Analyse der Verhältnisse, die er zurückließ, betitelt «Briefe aus dem Wuppertal». In anschaulich-bildhafter Weise werden Landschaft, Flußlauf, Szenerie vorgestellt. Engels würzt die Darstellung, indem er den bei den «Freunden des Lichtes»[1] «verruchten Na-

1 «Lichtfreunde» wurde eine Gruppierung innerhalb der evangelischen Kirche genannt, die in ihren Verlautbarungen häufig die Metapher des Lichtes gebrauchte. Selbst nannten sie sich «Protestantische Freunde». Diese Gruppierung bildete sich am 29.6.1841 auf Initiative des Pfarrers Lebrecht Uhlich (1799-1851) in Gnadau bei Magdeburg, wo sich 16 Theologen darüber berieten, wie die rationalistische Theologie mit ihrem Anspruch der Freiheit und Vernunfterkenntnis sich gegen die «finsteren» und «fortschrittsfeindlichen» Ansichten der Restaurationspietisten behaupten könnte. «Sollen wir Geistliche denn, geborgen im Lehnstuhle unserer Pfarrstelle, abwarten, daß Philosophen, Belletristen,

men» Wuppertal für die beiden Städte Elberfeld und Barmen erwähnt und ironisch hinzufügt: «Hier streiten nur theologische Federn und wortreiche alte Weiber gewöhnlich um des Kaisers Bart» (MEW 1, S. 413). Der Fluß ist rot, «kriecht träge und verschlammt vorbei» - durch Türkischrot-Färbereien. Anschauliche Beschreibungen – «bald eine frische Bleiche, bald ein modernes Haus, bald ein Stückchen vom Fluß» - wechseln mit kritischen Anmerkungen: «Alle Kneipen sind, besonders Sonnabend und Sonntag, überfüllt, und . . ., wenn sie geschlossen werden, entströmen ihnen die Betrunkenen und schlafen ihren Rausch im Chausseegraben aus. Die gemeinsten unter diesen sind die sogenannten Karrenbinder, ein gänzlich demoralisiertes Volk» (MEW 1, S. 417).

Aber Engels bohrt tiefer. Obgleich er dieser Einteilung nach zu den «Feinen» gehört, steht er ihnen fern. Die wenigen kräftigen Gestalten, die vorkommen, sind unter den bestehenden Bedingungen in drei Jahren «körperlich und geistig vernichtet». «Von fünf Menschen sterben drei an der Schwindsucht. Die Betriebsformen verschärfen die Probleme, schuld ist der Mystizismus, denn er entzieht von 2500 schulpflichtigen Kindern 1200 dem Unterricht», «bloß damit der Fabrikherr nicht einem Erwachsenen, dessen Stelle sie vertreten, das Doppelte des Lohnes zu geben nötig hat . . . Die reichen Fabrikanten haben ein weites Gewissen, und ein Kind mehr oder weniger verkommen zu lassen, bringt keine Pietistenseele in die Hölle, besonders wenn sie alle Sonntage zweimal in die Kirche geht» (ebd., S. 418). Für einen Achtzehnjährigen eine erstaunliche Gedankenverknüpfung – eindeutig, scharf, ironisch allemal, aber auch klarsichtig wie in den damaligen Denkmustern keineswegs vorgebildet. Also auch darin eigenständig und zukunftsweisend. Diese Begabung mag der Grund dafür gewesen sein, daß der bisher unbekannte Oswald so rasch mit seinen Artikeln angenommen wurde – hier von Karl Gutzkow für den «Telegraphen».

Und in der Tat, Wuppertal zählt 229 Betriebe, hat 70 000 Einwohner, wovon etwa die Hälfte, genau 31 600 in den Fabriken arbeiten. Hier

Juristen, Mediziner und wer sonst noch die Sache der Wahrheit führen und für die geistige Freiheit Siege erkämpfen? Nein! Wir sind Geistliche, also die, welche gegen Buchstaben und Satzung, Form und anderes Werk des Staubes die Sache des Geistes zu führen haben. Dazu aber ist's gut, daß man nicht allein stehe», hieß es in ihrer Erklärung (n. Brederlow, S. 26)

Binnen kurzer Zeit (September 1841) schlossen sich 56 Theologen an, die dem Primat der Vernunft Rechnung tragen wollten und nur den Glauben an Gott, Unsterblichkeit und die Tugend des Menschen anerkannten, nicht aber wie die Orthodoxen die reformatorischen Bekenntnisschriften.

verdrängen mechanische gerade die Handwebstühle, die Spinnereien sind bereits vollmechanisiert. Das Milieu von Hauptmanns «Webern» ist hier schon zehn Jahre früher Wirklichkeit geworden: grenzenloses Elend und Verarmung der Menschen. Ein Färber erhält wöchentlich 4 Taler, ein Weber 2, ein Bandwirker 1 1/2 Taler; die Arbeitszeit währt 13–15 Stunden täglich, aber auch mehr. Kinder sind «nur» 9 Stunden beschäftigt, das Einkommen ist geringer: bis zum 13. Lebensjahr 12 Silbergroschen, vom 13. bis zum 15. Jahr 13 (Gesellschafts-Spiegel, hg. von M. Hess 1845, zit. n. Seeger, Engels: Religiöse Kämpfe, S. 2).

Die Empörung fällt den Nachgeborenen leichter; jene, die in diese Verhältnisse hineinwachsen, kennen zunächst nichts anderes als das Vorgefundene. Engels muß also etwas wie ein inneres Erwachen durchgemacht haben, um nicht nur zu beschreiben, sondern mit Empörung zu schildern, d. h. Kritik in das Bestehende hineinzumischen. Was weckt ihn zu dieser ungewohnten Sichtweise der Distanzierung auf? Es ist die *«Erweckungsbewegung»* selbst, die in Wuppertal, der Spitze der industriellen Entwicklung in Deutschland, tief wurzelt und gerade einen neuen Wachstumsschub erfährt. «Da sitzt der Meister, rechts neben ihm die Bibel, links, wenigstens sehr häufig – der Branntwein. Von Arbeiten ist da nicht viel zu sehen; der Meister liest fast immer in der Bibel, trinkt mitunter eins und stimmt zuweilen mit dem Chore der Gesellen ein geistlich Lied an; aber die Hauptsache ist das Verdammen des lieben Nächsten ... Ihre Bekehrungswut bleibt auch nicht ohne Früchte» (MEW 1, S. 418).

2. Religiöse Kämpfe

Was Engels aus eigener Anschauung und Erfahruung kennt und lernt, bringt er in einen Begründungszusammenhang: *sozialem Elend kann entkommen werden durch Branntwein oder Bekehrung.* Proselyten, die dem Branntwein entsagt haben, «sind alle entnervte, geistlose Menschen». Aber dabei bleibt er nicht stehen, er nimmt sich den Pietismus mit seinem «streng calvinistischen Geist und den bigottesten Predigern, wovon vier im Wuppertal wirken», genauer vor. Engels schildert die Enge des Pietismus und Mystizismus, der durch Gottfried Daniel Krummacher (1774–1837) erfolgreich gepflegt wurde, den Gipfel aber erst durch dessen Neffen Friedrich Wilhelm Krummacher (1796–1868) erklommen hat. Dieser war zunächst «Mitarbeiter an der turnenden

Demagogie» gewesen, also liberaler Burschenschafter, dann wurde er 1825 Pfarrer in Elberfeld. Er hat ein «ausgezeichnetes rhetorisches, auch poetisches Talent, seine Predigten sind nie langweilig . . ., vorzüglich stark ist er in dunkelschattigen Schilderungen – seine Schilderung der Hölle ist stets neu und kühn . . . Und nun gar seine Lehre! Man begreift nicht, wie ein Mensch dergleichen, was mit Verstand und der Bibel im direktesten Widerspruch steht, glauben kann» (MEW 1, S. 421 f.).

In den Predigten rennt Krummacher in der Kanzel herum, stampft, schreit, daß die Fenster klirren. «Alte Weiber fallen mit einem herzzerschneidenden Sopran ein, die entnervten Branntweinpietisten, denen seine Worte durch Mark und Bein gehen würden, wenn sie noch Mark in den Knochen hätten, vollenden die Dissonanz mit ihren Jammertönen, und dazwischen tönt seine gewaltige Stimme durch all sein Heulen hin . . .» (MEW 1, S. 422).

Der Pietismus stützt sich ursprünglich auf die subjektive Frömmigkeit und im Unterschied zur Orthodoxie nicht auf den Glauben, sondern auf das Erlebnis der Wiedergeburt. Der Gedanke der Wiedergeburt – wird sie nicht als einmaliges Geschehnis verstanden –, führt zum Gedanken der *Entwicklung*, wie ihn Jung-Stilling und andere prägten. Allerdings gibt es auch die Möglichkeit, Wiedergeburt und damit Erlösung von Sünden von der Prädestination her zu verstehen, wie dies eben in Wuppertal traditionell geschah. Dann hat eine unbegreifliche Macht Erlösung und Verdammung schon im voraus verfügt.

Krummacher, der für Engels Stein des Anstoßes zu seiner späteren Ablehnung der Religion wird, ist in der Tat Führer jener Bewegung, die in der protestantischen Theologie *«Restaurationspietismus»* genannt wird. Krummacher selbst war noch von einem Pietisten alten Schlages, dem Bauer Scholten, bekehrt worden. Nach den Befreiungskriegen bildet sich dieser *buchstabengläubige Pietismus* als Gegenbewegung zum Rationalismus und Idealismus aus, denn diese großen Zeitströmungen gehen über das Leid des einzelnen, die tatsächlich erlebte Sinnlosigkeit und die Nöte des Daseins im kleinen mit einem allzu großen Entwicklungsoptimismus hinweg. Die *«Erweckten»* haben eine andere Lebensanschauung als die Aufklärer, sie *sind allesamt lebensschwächer*, fühlen sich dagegen vom Christentum – in einer bestimmten Auslegung – geborgen. «Zu real ist das Elend, das mich hinnieden drückt, die Sünde, die auf mir lastet, und der Tod, der meiner harret, als daß mir dawider etwas anderes frommen könnte als ebenso reale Gegensätze» (der Heilstatsachen in den Evangelien), (Krummacher, Elias der Thisbiter, zit. n. Seeger, Engels, S. 6).

Soweit wäre alles noch verständlich, erwüchse nicht aus dieser Grundhaltung eine *zelotische, eifernde Art des Christentums, das gedankliche Armut mit Glaubensintensität* auszugleichen versuchte. Weniger an den Gedankeninhalten selbst als an den Vertretern dieser Art von Christentum entzündet sich Engels' kritisch-distanzierendes Erleben. Aber nicht nur bei ihm. Ein anonymer Kritiker spricht im Zusammenhang mit Krummachers Predigten von «gewitterhaften Detonationen, schreienden, brüllenden, pfeifenden Klängen», von «Kunstgriffen und rhetorischen Manövern» - es ist dies ein bremischer Amtskollege, der diese Predigten «trotz allen äußeren Prunkes für innerlich arm und leer» hält (n. Seeger, Engels S. 53). Dafür ein Beispiel: Krummacher läßt bei Elias' Himmelfahrt den Himmel «seinen Krönungsapparat herbeischaffen» und von «Kämpfen, Donner- und Feuersalven einer anderen Welt ertönen . . . Ha! sehen wir recht? – welch unerhörtes Schauspiel! ein flammender Wagen in den Lüften und leuchtende Feuerrosse». Am Ende heißt es: «Wieviel seliger sind wir bei unserem verschrieenen Aberglauben als ihr, bei eurer vermeintlichen Weisheit . . .; während ihr . . . euer zweifelndes ‹Sein oder Nichtsein› murmelt, flattern wir mit Glaubensflügeln beschwingt, wie fröhliche Lerchen über eure Häupter hinweg und sind und atmen schon auf den Bergen eines wonnevollen Jenseits . . . lebt wohl, ihr Nebeltäler drunten . . . hei, wie tummelt es sich von Wolke zu Wolke» (Elias, zit. n. Seeger, S. 54). Phantasieprodukte, die recht diesseitig anmuten, sollen jenseitige Kraft vermitteln, was sie nur teilweise und bei einzelnen vermögen. Im übrigen schlagen aber rasch die Widersprüche des irdischen Daseins im Bewußtsein durch. So erregt Krummacher auch innerhalb der Kirche wegen seiner *«homiletischen Ausschweifungen»* Ärger, weil dadurch «die Religion dem Gespött ausgesetzt wird». Er wird in Schriften wegen seiner *starren Buchstabengläubigkeit* ebenso kritisiert wie wegen seiner inquisitorischen, «der Hölle entsprossenen *Verdächtigungssystematik*» (Seeger, S. 55).

Während die *Aufklärung* immer stärker die Widersprüche in der Heiligen Schrift herausarbeitet und sie, wie am Beispiel von Strauß und Feuerbach bereits gezeigt, rationalistisch-interpretatorisch zu bereinigen versucht, wobei der ursprüngliche geistige Gehalt verloren geht, greift der *Pietismus* auf ein ganz schlichtes Wortverständnis zurück: Der Glaube soll das Unerklärliche der Bibel verstehbar machen, etwa den Stillstand der Sonne, das Wandeln auf dem Wasser. Das Ausweichen vor diesem durch schieres Wortverständnis sich ergebenden Dilemma, indem der Bildgehalt zum Sprechen gebracht wird, lehnt Krummacher strikt ab, statt dessen werden gewagteste Konstruktionen vorgelegt, und er scheut sich nicht, offene Stellen rein dogmatisch auszudeuten: «Ohne Himmelfahrt wäre sein (des Elias) Leben ein Torso». *Nur wo Wunder vorkommen, hat die Religion ihren Wert.* Aus dieser Richtung folgt, daß die kalvinistische Prädestinationslehre vorherrschend wird. *Jede «Vernunft» erscheint «als ein armseliges, kaltes Licht, ein Irrlicht, das in Sümpfe und Gruben verlockt»* (Krummachers Abschiedspredigt 1847, Seeger, S. 69). An ihre Stelle tritt eine *monotone Wiederholung der Lehrinhalte.* In jeder Predigt «kehrt die christliche Heilsordnung wieder, Buße, Bekehrung, Glaube, Wiedergeburt und Untergang», schreibt Krummacher in seiner Selbstbiographie, weil er dem Apostel folge: «Daß ich euch immer einerlei predige, verdrießt mich nicht und macht euch desto gewisser». Er weist auf den Erfolg hin – in seiner Gemeinde «sitzen» die Lehrinhalte. Aus Flauheit entsteht die *Toleranz,* sie aber *ist eine Teufelseinflüsterung»* (n. Seeger, S. 77). Diese Entwicklung sah schon Hegel mit Verdruß heraufkommen, der den wahrhaften Glauben vor dem Wunderglauben schützen will; «... geschieht dies nicht, so mutet man dem Menschen zu, Dinge *zu glauben, an die er auf einem gewissen Standpunkt der Bildung nicht mehr glauben kann»* (Hegel: Vorlesungen über die Philosophie der Religion, Werke XVI, S. 210).

Genau in dieser Situation befindet sich der junge Friedrich Engels. In einem orthodox-pietistischen Elternhaus in diesem Sinn religiös erzogen, Kirchgänger, aber auch wacher Beobachter der ihn umgebenden sozialen Wirklichkeit ist ihm der Wunderglaube keine Antwort auf die in seiner Seele aufbrechenden Fragen. Sein sprühender Intellekt läßt sich, wo er Antworten sucht, nicht mit unstimmigen Bildern und Phrasen abspeisen. Das rauschhaft Illusionäre, Luziferische ist ihm verdächtig. Er entdeckt den *Widerspruch zwischen mystisch eingefärbten hohlen Gefühlen,* die zu skurrilen Bildern führen: «Es war uns, ach, so unaussprechlich wohl an unseres Jesu Brust; so ein sanftes, süßes Regen und Bewegen, so ein liebliches Vergnügen und gerührtes Schmecken der Gnade» (Krummacher, Blicke in das Reich der Gnade; zit. n. Seeger, S. 83), *und der Not in der sozialen Umwelt,* für deren Lösung dieser Glaube nichts anzubieten hat, außer: «Man will nicht gestehen, daß die Sünde, welche ist der Leute Verderben, die tiefe Wurzel unseres Elends ist. Man sucht die Gründe des Jammers, der uns betroffen in äußeren und Nebensachen ... Man wirft die Schuld auf Andere und suchet sie bei Fürsten und Königen ... Ebenso erwartet man Hilfe von menschlicher Seite ...» (Predigt des Pfarrers Feldhoff am 2. 3. 1831, n. Seeger, S. 92). Dieselbe «abgehobene» Erklärung hat Krummacher parat, der glaubt, daß Gott nur zu sprechen braucht, «so würde die Luft, die wir einatmen, zu Milch und Wein» oder: «Der Herr bedarf nicht der Mühle und des Bäckerofens, um die Kinder zu erhalten» (ebd., S. 91). So wird auch nur von Dürre, Donnerwolken und Trübsalhitze, nicht aber von Hunger, Schweiß und Kinderarbeit oder Ausbeutung gesprochen. Tätige Nächstenliebe im Sinne der Caritas für die Armen am Lohntag steht unvermittelt neben größter Härte und ausbeuterischer Gesinnung im Alltag, d. h. Glaube neben sozialem Unverständnis.

Zwei religiöse Strömungen treffen sich in diesem staatstragenden Restaurationspietismus in besonderer Weise: der rationalistische, gewissensorientierte *Calvinismus* und der *Mystizismus.* Der Calvinismus hielt schon mit der Reformation Einzug ins Bergische Land; er bringt die Prädestinationslehre mit sich, die vor allem von den in dieses Gebiet zugewanderten Niederländern getragen wird. Er verlangt eine aktive, aber auch sparsame, puritanische Lebensführung, er fordert eine weltzugewandte Lebensart um der nachtodlichen Sinngebung willen. Hierfür trifft Max Webers Analyse über den «Ursprung des Kapitalismus aus dem Geist der protestantischen Ethik» besonders zu. Die ganz andere Welthaltung des *Pietismus* geht ebenfalls auf die Jahrhunderte zuvor begründete Lebensform der *«Brüder vom Gemeinsamen Leben»* zurück, die ein Leben innerweltlicher Askese erstrebt und geführt haben; sie suchen wie die späteren Pietisten ihr Ich zu kreuzigen, damit die Wiedergeburt erfolgen und das wahre Leben im Glauben begonnen werden kann. Ist der Calvinismus geschäftstüchtig, so der Pietismus weltverneinend. Im Wuppertal verbindet sich das Gegensätzliche – allerdings eben nicht widerspruchsfrei.

Der *«rohe Dualismus»,* aus dem sich Engels mit Macht befreien will, ist Thema seiner inneren Entwicklung. Denkt er an den Pietismus, so kommt er in Kampfesstimmung. Als neues Stilmittel entdeckt er durch die Lektüre des Werkes von Gustav Kühne (Weiblicher und männlicher Charakter, 1835 in Leipzig erschienen) das Stilmittel der Ironie. Kühne bedenkt mit Spott den Wuppertaler Pietismus, den er als Nervenbetäubung bezeichnet, der als einzige Labsal für die Bedrückten diene und mit Unduldsamkeit den Schriftglauben verteidige. In Briefen an die bereits erwähnten Freunde Fritz und Wilhelm Graeber – Mitschüler, dann beide Theologiestudenten – beschreibt Engels sein geistiges Ringen. Wir erfahren, daß ihm die alten Volksbücher den Anlaß geben, eine Tragikomödie zu entwerfen, und ferner, wie ihn die sozialen Zustände beschäftigen, wie er die Orthodoxie kritisiert, wobei ihm später schließlich Straußens «Leben Jesu» neben Schleiermachers Schriften in die Hände geraten. «Ich beschäftige mich jetzt sehr mit Philosophie und kritischer Theologie ... Wenn man achtzehn Jahre alt wird, Strauß, die Rationalisten und die Kirchenzeitung kennenlernt, so muß man entweder alles ohne Gedanken lesen oder anfangen, an seinem Wuppertaler Glauben zu zweifeln. Ich begreife nicht, wie die orthodoxen Prediger so orthodox sein können, da sich doch offenbare Widersprüche in der Bibel finden ... Christ ipsissima verba, worauf die Orthodoxen pochen, lauten in jedem Evangelium anders ... Aber in dem lieben Barmen wird einem das nicht gesagt, da wird nach ganz anderen Grundsätzen unterrichtet. Und worauf gründet sich die alte Orthodoxie? Auf nichts als auf – den Schlendrian. Wo fordert die Bibel wörtlichen Glauben? ... Das ist kein Gefangennehmen der Vernunft unter den Gehorsam Christi, was die Orthodoxen sagen, nein, das ist ein *Töten des Göttlichen im Menschen*, um es durch den toten Buchstaben zu ersetzen» (MEW, E.Bd. 2, 1. 5. 1839, S. 371 f.). Das Gift des Zweifels, die Suche nach Einsicht und Verständnis beginnen zu wirken.

Auf dem Weg der Klärung hilft ihm zunächst Schleiermacher, über dessen Lehre er notiert: Sie ist «doch ... ein vernünftiges Christentum, das leuchtet doch jedem ein ... Hätte ich die Lehre früher gekannt, ich wäre nie Rationalist geworden, aber wo hört man so was in unserem *Muckertale*» (MEW, E.Bd. 2, S. 403). Später heißt es: «Wär ich nicht in den Extremen der Orthodoxie und des Pietismus aufgewachsen, wäre mir nicht in der Kirche ... und zu Haus immer der direkteste unbedingteste Glaube an die Bibel ... vorgesprochen worden, so wäre ich vielleicht noch lange am etwas liberaleren Supranaturalismus hängen geblieben» (ebd., S. 413).

Etwas später hält er dem Freund vor: «Du liegst freilich behaglich in Deinem Glauben wie im warmen Bett und kennst den Kampf nicht, den wir durchzumachen haben, wenn wir Menschen es entscheiden sollen, ob Gott ist oder nicht. Du kennst den Druck solcher Last nicht, die man beim ersten Zweifel fühlt ... Die Religion ist Sache des Herzens, und wer ein Herz hat, der kann fromm sein; wessen Frömmigkeit aber auch in dem Verstand oder auch in der Vernunft Wurzeln hat, der hat gar keine ... Das ist Schleiermachers Lehre» (27. 7. 1839, ebd., S. 408).

Die Orthodoxie ist für ihn überwunden. Ein Problem aber bleibt: Wie kann das Sein, das Universum, nur mit dem Gefühl umfaßt werden? Engels verlangt nach einem intellektualen Band der Einheit. Das leistet die spekulative Theologie. Er stößt auf den uns schon bekannten Strauß. Am 8. Oktober 1839 verkündet er: «Nun Männeken, nun sollst Du mal was hören: ich bin jetzt begeisterter Straußianer. Kommt mir jetzt nur her, jetzt habe ich Waffen ... Was das für ein Kerl ist! Da liegen die vier Evangelien, kraus und bunt wie das Chaos; die Mystik liegt davor und betet an – siehe, da tritt David Strauß ein wie ein junger Gott, trägt das Chaos heraus ans Tageslicht und – Adios Glauben!» (MEW, E.Bd. 2, S. 419). Im November 1839 heißt es: «So gründlich, klar und interessant schreibt außer Strauß kein Mensch. Übrigens infallibel ist er gar nicht; ja wenn im ganzen ‹Leben Jesu› als ein Komplex von lauter Sophismen sich herausstellte...» (13.–20. November 1839, ebd., S. 435).

Zunächst ist er dahin gekommen, *«nur die Lehre für göttlich zu halten, die vor der Vernunft bestehen kann.* Wer gibt uns das Recht, der Bibel blindlings zu glauben? ... Ferner, in welcher zweideutigen Position steht die Orthodoxie zur modernen Bildung?» fragt er Fritz Graeber (am 15. Juni 1839, ebd., S. 401). In einem anderen Brief heißt es schon früher: «Ich hoffe, eine radikale Veränderung im religiösen Bewußtsein der Welt zu erleben – wäre ich nur erst selbst im klaren! Doch das soll schon kommen, wenn ich nur Zeit habe, mich ruhig und ungestört zu entwickeln. Der Mensch ist frei geboren, ist frei!» Oder: *«Ich kann des Nachts nicht schlafen vor lauter Ideen dieses Jahrhunderts ... jedesmal, wenn ich ein Journal sehe, spüre ich nach Fortschritten der Freiheit.»* – «Also ich muß ein Junger Deutscher werden» (8., 19. April 1839, ebd., S. 367). – Später bekennt er von sich: «Es gärt und kocht in meiner Brust ... *ich sehne mich, einen großen Gedanken zu finden,* der die Gärung aufklärt» (Novbember 1839, ebd., S. 431).

Den findet er nun tatsächlich in Hegels *«kolossalem System»;* dessen «ungeheure Gedanken packen mich in einer ganz furchtbaren Weise». Hegels Gott ist ihm Ersatz für den persönlichen Gott des Kinderglaubens. Der Hegelsche Gottesbegriff gibt seiner suchenden Seele zunächst Sicherheit. Als er im Frühjahr 1840 eine Reise unternimmt und sie unter dem Titel «Landschaften» beschreibt, findet sich folgendes Bild darin: Das Schiff verläßt das Land, die Orthodoxie, gelangt in das Gebiet der freiwogenden See, das Land des Geistes. «Da entschwinden Dir alle kleinlichen Sorgen, alle Erinnerungen an die Feinde des Lichtes und ihre hinterlistigen Ausfälle, und Du gehst auf im stolzen Bewußtsein des freien, unendlichen Geistes! Ich habe nur *einen* Eindruck, dem ich diesen vergleichen könnte: als sich zum ersten Male die Gottesidee des letzten Philosophen vor mir auftat, dieser riesenhafteste Gedanke des neunzehnten Jahrhunderts, da erfaßten mich dieselben seligen Schauer, da wehte es mich an, wie frische Meerluft, die vom reinsten Himmel herniedertaucht; die Tiefen der Spekulationen lagen vor mir ... *in Gott leben, weben und sind wir!* ... wir fühlen, daß alles um uns und wir selbst von Gott durchhaucht sind, die ganze Natur ist uns so verwandt ...» (MEW, E. Bd. 2, S. 72). In der Naturverwobenheit erkennt Engels das Göttliche, wahres Frommsein durchzieht die Seele. Schelling könnte ihm hier eine Hilfe sein, um tiefer verstehend in Gott, Natur und Welt einzudringen. Er ahnt das Göttliche überall, er ist Pantheist. Hier kommt er ganz zu sich, erfaßt das ihn Bewegende.

Engels beabsichtigt, einen zweiten Teil des «Faust» zu schreiben, wo er Faust nicht als Egoist, wie Goethe, sondern «sich aufopfernd für die Menschheit» darstellen würde. Er ersehnt eine soziale Tat. Am 21. Januar 1840 formiert sich seine Anschauung: «Ich bin durch Strauß auf den striktesten Weg zum Hegeltum gekommen ... ich muß schon bedeutende Dinge aus diesem kolossalen Systeme in mich aufnehmen» (ebd., S. 438).

Damit gestaltet sich sein geistiger Horizont ganz neu. Als Siebzehnjähriger hatte Engels gereimt:

1. Herr Jesus Christe, Gottes Sohn,
O steig herab von Deinem Thron,
und rette meine Seele!
...
2. Du kamst, die Menschheit zu erlösen,
vom Tod sie zu befreien und Bösen
zu bringen ihr Dein Glück und Heil.»

Jetzt wird ihm zur Gewißheit: die theologischen Auseinandersetzungen sind ob ihrer Unergiebig- und Bedeutungslosigkeit zu beenden. Am 21. Januar 1840 schreibt er Friedrich Graeber: «Ich gestehe Dir, keine große Lust zur Fortsetzuung des theologischen Disputs zu haben. Man versteht sich gegenseitig nicht ...» (ebd., S. 438). So wendet er sich, zwanzigjährig, verstärkt anderen Themen zu.

In seinen Blick gerät zunehmend die politische Ausgestaltung Deutschlands, die soziale Frage mit allen das Bürgertum und die Intellektuellen bewegenden Themen: Wahlrecht, Pressefreiheit, Zensur, Schwurgericht usf. Das «Junge Deutschland» war liberal, aufgeklärt. Von ihm läßt er sich nun mehr und mehr in das soziale, politische Leben und dessen Verständnis einführen. «Was soll ich armer Teufel nun anfangen? Für meinen eigenen Kopf fortochsen? Hab' keine Lust. Loyal werden? Pfui Teufel! ... Also ich muß Junger Deutscher werden, oder vielmehr ich bin es schon mit Leib und Seele» (an F. Graeber, 9. April 1839, MEW, E. Bd. 2, S. 367).

Das «Junge Deutschland», jene literarische Bewegung, die auf das

Biedermeier folgt, wendet sich gegen die autoritäre Verbindung von Staat, Kirche und Überlieferung. Nach seinem Tod zieht Goethe, dieser Großmeister der literarischen Form, Angriffe auf sich; Essayistik, Reiseberichte, kurze spritzig-ironische Berichte sind die neue Stilform, der sich Heinrich Heine, Ludwig Börne (1786–1837), bedienen; ihnen folgen Karl Gutzkow (1811-1878), Heinrich Laube (1806–1888), Theodor Mundt (1808–1861), Ludolf Wienbarg (1802–1872) und andere. Die – allerdings stumpfe – Waffe gegen die Obrigkeit ist das *Feuilleton;* die genannten Literaten sind weder innerlich noch äußerlich eng miteinander verbunden, was aber ihre Verfolger, die preußischen Machthaber, nicht sehen. Was Engels an ihnen wertvoll erscheint, ist ihre Schätzung der Gegenwart, das Drängen auf Lebensansprüche auch im Politischen; was ihnen fehlt, bleibt ihm nicht verborgen: es gibt keinen Lyriker unter ihnen. Aber Engels geht, ohne es zu bemerken, schon einen Schritt weiter als seine vorübergehenden Vorbilder, hin zu jener Wirklichkeit, die er bald nur noch als einzige anerkennen wird: zu den sozialen, wirtschaftlichen Verhältnissen.

In dem Aufsatz «Eine Fahrt nach Bremerhaven» beschreibt Engels ein Auswanderungsschiff und reflektiert die ökonomischen Beweggründe für die Auswanderung. Der Anlaß ist weniger Nahrungsmangel als vielmehr «die schwankende Stellung des deutschen Bauern zwischen Leibeigenschaft und Unabhängigkeit». Sein scharfer Blick streift über Deck und in den Schiffsrumpf: «Da unten lag die Canaille, die nicht Geld genug hat, um neunzig Taler an eine Überfahrt in der Kajüte zu wenden, das Volk, vor dem man den Hut nicht zieht, dessen Sitten man hier als gemein, dort als ungebildet bezeichnet . . . Um das ganze Zwischendeck läuft eine Reihe Betten herum, mehrere nebeneinander und je zwei übereinander. Eine drückende Luft herrscht hier, wo Männer, Weiber und Kinder wie die Pflastersteine auf der Straße aneinandergepackt liegen, Kranke neben Gesunden, alles zusammen . . . Es ist ein trauriger Anblick; und wie mag es erst sein, wenn ein anhaltender Sturm alles übereinanderwirft und die Wellen übers Verdeck jagt, so daß die Luke, die allein noch frische Luft hereinläßt, nicht geöffnet werden kann» (MEW 2, S. 84).

In dieser Zeit ringt Engels zwar noch um ein positives Christentum, ohne daß er das vorbildliche soziale Engagement von Treviranus, Wichern und anderen protestantischen Geistlichen gegenüber dem Elend der Mitmenschen als Lösung eingestuft hätte. Er entdeckt: die Urheber des Elends sind – wie die Hilfswilligen auch – Christen.

Im Jahr 1839 begegnet ihm Ludwig Börne (1786–1837), der Kämpfer für eine deutsche Demokratie. In ihm sieht Engels einen «riesigen Kämpfer für Freiheit und Recht». Börne ist für ihn, der einen «treuen Eckhart» sucht, Wegführer, ein ganzer Kerl.

Durch Börne lernt Engels den westeuropäischen Radikalismus kennen. Er stellt Börne Hegel an die Seite, denn Börne macht praktisch, was jener theoretisch dachte. In Gedichten von Engels wird von wankenden Thronen und brennenden Schlössern gereimt. An F. Graeber schreibt er: «Ich erwarte bloß von dem Fürsten etwas Gutes, dem die Ohrfeigen des Volkes um den Kopf schwirren und dessen Palastfenster von den Steinwürfen der Revolution zerschmettert werden» (9. Dezember 1839, MEW, E. Bd. 2, S. 443). Friedrich Wilhelm III., das Haupt der Reaktion, wird von ihm als «Pietist» und «Unterdrücker» ausgemacht. Engels haßt ihn, verachtet «diesen Scheißkerl».

Engels ist zunächst ein Liberaler, wird sich aber rasch zum Radikalen wandeln. Wie er in der Religion durch die abschreckende Enge des Pietismus sich zum Kritiker und bald zum Aktivisten wandelt, so auch politisch vom Bürger zum Revolutionär. Die abstoßenden Umstände setzen ihn in Bewegung; je schmerzlicher sie ihn berühren, desto radikaler wird die von ihm eingenommene Position, wobei er stets Geleitmänner, Wegführer hat: Gutzkow, Börne; Strauß, Feuerbach; Hegel, E. Bauer und schließlich Marx.

Engels beendet die Ausbildung in Bremen Ostern 1841. «Ich danke Gott, daß ich nun auch dies langweilige Nest verlasse, wo man nichts tun kann, als fechten, essen, trinken, schlafen und ochsen» (an Marie, März 1841, ebd., S. 481). In ihm lebt das Gefühl, daß er *seine Überzeugungen «so unausgebildet stehen lassen»* mußte. Gleichwohl hatte ihm die erste Begegnung mit Hegel «die matten Nebelflecke der Spekulation» beseitigt und ihn zu «leuchtenden Ideensternen» geführt. bald wird er mit den von Ruge herausgegebenen Halleschen Jahrbüchern bekannt: er verschlingt sie. Dort stößt er auf Beiträge Bauers: er gibt der «Traditionshypothese» den letzten Stoß, der «Buchstabe verwest». Alles Anstöße, sich vom Pietismus gänzlich abzuwenden. Doch was tritt an seine Stelle?

Der Vater sah vor, daß der Sohn in Mailand die Ausbildung fortsetzte, wobei er beabsichtigte, ihn dort selbst bei einigen Geschäftspartnern einzuführen. Der Plan zerschlug sich aus unbekannten Gründen. Friedrich reiste gleichwohl «über die Alpen» in den Süden (Mai 1841) und beschreibt die Reise im Blatt der Berliner Junghegelianer, dem «Athenäum». Er ist von Aufbruchstimmung erfüllt, schwärmt am Grab Ulrich von Huttens.

Zurückgekehrt, wird dem Drängen des Sohnes, seine einjährige Militärzeit abzuleisten und diese mit einem Teilstudium zu verbinden, vom Elternhaus wohl nur zögernd stattgegeben. Noch im Elternhaus gedenkt Friedrich in einem Aufsatz Immermanns, worin sein jugendliches Selbstbewußtsein, das Wissen, in einem besonderen Jahrhundert zu leben und darin eine Aufgabe zu haben, sich klar ausspricht. Aus dieser Zeit stammt folgende Äußerung von Engels: «Die Alten klagen zwar entsetzlich über die Jugend, und das ist wahr, sie ist sehr unfolgsam; laßt sie aber nur ihre eigenen Wege gehen, sie wird sich schon zurechtfinden, und die, die sich verirren, sind selbst schuld daran. Denn wir haben einen Prüfstein für die Jugend an der neuen Philosophie; es gilt, sich durch sie hindurchzuarbeiten und doch die jugendliche Begeisterung nicht zu verlieren. *Wer sich scheut vor dem dichten Walde, in dem der Palast der Idee steht,* wer sich nicht durchhaut mit dem Schwerte und küssend die schlafende Königstochter weckt, *der ist ihrer und ihres Reiches nicht wert.* Er mag hingehen und Landpastor, Kaufmann, Assessor oder was er sonst werden will, werden, ein Weib nehmen, Kinder zeugen in aller Gottseligkeit und Ehrbarkeit. *Aber das Jahrhundert erkennt ihn nicht als seinen Sohn an. . .»* (MEW, E. Bd. 2, S. 149).

Engels verlangt es nach Versöhnung von Wissenschaft und Leben. Dies sieht er als Aufgabe seiner Generation an, er hat die Begeisterung, «die wie der Adler die treibenden Wolken der Spekulation, die dünne, verfeinerte Luft in den oberen Regionen der Abstraktion nicht scheut, wenn es gilt, der Wahrheitssonne entgegenzufliegen» (ebd.). Dazu war er kampfgewillt, um gegen die Unterdrückung aufzutreten. *«Laßt uns für die Freiheit kämpfen, solange wir jung und voll blühender Kraft sind;* wer weiß, ob wir's noch können, wenn das Alter uns beschleicht» (ebd.). Der Einundzwanzigjährige, seiner selbst bewußt geworden, erstrebt *seine* Mission, in *seiner* Zeit!

Als Freiwilliger kann er den Dienstort wählen, die Wahl fällt auf Berlin. Im Herbst 1841 trifft er dort ein. Kaserne wie Quartier liegen nahe der Universität. Kaum angekommen, voll hochgemuter Erwartung und in Kampfesstimmung, betritt er am 15. November 1841 erstmals den Hörsaal zu Schellings Antrittsrede. Anwesend sind dort unter den 400 Hörern Offiziere, Beamte, aber auch nachmalige Berühmtheiten: Sören Kierkegaard, Michael Bakunin, Jacob Burckhardt.

3. Auseinandersetzung mit Schelling

Friedrich Wilhelm Joseph von Schelling (1775–1854) war nach Berlin berufen worden, um ein Jahrzehnt nach dem Tode seines einstigen Jugendfreundes, Hegel, dessen «bedrohliche» Wirkung der Kritik aus dem Kreis der hinterbliebenen Schüler, der radikalen Junghegelianer, einzudämmen. Vor dieser Kritik war – wie Strauß, Bauer und Feuerbach zeigten – das Gewachsene, Überlieferte, scheinbar Gesicherte, kurz: weder Staat noch Kirche, keine Autorität geschützt. Die dialektische Methode bot die Möglichkeit, das Leben zu fassen, Entwicklung denkerisch einzufangen und zu kritisieren, – wie sollte sie jetzt vor dem preußischen Staat stillestehen, etwa die Zensur billigen, Immobilismus und Unterdrückung bürgerlicher Rechte gutheißen und die hohlen Phantasien des bald zum Hofprediger avancierten Krummacher stillschweigend akzeptieren? Die Größe Hegels und sein Streben nach Versöhnung überdeckt zu seinen Lebzeiten die der Dialektik selbst innewohnende Sprengkraft im Hinblick auf die Theologie. Unter den Schülern aber wird sie offenbar. Wer soll sie eindämmen? Wer das Gewordene, das von den Herrschenden als das jeweils Beste angesehen wird, bewahren und vor Wandel schützen, schützen vor den denkerischen Angriffen?

In München, wo Schelling der Akademie der Wissenschaft vorstand, erhält er 66jährig den Ruf nach Berlin – in einem Alter also, wo auch Hochschullehrer in den Ruhestand zu treten pflegen. Diese Berufung ging auf die persönliche Veranlassung von Friedrich Wilhelm IV. von Preußen höchstselbst zurück, der geistig durch die Romantik geprägt und als Herrscher überraschend gebildet, nach seiner Amtsübernahme 1840 zunächst das reaktionäre Erbe seines Vaters zu überwinden suchte, dann aber selbst eine noch reaktionärere Einstellung an den Tag legte. Der von den Hegelianern kritisch erwartete Schelling kann allerdings bei seinen voreingenommenen und ganz anders gesinnten Hörern wenig Erfolge verbuchen, obgleich seine Gedankenführung von Weite und Tiefe seines Geistes zeugt.[2] Doch Schelling wird nicht verstanden, hat

2 Als Beispiel für die bei den Hegelianern herrschende Stimmung sei auf eine Erwägung des zurückhaltenden Cieszkowski hingewiesen, die sich in dessen Nachlaß fand: «Der rechtmäßige Erbe so vieler würdiger Potentaten, aber auch der unmittelbare Vorgänger unseres großen Helden und Kaisers im Reiche der Philosophie bekenne sich auch zu seinem rechtmäßigen Nachfolger ... Wenn du nur ein Restaurator sein willst, dann bist du uns ein zurückwendendes

keine Resonanz, und so stellt er vergrämt bereits 1846 seine Lehrtätigkeit gänzlich ein.

Den Beginn von Schellings Berliner Wirken erlebt nun Engels schicksalshaft mit und beschreibt ihn sogleich journalistisch flott, freilich nicht ganz unbeeindruckt von Schellings Persönlichkeit, wenn auch ihm geistig keineswegs gewachsen oder nur angemessen. «Ein Mann von mittlerer Statur, mit weißem Haar und hellblauen, heiteren Augen, dessen Ausdruck eher ins Muntere als ins Imponierende spielt, und vereint mit einigem Embonpoint, (was) mehr auf den gemütlichen Hausvater als auf den genialen Denker schließen läßt, ein hartes, aber kräftiges Organ, schwäbisch-bayerischer Dialekt mit beständigem ‹eppes› für ‹etwas›, das ist Schellings äußere Erscheinung» (MEW, E. Bd. 2, S. 164).

Die Berufung durch den König war ein Programm und eine Kampfansage an die Junghegelianer zugleich; sie erregte Aufsehen. Schellings Vorlesung ist der zweite Akt eines Entscheidungskampfes und Revolutionierungsprozesses, den Engels in seiner Bedeutung hochgespannt, aber geistesgegenwärtig empfindet. In seiner Reportage spitzt er die Dramatik noch weiter zu, indem er zwei Kämpfer zur Schlacht antreten läßt. «Der eine tot seit zehn Jahren, aber lebendiger als je in seinen Schülern; der andere seit drei Dezennien . . . geistig tot, nun urplötzlich des Lebens volle Kraft und Geltung für sich ansprechend» (ebd., S. 163).

Philosophisch war Schelling von Kant und Fichte ausgegangen, wobei er das Absolute dadurch bestimmt, daß es sowohl von den wißbaren Gegenständen als auch von der subjektiven Weise des Wissens, dem empirischen Ich, verschieden sei. Das *absolute Ich* wird in einem der mystischen Erfahrung vergleichbaren Akt der *«intellektualen Anschauung»*, nicht aber in Bildern und Symbolen in der diskursiven Rede erfahrbar. Diese Erfahrung bedarf der Askese, sie ist nicht lehr- und lernbar. Steiner nennt Schelling einen Denker, «bei dem alle Geisteskräfte nach der Phantasie hinstreben». «Er ist ein erfinderischer Kopf ohnegleichen. Aber seine Einbildungskraft bringt nicht Bilder hervor, wie die künstlerische, sondern Begriffe und Ideen» (GA 18, S. 212). Was ihm aus einem «höheren Sinn», der intellektualen Anschauung, zufließt, läßt ihn fragen, wie das, was in Ideen erfaßt wird, mit der Natur zusammenhängt. Das Absolute ist real-ideales Sein. «Die Natur soll der sichtbare Geist, der Geist die unsichtbare Natur sein. Hier also, in der absoluten Identität des Geistes in uns und der Natur außer uns, muß sich

Gespenst im Tale, dann wirst du nur ein Revenant» (ein aus einer anderen Welt wiederkehrender Geist)! (Ehret 1980, S. 309).

das Problem, wie eine Natur außer uns möglich sei, auflösen» (Erster Entwurf eines Systems der Naturphilosophie, S. 6).

Von diesem Beginn her kann er dann außerordentlich anregend und beweglich weiterdenken, wobei für die vollendete Theorie der Natur sich alles in Intelligenz auflöst. «Die toten und bewußtlosen Produkte der Natur sind nur mißlungene Versuche der Natur, sich selbst zu reflektieren, die sogenannte tote Natur aber überhaupt eine unreife Intelligenz ...» (System des transzendentalen Idealismus, Einleitung). Die Natur ist Offenbarung des Geistes, der sich hinter deren äußerer Hülle verbirgt.

Was bemerkt der zwanzigjährige Engels vom Höhenflug des altersweisen Hochschullehrers? Er nimmt für sich in Anspruch, sich «durch den dichten Wald zum Palast der Idee» durchzuschlagen. Dabei stellt er feinfühlig fest, was es mit dem Kampf der religionskritischen Linkshegelianer und dem mystisch tiefgestimmten Schelling auf sich hat. In seiner Reportage im «Telegraph» beschreibt Engels den Ort der Auseinandersetzung eher journalistisch vordergründig: *«Wenn ihr jetzt hier in Berlin irgendeinen Menschen, der auch nur eine Ahnung von der Macht des Geistes über die Welt hat, nach dem Kampfplatze fraget, auf dem um die Herrschaft über die öffentliche Meinung Deutschlands in Politik und Religion, also über Deutschland selbst, gestritten wird, so wird er euch antworten, dieser Kampfplatz sei in der Universität, und zwar das Auditorium Nr. 6, wo Schelling seine Vorlesungen über die Philosophie der Offenbarung hält. Denn für den Augenblick sind alle einzelnen Gegensätze, die der Hegelschen Philosophie jene Herrschaft streitig machen, gegen die eine Opposition Schellings verdunkelt, verwischt und zurückgetreten. Ein bedeutendes, bunt gemischtes Auditorium hat sich eingefunden, um dieses Kampfes Zeuge zu sein. An der Spitze die Notabilitäten der Universität, die Koryphäen der Wissenschaft, Männer, deren jeder eine eigentümliche Richtung hervorgerufen hat, ihnen sind die nächsten Plätze um das Katheder überlassen, und hinter ihnen, durcheinandergewürfelt, wie der Zufall sie zusammenführte, Repräsentanten aller Lebensstellungen, Nationen und Glaubensbekenntnisse. Mitten zwischen der übermütigen Jugend sitzt hier und da ein graubärtiger Stabsoffizier und neben ihm wohl gar ganz ungeniert ein Freiwilliger (d.i. Engels), der in anderer Gesellschaft sich vor Devotion gegen den hohen Vorgesetzten nicht zu lassen wüßte»* (MEW E. Bd. 2, S. 163).

In seiner Reportage reduziert Engels Schelling auf eine Passage, die er Hegel widmete: «Wenn man das Schellingsche Todesurteil des Hegelschen Systems seiner Kurialsprache entkleidet, so kommt folgendes heraus: Hegel hat kein eigenes System gehabt, sondern vom Abfall meiner Gedanken kümmerlich sein Leben gefristet» (ebd., S. 167). Diese Reportage – von der Engels bemerkt, daß sie dem Vorgang nicht ganz angemessen war –, veranlaßt ihn indessen, sich eingehender mit Schelling und seiner Philosophie auseinanderzusetzen. Er beschafft sich drei Skripten der Vorlesung und veröffentlicht als Frucht seiner Auseinandersetzung zwei Broschüren «Schelling und die Offenbarung – Kritik des neuesten Reaktionsversuches gegen die freie Philosophie» (März 1842) sowie «Schelling, der Philosoph in Christo» (Mai 1842). Dabei ist es in jedem Fall erstaunlich, daß Engels den Pfaden Schellingschen Denkens einigermaßen zu folgen vermag und auch die großen Linien stets im Auge behält, wenngleich er von vornherein die ganze Grundlage verwirft, weil Schelling sich «auf willkürliches» Denken, auf die Offenbarung stütze. Das sei zu einfach.

Durchaus schon von Hegel imprägniert, empfindet Engels Schelling so, daß dieser «dem Jahrhundert zumutet, vierzig Jahre Mühen und Arbeit, vierzig Jahre des Denkens, des Aufopferns der liebsten Interessen und heiligsten Überlieferungen als vergeudete Zeit, verfehlte Richtung zurückzunehmen, bloß damit er nicht diese vierzig Jahre zu lange gelebt habe – es klingt als Ironie, wenn er Hegel eben dadurch eine Stelle anweist, daß er ihn ... wie ein Geschöpf, seinen Diener behandelt ... Unsere Sache wird sein, ... des großen Meisters Grab vor Beschimpfungen zu schützen. Wir scheuen den Kampf nicht ... Da scheiden sich die Geister.» So hieß es in Engels' letztem Beitrag für den «Telegraph» (MEW, E. Bd. 2, S. 169).

Wenn Engels auch nicht viel gelten läßt: die Lehre von der Endzeit des «Dritten Reiches» wird – freilich säkularisiert, verwandelt – später doch zentraler Bestandteil der eigenen Lehre, wonach der Kommunismus das Endstadium der Geschichte darstelle. Die Argumentation gegen Schelling bleibt gedanklich schwach.

Immerhin findet Engels, nun einundzwanzig geworden, in der Auseinandersetzung mit Schelling sich selbst, seine «Krone»; sie «ist *das Selbstbewußtsein der Menschheit, der neue Gral,* um dessen Thron sich die Völker jauchzend versammeln und der alle, die sich ihm hingeben, zu Königen macht ... *Das ist unser Beruf, daß wir dieses Grals Tempeleisen werden,* für ihn das Schwert um die Lenden gürten und unser Leben fröhlich einsetzen in den letzten, heiligen Krieg, dem das *tausendjährige Reich der Freiheit* folgen wird. Und das ist die *Macht der Idee,* daß jeder, der sie erkannt hat, nicht aufhören kann, von ihrer Herrlichkeit zu reden und ihre Allgewalt zu verkündigen, daß er heiter und guten Muts alles andre wegwirft, wenn sie es heischt . . . Dieses Drängen und Stürmen der Völker und Heroen, über dem die *Idee* in ewigem Frieden schwebt und endlich herniedersteigt mitten in das Getriebe und seine innerste, lebendigste, selbstbewußte Seele wird, das ist die *Quelle alles Heils und aller Erlösung;* das ist das Reich, in dem jeder von uns an seinem Ort zu wirken und zu handeln hat. *Die Idee, das Selbstbewußtsein der Menschheit ist jener wunderbare Phönix* . . . Laßt uns kämpfen und bluten, dem Feinde unverzagt ins grimmige Auge schauen und ausharren bis ans Ende! . . . der Tag der großen Entscheidung, der Völkerschlacht, naht heran, und der Sieg muß unser sein!» (MEW, E. Bd. 2, S. 220 f.).

Im Studium Hegels und in der Ablehnung Schellings erlebt Engels die Macht der Idee als eine Wirksamkeit, die ihn befreit, die ihn zu sich selbst bringt. Alle bisherigen religiösen Gefühle vereinen sich hierin, sein Selbstbewußtsein ist erwacht und *erhoben.* Der Gedanke, daß die absolute Idee nicht im Transzendenten verweilt, sondern daß der *Himmel zur Erde niedergestiegen* ist, entflammt ihn zutiefst. Die Idee kann in der Wirklichkeit gefunden werden, die Wirklichkeit ist die sinnliche. Das Gewahrwerden des eigenen Selbstes und der Idee des Grals ist wie eine Inspiration, die in diesem Moment, 1841, in das Getriebe der Welt herniedersteigt. Wie Marx im 19. Jahr seinen Lebensauftrag erfährt, so Engels mit 21 sich selbst und die Aufgabe der Zeit. Es ist dies der Augenblick der Ich-Geburt. Engels ist sich gewiß, daß er in einer großen, entscheidungsreichen Zeit lebt und daß er dabei auf der richtigen Seite kämpft, derjenigen des Fortschritts und des Heils. Während der andere Dioskur, Marx, gepeinigt wird von dem Erleben der Entfremdung, hat es bei Engels' Suche den Anschein, als sei er sich des Zieles sicher, er sei als Tempeleise im Reich des Grals, den er mit dem Besitz der Idee und der Macht des Selbstbewußtseins verknüpft. Etwas Priesterliches, aber auch Ritterliches haftet ihm an. Er gelobt sich Mächten der Zukunft, indem er zugleich die Fäden zum Glauben seiner Jugend endgültig durchtrennt. Ihm ist die Geschichte, deren Theorie er bei Schelling vermißt, fortschreitend, wobei die Negation der Kritik etwas Positives darstellt.

Anfang des Jahres 1842 erfüllt ihn ein *«wonnereicher Rausch»* mit dem *«unaussprechlichen Glücksgefühl, der Jugend einer Zeit anzugehören, die mit weltgeschichtlichen Entscheidungen schwanger ging. . .* Jetzt, da er sich geborgen fühlt, läßt er hindurchscheinen, wie tief er gelitten hatte unter der ihm trostlos dünkenden *Zwiespältigkeit zwischen einer der Menschheit entrückten Gottheit und einer entgötterten Erdenwelt* . . . In seinem Befreiungskampf aus der Gefühls- und Ideenwelt des Pietismus war ihm der Gottesgedanke Hegels in so überirdischer Verklärtheit erschienen, daß er nicht bemerkt hatte, wie viel von der Schönheit, die er da erblickte, dem eigenen Dichterauge und dem noch nicht erloschenen religiösen Drang ... angehörte» (Mayer I, S. 79 f.).

Im Rückblick auf diese Lebenszeit beschreibt Engels 1886 (in: «L. Feuerbach und der Ausgang der klassischen deutschen Philosophie»), wie sich die Umkehrung der Hegelschen Philosophie zum «materialistischen Standpunkt» vollzog. «Man entschloß sich, die wirkliche Welt – Natur und Geschichte – so aufzufassen, wie sie sich selbst einem jeden gibt, der ohne vorgefaßte idealistische Schrullen an sie herantritt; man entschloß sich, jede idealistische Schrulle unbarmherzig zum Opfer zu bringen» (Marx/Engels: Ausgewählte Schriften II, S. 359 f.). Das «Opfer» ist die «erkenntniskritische Sicht», d. h. Engels begibt sich auf einen naiv-realistischen Standort; was er wahrnimmt, ist so, wie es ihm erscheint. Was Engels begriff, war die dialektische Methode; was er mißverstand, war das Wesen des Begriffs. «Wir faßten die *Begriffe* unseres Kopfes ... materialistisch als *Abbilder der wirklichen Dinge,* statt die wirklichen Dinge als Abbilder dieser oder jener Stufe des absoluten Begriffs. Damit reduzierte sich die Dialektik auf die Wissenschaft von den allgemeinen Gesetzen der Bewegung, sowohl der äußeren Welt wie des menschlichen Denkens ... Damit aber wurde die Begriffsdialektik selbst nur der bewußte Reflex der dialektischen Bewegung der wirklichen Welt, und damit wurde die Hegelsche Dialektik auf den Kopf oder vielmehr vom Kopf, auf dem sie stand, wieder auf die Füße gestellt» (ebd., S. 360 f., vgl. Strawe, S. 108 ff.). Engels gebraucht hier über vierzig Jahre später jenes Bild, das Marx einstmals für Hegels Betrachtung der Französischen Revolution angewandt hatte.

Die absolute Idee ist für Hegel etwas anderes, als Engels sie deutet. Der Abklatsch im Kopf wird möglich, indem Hegel unterschoben wird, die Wirklichkeit sei Abbild der absoluten Idee; tatsächlich ist aber für Hegel Denken und Sein eine Einheit. So kann bei Hegel niemals das Sein das Bewußtsein bestimmen, wie Marx und Engels es dann in Umkehrung eines Hegel unterschobenen Zusammenhanges behaupten, denn beide sind einander bedingende Faktoren. Engels also stellt von diesem erst konstruierten Ansatz her den dialektischen Materialismus dar, indem er die Hegelschen Gedanken «umschlagen» läßt: das Gesetz vom Umschlagen der Quantität in die Qualität (in der revolutionären Entwicklung); das Gesetz von der Durchdringung der Gegensätze (Klassenkampf); das Gesetz der Negation, wodurch jede zuvor erreichte Stufe wieder negiert wird. Die «Grundposition» des Marxismus erklärt sich aus der Reaktion «gegen bestimmte Unzulänglichkeiten des Hegelschen Systems. Sowohl Marx als auch Engels glaubten, jene Mängel durch eine ‹Umkehrung› Hegels behoben zu haben. Die Korrektur Hegels durch seine ‹Umkehrung› ist jedoch . . . eine fragwürdige Sache und vor allem bei Engels durch eine Reihe von Mißverständnissen der Hegelschen Philosophie ermöglicht. Tatsächlich hat man nicht Hegel . . ., sondern eine fiktive Theorie in ihr Gegenteil verkehrt» (Wiedmann, S. 137). Ähnliches gilt auch für Schelling, dessen Naturphilosophie erst heute in ihrer Modernität langsam verstanden werden kann (vgl. die Darstellung bei Kirchhoff).

Die Auseinandersetzung mit Hegel und Schelling ist für Engels insofern bedeutsam, als sie ihm Erkenntnis-Sicherheit vermittelt – ähnlich wie dies bei Marx der Fall war.

4. Begegnung mit Hess

Engels, zwei Jahre jünger als Marx, stößt, kaum in Berlin angekommen, wie magnetisch angezogen zu demselben Menschenkreis in jenem Doktor-Klub, dem auch Marx angehörte, allerdings ist jener gerade zuvor abgereist – nach Bonn. Der Klub dieser Intellektuellen, die sich jetzt – in der Zusammensetzung erweitert – die *«Freien»* nennen, lebt bohèmehaft, trifft sich nun im «roten Zimmer» bei Hippel, diskutierend, rauchend, trinkend. Engels lebt in dieser Welt auf: sie vermittelt ihm Weite, geistreiche Kritik und eröffnet ihm die Gedanken linkshegelscher Religionskritik. Unter den «Freien» tritt ihm der gleichaltrige Edgar Bauer (1820–1882), der 11 Jahre jüngere Bruder des uns bekannten Bruno Bauer (1809–1882), besonders nahe. Er war damals noch Student.

Frucht von Engels' einjähriger Berliner Zeit unter den «Freien» ist eine Parodie mit dem Titel *«Die frech bedräute, jedoch wunderbar befreite Bibel. Oder: Der Triumph des Glaubens»*, die sich der Stilmittel von Goethes «Faust» bedient, indem das Himmlische mit dem Teuflischen zu kämpfen hat. Darin heißt es: «Doch der am weitesten links mit langen Beinen toset / ist Oswald, grauberockt und pfefferfarbbehoset. / Auch ihnen pfefferhaft. / Oswald der Montagnard, / der Wurzelhafteste mit Haut und auch mit Haar. / Er spielt ein Instrument: das ist die Guillotine, / Auf ihr begleitet er stets eine Cavatine» (MEW, E. Bd. 2, S. 300). – Oswald ist Engels' Pseudonym.

Darin taucht dann später noch eine andere Gestalt auf: «Wer jaget hinterdrein mit wildem Ungestüm? / Ein schwarzer Kerl aus Trier, ein markhaft Ungetüm. / Er gehet, hüpfet nicht, er springet auf den Hacken / und raset voller Wut und gleich, als wollt er packen / das weite Himmelszelt und zu der Erde ziehen. / Steckt er die Arme sein / weit in die Lüfte hin. / Geballt die böse Faust, so tobt er sonder Rasten, / als wenn ihn bei dem Schopf zehntausend Teufel faßten» (ebd., S. 301 f.). Wen Engels so vorstellt, ist niemand anderes als Karl Marx, von dem er vielfältig im neuen Freundeskreis hört, den er persönlich aber noch nicht kennt.

Die Satire, wo Himmel und Hölle im Stil des Pietismus miteinander kämpfen, wird von Engels über fast vierzig Seiten gekonnt durchgehalten. Dabei treten alle Freien, drastisch charakterisiert, auf, auch wenn Engels keine Gelegenheit hatte, sie alle auch persönlich kennenzulernen. In diesem Kreis also formt sich jetzt seine Anschauung inhaltlich allmählich aus. Er, der von Börne beeinflußt, die demokratische Konzeption in sich trug und die Wahrnehmung der Arbeiterschaft aus der Heimat noch gegenwärtig hatte, erfährt an Hegel, daß Geschichte in Gegensätzen verläuft: diese erlebt er. Was ist seine persönliche Aufgabe? Er nimmt alles auf, was im Kreis der «Freien» diskutiert wird: Darunter gibt es ein zentrales Thema: *wie kann der Gedanke Praxis werden?* Bruno Bauer schreibt im März 1841 an Marx: «Die Theorie ist jetzt die stärkste Praxis» (MEGA I, 1/2).

Engels formt sich in diesem Jahr – es ist sein zweiundzwanzigstes Lebensjahr – seine individuelle Weltanschauung aus. In diesem Prozeß kommt ihm Feuerbachs Schrift vom «Wesen des Christentums» unter die Augen, wo der *Begriff der Gattung,* nicht des einzelnen, ins Zentrum gerückt wird. Für Engels wirkt dieser Gedankengang wie eine Offenbarung; dort, im allgemeinen, in der *Gattung,* liegt *der Gral, das Ziel der Geschichte.* Allerdings wirkt Feuerbachs Lehre bei Engels erst dadurch zündend, daß er sie in der Deutung, Vergröberung und Radikalisierung, die ihr Bruno Bauer in dialektischer Ablehnung gab, durch dessen Bruder Edgar vermittelt erhielt. Bauers Schrift «Entdecktes Christentum» liest er im September 1843, dort finden sich seine Formulierungen, die etwa so klingen, daß durch *Religion* der Mensch *entleert* werde, ja *sie bedeute Entmenschlichung;* der Schluß von der «Unmenschlichkeit der Religion» liegt in der Konsequenz (vgl. 2. Teil, III. Kap.). Wenig später ist in Engels' Schrift «Die Lage Englands», in der er sich mit Carlyle auseinandersetzt, zu lesen, daß «Religion . . . (ein) Akt der Selbstaushöhlung des Menschen» sei, ja «Wurzel aller Lüge und aller Unwahrheit»

(MEW, Bd. 2, passim). Engels distanziert sich jetzt vom Pantheismus Hegelscher Prägung und folgert: «Deswegen haben wir auch der Religion und allen religiösen Vorstellungen den Krieg erklärt.» Darum gibt es auch keine andere Rettung als die «aufrichtige Rückkehr – nicht zu Gott – sondern zu sich selbst» (ebd., S. 547).

Die religiös suchende Seele Engels' hat sich nicht nur von den überzogenen und vereinseitigten Ausprägungen des heimischen Pietismus abgewandt, sondern durch die ihm von den Junghegelianern vermittelte Religionskritik radikal von jeder Religion überhaupt. Die Freien verhelfen ihm zu der Eindeutigkeit und Schlichtheit, die ihm die radikale Ablehnung erst ermöglicht.

Zugleich aber taucht in dieser Abhandlung ein *neuer Gedankenfaden* auf, der der *sozialen Revolution,* und welche Aufgabe die einzelnen Länder darin einnehmen. Dies geht auf eine weitreichende Begegnung mit einer der wendigsten Persönlichkeiten der damaligen Zeit zurück, auf Moses Hess. Er bringt Engels auf dem bei den «Freien» begonnenen Weg weiter: obgleich sich ihre Wege bald trennen, ist diese Begegnung schicksalshaft und bereitet diejenige mit Marx geistig vor. Das Werk von Hess «Die europäische Triarchie» (1841) kannte Engels bereits und war davon beeindruckt. Engels begegnete dem Autor selbst, unmittelbar nachdem er am 8. Oktober 1842 sein Führungsattest abgeholt hatte, auf der Rückreise in Köln. Hess und Rutenberg sind Redakteure der «Rheinischen Zeitung», für die Engels Beiträge schrieb.

Moses Hess, 1812 in Bonn geboren, streng jüdisch erzogen, als Autodidakt Philosophie studierend, wendet sich schon 1832 in Frankreich dem Sozialismus zu und wird durch sein Buch «Die Heilige Geschichte der Menschheit – Von einem Jünger Spinozas» (1838) bekannt. Darin verbinden sich jüdische und sozialistische Anschauungen visionärer und sentimentaler Art: aus der heutigen Zeit mit ihrem Egoismus und ihrer Ungerechtigkeit erwächst ein künftiges Reich Gottes, ein neues Jerusalem, das die Gütergemeinschaft kennt, Privateigentum und Erbrecht verwirft. Aus Übel entsteht Heil, weil die Konzentration des Reichtums (Akkumulation des Kapitals) zur Verarmung des Volkes führt, so daß unausweichlich eine *soziale Revolution* kommen muß, die dann Privateigentum und Erbrecht, Wurzel der Ungleichheit, beseitigt. Dabei wirken die Tatkraft Frankreichs und das Denken Deutschlands zusammen, um dem Kommunismus den Weg zu bereiten. «Im Herzen Europas wird das neue Jerusalem gegründet werden. Deutschland und Frankreich sind die beiden Endpunkte des Ostens und des Westens, die Extreme, an deren Berührung die göttliche Frucht hervorgehen wird . . . Deutschland war und bleibt das Band der großen geistigen Kämpfe wie Frankreich das der welthistorischen, politischen Revolutionen» (S. 309). Das künftige Reich «wird ein großer Garten sein. Darin werden lauter frohe und fleißige Menschen wandeln und das Leben genießen, wie es Menschen ziemt» (S. 315). «Die Gesellschaft wird einen so unbeschreiblichen Überfluß an Kräften haben, daß sie Wunderbares schafft. Es wird dem Staat nichts unmöglich sein» (S. 325; vgl. ferner 2. Teil, IV.).

Hess erhielt neben eigenen Visionen auch Anregungen von Babeuf, Saint-Simon und Fourier. Eine künftige soziale Harmonie ist sein Grundthema. 1841 läßt nun Hess eine «Europäische Triarchie» folgen als Antwort auf ein anderes Buch, die «Europäische Pentarchie» von Goldmann, der für eine Vorherrschaft Rußlands und Österreichs eintrat. Hess dagegen ist für ein Bündnis solch fortschrittlicher Kräfte wie Frankreich, England und Preußen eingenommen. Er greift dabei die «Philosophie der Tat» von Cieszkowski auf, durch die allein eine «soziale Revolution», das Endziel der Menschheitsgeschichte, herbeigeführt werden kann. Das ganze Werk ist in utopisch gefühlhaft-schwärmerischer Weise abgefaßt. Die «Philosophie der Tat unterscheidet sich von der bisherigen Philosophie der Geschichte dadurch, daß sie nicht mehr bloß Vergangenheit und Gegenwart, sondern mit diesen beiden Faktoren und aus ihnen heraus die Zukunft in den Bereich der Spekulation zieht» (S. 24). Von der «Philosophie der Tat» wurden die Hegelianer insgesamt angezogen, so auch Hess, der 1842 in den «Bund der Gerechten» eintrat. Die Tat wird ihm zum Grundgesetz des Lebens, denn durch sie kommt der Mensch erst zur rechten Auffassung von Denken und Sein. In letzter Konsequenz führt die Tat, die individuelle Freiheit und soziale Gerechtigkeit zum Anarchismus, der schließlich Staat und Privateigentum beseitigt und das Glück der Menschen bewirkt.

Bei den Genossen hieß Hess «Kommunistenrabbi», da in ihm das eschatologische Erbe der Ahnen in moderner Ausformung auftritt. Die Erlösung der Menschheit, also des Gattungswesens, geschieht – dies ist der Kerngedanke – im auserwählten Erdteil, in Europa. Hegel begriff in seinem Erkenntnisdrang die Vergangenheit, die Franzosen dagegen erfassen die Ethik. Die deutsche Reformation führte die Gedankenfreiheit, die Französische Revolution das ethische Prinzip in die Wirklichkeit ein. Die Verschmelzung beider ist Aufgabe der Gegenwart, wobei England die wirtschaftliche Entwicklung beizutragen habe.

Eine Konstante, die Hess dem Gedankenhorizont von Engels einverleibt, ist die *Tatsache des Privateigentums und die Notwendigkeit seiner Aufhebung.* Die Spaltung der Gesellschaft in Besitzende und Nichtbesitzende wird zur ständigen Argumentationsfigur, der Gedanke findet sich bei Engels erstmals am 10. 12. 1842 (MEW Bd. 1, S. 459).

In Beiträgen in der «Rheinischen Post» verlangte Hess, das *ganze Volk zu emanzipieren*, es *läge* dies – nämlich der Aufruhr gegen überlieferte Autoritäten – *im Geist der Zeit.* Drei Revolutionen – eine wirtschaftlich-soziale in England (sie steht bevor), eine politische in Frankreich und eine religiös-geistige in Deutschland – wirken zusammen, um das Ziel, die Befreiung, zu erreichen. Dabei ist für Hess nicht der Staat, sondern die Gesellschaft der künftige Kampfplatz. Mit diesen Gedanken wird also Engels durch einen lebensprühenden Intellektuellen persönlich bekannt gemacht. Von diesem Zusammentreffen berichtet Hess später an Auerbach (19.6.1843): «Wir sprachen über Zeitfragen und er ... schied von mir als allereifrigster Kommunist. So richte ich Verwüstungen an» (Enzensberger, S. 157).

Durch Hess beginnt Engels, der ursprünglich in ihm vorhandenen gefühlhaften Zuwendung zur sozialen Frage eine klare Einsicht in den geschichtlichen Entwicklungsgang und dessen Notwendigkeiten abzugewinnen. In der in ihm noch lebendigen Suche nach dem Mittel, wie das Ziel der Befreiung zu erreichen sei, fällt die Bemerkung von *Constantin Frantz* in der Zeitschrift der «Freien», im «Athenäum», die lautet: *«Organisiert diese Massen ... oder sie organisieren sich selbst – aber zum Sturm»* (Mayer I, S. 105). Das schlägt blitzartig bei Engels ein. Überall also *Aufbruch*, unmittelbar bevorstehende Wandlung. Da erscheint das analytisch kluge, systematisch vorzügliche Werk des konservativen Lorenz von Stein: *«Über den französischen Sozialismus und Kommunismus»* (1841), das Engels dazu verhilft, seine eigenen Gedanken zu vertiefen und weiter zu klären.

5. Manchester – Erwachen am Kapitalismus

Solcherart darauf eingestimmt, in einer Zeit zu leben, in der sich Entscheidendes, ja welthistorisch Einzigartiges begibt, d. h. in der nichts Geringeres als die Befreiung der Menschheit bevorsteht, gelangt Engels nach seiner Berliner Zeit wieder in die Heimat – jetzt fast einundzwanzig Jahre alt. Seine geistige Welt war beträchtlich umgewandelt. Große Denker wirkten zeitweilig auf ihn ein, waren seine Führer. «Von allen, die er verließ, nahm er etwas mit: von Strauß das Vorbild konsequenter Ehrlichkeit, von Börne den Freiheitswillen, von Hegel das Streben, sich ein großzügiges Weltbild zu zeichnen, von den Junghegelianern – besonders von Bruno Bauer und Feuerbach ferner die Ethik und das Ideal des ‹vollkommenen Menschen›» (Seeger, S. 193). Dem Größten aber wird er noch begegnen.

In Barmen beginnen sofort die Reisevorbereitungen. Der Vater hatte in Aussicht genommen, den Sohn zur weiteren Ausbildung nach Manchester zu schicken. In der Baumwollfabrik Ermen & Engels, an der die Familie beteiligt ist, soll er Repräsentant der Familie, aber auch Lernender sein. Dort lernt er die modernsten Produktionsmethoden kennen. Für Friedrich ist damit die Chance gegeben, von zu Hause wegzukommen und zugleich am Geburtsort der umfassendsten Revolution – in England – gegenwärtig zu sein, die das Umwälzendste für die Weiterentwicklung der sozialen Verhältnisse bewirken wird; durch diese werden sich die Gegensätze in Gesellschaft und Geschichte auflösen.

Zunächst führt ihn der Weg im November 1842 wieder über Köln zur Redaktion der «Rheinischen», wo er diesmal dem Chefredakteur selbst begegnet. Diese erste Begegnung soll sehr kühl bis frostig gewesen sein, wobei die bei Marx inzwischen bestehenden Vorbehalte gegen die «Freien» mitwirken. Zunächst kann Engels seine Beiträge aus England in der «Rheinischen» veröffentlichen.

Engels bringt eine vorgeprägte Erwartung mit über den Kanal, nämlich «die feste, nicht mehr zu erschütternde Überzeugung . . ., daß die englische, d. h. soziale Revolution der Verwirklichung eines neuen Menschheitsideals den Weg ebnen werde. So gab sein klarer offener Blick sich den neuen Eindrücken von vornherein nicht unvoreingenommen hin. Vielmehr lag das Ergebnis, zu dem seine Einzelbeobachtungen sich verdichten sollten, ihm im voraus fest verankert da . . . den Anstoß zu jener universellen Revolution, auf die er seine Hoffnung baute, erwartete er nicht mehr von der Gedankenarbeit der deutschen Gelehrten, sondern von dem Aufbegehren der englischen Proletarier» (Mayer I, S. 120).

In London nimmt er sogleich Kontakt mit den «drei wirklichen Männern» Josef Moll (1813–1849), Heinrich Bauer (um 1813 geb.) und Karl Schapper (1822–1870) auf, die dem «Bund der Gerechten» vorstehen, hält sich aber vor dem «bornierten Gleichheitskommunismus» zurück. Er berichtet sogleich über die Willkür des dortigen Existenzkampfes, über das Recht, «innerhalb der gesetzlichen Schranken tun und lassen zu können, was man Lust hat» (MEW 1, S. 457).

Was ihn zunächst unangenehm beschäftigt, ist der merkwürdige Widerspruch zwischen «roher Empirie», dem englischen Pragmatismus einerseits, der nichts von philosophischer Reflexion an sich trägt, wo die Basis vor lauter Oberfläche nicht gesehen wird, und der «religiösen Bigotterie» andererseits, wo Wunder als platte Selbstverständlichkeit gelten, und dies im Land seiner revolutionären Hoffnung. Das englische Lebensgefühl, wonach historisches Wachstum mehr gilt als bewußte Sozialgestaltung, war und blieb ihm tief suspekt. – Der Sprachgewandte spricht rasch akzentfrei Englisch und begibt sich, kontaktfähig und -freudig, wie er ist, überall in Diskussionen, um das Land zu verstehen und die Vorbereitung der Revolution wachsen zu sehen.

Manchester war der Inbegriff des ausbeuterischen Liberalismus, in dem durch Freihandel der Tüchtige seinen ungestörten Profit zu machen versteht – Vorbild dessen, was später 1842 und 1856 Charles Darwin als sein Weltbild zur Entstehung der Arten beisteuert. Die Stadt kennt Engels nach 15monatigem Aufenthalt genauer als die meisten ständigen Bewohner, er lernt Arbeiterbehausungen wie Bürgerhäuser kennen, aber auch Fabriken, kurz: Reichtum und Elend. Seine Erlebnisse verarbeitet er in den Berichten aus England an die «Rheinische» - insgesamt fünf. Er vergleicht darin die Lage der dort Arbeitenden mit denen in Deutschland. Der zuvor von ihm prophezeite Zusammenbruch der wirtschaftlichen Verhältnisse in England bestätigt sich ihm nicht, als er die Situation nun selbst wahrnimmt. Er bemerkt, daß im Unterschied zu Deutschland in England «die Gebildeten und vollends die Gelehrten seit 300 Jahren taub und blind gegen die Zeichen der Zeit» sind. Engels korrigiert sich – auch das ist typisch für ihn – nicht etwa, als er die bessere Lage der englischen Arbeiter schildert, sondern bemerkt nur, daß Handelsschwankungen möglich sind, die dann Arbeiter brotlos machen; ihre geringen Ersparnisse sind bald aufgezehrt – «und dann steht der Hungertod vor ihnen» (MEW Bd. 1, S. 464). Ihm eignet trotz seiner Fähigkeit zu beobachten wie Marx eine dogmatische Strenge: die Vorstellung hat Vorrang vor der Erscheinung, das Gedachte ist «richtiger» als das Gesehene – also eine ideologische Form des Materialismus, des Sinnlichen.

Engels studiert in der Freizeit englische Geschichte, aber auch Nationalökonomie – seine Studienergebnisse betrachten wir im Zusammenhang der Begegnung mit Marx –, weil er vermutet, erst dies würde ihm die tatsächlich verursachenden Kräfte des sozialen Geschehens enthüllen. Furchtbare Eindrücke des Elends empfängt er, «die brutale Gleichgültigkeit, die gefühllose *Isolierung jedes einzelnen auf seine Privatinteressen»* erschüttert ihn ebenso wie die «Auflösung der Menschheit in Monaden», die überall waltende *«barbarische Gleichgültigkeit, egoisti-*

sche Härte . . . und namenloses Elend». Engels ist nicht nur theoretisch anteilnehmend, sondern existentiell betroffen. Die Erfahrungen im Kontor, die Wahrnehmungen der Arbeiter in der Fabrik lassen ihn durch die vordergründigen Erscheinungen hindurch nach dem eigentlich Treibenden in der Entwicklung fragen. Zwei Jahre später meint er dieses formulieren zu können: *«In letzter Instanz ist doch das eigene Interesse und speziell der Gelderwerb der einzig entscheidende Moment* . . . Es ist dem englischen Bourgeois durchaus gleichgültig, ob seine Arbeiter verhungern oder nicht, wenn er nur Geld verdient» (MEW Bd. 2, S. 387). Seine Empörung über die schrankenlose Konkurrenz und das ausbeuterisch angewandte Eigentum ergreift ihn seelisch; dieses System bildet den Weg, «die Menschheit in eine Horde reißender Tiere» zu verwandeln. «Wo habt ihr etwas aus reiner Humanität, aus dem Bewußtsein der Nichtigkeit des Gegensatzes zwischen dem allgemeinen und individuellen Interesse getan? Wo seid ihr sittlich gewesen, . . . ohne unsittliche, egoistische Motive im Hintergrund . . .?» (ebd.).

Engels wendet sich dem Leben der Arbeiter zu. Er findet rasch Freunde, etwa den Chartistenführer Julian Harney (1817–1897), für dessen Blatt «North Star» er künftig schreibt. «Ich verzichtete auf die Gesellschaft und die Bankette, den Portwein und Champagner der Mittelklassen und widmete meine Freistunden dem Verkehr mit einfachen Arbeitern» (MEW Bd. 2, S. 229). Darunter ist auch Mary Burns, eine Irin, die in der Baumwollfabrik arbeitet und zeitweilig seine Lebensgefährtin ist, ferner Georg Weerth (1822–1856), der ihr ein Gedicht widmet.

Engels entdeckte, daß in England der Glaube bestand, durch Teilhabe an der Politik, nicht aber durch Revolution etwas verändern zu können und die unzulänglichen Kenntnisse über den Sozialismus in anderen Ländern aufzubessern. Er verfaßt vor seiner Rückkehr nach Deutschland für Robert Owens' Zeitschrift «The New Moral World» einen Artikel, wo der nahezu Dreiundzwanzigjährige, inzwischen sehr selbstsicher geworden, die Auffassung vertritt, daß der Kommunismus unausweichlich sei. Er skizziert darin die verschiedenen französischen Sozialisten, so besonders ausführlich Fourier, der jeden Zwang ablehnt, Cabet, Proudhon usf. Dabei taucht auch das Bild vom «nahen Untergang des Staates», seiner «Aushöhlung» und «Unmenschlichkeit» auf. Engels sieht die wirtschaftlichen und politischen Kräfte als überlegen an, wobei der «ganze Staatsplunder» von ihm verachtet wird. Der Staat ist zu überwinden (ebenso die Demokratie).

Er begegnet dem Werk des deutschbegeisterten Schotten Thomas

Carlyle: «Past and Present» (1843). In der Beschreibung der Verhältnisse stimmt ihm Engels zu, in der Deutung und Analyse aber nicht. Während für Carlyle die Erkenntnisse des deutschen Idealismus, der Klassik einen neuen Sinnhorizont eröffnen, sieht Engels darin das zu Überwindende. Zwischen beiden besteht der Gegensatz, «der den Politiker von dem Ethiker, den Revolutionär von dem voluntaristischen Pragmatiker, den Realisten vom Idealisten, den durch die englische Praxis ausgeweiteten Deutschen von dem durch den deutschen Idealismus neugebildeten Engländer trennt» (Mayer I, S. 154). Engels wendet sich dagegen, den überlieferten Dualismus von Wissen und Glauben, von Sinnerscheinung und ideellem Wesen pantheistisch zur Einheit zu bringen. Vielmehr ist er so von Feuerbach geprägt, daß er schreibt: *«Wir wollen alles, was sich als übernatürlich ankündigt, aus dem Wege schaffen,* ... Deshalb haben wir aber auch der Religion und den religiösen Vorstellungen ein für allemal den Krieg erklärt ... Uns fällt es nicht ein, die ‹Offenbarung der Geschichte› zu bezweifeln oder zu verachten, die Geschichte ist unser Eins und Alles und wird von uns höher gehalten als von irgendeiner anderen, früheren, philosophischen Richtung ...» (MEW 1, S. 545). Er ist also ganz im Diesseitigen angekommen.

Engels entwirft seinen *«Lebensplan»*, wobei er sich bereits in einen tätigen Zusammenhang, in den der *«Partei»*, eingebettet sieht. Ihm sind die Kommunisten in den verschiedenen Ländern vertraut. In den wichtigsten europäischen Ländern hat die «Doktrin des Kommunismus» seinem Verständnis nach einen jeweils anderen Ursprung: bei den Engländern einen praktischen, bei den Franzosen einen politischen, bei den Deutschen einen philosophischen (MEW 1, S. 480 f.). Zu den Führern der deutschen Partei zählt er Dr. Hess, Dr. Ruge, Dr. Marx, Georg Herwegh. Für Deutschland prognostiziert Engels, daß die Deutschen unvermeidlich zum Kommunismus übergehen, wenn dieser philosophisch begründet ist. «Und das ist die Aufgabe ... *Unsere Partei* muß nachweisen, daß entweder alle philosophischen Anstrengungen der deutschen Nation von Kant bis Hegel nutzlos gewesen sind ... oder daß sie im Kommunismus enden müssen ... Und das wird bewiesen werden ... Den Engländern wird es sehr eigenartig erscheinen, *daß eine Partei, deren Ziel die Vernichtung des Privateigentums ist, sich hauptsächlich aus Leuten zusammensetzt, die Eigentum besitzen.* .. Wir können unsere Reihen nur aus den Klassen auffüllen, die eine recht gute Bildung genossen haben ...» (ebd., S. 495).

Die geschichtliche Entwicklung steht für Engels außer Frage, sie bedarf nur des philosophischen Beweises, um zwingend zu überzeugen.

Dies sei von den philosophisch veranlagten Deutschen zu leisten, darin sieht er seine Aufgabe. Aus der besonderen Veranlagung der Deutschen legitimiert sich auch die intellektuelle Führerschaft der Partei, die sich dem Ziele nach für eine andere Klasse, die ärmste und ausgebeutete, einsetzt.

Die eigentümliche Argumentation, die den Beitrag der einzelnen Länder qualitativ verschieden kennzeichnet und damit auf volksseelenhafte Eigenschaften abzielt, geht auf Hess zurück, von dem Engels, wie erwähnt, zahlreiche Anregungen empfing und verarbeitete.

Seine Aufgabe kann Engels kurz darauf in der nun erfolgenden Begegnung und Zusammenarbeit mit Marx ein entscheidendes Stück erfüllen. Als er im August 1844 Manchester verläßt, führt ihn die Reise über Paris – zu Marx. Engels, dreiundzwanzigjährig, hat, wie der Berliner Arzt Julius Waldeck an seinen Vetter Johann Jacoby (1805–1877) aufgrund der Lektüre seiner Beiträge schrieb, «an sich selbst ein wahres Wunder vollbracht, wenn man die Gereiftheit und Männlichkeit seiner Gedanken und seines Stils gegen sein vorjähriges Wesen hält» (Mayer I, S. 171).

III. Die Zusammenarbeit von Marx und Engels

1. Festigung des Materialismus – «Die Heilige Familie»

Während Marx 1843 zur Zeit seiner Redaktionstätigkeit bei der «Rheinischen» noch den «Kommunismus als despotische Abstraktion» versteht, ist er ein Jahr später, vierundzwanzigjährig, dahin gelangt, ihn als unausweichlich kommende Gesellschaftsordnung zu sehen. Seine Hegelstudien führten ihn in diese Richtung, *eine geschichtliche Entwicklung auf ein Ziel hin empfinden zu können, das der Befreiung von der Entfremdung.* Die Aufsätze in den «Deutsch-Französischen Jahrbüchern» brachten ihn dann in näheren Kontakt mit Engels, und es waren dessen *«Umrisse zu einer Kritik der Nationalökonomie»*, die ihn weiter in die Richtung einer Verfestigung und Dogmatisierung stießen. Denn Engels' Beitrag verarbeitete eigene Erfahrungen, die er in Manchester gemacht hatte. Er war dort «mit der Nase darauf gestoßen worden, daß die ökonomischen Tatsachen, die in der bisherigen Geschichtsschreibung gar keine oder nur eine verachtete Rolle spielten, wenigstens in der modernen Welt eine entscheidende geschichtliche Macht sind; daß sie die Grundlage bilden für die Entstehung der heutigen Klassengegensätze. . .» (MEW 21, S. 211). Engels arbeitet in den «Umrissen» heraus, daß sich die *bürgerliche Ökonomie, aus «gegenseitigem Neid und der Habgier der Kaufleute»* entstanden, nicht einfallen lasse, *«nach der Berechtigung des Privateigentums zu fragen»;* sie müßte darum *«Privatökonomie»* heißen, denn «ihre öffentlichen Beziehungen sind nur um des Privateigentums willen da» (MEW Bd. 1, S. 51). Die Aufhebung des Privateigentums ist geschichtlich notwendig.

Es ist also Engels, der Marx die Ursache des sozialen Elends im Privateigentum verstärkt bewußt macht. Umgekehrt aber vermag Marx wiederum Engels eine ihm nicht so leicht eignende Sicherheit zu vermitteln. *«Die Leichtigkeit, mit der Engels sich jeden Wissensstoff aneignen konnte, darf nicht darüber hinwegtäuschen, daß nur seine bewundernswerte Gabe, jede Stunde zu nützen, ungewöhnliche geistige Geräumigkeit und Elastizität ihm gestattet hatten, aus sich eine geistig produktive*

Persönlichkeit zu machen. Sie darf uns auch nicht übersehen lassen, daß ein gewisser Dilettantismus, den er auf manchem Gebiet, zumal in der Philosophie, nie ganz überwunden hat, eine Folge seines unregelmäßigen Bildungsweges war ... Die Schöpfkraft eines Marx besaß Engels nicht ... Es lag schon eine richtige Selbstbescheidung darin, daß er von früh das Bedürfnis empfunden hatte, einen Piloten an Bord zu nehmen, wenn Geist und Seele neue Küsten suchten. So sichere Witterung er für die Richtung hatte, so wenig traute er sich, wenn er allein am Steuer stand. Wir erinnern nur, wie er nach einem ‹getreuen Eckart› Ausschau hielt: nach Strauß und nach Börne hatte er sich Hegel anvertraut; wie er endlich Feuerbach fand, fühlte er sich geistig schon stark genug, um über die Grenzen dieses ungeselligen Denkers selbständig hinauszudrängen. Dabei stieß er auf Marx.» Er spielte die zweite Violine und war zufrieden, eine erste gefunden zu haben. «Engels' Denken kreiste niemals um die eigene Person, von einem Ehrgeiz wurde er nicht gequält» (Mayer I, S. 177 f.).

Die ursprüngliche Empörung, die Engels bei der Betrachtung der englischen Verhältnisse erfaßt hat, wächst bei ihm mit genauerer Wahrnehmung nur noch an. Er sieht die englische Bourgeoisie als «tief demoralisiert», «unheilbar durch den Eigennutz verderbt, innerlich zerfressen»; für «sie existiere nichts in der Welt, was nicht nur um des Geldes willen da wäre ... sie kennt keinen Schmerz außer dem Geldverdienen». Der «Engländer erkennt keine andere Verbindung von Mensch zu Mensch an als bare Bezahlung» (MEW Bd. 1, S. 504).

Sittliche Empörung führt also bei Engels die Feder. Als gedanklicher Urheber für diese angeprangerte Haltung der englischen Bourgoisie wird von Engels Malthus ausgemacht, der «das rauheste und barbarischste System» erfand, durch das die «tiefste Erniedrigung der Menschheit» erfolgt (ebd., S. 518 ff.). Die liberalistische *Konkurrenzwirtschaft* bezeichnet Engels als Vollendung des alten *«christlichen Weltzustandes»*. In einem weiteren Aufsatz «Die Lage Englands» behandelt Engels die «Zukunft der Arbeit». Er spricht der Bourgoisie die Berechtigung ab, künftig das Schicksal der Menschheit zu gestalten, denn die Zukunft repräsentiert allein die Arbeiterklasse. Nur «die Arbeiter, die Parias Englands, die Armen, sind wirklich respektabel, trotz all ihrer Roheit und all ihrer Demoralisation ... in ihnen liegt noch bildsamer Stoff; sie haben keine Bildung, aber auch keine Vorurteile, sie haben noch Kraft aufzuwenden für eine große nationale Tat – sie haben noch eine Zukunft» (ebd., S. 526).

Dabei subsummiert Engels *alles Negative* des Liberalismus und Manchestertums unter dem Begriff *«christlich»*. So ist der Malthusianismus die «Spitze der christlichen Ökonomie», Ausdruck «christlich-germanischen Subjektivitäts- und Vereinzelungsprinzips». Das Christentum, wie es Engels im Restaurationspietismus kennengelernt hatte, wird zum Gefäß, in dem er nun die seinen Idealen feindlichen Vorstellungen unterbringt: Ausbeutung, Konkurrenz, Individualismus. Das Negative schlechthin bildet den christlichen Weltzustand. Die sozialistische Auffassung dagegen stellt den Menschen – darin folgt Engels Feuerbach unbedingt – in die Gattung, schafft das Eigentum ab und damit auch die Ausbeutung. Es sind im tieferen Sinne also christliche Ideale, die Engels da erstrebt; da er aber das Christentum nur in seinen Zerrformen kennenlernte, setzt er seine eigenen Ideale undifferenziert gerade dem Christentum entgegen. Engels tritt für eine Wirtschaft ein, die nicht um des Gewinnes willen produziert, sondern «zur Befriedigung der unmittelbaren Bedürfnisse». «Solange ihr aber fortfahrt, auf die jetztige unbewußte, gedankenlose, der Herrschaft des Zufalls überlassene Art zu produzieren, so lange bleiben Handelskrisen . . .» (MEW 1, S. 515). Nur eine geplante Wirtschaft kann diesen Krisen entkommen. Wie indessen diese Planung geschehen soll, wer sie betreibt, ist von ihm nicht weiter ausgeführt. Da bildet die bürokratische Wirtschaftsverwaltung des Sozialismus wohl ebenso einen Irrweg wie der Spätpietismus im Verhältnis zum Christentum.

Als Marx diese Beiträge von Engels liest, nimmt er brieflich Kontakt mit ihm auf. Marx erlebt, daß Engels in der gleichen Richtung wie er unterwegs ist – und in der Tat: Marx deduktiv, Engels induktiv. Der Jüngere, Vierundzwanzigjährige, ist Marx allerdings schon voraus; er überschaut bereits die ökonomischen Ursachen sozialer Probleme und weist Marx auf die «Politische Ökonomie» hin, die ihn nun nicht mehr loslassen wird. Durch den Ausblick des damals ökonomisch kenntnisreicheren Engels erhält Marx Anregungen dergestalt, daß sein suchendes, also bewegliches Gedankengefüge fest, ja dogmatisch wird.

Im Zusammenhang mit seinen Forschungen wird er gezwungen, sich eigene Gedanken über die Verwendung des *Ertrags bei der Arbeit* zu bilden, der gebunden an das Werkzeug entsteht, genauer: jenes Überschusses, der dann von ihm als «Mehrwert» analysiert wird, wobei ihm der Ideenzusammenhang *«blitzartig»* aufgeht und ihn lebenslang fesselt. Dies ist es, was im Marxschen Denken als Apriorismus – also vor jeder Erfahrung vorhanden – bezeichnet wurde. Als ihn der englische Sozialist Heyndman (1842–1922) im Jahr 1880 fragt, wie er, Marx, «zur Konzeption des gesellschaftlichen Mehrwerts und der Grundlage des Austausches im gesellschaftlichen Arbeitswert gelangt» sei, «da erzählte (Marx) mir, die *ganze Idee sei ihm blitzartig* gekommen, als er in Paris studierte, und er glaube, der *erleuchtende Gedanke* der sich unter der Oberfläche der anarchischen Konkurrenz und den Widersprüchen des kapitalistischen Systems völlig unbewußt und unkontrolliert zum Monopol und zum Sozialismus entwickelnden sozialökonomischen Kräfte der Zeit sei ihm zum erstenmal in zusammenhängender Form bei der genauen Prüfung der Werke der frühen englischen Ökonomen, Sozialisten und Chartisten aufgetaucht» (Heyndman, n. Enzensberger, S. 517 f.). «Nachdem die Konzeption in seinem Kopf einmal klare Gestalt angenommen hatte und die materialistische Auffassung von der geschichtlichen Entwicklung völlig erfaßt war und sich bestätigte, war *das Weitere nur noch eine Sache der Darlegung der Theorie und der Zusammenstellung der Tatsachen,* die mit dieser Theorie übereinstimmten oder ihr scheinbar widersprachen» (ebd., S. 518).

Was Marx «blitzartig» als «erleuchtender Gedanke» zukommt und ihm dann als Theorie dazu dient, die Tatsachen zur Begründung dieser Theorie entsprechend zusammenzustellen, beendet jene offene Haltung, nach der *«die absolute Idee für sich nichts ist, daß erst die Natur etwas ist»* (wie es in den Ökonomisch-Philosophischen Schriften heißt, MEW, E. Bd. 1, S. 585).

Vorausgegangen war auf Engels' Anraten hin ein Studium von Adam Smith (1725–1790), David Ricardo (1772–1823), Jean-Baptiste Say (1767–1832), Frederick Skarbek (1792–1866), James Mill (1773–1836), Antoine Destutt de Tracy (1754–1836), John Ramsey MacCulloch (1789–1864), Pierre de Bois-Guillebert (1646–1714) u. a. Jetzt kommt es sowohl zur Verfestigung der eigenen Überlegungen als auch zur intensiven Arbeitsbegegnung und Bestätigung in der Zusammenarbeit von Marx und Engels. *Ende August 1844 trifft Engels,* aus Manchester kommend, *für zehn Tage in Paris* ein. Der vierundzwanzigjährige Engels schließt mit dem sechsundzwanzigjährigen Marx eine lebenslange Freundschaft. *«Es stellte sich unsere vollständige Übereinstimmung auf allen Gebieten heraus,* und von da an datiert unsere gemeinsame Arbeit» (Engels, MEW 21, S. 212).

Durch Engels' zehntägigen Besuch wird das im Briefwechsel Begonnene vertieft. Dabei wird auch ein künftiges *«Arbeitsbündnis»* besprochen, womit die eigenen Anschauungen beider systematisch dargelegt werden sollen. Was dabei die neuen Freunde verbindet, das ist insbesondere die Polemik gegen die bisherigen Freunde, die im «kritischen Idealismus» verharren; sie *anzugreifen,* wird als «gemeinsame Aufgabe» allem vorangestellt: sie erhält den Titel *«Kritik der kritischen Kritik»*. Später wird von Marx eine ironischere Fassung als Obertitel hinzugefügt: «Die Heilige Familie». Als weiteres gemeinsames Arbeitsvorhaben soll «unsere positive Ansicht und damit unser positives Verhältnis zu den neueren philosophischen Doktrinen dargestellt werden. Paris, im Sommer 1844, Engels. Marx» - so unterzeichnen beide den gemeinsamen schriftlich geschlossenen *Pakt künftiger Zusammenarbeit.* Engels übernimmt die Aufgabe, «Die Lage der arbeitenden Klasse in England» abzufassen, Marx hingegen soll eine «Kritik der Nationalökonomie» vornehmen. Beide zusammen wollen dann des weiteren die «Deutsche Ideologie» entlarven. Das kam so: Als in Paris ein wenig bedeutender Roman «Die Geheimnisse von Paris» erschien, besprach ihn Bruno Bauer in seiner Zeitschrift und sah darin einen Beleg, «daß in der *Masse . . . der wahre Feind des Geistes* zu suchen» sei. Diese Stelle setzt Marx in außerordentliche Erregung, und er entwickelt Engels seinen Plan, die «theoretische Partei» (MEW 1, S. 384), deren subjektivistische Ansichten mit ihrem Scheinradikalismus tatsächlich die Reaktion fördern, vernichtend zu schlagen. Bruno Bauer hat mit der zur *«theologischen Karikatur* verzerrten Spitze und Konsequenz» der alten Hegelschen Transzendenz eine endgültige Abrechnung verdient, als er sich in einem Aufsatz, «1842» betitelt, vom *Radikalismus der «Rheinischen Zeitung»*, insbesondere von seinem früheren Freund Marx, aber auch von Engels' Beiträgen nachträglich distanziert. Er meint darin, *schon eine Überwindung der Widersprüche im Bewußtsein bewirke eine solche in der Wirklichkeit.* Der Sozialismus als äußere Erlösung sei unnötig. Genau mit dieser Vorstellung aber muß nach Überzeugung von Marx und Engels abgerechnet werden.

In der Tat hatte sich der Kreis der «Freien» in Berlin seit Engels' Weggang verwandelt. Zwar umfaßte er noch immer zahlreiche Intellektuelle und Offiziere und traf sich weiterhin regelmäßig in der Hippelschen Weinstube. Doch nach 1843 entwickelte er sich in eigentümlicher Weise bohèmehaft, unverbindlich. Schon zu Zeiten der Marxschen Chefredaktion waren Marx die literarischen Beiträge aus dem Kreis der Mitglieder der «Rheinischen Zeitung», die sich revolutionär gaben, ein Ärgernis.[1] Tonangebend blieben zweifellos die Brüder Bauer. So schreibt Bruno Bauer: «Die Männer der kritischen Bewegung werden wohl dar-

1 Ein Bild der «Freien» entwirft John Henry Mackay: Max Stirner – Sein Leben und Werk, Berlin 1898, S. 68-93; Literarische Zeugnisse zitiert ausführlich Cornu II, S. 24-38 et passim.

auf resigniert haben, daß sie auf Schritt und Tritt von dem Beifall der Masse begleitet werden. Die Masse schenkt zwar anfangs, wenn etwas Neues auftaucht, demselben eine augenblickliche Aufmerksamkeit, aber wenn der Ernst der Bewegung größer wird, tritt sie zurück, wird sie schwankend, oft irre ...» (1842, Ein Rückblick, in: Anekdota zur neuesten deutschen Philosophie und Publizistik, hg. von A. Ruge, Zürich/Winterthur 1843, Bd. 2, S. 212).

Bauer sieht gerade in der Masse und ihrem Enthusiasmus die größte Gefahr und das schlimmste Zeugnis für das *Grundübel aller Bestrebungen, zum Menschentum zu kommen.* Damit gerät er in schärfsten Gegensatz zu Marx und Engels. Bauers Sicht entspringt einer enttäuschten Hoffnung: *1842 hätte sich zum entscheidenden Schicksalsjahr für Deutschland entwickeln müssen,* indem die Weichen zu einem besseren Leben, für sozialen und geistigen Fortschritt gestellt worden wären. Der Thronwechsel, aber auch die geistige Atmosphäre, «die schwangere Luft» voller Inspirationen, die in das Bewußtsein drängen – Schattenwürfe der «Geister der Finsternis» - legen das nahe. Stattdessen konnte Preußen die oppositionelle Presse mit leichter Hand unterdrücken. Wie antwortete die Masse darauf? Sie blieb gleichgültig! Und zwar deshalb, weil sie zum wahren, fortschrittlichen Geist keinen Zugang hatte. Wenn nun die «fortschrittlichen Geister» - so Bauers Auffassung – mit der Masse gemeinsame Sache machen, verraten sie die Aufgabe des fortschrittlichen Geistes.

Mit dem Aufsatz «1842 – ein Rückblick» wenden sich die «Freien» unter der Führung Bauers auch gegen den Liberalismus, aber erst recht gegen jeglichen politischen Radikalismus, obgleich sie sich in ihrer Kritik stets ultrarevolutionär gebärden. Der Schriftsteller Ludwig Heinrich Franz Buhl (1814–1882) sieht in einer Kritik, die sich nur auf Erscheinungsformen des Staates richtet, eine geistige Schwäche; wichtig ist es für ihn, die Kritik dergestalt zu radikalisieren, daß sie sich gegen das Wesen des Staates selbst richtet. *Jede Kritik hat absolut zu sein, sonst ist sie wertlos.* Aus dieser radikalen Kritik folgt, daß sie sich auch gegen alle politischen Bewegungen richtet, die zu bekämpfen sind, weil sie zu grundsätzlichen Veränderungen des Bestehenden unfähig sind, etwa zur Abschaffung des Staates. *«Der Kampf, den wir führen, gilt dem Bestehenden ... allem Bestehenden, dem Bestehenden überhaupt.* Wie könnten wir uns da wohl mit jenen verbinden, die den Fortschritt beständig im Munde führen, ohne sich vom Bestehenden lossagen zu können. Nein, wir weisen sie zurück, die falschen Freunde ... Wir wollten nicht eine Staatsverfassung auflösen, um eine andere von unserer Form an ihre Stelle zu setzen, wir bilden keine Partei ... Wir wollen freie, wahre, absolute Selbstbestimmung, und es konnte uns daher nicht in den Sinn kommen, andere bestimmen zu wollen ... *Jeder sei souverän, jeder sei Staat, sei Gesetz, das ist die absolute Forderung»* (in: Berliner Monatsschrift, hg. von L. Buhl, Mannheim 1844, S. 2, 7, 10 f.). Damit setzen sich die «Freien» für die völlige *Anarchie* ein.

Dieser ganzen Richtung der «Freien» steht die neugewonnene Auffassung Marxens diametral entgegen. Er hat in Paris selbst Arbeiterversammlungen besucht, ohne sich aber irgendeiner der bestehenden Vereinigungen anzuschließen. Doch entdeckt er in den *Arbeiterversammlungen,* die zumeist, ja fast ausschließlich von Handwerkern besucht werden, eine *gesellschaftliche Kraft, die ihn weit mehr beeindruckt als die radikalen Diskussionsrunden der Intellektuellen,* die bei Spirituosen und Tabakrauch die Welt verändern – und nichts bewirken. *Den Arbeitern eignet eine Erfahrung,* die den Intellektuellen abgeht: der *gestaltende Eingriff* des Willens in die Stoffgegebenheiten der Welt durch die Arbeit. Der Arbeiter verändert durch seine Tätigkeit täglich die Welt real. Das ist bei ihm zu verspüren und wird von Marx mit Erstaunen und Achtung wahrgenommen. Überschwenglich, noch aus dem Erleben der für ihn neuen Wirklichkeit schreibt er vom *«menschlichen Adel»* der Arbeiter.

Von daher, aber auch aus der Einsicht, daß in prinzipiellen Gegensätzen der Klassen und in der Vertiefung dieser Gegensätze die Entwicklung erst bewußt wird, liegt es nahe, gegenüber den literarischen Radikalisten Position zu beziehen. Anlaß wurde schließlich, daß Georg Jung (1814–1866), der frühere Mitherausgeber der «Rheinischen», Marx Hefte der *«Allgemeinen Literaturzeitung»* (hg. von Bruno Bauer) zugeschickt hatte und in einem Begleitbrief vom 31. 7. 1844 bemerkte, daß es notwendig wäre, Bauer aus dem Hinterhalt zu locken. «Bis jetzt hat er noch nirgends eine bestimmte Meinung über irgend etwas aufgestellt, die Aufgabe der Kritik, sagt er, ist, die Erscheinung zu begreifen. Dies Geschäft macht er sich sehr leicht, er begreift nur die Widersprüche, deckt sie hohnlachend auf und geht ab mit einem geheimnisvollen Aug! Auf diese Weise ist es auch nicht so schwer, das Kunststück, dessen Bauer sich rühmt, nämlich unter preußischer Zensur zu schreiben, fertigzubringen» (n. Cornu II, S. 272). Marx ist solcherart aufgerufen – und von Engels dazu angespornt –, einen Schnitt zwischen sich und seine früheren Kampfgenossen zu legen.

Engels entwirft noch während seiner Anwesenheit in Paris seinen Teil der Abrechnung im Umfang von eineinhalb Druckbogen, Marx dagegen feilt und gestaltet seinen Beitrag weiter und weiter aus. Die Bauers haben gelernt, wie ihr Kritiker Marx analysiert, *«reale, objektive, außer mir* existierende Ketten in bloß *ideelle,* bloß *subjektive,* bloß in *mir* existierende Ketten ... zu verwandeln» (MEW 2, S. 87).

Unter Marxens Wissensumfang und seinem Abrechnungsdrang wächst das Werk der Kritik der kritischen Kritik; es wird durch die Spottlust der Autoren zu einer «galligen, händelsüchtigen und zu weitschweifigen Polemik» (Mehring). Die geplante Broschüre wird ein Buch, zu dem Marx 20 Druckbogen beisteuert. *«Die kritische Kritik»* – also Bauer und die anderen Junghegelianer – *«schafft Nichts, der Arbeiter schafft alles, ja so sehr alles, daß er die ganze Kritik auch in seinen geistigen Schöpfungen beschämt»* (MEW 2, S. 20).

Die gesellschaftlichen Beziehungen zwischen den Menschen – als Klassenzugehörigen – rückt Marx in die Betrachtung, sie sind «der *Gegenstand als Sein für den Menschen, als gegenständliches Sein des Menschen, zugleich das Dasein des Menschen für den anderen Menschen, das gesellschaftliche Verhalten des Menschen zum Menschen»* (ebd., S. 44). Damit wird der Begriff des Menschen auf eine Teilwirklichkeit – daß er nämlich *auch ein soziales Wesen ist* – reduziert. Übersehen wird dagegen, inwiefern der einzelne in sich einen Kern hat, der zwar zu seiner Entwicklung einer Hülle, des sozialen Gewandes und der anderen Menschen, bedarf; dessen Eigenschaft aber gerade darin besteht, eben nicht im Gegebenen oder Überlieferten aufzugehen, sondern es zu erkennen und auch zu verändern. Ein Kind wächst durch die Familie in einen Sprachraum hinein, damit ist aber keineswegs die Individualität bestimmt, vielmehr entwickelt diese erst ihren je eigenen Gebrauch der Sprache, den unverwechselbaren eines Schiller, Goethe, Lessing, Herder oder wer immer. Das Gewand ist Schutz, kann aber, wenn es unverwandelt bleibt, auch Last sein. Marx rückt die Last, die Entfremdung, Entäußerung in den Blick, die allgemeinen Gesetze. «Innerhalb des Gegensatzes ist der Privateigentümer ... die *konservative,* der Proletarier die *destruktive* Partei» (MEW 2, S. 34), der Eigentümer will das Seinige erhalten, der Proletarier eben dieses zerstören. Der Widerspruch wird in der proletarischen Revolution aufgehoben. Anders als bei Hegel ist es «nicht etwa ‹die Geschichte›, die den Menschen zum Mittel braucht, um ihre ... Zwecke durchzuarbeiten, sondern sie ist nichts als die Tätigkeit des seine Zwecke verfolgenden Menschen» (ebd., S. 98). Doch dieser Mensch ist eine *«absolute Idee»* oder ein Abstraktum, nämlich ein von gemeinsamen, kollektiven Interessen Bestimmter. Sicherlich wird mit dem «seine Zwecke verfolgenden Menschen» eine

Dimension hinzugewonnen, die in der nur persönlichkeitsorientierten Betrachtung allzu leicht übersehen wird. Die Interessenlage der Bourgeoisie brachte «die Industrie dieser Epoche hervor, die unmittelbare Produktionsweise des Lebens selbst» (MEW 2, S. 159). In ihr spielt der Mensch für die geschichtliche Aktion, die Revolution, eine Rolle, indem «der Umfang der Masse zunehmen» wird (ebd., S. 86). «Das Proletariat vollzieht das Urteil, welches das Privateigentum durch die Erzeugung des Proletariats über sich selbst verhängt». Es ist dazu berufen, die bürgerlich-kapitalistische Gesellschaft zu zerstören, unabhängig davon, «was dieser oder jener Proletarier oder selbst das ganze Proletariat als Ziel sich einstweilen *vorstellt*. Es handelt sich darum, was es ist und was es diesem Sein gemäß geschichtlich zu tun gezwungen sein wird» (ebd., S. 36 f.).

Diese sich dann weiter ausgestaltende, aber auch verfestigende Denkweise unterliegt einer eigentümlichen Dialektik: aus Erkenntnisfragen wird untersucht, wie eine bessere Gesellschaftsordnung zu erreichen sei. Dabei gerät die verelendete Gruppe der Arbeiterschaft in den Blick. Für sie erwacht erst sekundär das soziale Engagement. Sie wird als Ausdruck bestimmter Interessenlagen erkannt; *«der Mensch» wird in den Mittelpunkt gerückt und entschwindet sogleich wieder, weil er als Idee absolut und nicht konkret genommen wird.* Darum kann in tief *menschenverachtender* Weise vom «Menschenkehricht» gesprochen werden: «Dieser Staat sowohl als das *Menschenkehricht*, worauf er basiert ...» (MEW 1, S. 359). Von der Abstraktion her beginnt die Betrachtung *zwanghaft* zu werden: die Klasse ist «gezwungen», so und so zu handeln, die Zukunft wird gesetzmäßig absehbar, wobei der Einzelmensch zunehmend nebensächlich wird.

Als bei der 48er Revolution das Volk in Paris wahllos Menschen niedermetzelt, setzt sich Marx damit auseinander: «Man wird uns fragen, ob wir keine Träne, keinen Seufzer, kein Wort für die Opfer haben, welche vor der Wut des Volkes fielen ... Der Staat wird ... Witwen und Waisen pflegen ..., die offizielle Presse wird sie unsterblich erklären ... Aber die Plebejer, vom Hunger zerrissen, von der Presse geschmäht, von den Ärzten verlassen ... ihnen den Lorbeer um die drohend finstere Stirn zu winden, das ist das Vorrecht, das ist das Recht der demokratischen Presse» (Die Junirevolution, MEW 5, S. 136 f.).

Um eines gedachten Zieles willen, wo Entfremdung und Not überwunden und ein Zustand des Heils plötzlich vorhanden sein wird, nimmt Marx eine vorangehende Steigerung der Not in Kauf. Das abstrakte Ziel ist bedeutsamer als die konkrete Wirklichkeit. «Wenn die

Reihe an uns kömmt, *wir werden den Terrorismus nicht beschönigen*» (MEW 6, S. 505). Oder an Engels: «*Ohne Köpfen geht das Ding nicht*» (8. 12. 1866).

Dies erweist, daß Marx in einem heilsgeschichtlichen Auftrag denkt, vom Absolut-Unbedingten her, wie früher religiöse Strömungen auch, und dabei dieselben Mittel der Abrechnung einzusetzen gedenkt wie diese. Die Figur ist durchgängig: sie drückt die Überwindung des Idealismus durch den Materialismus aus, wie Marx und Engels ihre Anschauung künftig nennen.

2. Der Briefwechsel – zwei gegensätzliche Persönlichkeiten

Nachdem also Engels nur kurz (August/September 1844) bei Marx in Paris weilte, wo jener die «Heilige Familie» dann weiter ausarbeitete, den Entwurf dehnte und vergrößerte, kehrt er selbst nach Wuppertal zurück. In seiner Familie umgibt ihn wieder die pietistische Lebenshaltung, in der er aufgewachsen war, von der er sich aber inzwischen so weit entfernt hatte, daß es zu unerträglichen Spannungen kommt. Was ihn bis ins Jugendalter trug und was im Mitempfinden für Not und Leid der Mitmenschen tief in seiner Seele fortlebt, wird in den ausgebildeten Formen von ihm verworfen; derselbe Inhalt aber, die Hinwendung zum Leidenden, Ausgebeuteten, bleibt im Zentrum seines Strebens, wobei er sich nun aber der Gedanken- und Interpretationsformen des Sozialismus bedient. Indem Engels also die Formen wechselt, meint er auch den Inhalt ausgetauscht zu haben, was aber im Hinblick auf die Substanz nicht der Fall ist: sie ist und bleibt die urchristliche. Doch eine Einsicht dieser Art ist Engels unmöglich, springen ihn doch zuhause wieder die bigotten Formen in voller Wucht an. Wie soll er dahinter irgendeine Verwandtschaft mit seinen eigenen Strebungen erkennen? Aufschreie seiner gequälten Seele erreichen Marx: «Ich lebe Dir jetzt ein wahres Hundeleben. Durch die Versammlungsgeschichten ... ist der ganze religiöse Fanatismus meiner Alten wieder erweckt, durch meine Erklärung, den Schacher definitiv dranzugeben, gesteigert – und durch mein offenes Auftreten als Kommunist hat sich nebenbei noch ein glänzender Bourgeoisfanatismus in ihm entwickelt. Jetzt denk Dir meine Stellung. Ich mag, da ich in vierzehn Tagen oder so weggehe, keinen Krakeel anfangen; ich lasse alles über mich ergehen, das sind sie nicht gewohnt ... Ich kann nicht essen, trinken, schlafen, keinen Furz lassen, oder dasselbe vermaledeite Kindergottesgesicht steht mir vor der Nase ... ich mag tun was ich will, gleich setzt mein Alter diese infame Fratze auf. Dazu ist mein Alter so dumm ... Und jetzt ist ohnehin die fromme Saison im Hause. Heut vor acht Tagen sind zwei Geschwister von mir konfirmiert, heute trollt die ganze Sippschaft zum Abendmahl – der Leib des Herrn hat Wirkung getan, die Jammergesichter von heut morgen übertrafen alles ...» (17. 3. 1845).

Der Bruch ist vollzogen, Marx wird der sichere – wenn auch noch ferne – Haltepunkt. Ein einzigartiger Briefwechsel versichert die beiden, solange sie getrennt sind, immer wieder der Übereinstimmung in den gefundenen Ansichten. Nach der Begegnung im Herbst 1844 sind sie unverbrüchlich Freunde – nicht ohne immer wiederkehrende Gefährdung. 1569 Briefe werden getauscht, zum Teil viele Seiten umfassend, davon sind 1386 erhalten. Engels erweist sich als geradlinig, hängt Marx an; Marx dagegen, der sich schwer tut, einem anderen als sich selbst zu trauen, pflegt zwar die Beziehung und läßt Engels die Wertschätzung seinerseits wiederholt erfahren. Gleichwohl geht manche boshafte Bemerkung über den Freund an seine Frau, voll Häme und Abschätzigkeit, ohne daß dies Engels je erfahren hätte. Diese Briefe wurden von der jüngsten Marx-Tochter vernichtet, drei – wohl die mildesten – erhielten sich.

Der Briefwechsel Marx-Engels stellt indessen ein erstaunliches Dokument einer einzigartigen Arbeits-, schließlich einer Lebensgemeinschaft zweier Männer dar, die zwar verschieden, aber geistig doch eng verbunden sind, im gegenseitigen Austausch vielfältig aufeinander angewiesen, sich ihre Überlegungen, Urteile, Wertungen mitteilen, sich mannigfach wechselseitig anregen, korrigieren, gemeinsam Position gegen andere beziehen und sich selbst allzuoft durch deren Aburteilung erhöhen. Im Schutz der vertraulichen, nur für den anderen gedachten Briefe fällt die Konvention – und die Urteile brauchen nicht gefiltert zu werden. Sie sind darum oft nicht abgewogen oder «kontrolliert», sondern einfach so hingeworfen, überspitzt, scharf, vernichtend. Für den Außenstehenden wirken viele Passagen irritierend. Denn zwischen den beiden wahrhaft Großen spricht nicht nur – wie die Vorstellung erwartet – Großes, vielmehr wird allzuhäufig trivialer Klatsch, Anzügliches, Pornographisches, Hämisches genüßlich untergebracht. Es herrscht die unbelastete Atmosphäre unter vertrauten Freunden, die sich ungezwungen «gehen lassen», wohl wissend, der andere wird's richtig verstehen und eine freche, boshafte Formulierung genießen. Engels nennt seinen Vater, den er keineswegs schätzt, in diesen Briefen an den Freund je nach Gelegenheit: mein Alter, eine infame Fratze, dumm, einen Schweinehund, wirklich verrückt, ein Kindergottesgesicht. Die Freundin von Lassalle, die Gräfin Hatzfeld, ist einmal: mit politischem Verstand begabt, aktiv, beweglich und ziemlich ehrgeizig, dann eine Babylonierin, sehr lebhaft, eine alte Sau, eine Schmiere, eine Megäre, ein schreckliches Mensch, eine alte Hure. Der Marxsche Schwiegersohn (Lafargue) genießt den Ruf eines sehr guten Freundes, ist dann wieder ein Kreole, verliebter Schuster, ein Narr, ohne Scham, voller Kindereien, unwissend, von ultrarevolutionärer Phraseologie besessen. Ferner treten im Briefwechsel selbstgefällige Klugscheißer (Mevissen) auf, Personen, die zudringlich sind, mit kurzem Gedärm ausgestattet und mit katzenjämmerlichem Bewußtsein (Pieper), ebenso aber serienweise Nullen, zahlreich ist das Vieh, der Harlekin oder Clown vertreten, einer wird als das fünfte Rad vom Staatswagen und als alter Esel usf. bezeichnet. Beliebt ist bei beiden das hübsche Mittel der Verdrehung der Namen, so bei Hunderten von Zeitgenossen. Der Briefwechsel gibt aber auch Einblick in die geistige Beschäftigung der beiden, in ihre Lektüre, die gegenseitige Anregung und Beratung. Die Literaturliste erstreckt sich über Hunderte von Werken, von solchen antiker Autoren, über Geschichtswerke von der allgemeinen Weltgeschichte bis zur Geschichte der Dorfverfassungen, ebenso über Landeskunde und Geschichte einzelner Länder Europas, Amerikas, Byzanz, Arabiens, Chinas, Indiens, der Türkei usf. bis hin zu Sprachwerken oder kunstgeschichtlichen Abhandlungen, dann natürlich dutzendfach Schriften zur Soziologie und Ökonomie, Statistik über Geld, Kapital. Einen breiten Raum nehmen aber auch Schriften zur Naturwissenschaft ein: von Astronomie, Geologie zu Physik und Chemie, ebenso zu Zoologie und Botanik, hierbei vor allem Darwin und seine Schüler. – Aber auch die Belletristik wie die Philosophie werden verfolgt. Selbst die Beschäftigung mit Mythologie bleibt nicht ausgespart. Nimmt man die sonst noch bekannte Literatur, die insbesondere von Marx in ungeheurer Lesewut verzehrt wurde, hinzu, so dürften beide mit zu den am umfassendsten orientierten Zeitgenossen des 19. Jahrhunderts zählen, mit zu den belesensten sicherlich und auch zu den «gebildetsten». Darin birgt sich allerdings für Marx ein noch gesondert zu behandelndes Problem.

Den Anfang des Briefwechsels bilden Engels' Berichte an Marx darüber, wie er zum Ärger seiner Eltern und Angehörigen kommunistische Versammlungen abhält, zunächst mit 40, schließlich mit 130 bis 200 Menschen, wobei die Teilnehmer alle Angehörige des Bürgertums sind. «Das dümmste, indolenteste, philisterhafteste Volk, das sich für nichts in der Welt interessiert, fängt an, beinahe zu schwärmen für den Kommunismus. Wie lang man den Dingen noch so zusehen wird, weiß ich nicht, aber die Polizei ist jedenfalls in der höchsten Verlegenheit.» Sie sieht nicht mehr lange zu, sondern verbietet im Februar 1845 alle Versammlungen, die Engels, unter Berufung auf eine Kabinettsorder zum Wohle der arbeitenden Klasse vom 25. 10. 1844, abgehalten hatte. Engels verweilt – zum eigenen Ärger – aus «bedeutenden Schwierigkeiten», aus «kleinlichen Rücksichten» in Wuppertal; er hatte sich durch «die trübseligen Gesichter meiner beiden Alten noch einmal zu einem Versuch mit dem Schacher bestimmen lassen», und arbeitete auf dem Comptoir (20. 1. 1845).

In dieser Situation macht er sich daran, «innerhalb von zwei Monaten» - es werden dann doch über drei, erstaunlich wenig allemal –, «Die Lage der arbeitenden Klasse in England» abzufassen, «aus englischem Material». An Marx schreibt er: «Ich klage die englische Bourgeosie vor aller Welt des Mordes, Raubes und aller übrigen Verbrechen in Masse an und schreibe eine englische Vorrede dazu, die ich apart abziehen lasse und an die englischen Parteichefs, Literaten und Parlamentsmitglieder einschicken werde. Die Kerls sollen an mich denken! Übrigens versteht es sich, daß ich den Sack schlage und den Esel meine, nämlich die deutsche Bourgeoisie . . .» (17. 3. 1845).

Diese Schrift erzielte nach ihrer Veröffentlichung zunächst eine geringe, dann aber wachsende, ja eine gewaltige Wirkung – bis heute. Sie gibt sich wissenschaftlich, ist es aber nicht. Denn Engels idealisiert darin das 18. Jahrhundert, kontrastiert dagegen die Verschlechterung der Lage der Arbeiter in den 40er Jahren des 19. Jahrhunderts. Er prognostiziert unausweichlich eine Revolution, die bis heute, gerade in England, *nicht* stattfand, ebenso die wachsende Kluft zwischen Arm und Reich, die zunehmen wird, und die Unentbehrlichkeit der Kinderarbeit für die kapitalistische Industrialisierung. All die nachweisbaren Mängel aber tun seiner Leistung keinen Abbruch, denn Engels verfing sich nicht in Details, sondern brachte die elendliche Lage der Arbeiter literarisch eindrucksvoll zur Darstellung und erzielte so eine größere Breitenwirkung als der systematischere und tieferschürfende Freund Marx.

Bestimmen wir in diesem Zusammenhang, zugleich das Werk beider insgesamt miteinbeziehend, in welchem Verhältnis Persönlichkeit, Arbeitsweise, Stil und Leistung zueinander stehen, wobei wir dem Resümee von G. Mayer folgen:

«Engels ist von Natur praktischer und von schnellerem Orientierungsvermögen, aber ohne gründlichere philosophische Durchbildung und dialektische Originalität. Mit feinem Instinkt für das, was in der Luft lebt, findet er aus dem fertigen Stoff die verwendbaren Elemente heraus und weiß damit neue Zusammenhänge herzustellen. Deutlich spiegelt sich ihre verschiedene Art, die geistigen Probleme zu meistern, in der Verschiedenheit ihres Stils. Den Sätzen, die Engels schreibt, merken wir an, daß er sie, ohne lange mit dem Gedanken oder dem Ausdruck gekämpft zu haben, rasch und hemmungslos aufs Papier geworfen hat: flüssig, elegant, klar und durchsichtig hingesetzt, vermögen sie, gefällig und leicht verständlich, vollkommen und restlos auszudrücken, was der Verfasser in sie hineinzulegen wünschte ... Bei Marx dagegen verraten die Perioden, ... daß ein ganzes Magazin von Gedanken in sie ausströmen will; sie lassen erkennen, daß die ungeheure Ernte, die er einfahren möchte, noch reicher ist als alle jene Satzscheunen, die sie bergen wollen. Den unwiderstehlichsten Reiz verleiht es seiner glänzenden, epigrammatisch zugespitzten Diktion, daß die scharfen, reliefartig wirkenden, im Gedächtnis haftenden Satzbilder, in die er seine Gedanken prägt, stets ungezwungen, wenn auch nicht unerkämpft dem Dunkel der eigenen dialektischen Werkstatt entsteigen und, so geistreich sie wirken, niemals bloßer schriftstellerischer Aufputz bleiben ... Die glänzenden, öfters schwerfälligen, nur selten dunklen Perioden, die sich bei ihm abwechseln, dampfen noch förmlich von dem heißen Kampf, der ihrer Niederschrift vorausgegangen ist ...

Überhaupt war Engels in jeder Hinsicht der Unnervösere, der seelisch Gleichmäßigere, der körperlich und geistig Elastischere, der Unkompliziertere, Harmonischere, sonniger Veranlagte von beiden. Wie oft hat er den hemmungsreicheren Freund gescholten, daß er sich von seiner Stimmung ‹maßregeln› ließe, daß er nie zum Abschluß käme, daß er sich selbst nie Genüge täte. Unbeugsame Zähigkeit, seltene Widerstandsfähigkeit und Beharrlichkeit, eine unerschöpfliche Arbeitskraft und Arbeitslust waren ihnen beiden eigen» (Mayer I, S. 174 ff.).

3. Der Weg in die Praxis – «Deutsche Ideologie»

Wenden wir uns, Zwischenstationen überspringend, gleich jener Zeit zu, wo beide Freunde in Brüssel wieder vereinigt sind – Marx im erzwungenen, Engels im gewählten Exil. Hier fließen die Gedanken beider in gemeinsamer Produktivität zusammen, die gemeinsame Weltanschauung wird gefestigt, gesteigert, vertieft.

Engels war, um finanzielle Unterstützung vom Elternhaus zu erlangen, auf seinem Weg zunächst nach Paris gegangen (Februar 1845), doch wenig später (April 1845) trifft er bereits in Brüssel ein; dort entwickelt ihm Marx seine materialistische Weltanschauung, gleichfalls seine Gedanken (Thesen) zu Feuerbach. Marx drängt zur Praxis, denn der frühe Materialismus war nur Theoretisieren. Es ist *nicht nur das Bewußtsein, sondern auch das Sein zu verändern.* Durch die revolutionäre Praxis verändert der Mensch sich und die Gesellschaft. Denn, wie es später heißt, *das Wesen des Menschen ist «das Ensemble der gesellschaftlichen Verhältnisse»* (MEW 5, S. 6).

Beide planen, eine Bibliothek der vorzüglichsten sozialistischen Schriftsteller herauszugeben, und unternehmen zur Materialsammlung für ihre Arbeitsvorhaben eine längere Englandreise. Danach beginnt die gemeinsame Arbeit an der *«Deutschen Ideologie* – Kritik der neuesten deutschen Philosophie», wobei Engels jeweils einen auf der linken Seitenhälfte beschriebenen Entwurf vorlegt, während auf der rechten Seitenhälfte Marx die Korrekturen anbringt. Sie beginnen mit der Ausarbeitung im November 1845. Anlaß dafür waren Schriften früherer Freunde, die in der Form eines Konzils zu Leipzig als «Kirchenväter» verspottet werden. In eine ausufernde Polemik voller Häme gliedern sich sachliche Ausführungen über den eigenen Standort. Zuerst kritisieren sie Bauer, Stirner und Feuerbach – drei Lehrer, die überwunden werden müssen, um als eigenständig zu gelten –, später fügen sie eine umfangreiche Einleitung hinzu.

Die Stimmung, in der beide arbeiten, beschreibt Marx in der «11. These zu Feuerbach»: *«Die Philosophen haben bisher die Welt interpretiert, es kommt darauf an, sie zu verändern.»* Engels bedauert, daß «wir noch allein auf den Gebrauch der Schreibfeder angewiesen sind und unsere *Gedanken* nicht unmittelbar mit den Händen oder, wenn es sein muß, *mit den Fäusten realisieren* können» (an Marx, 19. 11. 1844).

In der «Deutschen Ideologie» gelingt der *Durchbruch zum «wissenschaftlichen Kommunismus»*, der später in anderen Schriften zwar präzisiert, aber nicht mehr grundlegend verändert wurde. An dem Werk sollte ursprünglich auch Moses Hess ein Kapitel übernehmen, er erschien Engels aber als innerlich unzuverlässig und wurde durch eine von diesem ausgehende Intrige ausgespielt, wobei Engels als jemand erscheint, der niemanden in die Beziehung zu Marx eindringen läßt. Um sie für sich «rein» zu erhalten, wendet er selbst schmutzige Mittel der Verdächtigung, Häme und Verleumdung an, so im Falle von Hess und später von Lassalle.

In der Stirner-Kritik wird dessen Egoismus-Begriff angegriffen, der für alles die Triebkraft darstellen soll. Dabei klärt sich die eigene Position, denn was Stirner will, ist allenfalls *«Empörung»*, Marx dagegen will die *Revolution.* Stirner hat in der Kritik der beiden kein Geschichtsverständnis, Marx aber ringt noch darum, und es wird ihm an Stirner dann sein eigenes deutlich. Stirners individualistisch-anarchistische Ideen spiegeln die «Unzufriedenheit der deutschen Kleinbürger» mit dem Kapitalismus, darum verteidigte er das Eigentum vor dem Sozialismus. Man muß nur hinsehen, dann zeigt sich, daß es die *Produktivkräfte* sind, *die das Weltgeschehen vorantreiben.* Sie sind der *wahre Motor* der gesellschaftlichen, damit auch der wirklichen, d. h. materiellen Entwicklung. Doch was sind die Produktivkräfte, dieses geheimnisvolle Agens? Die «Produktivkraft der Arbeit» ist, wie es später im «Kapital» (Bd. I, S. 44) heißt, «durch mannigfache Umstände bestimmt, unter anderem durch den Durchschnittsgrad des Geschickes der Arbeiter, die Entwicklungsstufe der Wissenschaft und ihrer technischen Anwendbarkeit, die gesellschaftliche Kombination des Produktionsprozesses, den Umfang und die Wirkungsfähigkeit der Produktionsmittel und durch Naturverhältnisse.» *Die Produktivkraft umfaßt unterschiedslos die Begabung des Menschen und der Natur; dadurch kommt es zu folgender Konstruktion: Als Stirner Raffael und Mozart bewundernd als schöpferische Geister erwähnt («Raffaels Arbeiten kann niemand ersetzen... (Es) sind die Arbeiten eines Einzigen, die nur dieser Einzige zu vollbringen vermag»), setzt Marx dagegen: Man wisse doch, daß «nicht Mozart selbst, sondern ein anderer Mozarts ‹Requiem› größtenteils angefertigt und ganz ausgefertigt hat, daß Raffael von seinen Fresken die wenigsten selbst ‹ausgeführt› hat. Raffael so gut wie jeder andere Künstler war bedingt durch die technischen Fortschritte der Kunst, die vor ihm gemacht wurden, durch die Organisation der Gesellschaft und die Teilung der Arbeit in allen Ländern, mit denen seine Lokalität im Verkehr stand. Ob ein Individuum wie Raffael sein* Talent entwickelt, hängt ganz von der Nachfrage ab, *die wieder von der Teilung der Arbeit und den daraus hervorgehenden Bildungsverhältnissen der Menschen abhängt» (MEW* 3, S. 377 f.). Doch auch bei entsprechender Nachfrage ist nicht gleich ein Raffael oder Mozart zur Hand. Alles schöpferisch Persönliche wird geleugnet, damit auch alles Transzendente, Geistige, aber auch alle Ideale.

Nun verwandelt sich aber durch diesen Denkgestus, der alles Übersinnliche, alles Geistige reduziert und in abstrakten «Produktionsverhältnissen» das Agens der Entwicklung sieht, auch die *Verantwortung des Menschen.* Wenn nämlich der «Mensch die Sozietät» oder «das Ensemble der gesellschaftlichen Verhältnisse» ist, dann ist auch nicht er, sondern dann sind diese Verhältnisse, Einrichtungen usf. für alles Geschehen verantwortlich. Der Mensch wird böse aus den Umständen heraus, ebenso wie er durch diese gut wird. Reifung und Bewußtwerdung ist etwas, was sich aus dem Reflex der Verhältnisse, der gesellschaftlichen Verfassung ergibt. *Der einzelne, das Ich, ist aus der Verantwortung entlassen, das Milieu ist an dessen Stelle getreten.* Die Moral hat abgedankt und damit die menschliche Substanz. Der Mensch ist Automat oder von den Verhältnissen gesteuert. Dadurch aber geschieht geistesgeschichtlich ein tiefer Einbruch: um eines fernen Zieles willen wird zwar die Gegenwart sachlich scharf und die soziale Arbeitswelt analytisch und neu in den Blick genommen, dafür aber ein zentrales Anliegen menschlichen Seins aufgegeben: die moralische Verantwortlichkeit.

Alles wird auf folgenden Gegensatz reduziert: die Produktion (Verhältnis des Menschen zur Natur) und den Verkehr (Verhältnis der Menschen zueinander). Im Vorwort zur «Kritik der Politischen Ökonomie» faßt dies Marx klassisch so: «Auf einer gewissen Stufe ihrer Entwicklung geraten die materiellen Produktivkräfte der Gesellschaft in Widerspruch mit den vorhandenen Produktionsverhältnissen, innerhalb derer sie sich bisher bewegt hatten. Aus Entwicklungsformen der Produktivkräfte schlagen diese Verhältnisse in Fesseln derselben um. Es tritt dann eine Epoche sozialer Revolution ein. Eine Gesellschaftsformation geht nie unter, bevor alle Produktivkräfte entwickelt sind, für die sie weit genug sind, und neue höhere Produktionsverhältnisse treten an die Stelle, bevor die materiellen Existenzbedingungen derselben im Schoß der alten Gemeinschaft selbst ausgebrütet worden sind» (MEW 43, S. 9).

Damit werden die Knotenpunkte der Geschichte faßbar, aber auch die den Produktionsverhältnissen entsprechenden Eigentumsformen.

«Das Bewußtsein kann nie etwas anderes sein als das bewußte Sein, und das Sein der Menschen ist ihr wirklicher Lebensprozeß ... *Nicht das Bewußtsein bestimmt das Leben, sondern das Leben bestimmt das Bewußtsein»* (ebd.). Dabei taucht die Lehre von der *Basis,* dem eigentlichen Leben, und dem *Überbau,* der *Ideologie,* auf, die sich langsam den Produktivkräften entsprechend umwandeln. *Der Kommunismus* «erklärt nicht die Praxis aus der Idee, er *erklärt die Ideenformation aus der materiellen Praxis* und kommt demgemäß zu dem Resultat, ... daß *nicht die Kritik, sondern die Revolution die treibende Kraft der Geschichte ... ist»* (ebd., S. 38 f.).

Nachträglich bemerkt Engels, daß damals schon die Gedanken vom

Absterben des Staates vor ihm und Marx standen. Die Folge der «proletarischen Revolution», in der das Proletariat zuerst die politische Macht erobern muß, «wird die allmähliche Auflösung und endlich das Verschwinden der mit dem Namen Staat bezeichneten Organisation» sein (MEW 36, S. 11).

Nun ist für Marx und Engels der Kommunismus nicht der spekulative Plan einer Zukunftsgesellschaft wie bei anderen Sozialisten, nicht «ein Zustand, der hergestellt werden soll, ein *Ideal,* wonach die Wirklichkeit sich zu richten haben wird. Wir nennen Kommunismus die *wirkliche Bewegung,* welche den jetzigen Zustand aufhebt» (ebd., S. 35).

Im gesamten Werk von Marx-Engels gibt es – außer den Abstraktionen: Revolution und Absterben des Staates – nur wenige deutliche Bilder der Zukunft, so in der «Deutschen Ideologie» (das Bild stammt im wesentlichen von Fourier[2]): «... während in der kommunistischen Gesellschaft, wo Jeder nicht einen ausschließlichen Kreis der Tätigkeit hat, sondern sich in jedem beliebigen Zweig ausbilden kann, die Gesellschaft die allgemeine Position regelt und mir eben dadurch möglich macht, heute dies und morgen jenes zu tun; morgens zu jagen, nachmittags zu fischen, abends Viehzucht zu treiben, nach dem Essen zu kritisieren, wie ich gerade Lust habe, ohne Jäger, Fischer, Hirt oder Kritiker zu werden» (MEW 3, S. 33).

Die mangelnde Visionskraft von Marx-Engels wurde oft bemerkt: So berichtet Sir Grant Duff über seinen Besuch bei Marx an «Kaiserin Friedrich von Deutschland» (1. 2. 1879): «Es war alles sehr positiv, leicht zynisch – ohne jeden Anschein von Enthusiasmus –, weckte das Interesse und zeigte oft, wie mir schien, sehr richtige Ideen, wenn er über die Vergangenheit und die Gegenwart sprach, aber es war unklar und unbefriedigend, wenn er sich der Zukunft zuwandte» (Enzensberger, S. 505).

Hier lohnt es festzuhalten, was die soziale Revolution künftig bringen wird: die «klassenlose Gesellschaft». Das Ziel des Proletariats «und seine geschichtliche Aktion ist ... unwiderruflich vorgezeichnet» (MEW 2, S. 38). In der Revolution «schlägt» der eine Zustand (These) in den anderen (Antithese oder diese in die Synthese) «um», das ist logisch und damit also auch geschichtlich *notwendig.*

2 Dieser beschreibt den Arbeitstag der Phalangisten so: «3.30 Aufstehen; 4.30 Arbeit im Stall; 5.00 Gartenarbeiten; 7.00 Frühstück; 7.30 Landarbeit; 9.30 Gemüsegärtnerei; 11.00 Arbeit in der Scheune; 13.00 Mittagessen; 14.00 Forstwirtschaft; 16.00 Fabrikarbeit; 18.00 Bewässerung; 20.00 Arbeitsbörse (Arbeitseinteilung für kommenden Tag); 20.30 Abendessen; 21.00 Unterhaltung (Theater, Konzert); 22.00 Schlafen» (nach Friedenthal, S. 204 f.).

Was kommt dann? Nach einer – später zu erörternden – Übergangszeit folgt der reife Kommunismus. Wie sieht er aus? Neben den Bemerkungen in der «Deutschen Ideologie» finden sich im großen Werk von Marx und Engels nur noch wenig Andeutungen hierzu. Die zwei wichtigsten seien genannt: so in der «Kritik des Gothaer Programms»: Wenn «die knechtende Unterordnung der Individuen unter die Teilung der Arbeit» überwunden ist, nachdem die Arbeit das «erste Lebensbedürfnis geworden» ist, «nachdem mit der allseitigen Entwicklung der Individuen auch die Produktivkräfte gewachsen und alle Springquellen des genossenschaftlichen Reichtums voller fließen – erst dann kann der enge bürgerliche Rechtshorizont ganz überschritten werden und die Gesellschaft auf ihre Fahnen schreiben: *Jeder nach seinen Fähigkeiten, jedem nach seinen Bedürfnissen»* (MEW 19, S. 21).

Ferner heißt es am Ende des «Kapitals»: *«Das Reich der Freiheit beginnt in der Tat erst da, wo das Arbeiten, das durch Not und äußere Zweckmäßigkeit bestimmt ist, aufhört;* es liegt also der Natur der Sache nach jenseits der Sphäre der eigentlichen materiellen Produktion. Jenseits derselben beginnt die menschliche Kraftentwicklung, die sich als Selbstzweck gibt, das wahre Reich der Freiheit, das aber nur auf jenem Reich der Notwendigkeit als seiner Basis aufblühen kann. Die Verkürzung des Arbeitstages ist die Grundbedingung» (Bd. III, S. 873 f.).

Damit, so glauben die beiden, sind sie von der Theorie zur Praxis, d. h. zur gesellschaftlichen Wirklichkeit durchgestoßen. Was offen bleibt, ist die Gestaltung der Gesellschaft im Sinne des Notwendigen. Dieser Praxis versuchen sie sich durch Gründung eines *Kommunistischen Korrespondenzbüros,* d. h. den Aufbau gesellschaftlicher Organisationen, zuzuwenden – davon später.

Das Werk «Deutsche Ideologie» sollte nach Fertigstellung umgehend veröffentlicht werden. Das mißlang aus verschiedenen Gründen, so daß der Text erst 1932 vollständig veröffentlicht wurde und damit eine wichtige Quelle bildete, um Einsicht in die Entwicklung des Denkens von Marx und Engels zu erhalten, die keineswegs so folgerichtig und eigenständig verlief, wie es die entsprechenden Hagiographen darstellen. Engels stuft wie Marx die Bedeutung, die die gemeinsame Abfassung der Schrift für sie selbst hatte, ganz hoch ein. Sie verdeutlicht den «Gegensatz unserer Ansicht gegen die ideologische der deutschen Philosophie». Beide «überließen das Manuskript (dies ist wörtlich zu nehmen) der nagenden Kritik der Mäuse um so williger, als wir unseren Hauptzweck erreicht hatten – Selbstverständigung» (MEW 21, S. 212, vgl. Vorwort zur Politischen Ökonomie).

4. Geister der Finsternis

Fassen wir die Entwicklung von Marx und Engels zusammen, so waren beide in der gleichen Zeit zu Materialisten geworden: der eine, Marx, vom Weggang aus Berlin bis zu seinem Pariser Aufenthalt (1841–1845) und der andere von der Ankunft in Berlin (Ende 1841) bis zu seinem Aufenthalt in Manchester und seiner Rückkehr nach Deutschland (1844). Die «neuen Götter» waren im historischen und dialektischen Materialismus gefunden worden. Die Haltung der beiden war vom Idealismus zum Materialismus umgeschlagen, von der These zur Antithese.

Aber auch andere Zeitgenossen erleben diese Phase als herausgehoben. So spricht Bauer von einem Entscheidungsjahr (1842), wo es gilt, in einer *«Entscheidungsschlacht die Sache zu Ende» zu führen,* nämlich für den Atheismus und Materialismus. Bauer ist es auch, der statt Versöhnung nun die Extreme, die Gegensätze, die «totale Umwandlung aller Lebensverhältnisse» herbeiruft (zit. n. Stuke, S. 140 ff.). Cieszkowski bemerkt diesen «wissenschaftlichen Terrorismus» mit Schrecken, er anerkennt zwar den «kometenhaften Aufstieg» Bauers, schaudert aber vor dessen «Denkguillotine» im gleichen Jahr, 1842, zurück (Gott, S. 97).

Wodurch kam es, daß in wenigen Jahren alte Überlieferung völlig zerbrach, daß *Religion als Entfremdung und Wesensberaubung* erlebt, daß deren «opiumartiger Einfluß» nun beklagt wurde? In den wachesten Zeitgenossen in Deutschland, den Junghegelianern, kündigt sich ein Umbruch großen Stils an, der dazu führt, daß das Alte zertrümmert wird und ein Neues emphatisch, wenn auch noch unbestimmt erlebt wird: «Jetzt bedarf die Menschheit keines Gottes mehr ...» *«Gott ist tot für die Philosophie ...»* Sie weiß, daß *«nur das Ich lebt,* schafft, wirkt und alles ist» (Bauer, Die Posaune, 1841, S. 77).

Galt bisher dem Hegelianismus die Überwindung der Entfremdung und des Dualismus als Aufgabe, so muß nunmehr zuerst die totale und *rücksichtslose Aufklärung der Zeit über ihre Selbsttäuschungen* in Staat, Kirche, Theologie usf. erfolgen. «Das Innere, *das Wesen der Sache soll enthüllt, die Tiefe des Geistes soll aufgerissen* werden, damit die Menschheit weiß, woran sie ist, damit unser wahres Wesen ... wieder als unser wahres, reines Wesen zu uns selbst komme, sich in uns entwickle und endlich frei werde» (Bauer, Die gute Sache, 1842, S. 209).

Diese Umpolung, der radikale Bruch im Denken, vollzieht sich zu Beginn der 40er Jahre des vorigen Jahrhunderts. *Nach 1842 hat sich die*

Szenerie deutlich gewandelt, eine veränderte geistige Auffassung ist innerhalb der Menschheit wirksam geworden

Was aber wirkt dabei im Hintergrund an dieser Wandlung, die so viele Denker gleichzeitig ergriff, mit? Was spricht sich in dem «blitzartigen Einfall» des «erleuchteten Gedankens», wie Marx es nennt, aus, was in der Wendung vom Idealismus zum Materialismus, was in Bauers «Gott ist tot», «das Ich lebt»? Was in all den noch darzustellenden Wandlungen bei Stirner, Bakunin, Hess? Wogegen stemmen sich andere Denker, wie Immanuel Hermann Fichte (1797–1879), Christian Hermann Weiße (1801–1866), die spirituellen Idealisten, die von der Gefährdung, die in ihrer Zeit liegt, sehr wohl wissen?

Es ist unverkennbar, daß das, was damals durch die Junghegelianer an neuen Gedankenformen errungen wurde – zunächst in der Religionskritik –, was dann Marx und Engels in der Ideologiekritik leisteten, einer *welthistorischen Weichenstellung* gleichkommt. Was damals *gedacht* wurde, ist inzwischen *geschichtliche Tat* und damit soziale Wirklichkeit geworden: Bauers Atheismus und Antisemitismus, Hess' Zionismus, Bakunins Anarchismus, der bald zum Terrorismus wird, und der Marxismus in seiner bolschewistischen Ausformung.

Was steckt, so fragen wir nochmals genauer, hinter diesem Wandel an *geistiger Wirksamkeit?* Für eine Beantwortung nehmen wir Einsichten Hegels: «Der Geist ist wesentlich Individuum; aber in dem Elemente der Weltgeschichte haben wir es nicht mit Einzelnen oder mit partikularer Individualität zu tun. Der Geist in der Geschichte ist ein Individuum, das allgemeiner Natur, dabei aber ein bestimmtes ist, d. h. ein Volk überhaupt; und der Geist, mit dem wir es zu tun haben, ist der Volksgeist. Die Volksgeister aber unterscheiden sich wieder nach der Vorstellung, die sie sich von sich selber machen ... Was der Geist von sich weiß, davon hängt das Bewußtsein des Volkes ab ... Das Bewußtsein der Geister ... ist das Substantielle ..., auch wenn die Individuen es nicht wissen ... Kein Individuum kann über diese Substanz hinaus; es kann sich wohl vom einzelnen Individuum unterscheiden, nicht aber vom Volksgeist» (Philosophie der Geschichte, Werke 12, S. 36 f.). Später heißt es: «Der Geist eines Volkes ist also zu betrachten als die Entwicklung des Prinzips, das in die Form eines dunklen Triebes eingehüllt ist, der sich herausarbeitet, sich objektiv zu machen strebt. Ein solcher Volksgeist ist ein *bestimmter Geist*, er muß in seiner Bestimmtheit erkannt werden. Weil er Geist ist, läßt er sich nur geistig, durch den Gedanken fassen ... Der Geist ist lebendig und wirkend» (ebd., S. 42). Aus ihm werden die Richtungen und Taten der Völker hervorgetrieben.

Vergegenwärtigen wir uns den Gehalt der Aussagen durch den Bezug zum Einzelmenschen. Hinter den Lebensäußerungen des einzelnen Menschen, seinen verschiedenen Erlebnissen, Freuden, Leiden steht ein Wesen, das alles zusammenbindet, auf ein Zentrum bezieht, das Ich. So ist es auch bei den Völkern: hinter jedem Volk steht jeweils ein ihnen zugehöriger Geist: «lebendig wirkend». Hegel denkt ihn – begrifflich; doch läßt er sich, so ist zu fragen, auch wesenhaft erleben? Denn im Einzelleben läßt sich das, was Kontinuität schafft, Identität vermittelt, zwar auch begrifflich – als Ich – fassen, doch *erleben* wir unser Ich immerwährend, wissen von ihm und benennen es, weil wir es *als Menschen erfahren,* mit dem nur von innen her ergreifbaren ersten Personalpronomen: Ich. Ist dies auch für den Volksgeist möglich? Wenn ja, hieße das eben, vom Begriff zum Wesen selbst vorzudringen.

Dies ist grundsätzlich auf zweifache Art anzusehen: durch Erweiterung der Begrifflichkeit oder durch direkte Wesenswahrnehmung, wie es mit Hilfe der anthroposophischen Geisteswissenschaft geschieht.

Wenden wir zunächst die Methode der Begriffserweiterung an: In der Geschichte der Völker sind Zeiten bemerkbar, die sich dem Jugendstadium, der Reifezeit und dem Alter des menschlichen Lebens vergleichen lassen. So weit geht schon Hegel, der darin die wesenhafte Entwicklung des Volksgeistes abliest (vgl. Werke 12, S. 42). So wird die Zeit der Klassik in Frankreich (17./18. Jahrhundert), in Deutschland 1770–1810 als Reifestadium des Volksgeistes erlebt, eine ähnliche Zeit läßt sich in England und Italien sowie in Spanien und Portugal schon früher wahrnehmen: Völker erkennen jeweils ihre Zeit, wo der Geist ihres Volks ganz *«gegenwärtig»* ist.

Vergleichen wir damit die Reifejahre im Menschenleben: auch hier gibt es Gipfelpunkte der Leistung – zuweilen aber auch Situationen, über die man nachträglich sagt: eine verpaßte Chance oder von mir verdorbene Gelegenheit. Zu dieser Aussage kommt man dann, wenn man (später) weiß, wie man damals hätte handeln sollen. Doch wer war es denn, der unzulänglich gehandelt hat? Ist es dasselbe Ich, der eigene Geist? Oder gibt es tatsächlich eine *«Geistes-Gegenwart»* und dementsprechend auch Zeiten der Ferne des eigenen Geistes? Was aber handelt im Falle des nicht Gegenwärtigen dieses Geistes? Offenkundig ein *«zweiter Mensch»* in uns, durchaus befähigt, oft auch raffiniert, aber wie ein Gegenspieler, ein Widersacher, ein Schatten – wird er von C. G. Jung genannt – oder Dämon, ein Doppelgänger; alles Erscheinungen, die der Psychologie als unbewußte Wirksamkeit wohlbekannt sind, wobei C. G. Carus 1846 erstmals den Begriff des Unbewußten gebraucht. Die aus der Spaltung des eigenen Wesens hervorgehenden Tiefenschichten als wirksame Geistigkeit beschreibt die Anthroposophie beim Überschreiten der Schwelle zu einem höheren wie zum Unterbewußtsein sehr genau (vgl. Steiner, Wie erlangt man Erkenntnisse der höheren Welten, Kap. Die Spaltung der Persönlichkeit).

Gibt es nun dasselbe Erscheinungsbild eines Doppelgängertums auch bei Völkern? Hegel konnte diese Unterscheidung noch nicht treffen. Wie sollte er die Französische Revolution, wie Napoleon begrifflich einordnen? Als eine zweite, späte Blüte des französischen Volksgeistes oder als Doppelgänger-Erscheinung? Diese Frage stellte er gar nicht, sondern beschloß, darin eine *höhere* Wirksamkeit, die des *Zeitgeistes* zu erblicken, der Frankreich in diesem Augenblick zur Speerspitze der europäischen Entwicklung machte. Ehe er sich also der Abweichung vom Normalen begrifflich stellt, weicht er auf eine höhere Stufe der Vernünftigkeit, die Ungereimtheiten und Gegensätze aufnimmt, aus, den Zeit- oder Weltgeist.

Doch auch da stellt sich die Frage dann neu: Gibt es auch für den *Zeitgeist* oder gar für den Weltgeist ein dämonisches Gegenbild, einen Doppelgänger? Oder ist das, was ist, per se vernünftig? Wie steht es dann mit der moralischen Verantwortung bei satanischem Handeln? Die Erfahrung solcher Erscheinungen wie Hitler, Stalin, Idi Amin, Pol Pot usf. fehlte damals noch. Heute ist sie nicht mehr zu negieren.

Für einzelne Völker läßt sich die Ferne ihres Volksgeistes deutlich ausmachen: so etwa für Deutschland in der Zeit des Nationalsozialismus. Zweifellos war da eine mächtige völkische Inspiration wirksam. Doch es kann keiner Frage unterliegen, daß dies eine dämonische, von dem «Widergeist» des wahren deutschen Volksgeistes ausgehende war. Wenn das also tatsächlich so ist, daß es Widergeistigkeit im Menschen und bei Völkern gibt, gibt es dann auch etwas Verwandtes im Hinblick auf all das, was der *Zeitgeist* intendiert?

Zunächst aber benötigt man ein Kriterium, das einen instandsetzt, urteilsfähig zu werden gegenüber dem, was konkret vorliegt. Dabei ist es für ein erstes begriffliches Kriterium zunächst ausreichend anzunehmen, daß der fortschreitende Volks- oder Zeitgeist immer dann wirkt, wenn eine Entwicklung stattfindet, die schöpferische oder geformte Kräfte freisetzt, wenn ein Mehr an Humanität, ein Mehr an Menschenwürde und -liebe sich ausbildet; das Gegenbild liegt dann vor, wenn diese Qualitäten sich zurückziehen und böse, satanische Kräfte an deren Stelle treten.

Wir denken ferner begrifflich das Verhältnis der Volks- und Zeitgeistigkeit und der ihr jeweils zugehörigen Widergeistigkeit zum Menschen und dessen Ich so, daß die geistige Wesenheit jeweils übersinnlich wirksam ist und bestimmte Absichten verfolgt, wobei sie auf das menschliche Bewußtsein so einwirkt, daß in diesem bestimmte Gedanken bewußt aufgefangen und schließlich sprachlich von ihm formuliert werden.

Die Volks- und Zeitgeistigkeit wirkt auf das «Über-Bewußtsein», die entsprechende Widergeistigkeit auf das Unterbewußtsein, d. h. beide liegen in ihrem Sein jenseits des Begriffsnetzes – im Hegelschen Sinne, wonach auf der einen Seite die Begriffe, auf der anderen göttliche Wesen sind –, berühren es aber in ihrer Wirksamkeit. Im einen Fall, dem des Volksgeistes, kommt dadurch das zugehörige Volk auf eine höhere Stufe der Kultur, im anderen, dem des Zeitgeistes, bildet sich volksübergreifend mehr Menschlichkeit aus. Die Widergeistigkeit dagegen sieht in der Isolation und Trennung eines Volkes, in Spannung, Widersprüchen, Gegensätzen und Kriegen, d. h. im moralischen Niedergang ihre Entwicklung.

Wie geschieht nun die Wirkung auf den Menschen konkret? Diese Geister *«inspirieren ihre Gedanken»* und auch Absichten, die aber der Mensch – darin besteht ein Akt der Freiheit – erst in Gedankenform auszubilden hat. Es ist verständlich, daß es drei Ebenen der Gedankenwirksamkeit gibt: einmal solche, die der Mensch aus sich an den Gegenständen, Erscheinungen und Anforderungen der Welt ganz persönlich ausbildet; darin erschöpfen sie sich auch. Sie sind im höchsten Maß auf die eigene Person und deren individuelle Situation bezogen. Zweitens greift in die Vorstellungs- und Gedankenbildung ein übergeordnetes Prinzip ein, das als typisch für ein Volk erlebt werden kann. Zwar ist der einzelne hier auch Schöpfer bzw. Empfänger desselben Gedankengefüges, aber was gedacht wird, hat Bedeutung auch für andere Angehörige des Volkes, es verändert die betreffende Kultur des Volkes selbst. Und drittens haben Gedanken *«ihre Zeit»*, d. h. sie treten zu ihrer Zeit auf, gelegentlich so gehäuft und über so viele Kanäle, daß der Eindruck sich aufdrängt, als sollten sie dadurch ja «rechtzeitig» erfaßt werden und dürften nicht verloren gehen. Hier wirkt der Zeitgeist ein. Da die direkte Einsicht in die Wirksamkeit des Geistes zunächst nicht möglich ist, kann sie auch als «verborgen», d. h. *okkult* bezeichnet werden; das, was von dort her geschieht, ist demnach *okkulte Geschichte.* Einfälle, blitzartige Eingebungen, Schauungen, Prophetien und Visionen werden von Wesen dieser geistigen Welt inspiriert, ohne daß der Empfänger oft mehr über die Ursache sagen könnte, als daß das Geschehnis auftrat. Soweit der begriffliche Zugang.

Wie sieht nun der direkte Zugang zu den geistigen Wesenheiten aus? Er läßt sich zunächst historisch vergegenwärtigen, weil es einerseits ein überliefertes Wissen gab und andererseits ein erneuertes durch die Anthroposophie, deren Aussagen hier im Anschluß an eine geschichtliche Skizze kurz vergegenwärtigt werden sollen.

Die Menschheit hatte in früherer Zeit unmittelbare Erfahrung und Wesensbegegnungen mit übersinnlichen Wesen. Doch diese Beziehung blieb in ihrer Konstituion keineswegs immer gleich. So fragten noch die Griechen bei den Orakeln nach, was in einem bevorstehenden Fall zu tun und zu entscheiden sei. Es waren die Priester, welche den Zugang zur übersinnlichen Welt, zu den Göttern und deren Absichten hatten und vermittelten; zum Teil benutzten sie selbst wiederum Mittler, d. h. Medien, und bedienten sich etwa in Delphi der Pythia, deren Stammeln sie in Worte kleideten. Doch der Gott, der sich hier aussprach, Apollon, bettete seine Antworten durch seine Priester – im Unterschied zu anderen Orakeln – stets in einen solchen Zusammenhang, daß der Fragende selbst Kraft und Intelligenz aufwenden mußte, um die rechte Antwort zu verstehen. Darin kann eine Erziehung zur Selbständigkeit erkannt werden. Diese in Delphi wirkende Gottheit zielte offenbar darauf ab, den Menschen aus strenger Führung und Weisung freizugeben. Die Geistigkeit, die sich hinter dem Namen Apoll verbirgt, kann als wirksamer Inspirator verstanden werden, der den Menschen zur eigenen Entscheidung durch seine Erkenntniskräfte aufrufen will (vgl. Teichmann, S. 526).

Nach seiner bedeutenden Wirksamkeit von der Zeit der frühen Kolonisation bis zum Hellenismus wird dieses zentrale griechische Heiligtum durch andere Zentren abgelöst, «seine Zeit» ist vorüber. Rom, die ablösende Macht, verfügt später über andere Mittel und Inspirationen, um sich mit der verborgenen Welt in Verbindung zu setzen, etwa durch den «großen Brückenbauer», den *pontifex maximus*, die cumäische Sybille mit den sybillinischen Büchern u. a. Das Wissen und der Zugang zur übersinnlichen Welt verblaßt allerdings zunehmend; dagegen wächst das verstehende, rationale Bewußtsein und setzt Ziele, die zweckmäßigen Überlegungen voll zugänglich sind. Der Mensch wird sich (im Sinne Hegels) immer mehr seiner selbst bewußt, verliert damit aber auch den Zusammenhang mit einer höheren Welt. In dieser Entwicklungslinie liegt schließlich die *Wendung von der Transzendenz zum Sinnlichen im 19. Jahrhundert*, wie von der Religion zur Naturwissenschaft einige Jahrhunderte zuvor.

Allerdings: wie nun der Weg zur Selbständigkeit der Verstandeserkenntnis und zur Naturbeherrschung führte, kann er ebensowenig wie der in früherer Zeit linear weitergehen, sondern irgendwann kommt eine Wende, wo die Quantität in eine neue Qualität umschlägt. Das erwarten die Hegelianer auch. Die Aufgabe besteht nun darin, unter Aufrechterhaltung des errungenen Bewußtseins sich neuerlich einen Zugang zu höheren Wirksamkeiten zu verschaffen, d. h. zu einem wachen Eindringen in die übersinnliche Welt zu gelangen und die Absichten und geistigen Wesen in Freiheit zu erkennen. Umgekehrt aber vermag widergeistige Inspiration das, was «an der Zeit ist», eine Stufe weiter in die Diesseitigkeit, in die Negation des Übersinnlichen hinein zu entwickeln.

Wenn Marx – mit anderen Zeitgenossen – die völlige Diesseitigkeit postulierte, so ist dies präzise der Abschluß einer Entwicklung der Ablösung vom Übersinnlichen. Der Aufgang einer Zukunft müßte dagegen in eine andere Richtung weisen. Dies wurde auch immer gewußt.

So lehrte Trithemus von Sponheim (1462–1516), wie neben großen Inspirationen ganzer Kulturepochen – man denke an den Übergang von der Nomadenkultur zur Seßhaftigkeit – jeweils *Zeitgeister* aus der Welt der Absichten bestimmte «Eingebungen» in Menschengemüter senden, die teilweise volkübergreifend neue Verhaltensweisen und veränderte Einsichten hervorrufen. Für das Jahr 1879 sagte Trithemus wiederum einen Wechsel in der Zeitregentschaft voraus: von dem zuvor wirkenden Zeitgeist Gabriel geht dann die Herrschaft auf die im Christentum Erzengel Michael benannte Wesenheit über. Diese Wesenheit hatte schon in früheren Epochen die Zeitregentschaft innegehabt und sie wie andere Wesenheiten unterschiedlicher Art durch jeweils einige Jahrhunderte hindurch ausgeübt. Die Regentschaft des Gabriel hat es insbesondere mit der Lenkung der Vererbungsströmung und dem an das Gehirn gebundenen Denken zu tun. Wir haben schon geschildert (vgl. S. 56 ff.), wie nun im 19. Jahrhundert die im Vererbungs- und Blutsstrom tätigen Kräfte ihre Wirksamkeit verlieren und damit einer individuellen Entwicklung einen größeren Raum geben. Es ist nun von 1879 an derselbe Geist wirksam, der in griechischer Zeit von Delphi aus als Erzieher zur Freiheit wirkte. Er wird bis 2230 n. Chr. seine Inspiration entfalten, die darin besteht, daß er zwar die *menschlichen Erkenntniskräfte* zur vollen Anspannung aufruft, aber durch seine Inspiration *nicht* in die menschliche Freiheit *zwingend* eingreift.

Hier können nun die Forschungsergebnisse der Anthroposophie angeschlossen werden. Rudolf Steiner zeigt auf, wie durch die geschichtliche Entwicklung hindurch das Wesen Michaels als Verwalter der sinnvoll aufeinander abgestimmten Naturordnung, der «kosmischen Intelligenz» wirksam war. Worüber er zu verfügen hat, daran sollen die Menschen zunehmend in wachsender Selbständigkeit teilhaben, d. h. durch Ausbildung ihrer Intelligenzkräfte. Jede sich im Lauf der Geschichte wiederholende Michaelherrschaft führte dazu, daß die Eigenständigkeit menschlichen Denkens durch ihn wuchs, wobei die Mittel, um dies zu bewerkstelligen, sich wandelten. Michael als Inspirator ist es zu verdanken, daß der Mensch – von Griechenland an – zunehmend in den Besitz frei verfügbarer Intelligenz kam: die einstmals kosmische Intelligenz wurde damit irdisch. Das Anliegen der neuen michaelischen Herrschaft ist es, daß das Menschenreich von dieser *Intelligenz* einen solchen Gebrauch macht, daß diese *stets mit Moralität und innerer Verantwortung durchdrungen bleibt.* Das bedeutet, daß die Intelligenz sich nunmehr spiritualisiert und nicht nur abgezogen, zwanghaft oder mechanisiert angewendet werden soll, wie es dem Widergeist, dem Inspirator der künstlichen Intelligenz, die eigendynamisch wirksam ist, entspricht. Nicht Sach- oder Systemzwänge, die ein ganz bestimmtes Handeln fordern, sollen im Gebrauch der Intelligenz gelten, sondern *in allen Entscheidungen,* denen ein Erkenntnisakt zugrunde liegt, soll das *einzelmenschliche Ich sich selbst vergegenwärtigen.* Etwas formelhaft gefaßt, geht es um die Frage: Mechanisierung oder Spiritualisierung der menschlichen Intelligenz (vgl. Steiner, GA 193, 12. 9. 1919).

Wenn das Jahr 1879 eine Wende darstellt, von der aus sich der Gebrauch der Intelligenzkräfte in ihrer weiteren Ausgestaltung entscheiden wird, dann liegt eine *Vorentscheidung im Übersinnlichen* bereits vor dieser Zeit, allerdings eben in der okkulten Geschichte. Später wird diese Vorentscheidung dann auch im äußeren Geschichtsverlauf sichtbar.

Steiner verdeutlicht dies im Jahr 1917 in folgender Verbildlichung:

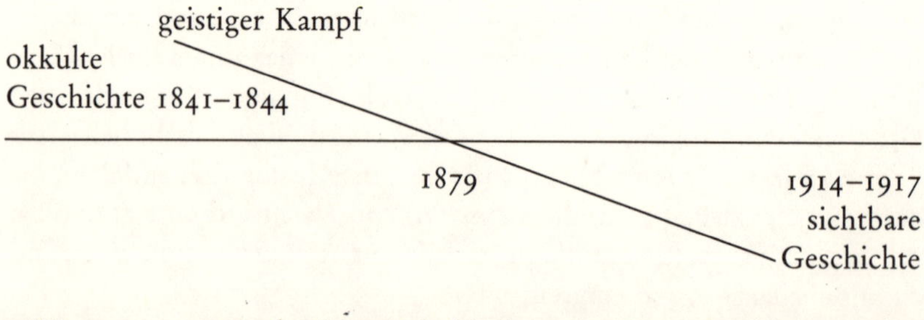

Was 1914–1917 in den Materialschlachten des Ersten Weltkriegs sichtbar wird, hat seine Ursache in der Welt der Absichten, und zwar etwa genauso viele Jahr *vor* 1879, wie 1917 *nach* 1879 liegt, nämlich 1841–1844. Im Jahr 1917 war sichtbar geworden, daß der Krieg nicht mehr wie früher aufgrund von Tüchtigkeit, d. h. menschlicher Fähigkeit entschieden werden konnte, sondern nur durch Materialeinsatz und wirtschaftliche Ressourcen, also durch «das System». Der Mensch als moralisch Verantwortlicher war aus den Entscheidungen weitgehend verdrängt

Zunächst zur äußeren Geschichte einige wenige Stichworte: 1917 traten die USA in den Krieg ein unter einem Präsidenten, der seinen Wahlkampf mit dem Versprechen gewonnen hatte, die USA neutral zu halten, der also mit einer Irreführung Präsident wurde. Derselbe Präsident proklamierte das *Selbstbestimmungsrecht der Völker*, jenes Prinzip, wonach die Völker in eine Atomisierung getrieben würden, sollte das völkische Prinzip, das der Gliederung nach Sprache, sich durchsetzen. Alte nationale Instinkte, zeitlich bereits überlebt, werden dadurch erneut mobilisiert.

Das andere weltgeschichtliche Ereignis im Jahr 1917 ist eben die bolschewistische Revolution; der Marxismus wird weltbestimmend: ein gesellschaftliches System, das der Befreiung dienen will, das jedoch, wo es real existiert, Zwang und Unterdrückung verbreitet. Was zuvor in Gedanken auftrat, wurde zur sozialen Wirklichkeit.

Was war diesen äußeren Ereignissen okkult vorausgegangen? In der Welt des Übersinnlichen findet ebenso wie in der Welt des Sinnlichen nicht nur Werden und Vergehen, Auf- und Abbau, sondern ebenso auch Entwicklung statt. Jede Entwicklung aber setzt eine Spannung, einen Gegensatz voraus, wie dies schon einer der ersten Philosophen, der sein Denken selbständig ergreifende Heraklit in Ephesos, begrifflich formulierte: Der Krieg ist Vater aller Dinge, und wie es dann in der Dialektik methodisch neu auflebt. Auf der höchsten Ebene aller Absichten ist das, was sich in der Zeit in Gegensätzen offenbart, als dialektische, antithetische Spannung erscheint, in einer höheren Einheit – etwa als Idee der Entwicklung – aufgehoben. Was so gedanklich gefaßt wird, ist in der Welt der Absichten aber nicht Gedanke, sondern wirkendes Wesen. Die übersinnliche Welt ist demnach, vom einheitlichen Urgrund her bis zur dialektischen Spannung, wie sie in den Erscheinungen offenbar wird, hierarchisch, d. h. gestuft geordnet. Wie Marx durch die Erscheinungen zum einheitlichen Gesetz hindurchzustoßen suchte, das die Einheit in der Vielfalt aufzeigen soll, so gilt es – okkult – auch in der übersinnlichen Welt die Einheit hinter den auch dort waltenden Gegensätzen zu fassen, allerdings nicht begrifflich abstrakt, sondern konkret wesenhaft. So gibt es in einer hierarchischen Ebene, die an das Menschenreich angrenzt oder nur einiges darübersteht – okkult als «dritte Hierarchie» bezeichnet –, Wesen, die selbst von der zeitgerechten Entwicklung abweichen. Das läßt sich ähnlich denken, wie es in der Gegenwart Menschen gibt – etwa die Papuas –, die noch am Übergang von der Steinzeit zur Metallzeit stehen, oder wie Archimedes, der mit seinen technischen Erfindungen seiner Zeit um fünfzehnhundert Jahre voraus war. Durch die Abweichung vom Normalmaß entsteht eine erhebliche Spannung, einmal ein Drängen nach vorn, zum anderen ein Stehenbleiben, ja eventuell sogar ein Herabziehen, Bremsen und Verfestigen.

Im Übersinnlichen sind solche Geistwesen, die das Errungene bewahren und auf einer bestimmten Stufe festhalten wollen, die *«Geister der Finsternis»*, wie sie von Rudolf Steiner benannt werden. Sie sind Angehörige der «dritten Hierarchie». Ihr Ziel ist es, dem Menschen einzugeben, seine frei verfügbare Intelligenz, die ihn von geistiger Führung unabhängig gemacht hat, immer so zu gebrauchen, daß er ihren geistig-kosmischen, wesenhaften Ursprung vergißt und sie mechanistisch-zwangshaft anwendet. Geschieht dies, so ist ihnen das «Nahrung», um sich ein eigenes, abgeschnürtes Reich, ohne Zusammenhang mit der bisherigen Schöpfung, aufzubauen. Sie können sich dann in Zukunft selbst als Schöpfer gegenüber dem Menschen und dem von ihnen inspirierten Werk technischer Intelligenz fühlen. Diese so geschaffene Gegenwelt heißt im Okkultismus *«achte Sphäre»* (vgl. Steiner, GA 254).

In dieser Zielsetzung *«konkurrieren»* sie, wenn man das vergleichsweise ausdrücken darf, mit dem neu zur Herrschaft kommenden Zeitgeist Michael, der als früherer Verwalter und Inaugurator der kosmischen Intelligenz dem Menschen in langen Zeiträumen stufenweise die Intelligenz in dem Maße verlieh, wie hohe Schöpfergeister (Elohim) die Leibgestaltung des Nervensystems ausformten. Dieser Zeitgeist hat das Bestreben, daß während seiner Herrschaft Menschen aus eigenem Antrieb den Gebrauch ihrer Intelligenz in Übereinstimmung halten werden mit deren spirituellem Ursprung, indem sie diese in moralischer, ich-durchdrungener Verantwortung tätigen. Um die eigenen Ziele dem fortschreitenden Zeitgang einfügen zu können, und zwar zunächst im Bereich der Absichten, also der übersinnlichen Welt, ist eine gewisse Übereinstimmung innerhalb der zusammengehörigen Hierarchie erforderlich. Diese Einheitlichkeit traf aber auf eine *Opposition der Geister der Finsternis*, die sogar mit einigem Recht auf die noch *unzulängliche Reife des Menschengeschlechts* hinweisen konnten. Es waren die Geister der Finsternis, die den «Plan Michaels», der allmählich in der Welt der Absichten heranreifte, daß nämlich «auf der Erde» Menschen in den Besitz der eigenen intelligenten Entscheidung gelangen sollten, zu zerstören suchten (R. Steiner, GA 177 und GA 178, 6. 11., 13. 11. 1917). Dieses schon im Übersinnlichen stattfindende zerstörerische Wirken mußte in einem großen Kampf «durch das Eingreifen höherer geistiger Wesenheiten verhindert werden». Unter der Führerschaft Michaels wurden daher die Geister der Finsternis – in der okkulten Bildsprache – aus den «Reichen des Himmels» hinausgestoßen und in den Abgrund gestürzt. Dieser «Abgrund», die «Erde», ist aber nichts anderes als die menschlichen Gehirne, der künftige Wohnort der Geister der Finsternis. «Der Drache ist eigentlich alles das, was einzieht in unsere sogenannte Vernunft, in unsere Intelligenz. Nicht in eine Hölle stürzt Michael seine gegnerischen Scharen, sondern in die menschlichen Köpfe hinein» (Steiner, 29. 11. 1919, GA 194).

Dieser Kampf in der übersinnlichen Welt beginnt um 1841, er erreicht bald darauf seinen Höhepunkt und endet schließlich 1879 mit dem Sieg Michaels. Auf die Abspiegelung dieses Kampfes geht alles zurück, was den *«ungeheuren Aufschwung des rein materiellen Verstandes»* im 19. Jahrhundert kennzeichnet. Die «materialistische Weltsicht entsprang einer *großen Inspiration* durch eine an den Menschen angrenzende Welt» (Steiner, 27. 10. 1917, GA 177). «Selten ist in bezug auf *Feinheit der Begriffsbildung, in bezug auf Scharfsinn, auf Kritik»* Vergleichbares geleistet worden. Dieses «drachenverwandte» Denken lebt sich aus in «technischen Erfindungen, in all den materiellen Gedanken, die einem gehirngebundenen Denken entspringen» (ebd.).

Zugleich erfolgt eine *Influenzierung der menschlichen Willenskräfte,* wobei «tiefste Schichten des Bewußtseins» aufgewühlt werden, nämlich jene Schichten, wo der Mensch selbst dann schläft, wenn er wacht. Dadurch werden, wenn der Mensch nicht aktiv dagegen angeht, *«ungezügelte instinktive Impulse»* ausgelöst. Schlagworte wie: Proletarier aller Länder vereinigt euch, mit abstraktem Haß gegen andere Klassen sind weitere Zeichen dieses Sturzes und seiner Wirkung (29. 11. 1919, GA 194). Zugleich werden die zurücktretenden Vererbungs- und Blutskräfte unzeitgemäß wieder ergriffen.

Man hat den Eindruck, daß Karl Marx außerordentlich sensibel, ja offen für das ist, was sich in der übersinnlichen Welt abspielt, so daß er das darin waltende Spannungsgeschehen methodisch mit der Hegelschen Dialektik souverän greift und sogar ein dahinterstehendes höheres Einheitliches zu erfassen sucht. Darin war Marx einer der Inspiriertesten. Er fängt in seiner Methode etwas von dem im Übersinnlichen real stattfindenden Geschehen auf; da er davon aber keinerlei Begriff hat und haben kann, weil er alles Übersinnliche leugnet, muß er die Auseinandersetzung zwischen Fortschreitendem und Beharrendem, den revolutionären Wendepunkt zu einem neuen Aufstieg, zum besseren, befreiten Leben dort festmachen, wo es ihm möglich ist: am Diesseitigen, Sozialen. Seine dialektische Methode trägt so weit, daß er tatsächlich Wirkendes aus dem Reich der Absichten unbewußt wahrnimmt und es antithetisch in die äußere, sinnliche Ebene versetzt, in jene Ebene des Sozialen, die der Wahrnehmung so schwer zugänglich ist und daher so leicht der sich verfestigenden ideologischen Interpretation unterliegt. Damit aber gerät Marx in den *Sog des Zwangs zur Vorhersagbarkeit der Entwicklung* und damit in den Zwang der Abstraktion. Es gelingt ihm aber auch, was vorher noch nie gelungen war: Er stellt Gedanken zur Verfügung, die das Handeln der Massen zu motivieren vermögen. Griffen früher Emotionen, die sich an Not und Elend entzündeten, in den Willen ein und lösten dadurch Aufstände aus, so sind es bei Marx «rein kritische, rein theoretische» Impulse, «rein auf Gedanken» beruhend, die die Massen auf die Beine bringen. «Durch die Führung gewisser Mächte» konnte *«eine rein intellektuelle Bewegung die Massen»* zur Organisation und Agitation bringen (Steiner, GA 177, 28. 10. 1919). In diesem Zwanghaften wirken dann die Inspirationen der Geister der Finsternis.

Gleichwohl erfaßt Marxens großartige Inspiration tatsächlich manches Reale, das in der irdischen Entwicklung waltet: Vorgänge, die in seiner Zeit stattfanden, aber kaum beachtet wurden, weil sie sich erst im 20. Jahrhundert voll bestätigt haben, wurden von ihm bemerkt. Indessen zeigte sich auch am Sieg der marxistischen Gedanken, daß allein aus dem Diesseitigen genommene Lösungen sozialer Probleme keine Befriedung herbeiführen können, sondern daß diese nur dann möglich sein wird, wenn die Intelligenzkräfte, die sich der sozialen Welt zu ihrer Heilung zuwenden, sich zuvor mit moralischen Kräften durchdringen.

IV. Karl Marx – das spätere Leben

1. Ein besonderer Charakter

Marx gestaltet nach dem Besuch von Engels in Paris, 1844, die in Umrissen konzipierte «Kritik der kritischen Kritik» - seine Abrechnung mit dem bisherigen Freundeskreis – weiter aus. Allerdings stellt sich bald heraus: bei Marx geht die Abrechnung nicht so richtig vorwärts.

Engels spornt Marx an: «Nun sorge dafür, daß die Materialien, die Du gesammelt hast, bald in die Welt hinausgeschleudert werden. Es ist verflucht hohe Zeit ... Also tüchtig gearbeitet und rasch gedruckt» (Oktober 1844). Am 20. Januar 1845 heißt es: «Jetzt ist es aber hohe Zeit, darum mach, daß Du vor April fertig wirst. Mach's wie ich, setz Dir eine Zeit, bis wohin Du positiv fertig sein willst, und sorge für baldigen Druck ... Aber heraus muß es bald.» Hier treffen wir auf einen eigentümlichen, sich häufig wiederholenden Ablauf, ja auf einen Grundzug in Marxens Persönlichkeit: *er wird und wird nicht fertig.* 1848 äußert sich Engels zu Stephan Born (1824–1898) darüber: «Marx ist kein Journalist ... Über einem Leitartikel, den ein anderer in zwei Stunden schreibt, hockt er einen ganzen Tag, als handle es sich um die Lösung eines tiefen philosophischen Problems; er ändert und feilt und ändert wieder das Geänderte und kann vor lauter Gründlichkeit niemals zur rechten Zeit fertig werden» (Enzensberger, S. 116). Dies hängt – positiv betrachtet – damit zusammen, daß ein Gedanke ihn stets zu einem anderen führt, so daß er sich zu verlieren droht, indem er da eine Einfügung, dort eine Schärfung vornimmt, dann wieder, durch einen neuen Einfall veranlaßt, das Vorangegangene erneut ändert. Jedermann, schreibt ihm Georg Jung (1814–1886), Mitarbeiter der «Rheinischen», «sieht mit dem größten Verlangen Ihrem Werke über Nationalökonomie und Politik entgegen. Ich bitte Sie nur um das eine, lassen Sie sich nicht wieder durch andere Arbeiten abziehen ... Der Kampf mit der Religion ist beendet ..., aber was Politik und Nationalökonomie betrifft, so fehlt hierzu noch jeder bestimmende Anhaltspunkt ... Sie müssen für ganz Deutschland das werden, was Sie Ihren Freunden bereits sind ... ein Stern erster Größe» (zit. n. Cornu II, S. 114). Trotz dieser für Marx sehr schmeichelhaften Töne sollte es bis zur «Kritik der politischen Ökonomie» vierzehn, bis zur Fertigstellung des «Kapitals», d. h. des ersten Bandes, zweiundzwanzig Jahre dauern. *Marx «verliert sich»,* wie sein Freund-Feind Ruge scharfsichtig bemerkt. «Marx wollte Hegels Naturrecht kommunistisch kritisieren, dann eine Geschichte des Konvents, endlich eine Kritik aller Sozialisten schreiben. Er will immer das schreiben, was er zuletzt gelesen, liest dann aber immer weiter und macht neue Exzerpte. Noch halte ich es für möglich, daß er ein recht großes, nicht abstruses Buch fertigbringt, in das er alles hineinpfropft, was er aufgehäuft hat» (Ruge an Max Duncker, 29. 8. 1844, zit. n. Cornu II, S. 19). Man kann darin aber auch *ein Bestreben, absolut unangreifbar, sicher zu sein,* erblicken.

Im März ist die «Kritische Kritik» schließlich bei Engels eingetroffen, dieser findet sie «ganz famos. Deine Auseinandersetzungen ... sind prächtig und werden von ausgezeichneter Wirkung sein.» Doch der begabte Journalist ahnt, daß Marx in seiner Gelehrsamkeit «ausgelaufen» ist, und versucht dem Freund liebevoll diese Kritik beizubringen. «Aber bei alledem ist das Ding zu groß ... Dazu wird doch das meiste von der Kritik der Spekulation und des abstrakten Wesens überhaupt dem größeren Publikum unverständlich bleiben und auch nicht allgemein interessieren. Sonst aber ist das ganze Buch prächtig geschrieben und zum Kranklachen» (Engels, 17. 3. 1845).

Wohlwollend angeschaut, ist Marx ein *Gelehrter,* aber mehr noch ein *Abenteurer auf dem Gebiet des Denkens;* ständig auf *Suche;* begegnet er etwas Neuem, so geht er daran nicht vorüber, ohne es zu untersuchen und kennenzulernen. Was ihm so begegnet, nimmt er auf, aber nicht nur, um es sich anzueignen, sondern zugleich mit kritischer Haltung: es wird ihm *Gegenstand der Auseinandersetzung,* oft Anlaß, das Kennengelernte in Frage zu stellen, ja dann wegen Nuancen in der Auffassung es zu *«bekriegen».* Eine neu ihm entgegentretende Auffassung, insbesondere deren Autor, wird häufig zum *«Gegner»,* der massiv attackiert und verbal bekämpft wird. *Erst am Widerstand erwacht Marx und kommt dann zu sich selbst.* Jedes einmal auf diese Weise lesend *«angeeignete»* Werk zieht zwangsläufig weitere nach sich. So begegnet er in seinen ökonomischen Studien nicht nur Begriffen wie Arbeit, Kapital, sondern auch dem des Bodens oder der Natur als Produktionsfaktoren. Durch das Studium von Mill, Ricardo, Smith lernt er so viel von der Ökonomie kennen, daß er selbständig an der Begriffsgestaltung weiterzuarbeiten vermag. Der Begriff des Bodens und seines Ertrags befriedigt ihn bei diesen Autoren weniger, sein Wissensdrang ist aber geweckt, so arbeitet er sich in klimatische Verhältnisse, Bodenkunde und Geologie ein. Er unterstreicht sorgfältig den Text eines Lehrbuchs der Geologie Seite um Seite, fertigt Schichtzeichnungen, Skizzen von Lagerstätten usf. an, exzerpiert es auf weite Strecken und befähigt sich so, auf einem ihm ursprünglich fernen Gebiet sicher zu sein.

Durch diesen Gestus des geistigen Abenteurers kommt er selbstverständlich nur schwer und nach Mühen zum Ausgangspunkt zurück, wobei ihn dann das ursprüngliche Vorhaben inzwischen oft «anwidert» und seine gequälte Seele sich erst nach eindeutigen sprachlichen Auswürfen des Ekels allmählich etwas befreit, so daß er sich bereit findet weiterzuarbeiten. *«Fertig» kann auf diese Weise kaum etwas werden,* ist es doch, als ob ihm einerseits der *Weg*, also das Sich-geistig-fortbewegen, wichtiger wäre als das zu Schaffende selbst, nämlich der Inhalt; andererseits aber ist die errungene Erfahrung, der Wissenserwerb, der eigentliche Grundtrieb dieses gigantischen Arbeiters, Lesers und Forschers. Bücher sind ihm geistige Werkzeuge. «‹Sie sind meine Sklaven und sollen mir nach meinem Willen dienen.› – Er mißhandelte sie ohne Rücksicht auf ihr Format, ihren Einband, die Schönheit des Papiers oder Druckes» (Lafargue, n. Enzensberger, S. 300).

Alles *Wissen* nutzt er als eigenen, uneinnehmbaren, aber ihm verfügbaren *Besitz* gegen andere, es ist wie seine Burg, von der aus er Ausfälle gegen Schwächere und Gegner unternimmt. Und wer ist unter den Schreibenden – außer Engels – nicht sein Gegner? So viel Autoren, so viel Herausforderungen und Bedrohungen! Hilft da nicht allein, ihnen allen samt und sonders durch das eigene Wissen überlegen zu sein? Bis ins späte Alter brilliert Marx in seinem Lebenskreis mit dem so erworbenen Wissen. Kommt es in politischen Debatten, bei gelegentlich von ihm besuchten Arbeiterversammlungen zu Widersprüchen oder auch zu Disputen mit einzelnen, so benützt Marx das ihm reichlich zu Gebote stehende Wissen, sein ideelles Vermögen und «Eigentum» als Waffe, um die anderen zu überwältigen, die dann ihre geistige Hilflosigkeit und Ohnmacht gegenüber Marx erleben müssen. Auf diesem Gebiet sucht Marx begierig den Kampf und genießt ihn. «Der untersetzte, kräftig gebaute Mann mit der breiten Stirn, dem pechschwarzen Haupthaar und Vollbart und den dunkel blitzenden Augen zog sofort die allgemeine Aufmerksamkeit auf sich ... Was Marx sagte, war in der Tat gehaltreich, logisch und klar. Aber niemals habe ich einen Menschen gesehen von so verletzender, unerträglicher Arroganz des Auftretens. Keiner Meinung, die von der seinen wesentlich abwich, gewährte er die Ehre einer einigermaßen respektvollen Erwägung. Jeden, der ihm widersprach, behandelte er mit kaum verhüllter Verachtung. Jedes ihm mißliebige Argument beantwortete er entweder mit beißendem Spott . . . oder mit ehrenrühriger Verdächtigung der Motive . . .» (Carl Schulz, zit. n. Enzensberger, S. 103 f.).

So kündigt Marx seinen literarischen Gegnern öfters, besonders wenn er mit ihnen gemeinsam getrunken hatte, mit boshaft funkelnden Augen an, indem er jäh mit dem Finger auf sie zeigt: «Dich werde ich vernichten.» In einem scherz-ernsthaften Gespräch sagt Marx zu Bakunin: «Weißt du, daß ich jetzt an der Spitze einer so gut disziplinierten geheimen kommunistischen Gesellschaft stehe, daß, wenn ich einem Mitglied derselben gesagt hätte: geh und töte Bakunin, er dich töten würde?» (nach Enzensberger, S. 107). Dies geschah durch Marx literarisch, nicht physisch, wenngleich er gelegentlich mit Liebknecht zusammen im Waffensaal in London Fechten übte. «Was ihm an Kunst fehlte, das suchte er durch Ungestüm zu ersetzen. Und wer nicht kaltblütig war, den konnte er auch verblüffen» (ebd., S. 163).

Durch seine Nachfolger wurde dann dieser Wesenszug, der Kampf bis zur physischen Vernichtung, Praxis (Lenin, Stalin). Kampf und Siegesstreben sind es, die Marx allein auch veranlassen können, zu ungeahnter Energie und Schnelligkeit in der schriftstellerischen Arbeit zu kommen und dabei geniale Leistungen aus sich herauszuschleudern, so das «Manifest der Kommunistischen Partei» oder «Der 18. Brumaire des Louis Bonaparte» (in wenigen Tagen oder Wochen).

Der Freund Liebknecht äußert sich so: «Die Schärfe des Urteils hatte für mich anfangs mitunter etwas Unheimliches» (ebd., S. 134) oder ein Gegner: «Ihre (Marx und Engels) ausschließlich privilegierte Zukunftsinhaberschaft und päpstliche Unfehlbarkeit, ihre Flegelei, Malice, Selbst- und Verleumdungssucht» ist unüberbietbar (Eduard von Müller-Tellering, ebd., S. 149). Rigoros werden mißliebige Personen aus dem Umkreis entfernt und literarisch bekämpft, aber auch verleumdet; das rechtfertigt Marx damit, daß das Renommee eines Gegners «über alles Verdienst und Maß hinausgewachsen» sei (G. A. Techow an A. Schimmelpfennig, zit. n. Enzensberger, S. 180). Derselbe Augenzeuge klagt: «Hätte er ebenso viel Herz wie Verstand, ebenso viel Liebe wie Haß, dann würde ich für ihn durchs Feuer gehen, trotzdem daß er mir seine vollständige Geringachtung nicht nur verschiedentlich angedeutet . . . Er ist der erste und einzige unter uns allen, dem ich das Zeug zutraue zu herrschen . . . Aber ich habe die Überzeugung, daß der gefährlichste persönliche Ehrgeiz in ihm alles Gute zerfressen hat» (Techow, ebd.).

2. Schicksalshintergründe

Es offenbart sich durch diese Berichte zwar überwiegend ein unangenehmer, ja abstoßender Wesenszug, der zweifellos besonders ausgeprägt ist, dem man aber gleichwohl Verständnis entgegenzubringen vermag, wenn man sich folgendes vorstellt: Denken wir uns einen mittelalterlichen Ritter, der – ins 19. Jahrhundert versetzt – auf *aventiure* zieht, um sich zu erproben und dabei in der Auseinandersetzung zu reifen, ohne daß schon alle ritterlichen Tugenden bei ihm voll ausgebildet oder anwesend wären und bereits an der inneren Erziehung mitwirkten. Vergegenwärtigen wir uns das Ziel, zu dem im hohen Mittelalter aventiure – Abenteuer im Sinne des Auf-einen-Zukommenden mit ungewissem Ausgang – die *Mannesart* führen sollte. Durch *arbeit*, also Kampfesnot und Beschwernis, sollte im Dienst *diemuot* (von *die* = Knecht und *muot* = Gesinnung) ausgebildet werden.

Das Vorbild des Ritters im hohen Minnedienst war Christus selbst, der sich opferte, gänzlich frei von jedem Hochmut, von *superbia*. Dazu gehört aber auch *erberme*, das Erbarmen, die Barmherzigkeit gegenüber dem Leidenden, sowie die *êre* des Ritters, welche das aufgrund von Taten errungene Ansehen meint, die Anerkennung und den hohen Stand, der ihm zukommt. Dieses Rittertum verlangt aber auch *mâze* und *milte:* Maßhalten, Ausgeglichenheit, Mäßigung im Kampf und das Finden der Mitte als zentrales Ziel, aus dem sich alle menschliche Wertigkeit letztlich erst ergibt. Durch Zucht mußten die dem Menschen innewohnenden Leidenschaften zurückgedrängt werden, worunter die Zügellosigkeit, die *unmâze*, die größte Gefährdung mit sich bringt. Wer milte übt, Herzensgüte hat, ist nicht mehr an den Besitz gekettet, sondern verfügt frei über ihn, er ist des Irdischen ledig. Marx wurde als *«Ritter des Klassenkampfes»* bezeichnet (P. Lafargue, n. Enzensberger, S. 311).

Wenn wir nun von dem Wesenhaften eines Menschen ausgehen, so läßt sich beobachten, wie sich dieses «Ich» in einer Biographie in Willensimpulsen auslebt. Woher stammen diese quasi «mitgebrachten» Impulse eines Menschen? Gibt es einen Wollensüberschuß, der sich bis zum Ende eines Lebens nicht verwirklichen läßt? Und weiter: Lebt das Wollen nicht geistig, verbunden mit dem Ich, auch nach dem Tode fort? Und was wird aus «Fehlleistungen», Handlungen, die den anderen verletzen? Auch sie sind Teil des Ich. Aber ein Teil lebt als Schmerz im anderen, dem er zugefügt wurde, fort. Die Seele fragt existential nachtodlich: wie kann ich Fehlleistungen ausgleichen? Wir denken – wie dies auch im Hegelianismus von Cieszkowski getan wurde (vgl. Teil II, S. 230 ff.) –, daß sich diese *Reste,* das Unausgeglichene, im Geistigen, d. h. im Überbewußten bewahren, und setzen voraus, daß der Geist durch verschiedene Verkörperungen hindurchzugehen vermag, dann zieht er das Auszugleichende, das unvollkommen beim anderen Belassene an – als sein Schicksal oder Karma.

Aus diesen Gedanken untersucht die Anthroposophie Lebensläufe daraufhin, was an Schmerzhaftem oder Schädigendem ein Mensch einem anderen Menschen zugefügt hat und was daher weiterwirkt und in ein späteres Leben einstrahlt.

Wenn man sich nun einmal vorstellt, daß am Beginn des Rittertums, etwa im 9. Jahrhundert, ein Ritter auszog, um Ehre zu gewinnen – diese Vorstellungen regt Rudolf Steiner in den von ihm vorgenommenen Schicksals- oder Karmabetrachtungen im Hinblick auf Marx und Engels einmal an – , so gelingt es, die vielleicht abstoßenden Züge bei Marx in milderem Licht und sachgerechter zu sehen. Zwar entfalten sich die vorstehend für die Ritter genannten Tugenden erst im 13. Jahrhundert voll, aber was ausformuliert im Hochmittelalter auftritt, war in Gemeinschaften drei bis vier Jahrhunderte zuvor schon wirksam.

In einem früheren Lebenslauf lebte – nach den Forschungsergebnissen Rudolf Steiners – jene Individualität, die später in der Persönlichkeit von Karl Marx auftrat, innerhalb der sich im Karolingerreich ausbildenden Ritterschaft. Lenken wir den Blick auf den Nordosten Frankreichs, also auf jene Region, die sich über die Picardie, das Artois bis in die Ardenner Gegend hinzieht, und betrachten wir die geschichtlichen Ereignisse, die sich nach dem Tode Karls des Großen (814) abspielen, wohl um die Zeit Ludwigs des Frommen oder Karls des Kahlen. Was damals geschah, ereignete sich «mehr innerhalb kleinerer Kreise der Menschheit» (Steiner, GA 236, 6. 4. 1924). Es ist dies bereits eine Zeit, in der die zentrale Reichsgewalt ob der großen Ausdehnung des Territoriums stark im Rückgang begriffen war und sich als ohnmächtig erwies, gegen die seit 787 in wachsender Heftigkeit heranbrandenden Wikingerangriffe etwas zu unternehmen. Durch die Normannen werden vor allem die Küstengebiete des Karolingerreiches, aber auch die britischen Inseln immer wieder und wieder durch nahezu ein ganzes Jahrhundert in Raubzügen heimgesucht und ausgeplündert, insbesondere entlang der Flußläufe. Die Stimmung in der davon betroffenen Bevölkerung war so, daß man erlebte: von der nominal als Reichsgewalt fungierenden Herrschaft ist wenig Schutz und Hilfe zu erwarten. Eine allmähliche Beruhigung trat erst im ausgehenden 9. Jahrhundert ein, als sich die Normannen größere

Ländereien angeeignet hatten, die ihnen von den Franken in erstaunlich großzügiger Weise überlassen wurden – dies, um Ruhe vor den Einfällen zu haben.

Nun richtet Steiner den Blick auf die überschaubaren, gewissermaßen kleinen Zusammenhänge, in denen sich das alltägliche Leben abspielte. Da fällt «eine Persönlichkeit von energischem Charakter» auf, die «einen gewissen großen Besitz in dem Gebiet, das wir heute den Nordosten Frankreichs nennen würden», hatte. «Dieser Mann verwaltet den Besitz in einer außerordentlich geordneten Weise, in einer für die damalige Zeit außerordentlich sympathischen Weise, ... er wußte, was er wollte, und war eine merkwürdige Mischung von einem zielbewußten Menschen und einer Abenteurernatur, so daß er mit mehr oder weniger Erfolg kleine Kriegszüge machte von seinem Eigentum aus mit Leuten, die sich – wie das ja dazumal üblich war – als Krieger angezogen hatten. Es waren das kleine Heerhaufen, mit denen zog man aus und suchte das eine oder jenes zu erbeuten» (GA 236, 6. 4. 1924). Diese Persönlichkeit, so heißt es in einem anderen Vortrag (GA 239, 5. 4. 1924), hatte in der ersten Zeit ihres Lebens einen größeren Besitz an Landgütern, sie war für die damalige Zeit «eine reiche Persönlichkeit», aber auch eine «kriegerische Persönlichkeit zugleich, die viele abenteuerliche Kriegszüge – nichts gerade Großes – durchgemacht hat.»

Studiert man die Sozialverhältnisse des 9. Jahrhunderts etwas genauer, so zeigt sich eine stark nach Ständen gegliederte Gesellschaft. Zuunterst befindet sich die große Masse von Sklaven und Kolonen, die in dieser landwirtschaftlich bestimmten Welt die Herrengüter (Domänen) zu bewirtschaften haben. Über ihnen stehen die Freien, die *franci,* wie sie in den Kapitularien – den in der Karolingerzeit erlassenen Verordnungen, Rundschreiben und Verwaltungsakten – genannt werden; sie sind die sozial wichtige Gruppe freier Eigentümer, die auch die Militärdienste für das Reich zu leisten und ihre Ausrüstung selbst zu bezahlen haben. Es wird vermutet, daß das *Eigentum dieser Freien* durchschnittlich etwa drei bis fünf *mansi,* d. h. etwa 30–60 Hektar, umfaßte. Diese Gruppe der Freien gliedert sich wieder in solche, die wesentlich ärmer, andere, die sehr reich waren. Ein Teil von ihnen kann sich als königsfrei auf seinen Gütern behaupten (Immunitates), sie waren der Vertretung der Reichsgewalt unmittelbar unterstellt. Darüber gab es dann die kleinere Zahl von Angehörigen der Zentralgewalt, wie die Grafen, Bischöfe, Äbte usw., die allerdings ganz beträchtliche Ländereien ihr eigen nennen konnten. Von diesen besonders Reichen und Mächtigen wurde immer wieder Druck und Zwang auf die ärmeren Freien ausgeübt, um sich nach deren Verarmung ihren Besitz anzueignen. So wurden die Freien zu Gerichtssitzungen der Landgemeinde, zu Feldzügen usw. – oft überflüssigerweise – einberufen, um sie an der Feldbestellung zu hindern, so daß sie verarmten und damit abhängig gemacht oder enteignet werden konnten, weil sie ihren ständischen Pflichten nicht nachkamen.

In dem Maße, wie nun innerhalb des Karolingerreiches die Querelen um die Herrschaft zunehmen – das beginnt auffällig unter den drei Söhnen Ludwigs des Frommen, Lothar, Ludwig dem Deutschen, Karl dem Kahlen –, kommt es auch innerhalb des Reiches zu eigenmächtigen Auseinandersetzungen der kleinen Territorialgewaltigen und zu Versuchen, den eigenen Besitz auszuweiten. Einen unter vielen tatsächlich belegten Fällen beschreibt Rudolf Steiner: Während also die «energische Persönlichkeit» ihren eigenen Abenteuerzügen nachgeht, bemächtigt sich eine andere Persönlichkeit, «etwas weniger Abenteurer . . ., aber energisch . . . des Landguts (des Abwesenden) . . . Als der Betreffende nach Hause kam – er war alleinstehend –, fand er, daß ein anderer Besitzer sich seines Landguts bemächtigt hatte» (6. April 1924). «Die Persönllichkeit fand einfach nicht mehr ihr Eigentum vor . . . und mußte in Zukunft als eine Art Helot, als Leibeigener dienen, auf dem eigenen Herrenhofe» – der ihm früher gehört hatte (5. April 1924). Der frühere «Eigentümer mußte sich geradezu umkehren» (9. April 1924). Der «Abenteurer» ist jene Individualität, die in Karl Marx wiedergeboren wird; derjenige, der ihm den angestammten Besitz wegnahm, ist jene, die in der Persönlichkeit von Friedrich Engels wieder erscheint.

Die zunehmende Schwäche der Zentralgewalt – sie ist gut dokumentiert – ließ im Volk wachsenden Mißmut aufkommen, erlebte doch die einfache Bevölkerung an den Küsten und Flüssen, daß die «Großen» nichts unternahmen, um sie gegen die Normanneneinfälle zu schützen. So kam es wiederholt dazu, daß sich sogar die einfachen, unfreien, armen Leute bewaffneten, auf eigene Faust gegen die Normannen zogen und sie bekämpften. Dieser Vorgang, daß die einfachen Leute standeswidrig zur Selbstwehr griffen, ist allerdings nur eine Ausprägung einer viel allgemeineren, tief verwurzelten und sehr verbreiteten Unzufriedenheit in der damaligen Zeit. Denn in den Kapitularien finden sich vielfältige Verbotsbestimmungen gegen *«Truste, Gilden und Verschwörungen»*. So erließ Karl der Kahle 857 in Dijon ein Kapitulare, wonach die Sendboten des Herrschers, die *missi dominici*, verpflichtet sind, gegen Bewohner vorzugehen, die Raub, Einbrüche und Morde begehen sowie «Truste organisieren, Schäden verursachen, ihr Vieh in anderen gehörenden, eingeschlossenen Triften weiden lassen und Ernten verheeren».

Karlmann, Sohn Ludwigs des Stammlers, König von Frankreich (francia), erließ 884 in seinem Todesjahr ein Kapitulare, wonach die Behörden angehalten werden, den «gemeinen Leuten» (villani) die *Zusammenrottung zu Gruppen,* «die gewöhnlich Gilden genannt werden», zu verbieten. Diese Kapitulare sind gegen diejenigen gerichtet, *«die diesen Leuten ihren Besitz»* genommen haben (Dhondt, S. 49).

Bei diesen sich zusammenrottenden Gruppen handelt es sich um spontan gebildete «Verteidigungsorganisationen» des einfachen Volkes (vulgus), also der unteren Stände. Ein Kapitulare aus dem Jahre 821 spricht bereits von Scharen, die sich zu «Mord, Brandstiftung und Plünderung verbunden» hätten. Kurz darauf ergeht in einem anderen Kapitulare ein generelles Verbot für «Verschwörungen von Unfreien» im Nordseegebiet und im Nordwesten des Karolingerreiches (ebd., S. 50), also für genau jenes Gebiet, auf das Steiner aufmerksam macht. Wir haben es hier mit einer sozial bedingten Bewegung der Armen gegen die Reichen zu tun. Aber schon früher, noch zu Zeiten Karls des Großen, wurde gegen jegliche Art von Verschwöruung die Todesstrafe und für Mithelfer die Geißelstrafe sowie das Abschneiden der Nase angedroht. Wo es nicht zur Ausführung von beabsichtigten Verbrechen kam, mußten sich die beteiligten «Verschwörer» nach ihrer Entlarvung im Falle der Verurteilung selbst gegenseitig auspeitschen und kahlscheren. Da damals allgemein Strafen «verglichen» werden konnten, indem die Strafe durch Geld oder Naturalien abgegolten wurde, deutet die außerordentliche Härte der Strafe daraufhin, daß von den Herrschenden die Tendenz zur Verschwörung von unten als für das ganze Reich sehr bedrohlich empfunden worden sein muß. Zweifellos haben die Herrschenden durch die harten Strafandrohungen einen gewissen Erfolg, so daß es wohl letztlich doch relativ selten zur Ausführung dessen, worauf die aufrüherische Verschwörung abzielte, gekommen ist. Gleichwohl deuten alle beschriebenen Kapitulare auf die tiefe Entfremdung des Volkes von der Zentralgewalt hin. Das Volk orientiert sich weniger am Reich – der Kaiser ist fern – als an den territorialen Machthabern, denen es unmittelbar gegenübersteht: dies sind «kleine Größen» in den Provinzen, nicht aber die Abgesandten des Königs, die Grafen und Vögte, die wie die großen Vasallen oft ihre eigenen Interessen verfolgen und sogar bald zu einer Bedrohung der königlichen Gewalt werden.

In diese Szenerie gehört es nun auch, daß, als der eine geschilderte Grundherr auf eigene Faust Fehde führt, ein anderer – vielleicht mächtigerer – territorialer Machthaber sich dessen durch seine Abwesenheit ungeschützte Güter aneignet. Der Rückkehrende findet sich nun diesem

Mächtigeren gegenüber ohnmächtig – und er kann nur resignieren oder sich mit anderen in gleicher Lage verschwören. Er bleibt zwar am Leben, darf als Unfreier auf eigenem Grund leben, aber eben abhängig. Eine Berufung an die Reichsgewalt, die dem Recht entsprechend möglich sein müßte, scheidet dann aus, wenn der neue Besitzer selbst Vertreter der Reichsgewalt ist, also die Appellation über ihn, der Unrecht tat, zu gehen hätte. Nun aber war dafür der Abenteurer in einer besonders unglücklichen Ausgangslage, widersprachen doch seine eigenmächtigen Fehden der überlieferten Rechtsordnung. Diese zwiespältige Lage setzte die Rechtspflege im 9. Jahrhundert oft außer Kraft und höhlte die Reichsgewalt aus, stärkte aber die Territorialherren.

So tut sich der Unterlegene mit anderen, gleichfalls Machtlosen zusammen und sinnt mit ihnen darauf, wie die Machtverhältnisse grundlegend verändert werden könnten. «Es brannten in diesen Gegenden, die bewaldet waren, in mancher Nacht die Feuer da, wo man zusammenkam und wo man allerlei Verschwörung besprach gegen diejenigen, welche sich des Eigentums bemächtigt hatten.» Pläne wurden geschmiedet, «wie man wiederum zu Besitz und Eigentum kommen könne. Man haßte denjenigen, der sich des Eigentums bemächtigt hatte» (Steiner, GA 236, 6. 4. 1924). «Da wurde in der Nacht gewöhnlich so manche Zusammenkunft mit benachbarten Leuten gehalten, und in einer ziemlich wüsten Weise wurden Kraftideen entwickelt, bei denen nichts weiter herauskommen konnte, als daß sie eben entwickelt wurden. Man möchte sagen, ein realdialektisches Spiel wurde mit diesen Kraftideen der Auflehnung gegen die Herren – fast wie im alten Römertum – getrieben. Diese Persönlichkeit kann einem schon interessant werden, die von *Besitz und Eigentum und Befehlsgewohnheiten vertrieben* wurde, die aber ungebeugt an Willen zum Aufrüttler wurde in der ganzen Gegend, namentlich gegen den, der sich seines Eigentums bemächtigt hatte» (Steiner, 5. 4. 1924). Die Versammlungen waren von «tiefem innerem Groll gegen den Räuber seines Besitzes und gegen (die) Verhältnisse, die das zulassen» (9. 4. 1924) gekennzeichnet.

In einer Rede 1856 zur Jahresfeier des «People's Paper» schildert Marx in London die bevorstehende Revolution so, als ob da aus Urtiefen einstmals entworfene Vorstellungsbilder sich wie verdichtete Schattenwürfe in die Erinnerung hereindrängten. Begangenes früheres Unrecht wird durch eine blutig vorgestellte Revolution gesühnt: «Im Mittelalter gab es in Deutschland ein geheimes Gericht, Femegericht genannt. Es existierte, um die Untaten der herrschenden Klasse zu rächen. Wenn man ein Haus mit einem roten Kreuz gezeichnet fand, so wußte man, daß der Besitzer von der Feme verurteilt war. Alle Häuser Europas sind jetzt mit dem geheimnisvollen roten Kreuz gezeichnet. Die Geschichte ist der Richter – ihr Urteilsvollstrecker das Proletariat» (MEW 12, S. 4).

Aus der gesamten biographischen Entwicklung eines – früheren – Lebens werden von Rudolf Steiner im Falle der Individualität von Karl Marx nur zwei Momente herausgehoben: Zeitraum und Ort sowie ein bezeichnendes Ereignis: die Wegnahme des Besitzes des einen durch den anderen (Engels). Die Angabe von Zeitraum und Ort ermöglichen, Weiteres durch allgemeine geschichtliche Überlieferung zu erschließen. Dies verdeutlicht, daß die besonderen Geschehnisse, also der Landraub, nichts Einmaliges in jener Zeit waren, daß also mancher damalige Zeitgenosse davon betroffen war; auch das Verschwörerische war ein Zug der Zeit, der Tausende in seinen Bann zog. Daß daraus nun ein biographisch bestimmendes Element in einem späteren Leben zu werden vermag, erheischt also noch mehr, etwas Individuelles, weil sich sonst ähnliche Züge in entsprechender Ausgestaltung vielfach im 19. Jahrhundert wiederfinden müßten. Dies gilt dann ja tatsächlich für zahlreiche Mitglieder der ganzen sozialistischen Bewegung, die in allen europäischen Ländern verschwörerische Konventikel von häufig in der Emigration befindlichen Revolutionären umfaßt, die alle samt und sonders eine mehr oder minder radikale Veränderung der Eigentumsverhältnisse anstreben. Aber das individuelle Profil der Persönlichkeiten von Marx und Engels ist damit noch keineswegs erfaßt. Hierfür werden von Steiner noch einige wenige Charakteristika aus dem Leben im 9. Jahrhundert hinzugefügt: «Energische Persönlichkeit(en)» heißt es für beide gleichermaßen, geordnete systematische Besitzverwaltung für den einen (Marx); da der andere aber seinen Besitz auf Kosten des ersten vermehrt und ihn auch behält, scheint er nicht gerade unfähig in der Verwaltung des Besitzes zu sein (Engels). Der eine (Marx) wird durch die Wegnahme seines Eigentums veranlaßt, danach zu streben, seinen Besitz zurückzugewinnen. Er entwickelt Haß gegen den Besitzenden, ja gegen die Besitzenden ganz allgemein, die damals zugleich die politisch Herrschenden sind. Die scheinbar persönliche Komponente läßt sich aus den Zeitumständen des 9. Jahrhunderts auch noch etwas genauer beleuchten, denn gerade in der Ausbildung der stark von der *römischen Rechtstradition* herrührenden herrschaftlichen Feudalordnung mit ihrer *hierarchisch-ständischen Gliederung* lebt auch eine andere Strömung *germanisch-genossenschaftlicher* Herkunft fort, die das *«horizontale» Prinzip der Gleichheit* und Gegenseitigkeit als soziale Zuordnung kennt. Ja, diese Strömung belebt sich gerade im 9. Jahrhundert neuerlich und sollte dann das ganze Mittelalter hindurch, vor allem in den Städten, außerordentlich wirksam werden in der Sozialform der Zünfte und Gilden – in den «Bruderschaften».

Dieser genossenschaftliche Gedanke und eine entsprechende soziale Praxis gruppiert sich um die *Libation,* den gemeinsamen *rituellen Trunk.* Aus ihm erwächst eine *Gemeinschaft* aller am Trunk Teilnehmenden, die schon früher, wenn auch in anderer Weise, in Skandinavien und Germanien bestanden hat. Ähnlich ist der Ursprung der Libation aus tiefen rituell-religiösen Wurzeln zu sehen: die alte Gewohnheit, bei Quellen und Bäumen im Wald *Gelübde* abzulegen und sie von den Naturgeistern weihen und schützen zu lassen, lebt fort. So bekämpft schon 785 ein Kapitulare den Brauch, «zu Ehren der Dämonen» Gastmähler abzuhalten. Aber diese *bruderschaftlichen Zusammenschlüsse,* wo durch die beschworene *Vereinigung aus Männern zugleich Brüder* werden, bilden sich unaufhaltsam überall im Reich aus. Der Erzbischof Hincmar von Reims verbot 852 erneut Geistlichen die Mitwirkung bei solchen Genossen- oder Bruderschaften, die gemeinhin *Gilden* genannt werden. In den verbotenen Zusammenkünften – so erfahren wir aus dem Verbot – versöhnten sich die Mitglieder brüderlich und opferten bereits der Kirche eine Kerze – Zeichen für die Ausbreitung des Christentums. Hincmar befürchtete, daß die schon vor der Christianisierung bestehenden Bruderschaften nunmehr unter christlichem Gewand als etwas Heidnisches fortbestünden.

Aus dem überlieferten Namen *«Gilden»* läßt sich der germanische Ursprung ablesen, es steckt darin *gelten,* was im Mittelhochdeutschen noch die Bedeutung von: zurückzahlen, aber auch Opfer hat; *geld* ist althochdeutsch so viel wie vergelten, Opfer. Entsprechend ist das Opfergelage so zu verstehen, daß es anläßlich von Rechtsbeschlüssen oder -vereinbarungen stattfand. Daraus wird dann die zum Rechtsschutz geschlossene Vereinigung, später dann die von Berufsgenossenschaften.

In der Gilde verpflichteten sich die männlichen Mitglieder zu *gegenseitiger Hilfe.* Das Zeremoniell, das dieser Bruderschaft eignete, war stets der feierliche gemeinsame Trunk. Wir haben es also mit einer «genossenschaftlichen sozialistischen Vereinigung» zu tun, die ein Gleichheitselement aus germanischer Zeit in die unter römischem Einfluß vertikal strukturierte Ständegesellschaft hereinträgt. Bei diesen Zusammenkünften entstand jene «dem Herrschaftsprinzip abträgliche Gesinnung», von der Steiner spricht.

Blickt man nun von dem allgemeinen Zeithintergrund auf die mehr persönlich-subjektive Seite dieser Lebensläufe des 9. Jahrhunderts, so kann – ganz abgesehen von dem, was an vielseitigen Kräften und Fähigkeiten sonst noch ausgebildet wurde – der biographische Ertrag wohl besonders darin erblickt werden, daß durch die Handlungsweise des einen (Engels) tief in das Leben und die Intentionen des anderen (Marx) eingegriffen wurde, so daß sich zwischen ihnen eine besondere seelisch negativ belastende Beziehung ergab. Während der erfolgreiche Besitzer (Engels) mit Zufriedenheit auf sein gelungenes – vergrößertes – Werk und Grundeigentum hinschauen konnte, verzehrte sich der andere (Marx) in Haß auf diesen Erfolgreichen. Zugleich aber wird durch die Beraubung, die Wegnahme des Eigentums, tief in das Selbstwertgefühl eingegriffen: eine tief schmerzende Wunde klafft. Und in der Tat, Marxens Leben ist um die Sicherung des Selbstwertgefühls gebaut: er setzt andere herab, um sich zu behaupten, eignet sich Wissen die Fülle an, um von da aus den anderen, der ihm – scheinbar – zu nahe kommt, anzugreifen. Was ist Kritik anderes, als sich zu behaupten? Und Marx war Kritiker.

Wie aber ist die selbst Belastungen gegenüber standhaltende Freundschaft zu verstehen, die die beiden Biographien auszeichnet? Ist sie ein Hinweis darauf, daß Erlebnisse während des Lebens der Verwandlung und Umarbeitung während der Zeit zwischen dem Tod und einer neuen Geburt unterliegen? In der Tat. Unmittelbar nach dem Tode breitet sich vor dem Verstorbenen das eigene Leben wie ein Erinnerungsgemälde tableauartig aus. Das Erleben steht diesem Bildgewebe – ähnlich wie den Erinnerungen selbst – weniger eingebunden und verwoben gegenüber, also mehr betrachtend. Während dann nach einigen Tagen (vgl. Steiner, Theosophie, GA 9, 2. und 3. Kap.) das Bewußtsein allmählich für den neuen Seinszustand erwacht, beginnt eine Zeit veränderten Erlebens für die Seele, etwas wie eine große Umstülpung aller bisherigen Erfahrung: Das Selbst erlebt sich nicht mehr als schaffender Quell, der seine Wirkungen nach außen in die Welt ergießt, sondern so, daß es sich im Umkreis seiend selbst erlebt. Das Bewußtsein verliert zunehmend seine Zentrierung, wird peripher: innen und außen kehren sich im Gegensatz zum Tagesbewußtsein um. Im «Außen» wird nun nachtodlich das erlebt, was im vergangenen Leben das seelische «Innere» war. Der Tote erfährt das Getane in den Erlebnissen, die nicht er, sondern der andere daran hatte. Eine Umwertung der Werte erfolgt, und zwar unbegrifflich, dafür aber intensiv, weil intentional.

Derjenige, der als Erfolgreicher (Engels) dem anderen die Güter raubte, erlebt also in dem, was er an Haßgefühlen durch sein Handeln entfacht hat, das eigene Tun nochmals, nur umgekehrt: er ist es jetzt, der daran leidet. Der andere, Unterlegene (Marx), trifft im Erleben auf die

Intention des ihm gegenüber Erfolgreichen. So mag im Unterlegenen sicherlich auch einiges an vorangegangener eigener Begehrlichkeit, die ihn zu Kriegszügen führte, auftauchen, vielleicht auch einige der Schmerzen, die er selbst ausgelöst hat. Derjenige aber, der als Erfolgreicher die Haßgefühle seines früheren Gegners wahrnimmt und durchleidet, wird stärker als der andere einen tiefen Impuls erhalten, künftig ausgleichend, die Haßgefühle abmildernd, ja «vergeltend» zu wirken. Und in der Tat, «was sie dazumal miteinander auszumachen hatten, das prägte sich um während des langen Weges zwischen dem Tod und einer neuen Geburt in den Drang, das, was sie einander zugefügt hatten, auszugleichen» (Steiner, GA 236, 6. 4. 1924).

Wenn diese «negative» Beziehung, gewoben aus Abneigung und Haßgefühlen, ausgeglichen werden soll, hat sie sich völlig «umzupolen» und in Sympathie und gegenseitige Anziehung zu wandeln, wobei der einstige «Übeltäter» der Aktivere, der intensiv den anderen Umwerbende und Helfende sein dürfte. Diese Aktivität und Hilfsbereitschaft geht in der nächsten Inkarnation also gerade von jener Individualität aus, die sich als Friedrich Engels verkörpert. Der andere, dem von diesem geholfen wird, ist Karl Marx. Beide müssen einigermaßen gleichzeitig wiedergeboren werden, um ihre Intentionen verwirklichen und ihr Schicksal miteinander ausgleichen zu können. Dies geschieht, beider Lebensbeginn liegt zwei Jahre auseinander, wiederum in einem gleichgestalteten Herrschaftsbereich – diesmal in Preußen.

Waren die emotionellen Abneigungen auch durch die nachtodlichen Erlebnisse in persönliche Anziehungskräfte gewandelt worden, so gilt dies keineswegs für die leidenschaftlichen Haßgefühle, die als allgemeine seelische Grundhaltung im 9. Jahrhundert in jener Seele brodelten, die im 19. Jahrhundert in Marx wiedererschien. Was geschah mit diesen Kräften, die als unaufgelöster Rest blieben? Geistig angeschaut, sind Kräfte des Hasses solche hochgesteigerter *Antipathie.* «Als Sympathie muß die Kraft bezeichnet werden, mit der ein Seelengebilde andere anzieht ... Antipathie ist dagegen die Kraft, mit der sich Seelengebilde abstoßen, ausschließen, mit der sie ihre Eigenheit behaupten» (Steiner, Theosophie, GA 9, S. 100).

Wenn nun die Selbstbehauptung, wie im Haß, so groß wird, daß das andere Seelengebilde überwältigt werden soll, so wird dies wie zur Vernichtungsgier. Diese Begierde wird als Gebärde insofern von Leben zu Leben verwandelt, als das, was im einen Leben seelisch durchlebt wurde, im nächsten Leben zum Schicksal des Äther- oder Lebensleibes wird. Der durchlebte Haß – also Vorgänge im Seelenleib – wandelt sich in Gestaltungen des Lebensleibes, sie «habitualisieren» sich. Im Lebensleib sind Eigenschaften wie Charakter, Neigung, Gedächtnis ebenso verankert wie das Vorstellungsleben. Das letztere kann reich träumend sein, als Vermögen, mit den Erscheinungen einfühlend zu leben oder ganz von diesen distanziert. Kräfte des Hasses wirken bei der Verwandlung in Lebensgrundhaltungen so, daß nicht das Auf-etwas-Zugehen, sondern eher Distanz, Rückzug, scharfe Analyse, Ablehnung, Kritik, Sarkasmus, Ironie und Zynismus den Charakter und das Vorstellungsleben bestimmen werden. Dies sind die Grunddispositionen, die das Marxsche Ich als Hüllennatur sucht, und in der aus dem jüdischen Erbstrom stammenden Leiblichkeit findet er die zur besonderen Intellektualität glänzend begabte Grundlage.

3. Zum Erscheinungsbild von Karl Marx – Kritik, Antipathie, Krankheiten

Vergegenwärtigen wir uns Marx, wie er als Erscheinung und Persönlichkeit einem Zeitgenossen, dem Russen *Annenkoff*, gegenübertrat, der ihm 1845 in Brüssel begegnete. Dieser beschreibt Marx als einen Menschen, «der aus Energie, Willenskraft und unbeugsamer Überzeugung bestand, ein Typus, der auch der äußeren Erscheinung nach recht merkwürdig war. Eine dichte, schwarze Mähne auf dem Kopf, die Hände mit Haaren bedeckt, den Rock schief zugeknöpft, hatte er dennoch das Aussehen eines Mannes, der das Recht und die Macht hat, Achtung zu fordern ... Seine Bewegungen waren eckig, aber kühn und selbstsicher ... seine metallische Stimme stimmte merkwürdig überein mit den radikalen Urteilen, die er über Menschen und Dinge fällte. Er sprach nicht anders als in keinen Widerspruch duldenden Urteilen, die übrigens noch durch einen schmerzhaft scharfen Ton, der alles, was er sprach, durchdrang, verschärft wurden. Diese Note drückte die feste Überzeugung von einer Mission aus, die Geister zu beherrschen und sie mitzureißen. Vor mir stand die Verkörperung eines demokratischen Diktators, wie sie der Phantasie vorschweben mochte» (Enzensberger, S. 59). Ein anderer Augenzeuge, Friedrich Leßner, erlebte Marx geraume Zeit später so: «Marx war mittelgroß, breitschultrig, von kräftigem Körperbau und energischer Haltung. Die Stirn war hoch und fein ausgearbeitet, das Kopfhaar dick und rabenschwarz, der Blick durchdringend. Der Mund zeigte schon zu jener Zeit jenen sarkastischen Zug, den die Gegner so fürchteten . . . Seine Rede war kurz, bündig und von zwingender Logik» (ebd., S. 83).

Marx mißt nach Paßeintragungen 170 cm, gleichwohl wird er oft als klein und ziemlich schmächtig bezeichnet. Dies mag damit zusammenhängen, daß er ein Sitzriese wie Goethe war. «Seine Größe ging über das Mittelmaß, die Schultern waren breit, die Brust gut entwickelt, die Glieder wohlproportioniert, obgleich die Wirbelsäule im Vergleich zu den Beinen etwas zu lang war» (so der Schwiegersohn und Arzt P. Lafargue, Enzensberger, S. 304).

Der wohlproportionierte starke Gliederbau, das wuchernde üppige Haupthaar, alles trägt «den Charakter des gut Ausgebildeten» bei Marx. Diese Bildungen werden in der biographischen Entwicklung schon in den ersten Lebensjahren von den Haupteskräften her gebildet, strahlen doch die formenden Kräfte vom Haupt her auf die übrige Leiblichkeit herunter und formen diese. Die formenden Kräfte aber rühren in ihrer inneren Konfiguration und Ausprägung her von dem, was im früheren Leben seelisch durchlebt wurde. War ein Leben durch *Aufmerksamkeit auf äußere Verhältnisse,* durch scharfe Beobachtung und durch *Interesse für die Umwelt geprägt,* so wirkt dieses Interesse so, daß sich dadurch Kräfte ausbilden, die vom *Kopf* aus den Drang haben, den übrigen Organismus in eine Verwandtschaft zu den Erdenkräften zu bringen, was in der kraftvollen Gestaltung äußerlich sichtbar wird. Eine «scharf und stark ausgebildete» Stirn, ein kräftiger Körperbau und ein schnell wachsender Haarschopf sowie eine mutvolle Lebensführung sind Zeichen dieser früher erworbenen Aufmerksamkeit (Steiner, GA 236, 10. 5. 1924).

Die Urteile über Marx sind polar-gegensätzlich, was wohl zutiefst mit seiner Natur zusammenhängt. Er selbst versteht sich als Kritiker, der alles Bestehende mit scharfem, analytischem Blick zersetzt, um die dahinter waltenden Kräfte – die Produktivkräfte – freizulegen und zu zeigen, wie sie in Widerspruch geraten zu den Erscheinungsformen, den Produktionsverhältnissen. Dadurch wird Marx zur Veränderung der Welt gedrängt. *Kritik und Widerspruch sind die großen Triebkräfte auch in ihm,* d. h. er stützt sich vornehmlich auf die Seelenkraft der Antipathie, er stellt sich den Erscheinungen gegenüber, durchschaut sie, verbindet sich – allenfalls aus Distanz – mit ihnen.

Analysieren wir die *Antipathie* selbst: in ihr wirkt stets auch *Selbstsucht,* ein verstärktes Selbsterleben. Wie es Kräfte der *Destruktion im Leibe* gibt – man denke nur an den Vorgang der *Verdauung* –, so auch solche in der Seele, die sich in der gesteigerten, vereinseitigten Antipathie zeigen. Nach außen wirken sie zersetzend, nach innen lustvoll, das Selbsterleben anregend. Ihre Notwendigkeit ist für unsere Existenz unbestritten (vgl. Steiner, GA 207, 24. 9. 1921, u. GA 208, 6. 11. 1921). «Diese Zerstörungskräfte in uns können auch über unser Bewußtsein (Denken) in unserem Fühlen und Wollen wirksam werden; dann werden sie Grundlage der Antipathiekraft in der Seele und Antrieb zum Bösen. Man kann ja den Stoffwechsel als leiblich wirkende Antipathie verstehen: Kein Stoff darf so, wie er ist, in den Körper übergehen: er muß vollständig zerstört werden, und erst dann kann etwas von ihm in unseren Leib aufgenommen werden ... (Dies ist) ein Bild für die Kräfte in uns, die *nichts Fremdes, nur Eigenes gelten lassen* – das aber ist *seelisch* Antipathie» (Schroeder, S. 242). Aus dieser Quelle speist sich, was an Destruktions- und Todeskräften auftritt. Davon ist unsere Zeit durchzogen, seitdem die Geister der Finsternis – von denen bereits gesprochen wurde – unbewußt in die Seelen Einzug hielten und ein «Lechzen nach Zerstörung» auslösten (Steiner, GA 177, 29. 9. 1917). Hätten die Menschen davon einen klaren Begriff, so würde das bei jenen, die mit ihren Trieben, Instinkten und Leidenschaften nicht zurecht kommen, dazu führen, sich dieser zerstörerischen Kräfte innerhalb des physischen Planes – und gegenüber den Mitmenschen zu bedienen (ebd., 6. 10. 1917). Aus dieser Grundeinstellung, die aus dem Sturz der Geister der Finsternis und dem werdenden Materialismus resultiert, wird ein Gefühl der Befriedigung gezogen. Schon Nietzsche fand «die höchste Seligkeit in dem Gedanken, daß sich alles auflösen soll» (Steiner, GA 108, 10. 6. 1908, S. 239).

Marx, der durch seine Vergangenheit prädisponiert ist, die Antipathiekräfte voll auszubilden, kommt mit dem, was aus einer anderen Welt als Herausforderung heranbrandet, voll in Berührung, er lebt Kräfte der Destruktion in seine soziale Umgebung hinein aus, die zur Abstoßung, Überwindung und Vernichtung seiner mutmaßlichen Feinde führen. Der Versuchung zum Bösen kann er bei vielen kleinen Intrigen und Kämpfen nicht widerstehen, es bleibt aber alles in der Sphäre der seelischen Verletzung, wird niemals physisch destruktiv. Was Wunder aber, daß sich dies zur handgreiflichen Menschenverachtung und Vernichtung des Lebens unter den Nachfolgern steigert, die in «Säuberungsaktionen» die Gegner physisch auslöschen und sich daran lustvoll weiden wie Stalin mit dem von ihm errichteten «Archipel Gulag». Der «nekrophile Charakter» ist die voll entfaltete Pathologie jenes Typus, der mit der radikalen Kritik anhebt (vgl. Fromm, S. 322 ff., 464 ff.). Die Begegnung «mit den «Neigungen zum Bösen» ist ebenso eine Erscheinung des gegenwärtigen Zeitalters wie die Verbindung mit der *toten*, leblosen Welt der Technik. «Bei *allen* Menschen liegen im Unterbewußtsein ... (in unserer Zeit) die bösen Neigungen, die Neigungen zum Bösen ... Es gibt kein Verbrechen in der Welt, zu dem nicht jeder Mensch in seinem Unterbewußtsein ... die Neigung hat. Ob in dem einen oder in dem anderen Fall die Neigung zum Bösen zu einer bösen Handlung äußerlich führt, das hängt von den ... Verhältnissen ab ...» (Steiner, GA 185, 26. 10. 1918).

Wer so im antipathischen Gegenüberstehen lebt wie Marx, ist selbst auch hoch verletzlich und benötigt, will er nicht ganz vereinsamen, einen Schutzraum, in dem er sich ungefährdet bewegen kann. Dies ist, von selbstverständlichen Spannungen, die der Alltag bringt, abgesehen, die Familie. Jenny, die Ehefrau, übernimmt seine Argumentation in Angelegenheiten der Partei, der Beurteilung von Personen usw. voll. Obgleich Jenny die Last der Emigration schwer trifft, vertraut sie dem geliebten Mann völlig.

Marx leidet leiblich unter seiner vorherrschenden antipathischen Haltung, denn die Art, wie er die Welt betrachtet, «schlägt» auf ihn zurück, und zwar doppelt: der eigene Leib und die äußeren, wirtschaftlichen Umstände stoßen ihn gleichsam von sich, werfen ihn auf sein Eigensein zurück. Schon der Student erkrankt in Berlin heftig und lang «am zehrenden Ärger», worauf ihm der Vater schreibt: «Studiere daher nicht mehr, als Deiner Gesundheit zuträglich ist. Dazu tägliche Bewegung und Enthaltsamkeit». Einige Zeit später heißt es: «Es gibt kein beklagenswerteres Wesen als ein siecher Gelehrter» (MEGA 1, 1(2), S. 186). 1846 – er ist inzwischen 28 Jahre – leidet Marx an Brustkrampf (Asthma) und ist genötigt, in Ostende Seebäder zu nehmen. Das Krisenjahr der seelischen Entwicklung ereilt ihn mit einer schweren Störung des rhythmischen Systems. 1847/48 ist Marx gesund, wir sehen ihn voll in geistigen Auseinandersetzungen begriffen («Manifest»), die ersehnte Revolution bricht endlich aus – Höhepunkt seines Lebens. Aber es gibt dann doch Rückschläge bei Marx, denn 1849 tritt erstmals seine für ihn typische Leberentzündung auf, die ihn niemals mehr ganz verlassen wird. Kurz darauf erfolgt ein schwerer Brechdurchfall (Choloine). 1851 erkrankt Marx erneut schwer, als er den Auftrag erhält, Zeitungsberichte zu schreiben, also unter Termindruck zu arbeiten hat, – Engels springt für ihn ein. Diesmal ist es eine Hämorrhoidalkrankheit, die ihn schon öfter geplagt hatte. Einen Monat später kommt eine Augenentzündung hinzu. 1853 hindern ihn die Hämorrhoiden derart, daß sie ihm «weder zu stehen, noch zu sitzen, noch zu liegen erlauben» (an Engels, 23. 2.

1853). Kurz darauf war er «ein Haar nah am Krepieren. Nämlich Leberentzündung ... Seit den vier Jahren ... war sie wie verschwunden» (10. 3. 1854). Als wesentlich bedingende Ursache dafür scheinen seelisch belastende Vorgänge in Betracht zu kommen. Marx war einem österreichischen Agenten auf den Leim gegangen. Dessen Spitzeltätigkeit erfuhr er nun. 1854 tritt erstmals eine Furunkulose auf: eine große Eiterbeule zwischen Nase und Mund, er fühlt sich «wie Lazarus» (an Engels, 23. 5. 1854). Im Jahr darauf sind neben Augenentzündung «ekelhafter Husten», Kopfschmerzen, die «Denken und Hören und Sehen» vergehen lassen, zu vermelden.

Diese Krankheitsbilder bleiben nun Jahr um Jahr mehr oder weniger konstant und vergällen das Leben: Hämorrhoiden, «Rückenrheumatismus» (1856), Augenentzündung, «einstweilen bin ich gelb wie eine Quitte» (22. 5. 1857) – also Lebererkrankung. 1858 kommt die Galle hinzu, neben der «Verhärtung der Leber» (29. 4. 1858). Monatelang ist Marx arbeitsunfähig, er muß «stundenlang sitzen, ehe er ein paar Phrasen» zurechtbekommt (21. 9. 1858), er leidet also unter Depression. Dann kommt noch «eine Art Cholera» hinzu. Nach 14 Tagen Erbrechen ist er «so matt wie eine Fliege» (22. 7. 1858). Diesmal war wieder ein äußerer Anlaß gegeben: die «Kritik der Politischen Ökonomie» brachte negative Kritik, für Marx, der Jahre des Schaffens darangab, verständlicherweise unerträglich. 1860 und 1861 plagen ihn Galle oder Darm «mit stechendem Schmerz ... Du siehst, ich bin so geplagt wie Hiob, obgleich nicht so gottesfürchtig». 1863, im Leben der äußerste finanzielle Tiefpunkt: die Leber geschwollen, Stiche beim Husten, Augenentzündung, dann 1864 trotz erheblichem Geldzufluß große Furunkel auf Brust und Rücken, schließlich am Bein, das ganze Jahr hindurch immer wieder auftauchend. Dazwischen «wilde Arbeit» am «Kapital», das dennoch nicht fertig wird, darauf wieder Rückfall in die Krankheit durch «übertriebene Nachtarbeit» (10. 2. 1866).

1867 (wieder) Karbunkel, dieses Jahr wird nach zwanzig Jahren unterbrochen verlaufender Arbeit endlich der erste Band des «Kapitals» fertig – Marx ist gesund. Engels schreibt: «... dies verdammte Buch ... der Grundkern von Deinem Puls ... Dies ewig unfertige Ding drückte Dich körperlich, geistig und finanziell zu Boden ...» (27. 4. 1867). Die Bitternis der Galle, die er seelisch ausgießt, sondert sich auch im eigenen Leib ab und verseucht den Körper. Hatte Jenny schon am 20. 6. 1844 geschrieben: «Schreib uns nicht zu gallicht und gereizt. Du weißt, wieviel mehr Deine anderen Aufsätze gewirkt haben. Schreib entweder sachlich und fein oder humoristisch und leicht» (MEW Bd. 1, S. 650).

Diesem Rat folgte Karl nicht, konnte wohl nicht folgen. Möglicherweise aus dem Erbstrom kommend, ist er für das gesundheitliche Leiden disponiert, es überfällt ihn häufig im Frühjahr, ruft Furunkel, aber auch Kopfschmerzen, teilweise Gliederlähmung hervor. Schlafstörungen, Husten, Entzündung der Atemwege sind die anderen Peiniger. Mit Narkotika wie Zigarren und Alkohol, die alles verschlimmern, sucht der Kranke die wiederkehrenden Qualen zu betäuben, desgleichen durch scharfe Speisen, die das Leiden verschärfen.

Aber schon nach kurzer Pause der Erholung folgen wieder Karbunkel und Schlaflosigkeit. «Das Stillschweigen über mein Buch macht mich fidgety (nervös)» (2. 11. 1867). Und in der Tat, außer neun von Engels und einigen von Marx selbst abgefaßten und unter Decknamen veröffentlichten Rezensionen bleibt die Resonanz zunächst aus, verständlich bei dem Umfang und der Schwere des Werks, hart aber für den Verfasser. 1868 gerät zum schwersten Karbunkeljahr. Er nimmt sich den zweiten Band des «Kapitals» als Arbeitsaufgabe vor, wird aber durch Karbunkel, Erbrechen, Gelbsucht davon abgehalten, irgend etwas zu bewirken. Das Jahr 1869 und 1870 bietet die alten Krankheitsbilder (Leber, Karbunkel), zusätzlich Husten, Erkältung, Schlaflosigkeit, Ischias. 1871 während der Kommune-Ereignisse fühlt sich Marx quirlig, nach dem politischen Rückschlag ist, wie die Tochter Jenny an Kugelmann berichtet, der Vater «sehr gallig». Karbunkel brechen wieder auf. Die darauffolgenden Jahre sind weniger gut dokumentiert, weil der Freund und Briefpartner, Engels, selbst nach London, in die Nähe von Marx, zieht. Der Fünfundfünfzigjährige (1873) ist monatelang krank, er leidet an «chronischem gedrückten Hirnzustand» (Depression) (an Davidson). Der Arzt entdeckt eine «Verlängerung der Leber» (n. Künzli, S. 40). Nun geht er nach Karlsbad zur Kur, was ihm gut bekommt. 1875/76 geht es ihm ausnahmsweise gut, 1877 verschlimmert sich aber sein Zustand wieder: Schlaflosigkeit, zerrüttete Nerven, Leber, Karbunkel – so bis zum Ende. Ein Zerfall der Kräfte setzt im neunten Jahrsiebt ein, der sich kontinuierlich fortsetzt: Marx wird ein früher (junger) Greis. Die Leiblichkeit zerbricht allmählich, indem sich das Geistig-Seelische aus der Leiblichkeit herauszieht. Seine späten Briefe weisen Mängel auf – und Marx weiß das: «Von Paris noch keine Antwort mir». Oder: «*Mon cher,* Du wie andere *family member,* werden die Irrtümer in meiner Orthographie, Konstruktion, falscher Grammatik ihnen auffallen; fällt mir immer auf – bei meiner noch sehr großen Zerstreutheit – erst post festum. *Shows you,* daß an sana mens in sano corpore noch etwas zu klappern. *By the by Reparatur* wird sich wohl machen» (31. 3. 1882).

Einen schweren Schlag bedeutet der Tod seiner Frau (1881) durch Krebs. Von nun an plagen ihn Bronchitis und Pleuritis, keine Kur hilft ihm mehr. Als dann noch die Lieblingstochter Jenny (9. Januar) stirbt, ist sein Lebenswille gebrochen, er folgt ihr am 14. März 1883, 14.30 Uhr, friedlich auf der Insel Wight; einen Tag vor ihm ging Richard Wagner über die Schwelle des Todes.

Die Marxschen Krankheiten laden zu psychosomatischen Interpretationen geradezu ein. Da ist einmal das Leiden an Leber und Galle. Der Zusammenhang von Arbeitsvorhaben, die Marx nicht zu Ende bringt, und die innerliche Entlastung in Form der Rechtfertigung durch die schwere Erkrankung fiel Blumenberg, Raddatz und Künzli auf, wobei Künzli die Karbunkel als Aussatz von der jüdischen Tradition her fragend deutet. «Marx wäre dann so etwas wie ein Stigmatiker des jüdischen Selbsthasses gewesen» (S. 464).

Die geschilderten Krankheitsbilder[1] können ein Okular sein, durch das ein Blick in die Seelenartung der Persönlichkeit Marxens getan werden kann. Wenn dieser große scharfsinnige Dialektiker die Hegelsche Methode von Thesis (Position) und Antithesis (Negation) benutzt, um die Gegensätze so herauszupräparieren, daß dadurch die radikale Kritik alles Bestehenden möglich wird, dann rückt das eigentliche Ziel, die Befreiung und Befriedung, als Gewißheit zwar in das Bewußtsein, aber es bleibt zukünftig, unscharf und fern, d. h. die Versöhnung der Gegensätze, die Negation der Negation in der Synthese wird von ihm gesehen, gewußt, aber tatsächlich weggerückt. Sein «Geschäft ist die Kritik», die Negation. Dies ist eine Abweichung von der Gleichgewichtslage – und seine Krankheiten bilden diese seelische Vereinseitigung ab.

Der menschliche Organismus ist sowohl funktionell als auch morphologisch durch zwei Extreme und eine ausgleichende Mitte gekennzeichnet. Schädelkapsel und Gliedmaßen verhalten sich in der Bauform wie Kugel und Radius. Physiologisch ist das Gehirn in der Entwicklung früh ausgeformt, d. h. fertig, es liegt *ruhig* im Schädel, eine Zellteilung findet nach der Geburt nicht mehr statt; die Glieder dagegen unterliegen fortdauernden Umbildungen und Erneuerungen, sie sind *beweglich*. Zwischen beiden ist der Rumpf mit seinen rhythmischen Geschehnissen vermittelnd. Der Gegensatz von sinnlicher Wahrnehmung und geistiger Verarbeitung im oberen Menschen einerseits und dem Stoffwechsel so-

1 Für diesen Abschnitt gab Dr. med. Jürgen Schürholz, Internist, den notwendigen medizinischen Rat.

wie den Aufbaukräften für den gesamten Organismus im unteren Menschen andererseits stellt sich dar als eine Polarität von Abbau und Zerstörung im Bereich von Sinnen und Gehirn und umgekehrt von Vorgängen des Aufbaus im Stoffwechsel und im Bereich der Glieder.

Diese beiden Extreme, die sich wie Position und Negation in der Dialektik ausnehmen, werden durch Herzschlag (Kreislauf) und Atmung vermittelt und versöhnt. Bei unterschiedlicher Ausprägung läßt sich gleichwohl von einer Kraft sprechen, die dem Verstehen und dem Begehren, dem Bewußtwerden von Wahrnehmung und Denken ebenso zugrundeliegt wie den unbewußten animalischen Aufbauvorgängen im Organismus, die, falls sie bestimmend werden, in Trieben, Begehrungen usf. zutage treten. Es sind seelische Kräfte, die sich differenziert im zentralen Nervensystem (Zerebrospinales) und im Vegetativum (Animalischen) ausdrücken. Die Verhältnisse zwischen dem oberen und dem unteren Menschen befinden sich beim Gesunden im Gleichgewicht, sie sind versöhnt.

Wird nun durch das scharfe, kritische Denken fortdauernd der obere Pol der Seelenkräfte angesprochen, kommt es zu einer Tätigkeitsverschiebung nach oben. *Das Gleichgewicht kann nicht mehr aufrecht erhalten werden: Die Krankheit ist der pathologische Versuch, den Ausgleich erneut herzustellen.* Da aber im Seelischen die Kräfte des Animalischen, die dem Leib entzogen werden, zu stark weiterwirken, kommt es seelisch zu ungelenkten – unbewußten – Begierden, die sich in körperlichen Symptomen wie Hämorrhoiden äußern können, als Ausdruck zurückgedrängter leiblicher Willenshaftigkeit bei Bewegungsmangel und übermäßiger intellektueller Arbeit.

Wie wir aus dem Briefwechsel wissen, war Marx gutem Essen und reichlichem Genuß von Alkohol nicht abgeneigt. Die mehrfach beschriebene harte und vergrößerte Leber, die von seinen Ärzten als entzündungsbedingt diagnostiziert wurde, dürfte nach heutigen Begriffen in eine Zirrhose, d. h. eine narbige Umwandlung der Leber, übergegangen sein. Durch den reichlichen Genuß von Essen und Trinken werden Willenskräfte freigesetzt, die aber bei ihm nicht in körperliche Bewegung eingehen, sondern sich stauen bzw. vor allem zu Denkbewegungen der Kritik verwendet werden. Dabei wird die Leber durch dieses seelische Verhalten und zu reichliche Nahrungsaufnahme als zentrales Stoffwechselorgan kopfähnlich, verfestigt, verstofflicht und hart, während umgekehrt jene Sinnesorgane, die dem oberen Menschen zugehören, wie Augen und Haut, in Stoffwechselprozesse einbezogen werden, d. h. sich entzünden. Zahlreich sind die Berichte von Augenentzündungen, von endlosen Karbunkelaufbrüchen, von schmerzhaften Entzündungen der Haut – allesamt Verdauungsprozesse, die nicht der Physiologie gemäß im Bereich des Magen-Darm-Traktes und der Leber, sondern über diese hinaus im oberen Menschen in der Sinnesorganisation ablaufen. Bei diesem Mann der Extreme findet ständig eine verstärkte Stoffwechseltätigkeit statt, und zwar immer dann, wenn an sein kritisch-denkerisches Vermögen die erhöhte Anforderung gestellt wird, zu einem bestimmten Zeitpunkt eine bestimmte Arbeit fertigzumachen. Dies führt dazu, daß die dem Stoffwechsel entbundenen Willenskräfte – da eine ausgleichende Mitte fehlt – bis in die Wahrnehmungsorganisation von Augen und Haut einschießen und dort zu einer Stoffwechselsteigerung führen, was wiederum mit einer teilweisen Ablähmung der Denktätigkeit, auch durch die Schmerzen, einhergeht.

Wenn Krankheit bedeutet, daß physiologische Prozesse am falschen Ort zum falschen Zeitpunkt im falschen Maß ablaufen, dann wird das in der Krankengeschichte von Karl Marx besonders deutlich.

Die Schlaflosigkeit als Ausdruck von fehlendem Tag- und Nachtrhythmus, ja das Fehlen eines Lebensrhythmus überhaupt, bedingt oder verstärkt das Eindringen der Extreme und führt auch bei ihm dazu, daß sich die an sich rhythmische Darmperistaltik umkehrt oder gegenläufig wird, wodurch es immer wieder zu Erbrechen kommt, wovon er Engels öfter berichtet. Die Feindschaft gegenüber jedem Ausgleich, gegenüber jeder Versöhnung der Gegensätze führt bei Marx schließlich über die Seelenkräfte bis in die Physiologie bzw. Pathologie – er wird zu einem an seiner eigenen Extremhaltung schwer Leidenden. Wenn Marx dann den Genuß hat, einen «Gegner» bekämpfen oder gar besiegen zu können, vermag die Freude, es dem anderen zu geben, so tief in den Stoffwechsel einzudringen, daß er ungeahnte Schaffenskräfte freisetzen kann, so im Fall des «Herrn Vogt», der Kommune, des 18. Brumaire usf. – Marx ist gesund –, aber wieder nur in einer seelischen Extremlage.

V. Auf dem Weg zur Revolution: Wirklichkeit und Illusion

Wenden wir uns vom Charakter Marxens zum chronologischen Lebenslauf. 1845/46 wird er innerlich mehr und mehr gedrängt, wie es in den «Thesen zu Feuerbach» heißt, das Denken in der Praxis zu bewähren: «In der *Praxis* muß der Mensch die Wahrheit, d. h. Wirklichkeit und Macht, *Diesseitigkeit seines Denkens* beweisen.» Er muß also die Verbindung zur politischen Praxis herstellen. Dieses Feld ist aber mit vielerlei Strömungen besetzt. Der «Vormärz» mit seinen Demokraten, Republikanern, «wahren» Sozialisten, Utopisten, aber auch mit Persönlichkeiten, die die jeweilige Auffassung sehr prägnant vertreten. So bedeutet diese Zuwendung zur Praxis dasselbe wie zuvor die Hinwendung zur Philosophie und Kritik: *Auseinandersetzung und Kampf*, aber auch Kontaktnahme mit bestehenden Organisationen. Engels berichtet: Wir «hatten in der gebildeten Welt . . . einen gewissen Anhang und reichlich Fühlung mit dem organisierten Proletariat» (MEW 21, S. 212).

Kontakte zum «Bund der Gerechten» - gebildet vornehmlich aus deutschen Handwerkern in Paris – bestanden für Marx seit der Zeit in Paris. Engels knüpfte Kontakte zu den Chartisten in England bei seinem Aufenthalt in Manchester. Anfang 1846 wurde das Brüsseler Kommunistische *Korrespondenz-Komitee* begründet, das die Sozialisten der verschiedenen Länder über die Fortschritte des Sozialismus informieren sollte. Gründer sind Marx, Engels und der Belgier Philippe Gigot (1819–1860); als weitere Mitglieder wirken mit Joseph Weydenmeyer (1818–1866), Wilhelm Wolff (1809–1864), der «Kasemattenwolf», ferner Ferdinand Wolff (1812–1895), der «rote Wolf», Edgar von Westphalen (1819–1890), Sebastian Seiler (1810–1890), Louis Heilberg (1818–1852), Wilhelm Weitling (1808–1871) und andere – alles Emigranten, die Deutschland durch die dort herrschende Reaktion verlassen mußten. «Auf diesem Wege – durch Korrespondenzen – werden Meinungsverschiedenheiten zutage treten können, und man wird zu einem Gedankenaustausch und zu einer unparteiischen Kritik gelangen» (Marx, 5. 5. 1846).

Engels schwebt dabei ein neues System der *Propaganda* für den sozialistischen Gedanken vor: So werden erstmals lithographierte Zirkulare herausgegeben, die das Bewußtsein formieren sollen. Marx gebraucht die *«unparteiische Kritik»* in den Zirkularien dazu, sich selber in der Auseinandersetzung mit anderen der eigenen Position immer klarer zu werden. Die «Kommunistische Partei», als die sich Marx und Engels jetzt verstehen, formiert sich als *Meinungsmacht*. Allerdings muß sie sich die entsprechende Gefolgschaft erst noch suchen. Utopische, kleinbürgerliche und wahre Sozialisten werden jetzt von den wissenschaftlichen geschieden; letztere umfassen neben Marx und Engels wenig mehr. Wie Marx in einem früheren Leben Feldzüge gegen diesen und jenen unternommen hat, so ist es nun, als ob er seine kleine Gefolgschaft und seine früheren Gegner um sich versammelt hätte – es sind samt und sonders Menschen, die von einer brüderlichen Gesellschaft träumen, besitzlos, idealistisch gesinnt. Die Anrede untereinander lautet stets: «Bruder». Allerdings werden diese Brüder und Genossen von Marx jetzt «vorgenommen»: zuerst Wilhelm Weitling, der falsch denkt, weil er gegen eine eigene proletarische Partei ist und noch immer ein religiöses Pathos vertritt. Dann wird von den «wahren» Sozialisten verlangt, daß sie sich über die Reihenfolge der revolutionären Aufgaben und die Unausbleiblichkeit der Revolution in Deutschland verständigen. Karl Grün, Otto Lünning, Hermann Püttelmann werden «erledigt», insbesondere aber Hermann Kriege, der in einem Zirkular massiv zurechtgewiesen wird. Die zentrale Abrechnung richtet sich aber gegen Proudhon, der eine «Philosophie des Elends» (Système des contradictions économiques ou la philosophie de la misère) veröffentlichte; dagegen setzt Marx seine Kampfschrift «Misère de la Philosophie». Darin rechnet er Proudhon vor, daß dieser Hegel benütze, ohne ihn zu verstehen, indem er Widersprüche von guter und schlechter Seite hernimmt, ohne dabei das Umschlagen in eine neue Qualität zu bemerken.

Um die bestehenden Pariser Organisationen, so den «Bund der Gerechten», im Sinne der neuen, «wissenschaftlichen» Auffassung von Marx zu beeinflussen, geht Engels von Brüssel nach Paris, was zugleich die Zuwendungen des Vaters an ihn erhöht, der sich über die Trennung von Marx freut. Engels berichtet von seiner Tätigkeit an den Freund in Brüssel: «Der Grün hat die Kerls so versaut, daß die unsinnigste Phrase für sie mehr Sinn hat als die einfachste, zum ökonomischen Argument vernutzte Tatsache. Ich laß die Kerls nicht laufen, bis ich den Grün aus dem Feld geschlagen und ihnen die verduselten Schädel geöffnet hab» (an Marx, 23. 10. 1846).

Ende 1846 verlegt die Geheimorganisation *«Bund der Gerechten»* ihren Sitz von Paris nach London. Ihr gehören der Schuhmacher Heinrich Bauer, der Uhrmacher Joseph Moll und Karl Schapper als Führer an, der letztere nach dem Studium in verschiedenen Berufen tätig und später schärfster Gegner Marxens in London. Nach längerem Taktieren gelingt es Marx und Engels, obwohl eine gewisse Abneigung gegenüber den beiden «Gebildeten» vorhanden ist, in den Bund als Mitglied einzutreten, wobei sie sich gleich gegen jede Sektiererei wenden. Auf Verlangen von Marx und Engels werden neue Statuten ausgearbeitet und altüberlieferte Geheimrituale abgemildert. In zwei verschiedenen Kongressen werden die neuen Statuten und die Umbenennung in *«Bund der Kommunisten»* (Juni 1847) beschlossen. Dazu werden *Gemeinden* gebildet mit Vorsitzendem und Stellvertreter, mehrere Gemeinden bilden die *Kreisbehörde.* Die *Exekutive lag bei der «Zentralbehörde»,* die *«Gesetzgebung» bei Kongressen.* Die Mitglieder müssen eine entsprechend würdige Lebensweise an den Tag legen, Propaganda treiben und verschwiegen sein. Beschlüsse binden den einzelnen.

Neben einem kleinen Bund Verschworener zielt Marx auf einen offenen Vorhof in Form eines Netzes von *Arbeitervereinen, Bildungseinrichtungen* mit Bibliotheken und Diskussionsrunden. Dahinter steht der «sie lenkende Bund», der darin «einen Spielraum für öffentliche Propaganda» findet und sich «andererseits aus ihren brauchbarsten Mitgliedern ergänzt und erweitert» (Marx: Herr Vogt, MEW 14, S. 438).

Diese Organisierung der Arbeiterschaft – das ist für Marx der Weg in die Praxis. Darin lebt verwandelt wohl etwas von der Struktur jener Gilden wieder auf, deren Verschwörungsformen den Kapitularien im 8. und 9. Jahrhundert vielfach Gegenstand der Kritik war. Dieses Muster einer kleinen Truppe Verschworener und eines ideologisch noch zu formierenden arglosen Vorfeldes blieb dann Eigenschaft aller kommunistischen Parteien und ihrer Zubringerorganisationen.

Die Absichten des «Bundes» werden von Engels, später auch von Marx dargestellt. Die Unausweichlichkeit der bevorstehenden Revolution wird erstmals von Engels in der «Deutschen Brüsseler Zeitung» aufgewiesen, dem inoffiziellen Propaganda-Organ des Bundes. Nach Engels wird zuerst eine «liberale Revolution», auch bürgerliche genannt, kommen; mit dieser gilt es sich zu verbinden. Darauf folgt in einem zweiten Schritt die sozialistisch-proletarische. «Wir sind keine Freunde der Bourgeoisie, das ist bekannt ... Die Herren glauben wirklich, sie arbeiteten für sich selbst ... Und doch ist nichts augenscheinlicher, als daß sie nur uns, den Demokraten und Kommunisten, den Weg bahnen, als daß sie höchstens einige Jahre unruhigen Genusses erobern werden, um alsdann sofort wieder gestürzt zu werden. Überall steht hinter ihnen das Proletariat ... Kämpft also nur mutig fort, ihr gnädigen Herren vom Kapital! Wir haben euch vorderhand nötig ... Ihr müßt nun die Reste des Mittelalters und die absolute Monarchie aus dem Wege schaffen ..., ihr müßt alle mehr oder weniger besitzlosen Klassen in wirkliche Proletarier, in Rekruten für uns verwandeln, ihr müßt uns durch eure Fabriken ... die Grundlage der materiellen Mittel liefern, deren das Proletariat zu seiner Befreiung bedarf. Zum Lohn dafür sollt ihr kurze Zeit herrschen ... *ihr sollt bankettieren im königlichen Saal ... aber vergeßt es nicht! – der Henker steht vor der Tür»* (23. 1. 1847, MEW 4, S. 502 f.).

Die Tonlage, die sich einige Jahre zuvor bei Engels gegen die Pietisten richtete – sie sind ihm inzwischen bedeutungslos geworden –, wendet sich nunmehr gegen die Kapitalisten.

Eine bedeutende Rolle beim «Weg in die Praxis» kommt Engels in der Beziehung der beiden Freunde dadurch zu, daß er, der die Parteipolitik nur insofern erläutern wollte, «soweit sie vors Publikum gehört», in Paris die *«Grundsätze des Kommunismus» als Katechismus* in Frage- und Antwortform abfaßt, als Gegenentwurf auf einen von Hess geschriebenen. Engels berichtet Marx davon mit dem Bemerken: «Überlege dir doch das Glaubensbekenntnis etwas. Ich glaube, wir tun am besten, wir lassen die Katechismusform weg und titulieren das Ding: *Kommunistisches Manifest* ... Das hiesige ist noch nicht ganz zur Bestätigung vorgelegt, aber ich denke, ... es so durchzusetzen, daß wenigstens nichts gegen unsere Ansichten drin steht» (24. 11. 1847).

Beide arbeiten dann teils gemeinsam, teils (Marx) allein die endgültige Fassung aus, wobei die Londoner Zentralbehörde sie zur Abfassung beauftragt und, als das Ergebnis auf sich warten läßt, schließlich Marx über die Kreisbehörde Brüssel gespreizt mahnt, daß, wenn der Entwurf nicht «bis Dienstag, 1. Februar d.J. (1848) in London angekommen ist, weitere Maßnahmen gegen ihn ergriffen werden ... gez. Schapper, Bauer, Moll».

Das Manifest erschien noch rechtzeitig zur Februar-Revolution, blieb aber unbekannt und tat zunächst keine Wirkung – dafür aber später umso mehr. Es ist das nach der Bibel am meisten verbreitete und in die meisten Sprachen übersetzte Werk. Gemeißelt und fanfarenhaft ist die Sprache, bilderreich, symbolisch, die Inhalte dadurch als bleibende Aussagen der Zeit entrückt, dauernd, d. h. überzeitlich gegenwärtig. «Ein Gespenst geht um in Europa – das Gespenst des Kommunismus.» Dann wird die *Geschichte als Abfolge von Klassenkämpfen* geschildert, schließlich werden die vor allem auf Engels zurückgehenden Forderungen (17-Punkte-Programm, nachfolgend zitiert) formuliert: «1. Beschränkung des Privateigentums durch Progressivsteuern ... 2. Allmähliche Expropriation der Grundeigentümer, Fabrikanten, Eisenbahnbesitzer ... 3. Konfiskation der Güter aller Emigranten ... 4. Organisation der Arbeit oder Beschäftigung auf den Nationalgütern, Fabriken, Werkstätten ... 5. Gleicher Arbeitszwang für alle ... Bildung industrieller Armeen ... 6. Zentralisierung des Kreditsystems ... 8. Erziehung sämtlicher Kinder ... (wenn) sie der ersten mütterlichen Pflege entbehren können ... Erziehung und Fabrikation zusammen ... 9. Errichtung großer Paläste auf den Nationalgütern ... 10. Zerstörung aller ungesunden Wohnungen ... 11. Gleiches Erbrecht für uneheliche wie eheliche Kinder ...» Hinzugenommen wird die unteilbare Republik, Volksbewaffnung, das Wahlrecht über 21, die gleiche Bezahlung der Beamten (ins Manifest wurde dies verändert übernommen) (MEW 4, S. 373).

Das Manifest endet: «Mögen die herrschenden Klassen vor einer Kommunistischen Revolution zittern. Die Proletarier haben nichts zu verlieren als ihre Ketten. Sie haben eine Welt zu gewinnen. Proletarier aller Länder vereinigt Euch!» Die «gefühlsgeladene Unbestimmtheit», in der es nur etwas zu gewinnen gibt, «eine Welt»: *die* Welt ist nichtssagend, aber wirkungskräftig (Hirsch, S. 51). Die Formel: «Proletarier aller Länder vereinigt Euch» wurde anstelle der Losung: «Alle Menschen sind Brüder» von einem Kongreß auf Vorschlag von Marx und Engels angenommen. Der «besondere Klassenzugehörige» siegte über den Menschen. Im übrigen ist das Manifest so allgemein bekannt, daß es hier nicht ausführlich wiedergegeben werden muß.

Nun bricht nach vorangegangenen Wirtschaftskrisen (schlesischer Weberaufstand u. a.) und Jahren der Mißernten die Revolution tatsächlich – endlich! – aus: am 24. Februar 1848 in Paris, am 13. März in Wien, am 14. März in Berlin als den wichtigsten Hauptstädten des Festlandes, nicht aber in London, wie Engels prognostiziert hatte. Immerhin – sie war da: der Höhepunkt der Lebensläufe erreicht – Marx ist gerade 30, Engels 27 Jahre alt. Marx wird zum Auftakt aus Belgien ausgewiesen und eine Nacht in Abschiebehaft genommen – ein Ereignis, das von den Anhängern heroisch herausgearbeitet wird, aber bedeutungslos ist im Vergleich zum Schicksal der anderen Revolutionäre, die Jahre der Haft zu erdulden hatten.

Über Paris geht Marx nach Deutschland zurück, Engels folgt wenig später nach. Im April übersiedeln beide nach Köln, in das Rheinland als den «fortgeschrittensten Teil Deutschlands», der anders als Berlin mit «seinem maulfrechen, aber tatfeigen, kriechenden Kleinbürgertum, seinen noch total unentwickelten Arbeitern» das liberale Recht des Code Napoleon und das freiheitliche Pressegesetz kennt (Engels, in: Sozialdemokrat, 13. 3. 1848, MEW 21, S. 125 f.).

Es wird nun – mit Mühe und Energie – die *«Neue Rheinische Zeitung»* gegründet in Form einer AG. Marx wird Chefredakteur, die anderen Redakteure sind Heinrich Bürgers (1820–1878), Ernst Dronke (1822–1891), Friedrich Engels, Georg Weerth (1822–1856), Ferdinand und Wilhelm Wolff, später Ferdinand Freiligrath. Die erste Nummer erscheint im Juni 1848. Engels sollte Aktionäre in der Heimat gewinnen; er schreibt an Marx (25. 4. 1848): «Auf Aktien von hier ist verdammt wenig zu rechnen ... Die Leute scheuen sich alle wie die Pest vor der Diskussion gesellschaftlicher Fragen; das nennen sie Aufwiegelei ...».

Parallel dazu bauen Schapper und Moll – aus London zurückgekehrt – im Rheinland und in Westfalen ein Netz kommunistischer Arbeitervereine auf. Zunächst bestand bei den Revolutionären die Hoffnung, daß sie die *öffentliche Meinung* und damit die Geschehnisse *lenken* könnten; später erweist sich faktisch, daß Waffen in der gegebenen Situation stärker sind als Meinungen.

Die Linie der «Neuen Rheinischen Zeitung», d. h. der «Partei», war, zunächst die Demokraten zu unterstützen, das Proletariat im Hintergrund zu belassen. Erst später soll es dann die Bourgeoisie beerben. Die Analyse der Geschehnisse erfolgt stets vor dem europäischen Hintergrund. Die gefundene Idee und die tatsächliche Wirklichkeit – dies ist eine Erfahrung, zu der sich die Ideeninhaber noch nicht bereit finden können – gehen im tatsächlichen Ablauf der Geschehnisse nicht zusammen. Während das bewaffnete Losschlagen in Köln allgemein für unmöglich gehalten wird, drängt es Engels nach weiteren Taten – auf die Rednertribüne. «Sie war übrigens doch schön, après tout, die schlafende Nacht des Exils, und ich sehne mich nach ihr zurück aus dieser langweiligen Philisterpose, die man deutsche Revolution nennt! ... das größte Opfer ist, daß man ... für dies grobklotzige Publikum leitende Artikel schreibt» (an K. F. Köppen, 1. 9. 1848, zit. n. Kliem, S. 215).

Die Zeitung war jetzt die «Parteiführung», sie lenkte deren Linie und Aktionen durch Leitartikel. Engels schrieb darin mit Schärfe gegen die beginnende Reaktion. Das genügt ihm aber nicht. So wird er Organisator zweier großer Volksversammlungen, wovon die eine einen *Sicherheitsausschuß* wählt und Forderungen an die Nationalversammlung und an die preußische Regierung richtet. Er mobilisiert tatsächlich Massen. Da er bei einer dieser Versammlungen, der auf der Worringer Heide (17.

9. 1848), selbst spricht, wird er des Hochverrats bezichtigt und steckbrieflich gesucht. Er flieht nach Frankreich, dann in die Schweiz. «So finden wir Engels, während gleichzeitig in Berlin die Gegenrevolution zum letzten Streiche ausholt, während Ungarn sich von Habsburg lossagt und in Wien die Revolution noch einmal in hellen Flammen emporschlägt, auf einer ihn mit Behagen, Gesundheit und Fröhlichkeit erfüllenden Wanderung durch die schönsten Striche des östlichen Frankreich» (Mayer I, S. 318). Dort betätigt er sich in Arbeitervereinen und kehrt ein Vierteljahr später, als keine Gefahr mehr droht, zurück.

Seine Beiträge machen immer aufs neue den wechselnden Ort aus, von dem der Krater der Revolution stets neue Gluten zugeführt erhalten soll. Als außenpolitischer Redakteur sieht er mit den wechselnden Geschehnissen die Funken in Großbritannien, Frankreich und Ungarn aufsprühen. «Wo Engels sich leichter hinreißen ließ, eine Situation so zu bewerten, wie es seinen eigenen Wünschen am besten entsprach, da bewahrte Marx die größere Kühle und Sicherheit des Urteils vor übereilten Schlüssen» (ebd., S. 302). Der Sieg der Revolution stand für beide fest, wenn auch die Entwicklung anders kam, als es der Einsicht von Engels und Marx entsprach. Das erfordert später von ihnen einige nicht unbeträchtliche innere Arbeit, um eine neue Interpretation der Ereignisse zu finden. Die Frage, die sich auftut, lautet, wie denn die Bestätigung für die Wahrheit der Idee zu gewinnen sei, wenn – wie augenscheinlich – nicht an den Tatsachen?

Inzwischen war die Reaktion fortgeschritten, wogegen Marx am 17. 11. 1848 folgenden Aufruf veröffentlicht: Von heute an ist «die Steuereinzahlung ... Hochverrat, die Steuerverweigerung erste Pflicht des Bürgers!» (MEW 6, S. 12). Gegen die Übergriffe der erstarkenden alten Gewalten setzt sich Engels von der Redaktion ab, um einen versuchten Aufstand in Elberfeld zu unterstützen. Bei dieser Gelegenheit begegnet der «alte, würdige Fabrikbesitzer *Friedrich Engels* seinem auf den Barrikaden stehenden Sohne, dem bekannten *Kommunisten Friedrich Engels.* Über solche Untat des Sohnes ... war höchlichste Entrüstung» (Ernst v. Eynern, 1901, zit. n. Kliem, S. 245). Damit war das ohnehin gespannte Verhältnis so überdehnt, daß der Vater schwor, keinen Groschen an den bisher von ihm unterstützten, wenn auch ungeratenen Sohn mehr zu geben. Wegen des befürchteten preußischen Truppeneinsatzes wird Engels von den Aufständischen selbst abgeschoben. So schlägt er sich zum Willich-Beckerschen Freikorps durch, das in mehreren Schlachten von den überlegenen Preußen in der Pfalz und in Baden aufgerieben wird, wobei die Reste Ende Juni 1849 in der Schweiz Asyl finden – darunter auch Engels. Er beschreibt diese Erlebnisse genau in seiner «Deutschen Reichsverfassungskampagne».

Inzwischen war auch die «Neue Rheinische» verboten – ihre letzte Nummer, die 301., war blutrot am 16. 5. 1849 erschienen, Marx wurde ausgewiesen. Nochmals geißelt er höhnisch seine «heuchlerische Ausweisung»: *Wir sind rücksichtslos, wir verlangen keine Rücksicht von euch. Wenn die Reihe an uns kömmt, wir werden den Terrorismus nicht beschönigen.* Aber die *royalistischen Terroristen* . . . in der Praxis sind sie brutal, verächtlich, gemein, in der Theorie feig, versteckt, doppelzüngig, in beiden Beziehungen ehrlos» (MEW 6, S. 505).

Damit steht Marx an einem neuen Tiefpunkt. Nach kurzem Aufenthalt in Paris und vor der drohenden Abschiebung in die Bretagne geht er im November nach London, um dort – so ist der Plan – eine eigene Zeitschrift herauszugeben. Noch von Paris erreicht Engels, der im Exil in Morges bzw. Lausanne lebt, ein Brief von Marx, der dort, wie ein Beobachter berichtet, wohl durch die Mutter, eine gut gefüllte Kasse hatte. Marx schreibt: «Du mußt also sofort nach London . . . Ich rechne *positiv* darauf. *Du kannst* nicht in der Schweiz bleiben. In London werden wir Geschäfte machen» (23. 8. 1849) – doch diese werden keine großen mehr sein.

Engels reist zu Marx nach London, doch er macht eine schmerzliche Erfahrung: daß ihn das reiche Elternhaus sehr knapp bei Kasse hält. Marxens Mittel sind rasch aufgebraucht, nachdem er viel Geld in die «Rheinische» gesteckt hat, wohl 7000 Taler. Engels wird in London, wohin er über Piemont und Spanien gereist ist, sogleich ein Hilfskomitee für die mittellosen Emigranten aufbauen, in dem auch Marx, Heinrich Bauer und Pfänder mitwirken. Es leben dort 300 Deutsche, 100 Italiener, 40 Polen und noch etwas weniger Franzosen als Emigranten, die meisten sind Handwerker, nur 18 sind politische Flüchtlinge aus höheren Klassen (Home office, zit. n. Kliem, S. 300).

Beide Freunde stehen, wie sich nun zeigt, tatsächlich an einem Tiefpunkt, finanziell, aber auch geistig, *vor dem Nichts ihrer Theorie* – ohne es sich zunächst einzugestehen. Beide arbeiten dann jedoch das Erträgnis – aus dem Weg in die Praxis – auf, indem sie mit raschem Aufflammen einer erneuten Revolution rechnen – doch diese bleibt aus.

Engels schreibt eine gehaltvolle Studie in der *«Revue Neue Rheinische Zeitung»* unter dem Titel «Der deutsche Bauernkrieg», wo es heißt: «Die Revolution von 1848 bis 1850 kann daher nicht enden wie die von 1525.» Marx schreibt einen bedeutenden Beitrag über «die Klassenkämpfe in Frankreich». Da heißt es: *«Die Revolution ist tot, es lebe die*

Revolution!» Marx analysiert darin, warum die Revolution scheiterte: die Wirtschaftskrise von 1847 war Grundlage der Revolution, aber der schnelle wirtschaftliche Aufschwung von 1848 und danach ließ das Feuer erlöschen. *«Erst muß die ökonomische Basis erschüttert sein, damit sich eine politische Revolution ergeben kann.»* «Eine neue Revolution ist nur möglich im Gefolge einer neuen Krisis. Sie ist aber auch ebenso sicher wie diese.» *«Revolutionen sind Lokomotiven der Geschichte»* (MEW 7, S. 416).

Marx, kaum in London angekommen und noch voller revolutionärer Energie, reorganisiert die Zentralbehörde des Bundes der Kommunisten. Durch die Revolution waren die Hauptakteure unter den Bundesmitgliedern in verschiedene Gegenden verschlagen worden, nun galt es die Gemeinden neu zu organisieren und aufzubauen. Von London aus wird Heinrich Bauer im Auftrag der Partei, d. h. der wiederbegründeten Zentralbehörde des Bundes der Kommunisten, im März 1850 nach Deutschland geschickt, um die Gemeinden des Bundes wieder ins Leben zu rufen. Das Programm, das er seiner Wirksamkeit zugrundelegen soll, wird von Marx und Engels ausgearbeitet. Es basiert auf der Marxschen Ansprache vor der Zentralbehörde vom März 1850. Darin wird erstens darauf hingewiesen – und damit die Revolutionserfahrung verarbeitet –, daß die Bourgeoisie, kaum im Besitz der Macht, die Arbeiter ihrerseits zu unterdrücken beginne. Eine neue Revolution stehe aber unmittelbar bevor, die Rolle der Bourgeoisie falle dann aber vor allem den Kleinbürgern zu. Die deutschen Arbeiter müssen geheime und öffentliche Organisationen herstellen, wobei die Gemeinden des Bundes Mittelpunkt und Kern der legalen Arbeitervereine sein sollen (MEW 7, S. 248 ff.). Hauptaufgabe muß es sein, die *Revolution in einen Dauerzustand* zu verwandeln und dabei die Besitzenden aus der Herrschaft zu drängen. Die Arbeiter müssen die *Staatsmacht* erobern und *zentrieren.* Das Privateigentum ist zu vernichten, Klassengegensätze dürfen nicht vertuscht werden, denn *es darf nicht die Gesellschaft verbessert werden, vielmehr ist eine neue zu errichten.* Die Arbeiter sollten bewaffnet werden in Form proletarischer Garden mit selbstgewählten Chefs und eigenem Generalstab. Eine Zentralisation der Gemeinden ist unerläßlich. Bei Wahlen sind eigene Kandidaten aufzustellen, die gegen den Föderalismus und das *Gerede der Selbstverwaltung* auftreten. Produktivkräfte, Transportmittel, Fabriken sind in den Händen des Staates zu zentralisieren und von ihm entschädigungslos zu konfiszieren. Rückhaltlos ist über die Klasseninteressen aufzuklären. Dies ist «Kriegsplan gegen die Demokratie». Die Dialektik läuft darauf hinaus, daß – durch Staat und Zentralisation – die *Revolution in Permanenz* alles zum Umschlagen bringt: Abstoßen des Staates, Entstehen der Freiheit, der Dezentralisation usf.

Im Kernbereich der idealen Bruderschaft, umgeben von ständig und fast rituell vollzogenen Reinigungsprozessen, herrschen, die reine Lehre bewahrend, der «Lehrer» und sein «General» - Züge mittelalterlicher Vergangenheit des Gildenwesens vergegenwärtigend. Die Führung bezieht ihre Überzeugung und Gewißheit aus der Sendung, einem alttestamentlichen Prophetenauftrag. «Unsere Bestellung als Vertreter der proletarischen Partei haben wir von niemand als uns selbst» (Marx an Engels, 18. 5. 1859).

Zahlreiche Prognosen oder Hoffnungen auf eine Revolution sind trotz aller Sicherheit, mit der sie vorgebracht werden, fehlgeschlagen, aber die Führer geben niemals auf. 1849 wird eine revolutionäre Erhebung in Frankreich von Marx vorhergesagt, dann «spätestens 1850», schließlich 1851, dann eine Wirtschaftskrise 1852. Engels bestimmt genauer: 1852 bis Februar 1853. 1854 wird im Gefolge des Krimkrieges das Signal erwartet. Wieder nichts. Wenigstens eröffnet sich 1855/56 die letzte Phase der Prognosen, 1858/59 wieder neue Hoffnung (vgl. Raddatz, S. 180 ff.). Erst am Ende des Lebens räumt Engels ein, daß die Geschichte ihre «damalige Aussicht als Illusion enthüllt» hat. Was ist die Ursache für diese Verblendung einerseits und die Sicherheit, im Besitz der wahren Einsicht zu sein, andererseits? Einmal das dialektische Verständnis, daß der Kommunismus eine Bewegung sei, wo zwar das Einzelstadium verfehlt werden kann, nicht aber die Gesamttendenz. Deshalb sichert sich Marx in einem Brief an Engels ab – diesmal zum deutsch-österreichischen Krieg: «Es ist möglich, daß ich mich blamiere. Indes ist dann immer mit einiger Dialektik wieder zu helfen. Ich habe natürlich meine Aufstellung so gehalten, daß ich im umgekehrten Fall auch recht habe.»

VI. Friedrich Engels – das spätere Leben

1. Charakter und Erscheinung, Berufsarbeit

Die Emigrantenszene in London ist gekennzeichnet von Niedergeschlagenheit einerseits und illusionärer Hoffnung, daß es bald wieder im Mutterland losgehe, andererseits. Das Spiel von künftigen Regierungen und ihren Besetzungen aus den Reihen der Flüchtlinge wird gespielt. Mazzini steht an der Spitze der Italiener, Kozuth bei den Ungarn, Ledru-Rollin und Louis Blanc wetteifern bei den Franzosen. Bei den Deutschen bewerben sich die Professoren Kinkel und Ruge, neben Schapper sowie eben Marx und Engels um die Führung. Letzteren folgt aufgrund ihres verächtlichen Wesens und der klaren Einsicht, wie alles werden wird, der kleinste Anhang.

Wie soll es aber wirtschaftlich weitergehen? Die meisten Emigranten besorgen sich «jobs», einige Lehrerstellen, geben Privatunterricht oder werden kleine Angestellte. Sich in diese Niederungen zu begeben, kommt Marx nicht einen Augenblick in den Sinn. Engels, der alleinstehend ist, braucht «um sein eigenes Fortkommen . . . nicht bange zu sein», schrieb er doch eine flotte Feder auch im Englischen. «Wenn er trotzdem jetzt auf eine ungebundene geistige Betätigung verzichtete, so gab dafür den eigentlichen Ausschlag doch wohl der Gedanke an Marx, auf dessen große Gaben er für die Sache, die sie beide verband, entschiedene Hoffnungen setzte. Marx, der sich mit seiner Familie nicht allein durchzuschlagen vermochte, sollte kein Opfer des Flüchtlingslebens werden! . . . Viel tausendmal lieber wollte Engels selbst wieder im Kontor schuften» (Mayer II, S. 11). Die Einfädelung ins Berufsleben geschieht über die Schwester Marie Blank im Sommer 1850, die schreibt: «Es ist der Gedanke bei uns aufgestiegen, daß Du wohl für den Augenblick mit Ernst Kaufmann werden willst, um Dir dadurch Deinen Lebensunterhalt zu sichern, daß Du aber, sobald sich nach Deiner Ansicht wieder günstige Chancen für Eure Partei darbieten, Du den Kaufmann wieder an den Nagel hängen . . . wirst» (n. Kliem, S. 305).

Das Erstaunliche geschieht, der aufbrausendere der beiden Revolutionäre spannt sich für den Freund in das Joch der verhaßten Kontortätigkeit, er hofft – für kurz, es werden aber fast zwei Jahrzehnte selbstloser «Zwangsarbeit» - alles für den anderen. Wie tief sitzt da der Antrieb! Es wird Kontakt zur Familie aufgenommen, um den widerwärtigen Brotberuf, den «Schacher» zu ergreifen. Der Vater überlegte, den 30jährigen nach Kalkutta oder New York zu schicken; das aber zerschlägt sich. Im November 1850 beginnt er nun in Manchester mit der Arbeit als «Commis» wie vor sieben Jahren. Bald erreicht ihn ein Brief von Jenny Marx – die wie die Schwester Marie für die Einfädelung ins bürgerliche Leben eine Rolle bei Engels spielte –, sie teilt die Trauer der Familie um «Onkel Angels» mit. Dann übermittelt sie noch eine List: «Dennoch, ich freue mich sehr, daß Sie hier fort und auf dem besten Wege sind, ein großer Cotton-Lord zu werden. Keilen Sie sich nicht nur recht fest ein zwischen die zwei feindseligen Brüder (Ermen, die Geschäftspartner); dieser Kampf bringt Sie notwendig Ihrem verehrten Herrn Papa gegenüber in die Position der Unentbehrlichkeit, und ich sehe Sie schon im Geist als Friedrich Engels junior und Associé des Seniors figurieren. Das Beste dabei ist natürlich, daß Sie trotz Cottontrade und alledem der alte Fritze bleiben» (2. Dezember 1850). So schnell gelang der Aufstieg indessen nicht, zuvor mußte Bewährung gezeigt werden. «Mein Alter scheint gar nicht so geneigt zu sein, mich länger hier zu halten» (Mitte Dezember). Januar 1851 entschied sich, daß er zunächst bleiben kann. «Ich laß mir das natürlich nicht merken, bringe dem ‹Geschäft› dies ‹Opfer›». Der Gewinner spielt das Opfer. Marx ist das recht, wächst doch die Aussicht auf Einnahmen. Engels spinnt ein Netz von Intrigen, um in Manchester bleiben zu können, «seine Unentbehrlichkeit» zu demonstrieren und sich doch «vor zu großer Überbeschäftigung zu schützen» (Ende Februar 1851). Zu diesen Intrigen gehört auch, daß er durch bestellte Falschaussagen den Vater veranlaßt, Marxsche Schulden in Köln zu begleichen. Das Gehalt ist niedrig, hoch aber das Entgelt für die Repräsentationsverpflichtungen. Engels unterstützt Marx finanziell und literarisch, indem er ihm, der Englisch noch unzureichend beherrscht, Zeitungsaufsätze übersetzt oder gar ganz für ihn abfaßt.

Fast drei Jahrsiebente, vom 30. bis zum 50. Lebensjahr blieb Engels auf seinem Posten, den er zuverlässig und arbeitsam täglich zunächst zehn, später acht Stunden ausfüllte. Er war auch darin tüchtig und erfüllte seine Pflicht. Als der Vater nach Manchester kommt, vereinbart er, drei Jahre zu bleiben: die Repräsentationsaufwendungen werden erhöht. «Mit einem solchen Salär geht die Sache schon, und wenn's bis zur nächsten Bilanz ruhig bleibt und das hiesige Geschäft gut geht, wird er noch ganz anders bluten müssen ... Wäre mein Alter indes noch ein paar Tage hier geblieben, wir wären uns in die Haare geraten, der Kerl kann das Glück nicht vertragen, wird übermütig, fällt in die alte Schulmeisterei und wird provozierend, dabei ist er so dumm und taktlos ...» (6. 7. 1851).

Engels ist gesichert und findet sich in sein Schicksal. Er ist von der proletarischen Praxis, der theoretischen Beschäftigung, weitgehend abgekoppelt, wenn er auch meint, eine «Art Doppelleben» zu führen. In einem Vorort von Manchester lebt er neuerlich mit Mary Burns zusammen, nach deren Tod dann mit ihrer Schwester Lydia, Lizzy genannt. Er ehelicht sie kurz vor ihrem Tod. Für Repräsentationszwecke unterhält er eine Stadtwohnung. Mary kannte er vom ersten Aufenthalt (1842/44) her. Dazwischen lagen weitere lebensfrohe Beziehungen. So tauchte Engels in Brüssel 1847 bei einem sozialpolitischen Festspiel mit einer Dame – Mademoiselle Josephine – auf. Marx war mit Frau anwesend. «Die beiden Paare waren durch einen großen Raum voneinander getrennt. Als ich zu Marx herankam, um seine Frau zu begrüßen, gab er mir durch einen Blick und ein vielsagendes Lächeln zu verstehen, daß seine Frau die Bekanntschaft mit jener Dame auf das strengste ablehne. In Fragen der Ehre und Reinheit der Sitten war die edle Frau intransigent ... In Fragen des Ewigweiblichen oder Unweiblichen war er (Engels) jedoch sehr sterblich» (Stephan Born, n. Enzensberger, S. 81). Engels liebt, wie er bekennt, «Sinnlichkeit und Fleischeslust». Er schreibt 1847 aus Paris über «hübsche Grisettenbekanntschaften und viel Plaisier». Seiten ließen sich füllen mit Betrachtungen von ihm über Weinsorten und ihre Wirkung auf ihn, «deren jeder einen verschiedenen Rausch macht.» Seine Tafel war stets reichlich gedeckt. Das Schlimmste war für ihn die Vorstellung, in Untersuchungshaft zu sitzen und über Wochen nicht rauchen zu dürfen. Diese Neigungen werden ihm durch sein Opfer, einen bürgerlichen Beruf auszuüben, nun auch ermöglicht.

In einem Steckbrief wird er so beschrieben: «Größe fünf Fuß sechs Zoll, Haare blond, Stirn frei, Augenbrauen blond, Augen blau, Nase und Mund proportioniert, Bart rötlich, Kinn oval, Gesicht oval, Gesichtsfarbe gesund, Statur schlank. Besondere Kennzeichen: spricht sehr rasch und ist kurzsichtig» (n. Kliem, S. 251). Er hatte einen aufrechten Gang. Sportler oder Militär – so erschien er – und in der Tat, er schwamm gern, ritt viel. Sein Gesicht blieb jünglingshaft, er sah immer weit jünger aus, als er war – ganz im Gegensatz zu Marx. Seit 1839 trug er einen Schnauzbart in wechselndem Umfang, von 1848 an einen Vollbart, den Demokratenbart. Stets gut gekleidet, hatte er beste Manieren, gefällige Umgangsformen und verstand sich in der hohen Gesellschaft ebenso wie im ärmsten Milieu sicher zu bewegen. Kennzeichen dieser offenen Haltung waren seine ausgedehnten Kontakte zu gegensätzlichsten Charakteren und politisch unterschiedlich Gesinnten.

Er stotterte gelegentlich, ist also gehemmt, wenn es gilt, die inneren Empfindungen im Kreis von Hörenden ungehemmt auszudrücken. Wenn Engels in entspannter Umgebung ist, ist davon nichts zu bemerken. Dagegen spricht er vorzüglich Englisch und Französisch – beide Sprachen akzentfrei – und schreibt entsprechend gut. Neben seiner Alltagsarbeit studiert er fleißig weiter, zwei Themengebiete bevorzugt er: *Sprachstudien,* um, wenn die Revolution in einem bestimmten Land ausbrechen sollte, dessen Sprache zu beherrschen, und *Militärstudien.* 1852 schreibt er nach vierzehntägigem Studium der *russischen Sprache:* «Mit den slawischen Sprachen muß ich dieses Jahr fertigwerden und au fond sind sie gar nicht so schwer. Außer dem linguistischen Interesse, was die Sache für mich hat, ist es auch die Konsideration, daß wenigstens einer von uns bei der nächsten Haupt- und Staatsaktion die Sprache, die Geschichte, die Literatur und die Details der sozialen Institutionen gerade derjenigen Nationen kennt, mit denen man sofort in Konflikt kommt» (18. 3. 1852).

Serbokroatisch und Tschechisch schließen an. Das Jahr darauf ist er mit orientalischen Studien befaßt, veranlaßt durch den Krimkrieg. Er lernt *Persisch.* Während ihm das *Arabische* zu weitläufig erscheint, ist Persisch «dagegen ein wahres Kinderspiel von einer Sprache. Ich habe mir drei Wochen als Maximum für das Persische angesetzt.» 1859 studiert er *Ulfilas.* «Ich mußte doch endlich einmal mit dem verdammten Gotischen fertig werden, das ich immer bloß desultorisch trieb. Zu meiner Verwunderung finde ich, daß ich viel mehr weiß, als ich dachte. Wenn ich noch ein Hilfsmittel bekomme, so denke ich, in vierzehn Tagen komplett fertig zu sein. Dann gehts ans *Altnordisch und Angelsächsisch,* mit dem ich auch immer so auf einem halben Fuß gestanden. Bis jetzt arbeitete ich ohne Lexikon oder andere Hilfsmittel, bloß *gotischen* Text und dem Grimm, der alte Kerl ist aber wirklich famos» (4. 11. 59). Später berichtet er, wie er sich mit den *Grimmschen Märchen,* mit deutschen Heldensagen, *altfriesischem Recht* und mit der *holländischen Sprache* befaßt, ja sogar «etwas *Keltisch-Irisches*» liest er «mit Übersetzung daneben», meint aber: «Die Sache scheint doch so schwierig nicht zu sein, aber tiefer laß' ich mich doch auf den Kram nicht ein. Ich habe schon philologischen Blödsinn genug am Bein.» Auch hier beschafft er sich eine Grammatik. *Portugiesisch und Spanisch* spricht er gut, Russisch liest er, die Aussprache macht ihm Kummer. Durch den deutsch-dänischen Krieg 1864 wird er zum Studium der skandinavischen Sprachen veranlaßt: «Ich habe etwas friesisch-anglisch-jütisch-skandinavische Philologie und Archäologie getrieben» (2. 11. 1865). «Sobald ich damit etwas durch bin, gehts ernsthaft ans Altnordische» (15. 7. 1865). «Meine Methode, eine Sprache zu erlernen, war immer, mich nicht mit Grammatik zu beschäftigen (bis auf die Deklinationen und Konjugationen sowie den Pronomen), sondern mit dem Wörterbuch den schwierigsten klassischen Autor zu lesen, den ich finden konnte. So habe ich *Italienisch* bei Dante, Petrarca und Ariosto begonnen. *Spanisch* mit Cervantes und Calderon, *Russisch* mit Puschkin. Dann habe ich Zeitungen usw. gelesen» (22. 8. 1883).

Die Militärstudien beginnen 1851, da schreibt er an einen Freund, den früheren Offizier Joseph Weydemeyer (18. 6. 1851): «Ich habe ... angefangen, Militaria zu ordnen ... Die enorme Wichtigkeit, die die partie militaire bei der nächsten Bewegung bekommen muß, eine alte Inklination ... schließlich meine glorreichen Abenteuer in Baden, alles das hat mich darauf geworfen und ich will es wenigstens so weit in der Geschichte bringen, daß ich theoretisch einigermaßen mitsprechen kann, ohne mich zu blamieren. .. Was ich nun eigentlich brauche, wirst Du besser verstehen ...» (Kliem, S. 415). So erarbeitet sich Engels systematisch Strategie, Taktik, Truppenführung, Logistik, Kommandoführung, Waffentechnik. Bald veröffentlicht er Artikel, in denen er die *«Lehre vom bewaffneten Aufstand als Kampfmittel der Arbeiterklassen»* darlegt. Kein Krieg wird in Europa geführt ohne ausgiebige Kommentare von ihm, und Gelegenheit dazu gibt es reichlich: Krimkrieg, italienische Einigung, Deutsch-Dänischer, Deutsch-Österreichischer, Deutsch-Französischer Krieg in zwei Jahrzehnten; das Europa der Nationalstaaten entsteht. Dabei unterschätzt Engels durchgängig die treibenden nationalen Kräfte, dagegen analysiert er vorzüglich die strategischen und taktischen Überlegungen der Mächte. Seine Analysen gelten heute noch als trefflich und wurden damals, da sie anonym erschienen, zum Beispiel im Fall der Deutsch-Französischen Auseinandersetzungen, als von einem Sachverständigen der preußischen Armee geschrieben betrachtet. Das gilt insbesondere für Artikel in der «Pall Mall Gazette» v. 29. 7. 1870 bis 16. 3. 1871 zum Deutsch-Französischen Krieg, wo Engels den von niemand in England erwarteten Sieg Deutschlands voraussagt, weil Bonaparte nicht Wilhelm, «Alexander», sondern der deutschen Nation gegenübersteht; er deckt Moltkes Plan auf, das an der Mosel stehende französische Heer zu umgehen und dann zu schlagen, drittens sagt er MacMahons Niederlage eine Woche zuvor voraus. Für Marx wird Engels *the general:* «Wenn irgendein militärisches Movement vorfällt, so verlasse ich mich auf sofortige Instruktion aus dem Kriegsministerium zu Manchester» (30. 9. 1853). Engels deutet zunehmend die Militärgeschichte und die Entwicklung der Armeen aus dialektischer Sicht: daß nicht der Vorteil im militärischen Sinne entscheidend ist, sondern derjenige, der einem Lande durch die höhere Entwicklung der Zivilisation gegenüber weniger entwickelten Nachbarn erwächst.

Engels ist nicht nur im Hinblick auf die Militärstudien auf einem Gebiet tätig, wo er Marx – arbeitsteilig – die Studien abnimmt, sondern kaum daß er sich dort einigermaßen sicher fühlt, so dringt er in die seine Zeit bewegenden *Forschungen der Naturwissenschaft.* Zu Beginn vertieft er sich in Hegels Naturphilosophie.

«Schick mir doch die versprochene Hegelsche ‹Naturphilosophie›. Ich treibe jetzt etwas Physiologie und werde vergleichende Anatomie daran knüpfen ... Ich bin sehr begierig zu sehen, ob der Alte nichts davon gerochen hat. So viel ist gewiß, hätte er *heute* eine Naturphilosophie zu schreiben, so kämen ihm die Sachen von allen Seiten entgegengeflogen.» Dann zählt Engels die Fortschritte der Wissenschaft in Chemie und durch das Miskroskop auf, die «Entdeckung der Zellen in der Pflanze durch Schleiden, im Tier durch Schwann (ca. 1836). Alles ist Zelle. Die Zelle ist das Hegelsche Ansichsein und geht in ihrer Entwicklung genau den Hegelschen Prozeß durch, bis sich schließlich die ‹Idee›, der jedesmalige vollendete Organismus daraus entwickelt.» Dann weist er auf das Gesetz von der Erhaltung der Kraft (Energie) in der Joulschen, nicht der Meyerschen Form hin (14. 7. 1858).

Als Berater auf diesem für ihn nicht leichten Gebiet hat er einen Freund, der wie er, von Hegel kommend, dem Sozialismus aufgeschlossen ist; er begegnet ihm in Manchester, später erhält dieser dort den ersten Lehrstuhl für organische Chemie: Karl Schorlemer (1834–1875), der aus Hessen stammte. Engels erstrebt den Nachweis, «daß die dialektischen Gesetze wirkliche Entwicklungsgesetze der Natur» seien, also eine *Übereinstimmung der Geschichte und Naturgesetze* bestehe. Durch diese Studien wird er auch zu kosmologischen Fragen geführt, wobei das Werk des Jesuitenpaters Angelo Secchi: «Die Sonne» (1872 in deutsch) auf ihn, der überzeugt ist, daß alles in Bewegung sei, Eindruck macht. Wenn die Sonne ausgebrannt ist, wird sich dann die Sonnenleiche wieder in den anfänglichen Zustand zurückversetzen? Der Pater weiß es nicht. Engels setzt dagegen: «Es ist ein ewiger Kreislauf, in dem die Materie sich bewegt, ein Kreislauf, der seine Bahn wohl erst in Zeiträumen vollendet, für die unser Erdenjahr kein ausreichender Maßstab mehr ist . . . ein Kreislauf, in dem jede endliche Daseinsweise der Materie, sei sie Sonne oder Dunstnebel, einzelnes Tier oder Tiergattung, chemische Verbindung oder Trennung, gleicherweise vergänglich . . . Aber wie oft und unbarmherzig auch in Zeit und Raum dieser Kreislauf sich vollzieht; wieviel Millionen Sonnen und Erden auch entstehen und vergehen mögen . . . wir haben die Gewißheit, daß die Materie in allen ihren Wandlungen ewig dieselbe bleibt, daß keines ihrer Attribute verloren gehen kann, und daß sie daher auch mit derselben eisernen Notwendigkeit, womit sie auf der Erde ihre höchste Blüte, den denkenden Geist, wieder ausrotten wird, ihn anderswo und in anderer Zeit wiedererzeugen muß» (Mayer II, S. 325). Darin lebt ein Motiv uralter indischer Weisheitslehre wieder auf: der kosmische Reigen, erzeugt vom tanzenden Shiva mit Neuschöpfung, Vernichtung im ewigen Kreislauf – nur einer, Shiva, sich gleichbleibend – bei Engels die Materie. In diesem kosmischen Reigen bestimmt sich der Ort des Menschen.

Engels' Geschäftstätigkeit verlangt größte Disziplin, Korrektheit und Ordnung. So ist es nicht verwunderlich, daß ihm die dort erübten Eigenschaften bleiben: ökonomischer Umgang mit der Zeit, strenge Einteilung des Tages, Übersichtlichkeit, um den Kern der Probleme herauszuarbeiten, zügige Erledigung der Aufgaben, gewissenhafte Führung der Korrespondenz, Anfertigung von Kopien und übersichtliche Ablage der Parteikorrespondenz. Auf ihn geht ein Register von Gegnern, aber auch die Anlage eines Partei-Archivs zurück, das er einrichtet und führt, ja er kopiert die Post auch für Marx, organisiert in Kampfzeiten wie dem Kommunistenprozeß Deckadressen. Dazu ist er besonders in der Lage, weil er vom Weltgeschehen der Partei «abgeschlossen» ist, also vom «Froschmäulerkrieg» der Emigranten; darum beneidet ihn Marx (19. 11. 1859).

Einen Einschnitt bringt das Jahr 1864. Sein Vater stirbt überraschend an Typhus, 64jährig. Nach für Engels sehr unangenehmen Streitigkeiten mit der Familie erhält er allerdings den gesamten Anteil der Familie an der englischen Firma überschrieben; damit erhöhen sich seine Einkünfte beträchtlich, aber er trägt jetzt auch vollverantwortlich das wirtschaftliche Risiko. Engels schließt aufgrund seines Besitzanteils 1869 einen Vertrag, indem er seine Firmenanteile an den Partner Ermen verkauft – er ist nun unabhängig. Er verfügt über 30 000,- Pfund, das sind 600 000,- Goldmark (Kliem, S. 587), von deren Erträgnissen er – und Marx – in Zukunft leben. Er bittet den Freund in London, ihm ein Haus zu besorgen, was dort erst nach mehrmaligem Drängen durch Frau Marx eingelöst wird. Sie findet ein komfortables Haus in Parknähe, eine Viertelstunde vom Marxschen entfernt, da «es nicht gut tut, wenn verheiratete Freunde sich zu nahe wohnen. Die Anschauungen über Lebensführung und Lebensgewohnheiten stimmen nie völlig überein» (Engels zu Kautsky, ebd., S. 432). Dort entfaltet sich eine allsonntägliche reiche Tafel, die zahlreiche Besucher sieht und in Sozialistenkreisen höchste Berühmtheit erlangt. Engels arbeitet sofort in der «Internationalen» mit. 1870 analysiert er sehr rasch die Bedeutung des Aufstands der Kommune in Paris, organisiert dann die Unterstützung der geschlagenen Aufrührer. Dabei verdeutlicht er, daß «die Arbeiterklasse nicht die fertige Staatsmaschine einfach in Besitz nehmen und sie für ihre eigenen Zwecke in Bewegung setzen kann» (24. 6. 1872, zit. n. Kliem, S. 457). Später schreibt er: «Nun gut, ihr Herren, *wollt ihr wissen, wie diese Diktatur aussieht? Seht euch die Pariser Komune an.*» Das war die *Diktatur des Proletariats* (18. 3. 1891, ebd.). Damit lenkt er, der «General», den Blick auf die Bedeutung des Militärs, d. h. von Milizen und der *Bewaffnung der Arbeiterklasse* für die sozialistische Revolution. So wird das Mittel gekennzeichnet, durch das sich die Theorie der Praxis bemächtigt. Hier bricht noch einmal und erneut das Jugendtemperament durch: «Galt es zu kritisieren, dann stand er . . . seinen Mann wie nur einer und führte seine Klinge voll Lust und Geschick. Dabei war er aber dann noch mehr Polemiker als eigentlicher Kritiker: Kämpfen war ihm Leidenschaft, von der Rauflust der alten Germanen besaß er sein reichliches Erbteil. Im Leben konnte er durch die Schärfe seines Urteils und seinen Hang zum Jähzorn andere verletzen. Duellforderungen ist er in seinen jungen Jahren nicht aus dem Weg gegangen» (Mayer I, S. 176). Dies alles ist nun gemildert, geformt durch die Berufstätigkeit, aber das taktische Denken blieb ihm. Darin wirken Kräfte der Vergangenheit.

2. Marxens Not – Engels der Helfer

Engels' Entschluß, dem Schacher zu dienen, war ein Opfer, das er aus überlegter Entscheidung für Marx brachte, um ihm zu ermöglichen, das «Kapital» abzufassen. Dieses Werk hielt er für so fundamental, daß er damit für immer das gefundene System wissenschaftlich abgesichert glaubte. Niemand anderen als Marx hielt er dafür geeignet. Ihm für die systematische Arbeit Raum zu schaffen, war seine Absicht.

Der Lebenszuschnitt Marxens ist lebenslang bürgerlich, die Einkünfte dagegen oft schmal, zumal sich Marx niemals bereitfindet, wie viele der Emigranten einen bürgerlichen Brotberuf zu ergreifen. Er lebt vornehmlich als Gelehrter, geht seinen Studien nach und schreibt gelegentlich Aufsätze. Der Druck, für die sechsköpfige Familie aufkommen zu müssen, veranlaßt ihn, aus journalistischer Tätigkeit Einkommen zu erzielen. Ihn, der jede fremdbestimmte Arbeit als Entfremdung erlebt, kann die Aussicht, etwas terminlich fertigmachen zu müssen, nicht mit allzu großer Freude erfüllen, zumal er nun nicht als Chefredakteur selbstbestimmend ist, sondern «Lohnschreiber». Doch die «New York Daily Tribune» zahlt gut, pro Artikel 5 $, was bei verabredeten zwei Artikeln wöchentlich 10 $ bringen konnte. Nur einmal, von vielen Seiten gedrängt und in größter Not, bewarb sich Marx (1861) bei der British Railway, wobei zu seiner Freude seine schlechte Handschrift der Grund für seine Ablehnung war. Um dem Zwang zur termingerechten Fertigstellung derArtikel zu entkommen, «weicht» Marx auf Engels aus, indem er ihn bittet, ja auffordert, zu helfen. Die «Tribune» hat «mich ... zum Mitarbeiter aufgefordert ... Wenn es Dir möglich ist, mir einen englisch geschriebenen Artikel ... bis Freitag Morgen zu liefern, so wäre das ein famoser Anfang» (8. 8. 1851); eine Woche später: «Schreibe ungeniert» (14. 8. 1851). Erst 1953 wurde festgestellt, daß von den Beiträgen die Mehrzahl von Engels stammt: er verfaßte u. a. neunzehn Artikel (Revolution und Konterrevolution in Deutschland) – nahezu ein Buch – , als Autor zeichnete Marx und kassierte das Honorar. Ein Jahr später erst schrieb Marx selbst, wobei Engels die Beiträge zunächst übersetzte, später bloß noch durchsah. Um die Finanzen aufzubessern, nahm Marx auf Veranlassung von Engels 1857 die Abfassung von Lexikon-Artikeln an; Engels meint, «eine Masse des Zeugs ist bloß Abschreiberei oder Übersetzung», er will für Marx ein Büro organisieren, «es macht Spaß», «weil das ein enormes Lift für Dich sein wird» (22. 4. 1857). Doch Marx hält sich zurück, der äußere Druck mißbehagt ihm, er erkrankt zunächst. Fünf Monate nach dem Angebot erst schreibt er den ersten Beitrag. Von den 67 Artikeln mit 375 Druckseiten hat letztlich Marx acht Beiträge von zusammen 29 Seiten geliefert, 59 dagegen mit 308 Seiten Engels, das Honorar ging voll an Marx. Die Selbstlosigkeit und Hilfsbereitschaft von Engels ist tatsächlich verblüffend.

Die größte wirtschaftliche Not trifft die Familie Marx in den fünfziger Jahren nach der Emigration in London. Da ist die Familie hochverschuldet, mehrfach von Gläubigern verfolgt und hat in engsten räumlichen Verhältnissen ein ihrer – und ihrem Selbstverständnis – unwürdiges Leben zu führen. Marx ist mehrfach gezwungen, ererbtes herzogliches

Tafelsilber im Pfandhaus zu vesetzen, um das Nötigste zum Lebensunterhalt zu haben, wobei er sogar einmal polizeilich des Diebstahls verdächtigt wird. Der Pfandleiher mit dem Zeichen der «Drei Kugeln», von den Kindern «Onkel» genannt, ist durch ein Jahrzehnt «häufig frequentiert». Die bedrückende Situation hängt aber nicht nur daran, daß die «Umstände» ein wertvolles Mitglied der Gesellschaft schnöde behandeln – diejenigen, für die sich Marx einsetzt, leben unverhältnismäßig schlechter –, sondern Marx verhält sich ganz bürgerlichen Vorstellungen entsprechend so, als ob er stets über gegnügend Mittel verfüge. Insgesamt gesehen hat er dies wohl auch, nur: er kann nicht mit Geld umgehen, ebensowenig die Ehefrau. Sich einschränken, einteilen, zurücklegen, wenn es reichlich gibt, ist ihnen unmöglich.

Schon als Student gibt Marx siebenhundert Taler während eines Studienjahres aus – eine Summe, die das Einkommen höherer Beamter überstieg. Verschiedene beachtliche Erbschaften, Abfindungen, ja auch Spitzenhonorare als Journalist helfen immer nur vorübergehend aus der rasch wieder auftretenden wirtschaftlichen Misere.

Der Tiefpunkt ist zweifellos zu Beginn des Londoner Exils erreicht, das 33 Jahre, bis zum Tod, währt. Jenny Marx berichtet, wie sie wegen Mietrückstands aus ihrer Wohnung ausgewiesen werden. Eines Tages «traten zwei Pfänder ins Haus, legten all meine kleine Habe mit Beschlag, Betten, Wäsche, Kleider, alles, selbst die Wiege meines armen Kindes, die besseren Spielsachen der Mädchen, die in heißen Tränen dastanden. In zwei Stunden drohten sie alles zu nehmen. Ich lag dann auf der flachen Erde mit meinen frierenden Kindern, meiner wehen Brust . . . Den Tag darauf mußten wir aus dem Hause, es war kalt, regnerisch und trüb. Mein Mann suchte uns eine Wohnung, niemand will uns nehmen, wenn er von vier Kindern spricht. Endlich hilft uns ein Freund, wir bezahlen, und ich verkaufe rasch all meine Betten, um die vom Skandal der Pfändung ängstlich gemachten Apotheker, Bäcker, Fleischer, Milchmann zu bezahlen, die plötzlich mit ihren Rechnungen auf mich losgestürmt kommen. Die verkauften Betten werden vor die Tür gebracht, auf eine Karre geladen – was geschieht . . . Der Wirt dringt mit Constablern vor und behauptet, es könnte doch auch von seinen Sachen dabei sein, wir wollten durchgehen in ein fremdes Land. In weniger als fünf Minuten stehen mehr als zwei- bis dreihundert Menschen gaffend vor unserer Tür, der ganze Mob von Chelsea. Die Betten kommen zurück, erst am anderen Morgen nach Sonnenaufgang durften sie dem Käufer übergeben werden; als wir nun so durch den Verkauf unserer sämtlichen Habseligkeiten instandgesetzt waren, jeden

Heller zu zahlen, zog ich mit unseren kleinen Lieblingen in unsere jetzigen kleinen zwei Stübchen. . .» (an J. Weydemeyer, 20. 5. 1850, zit. n. Enzensberger, S. 150 f.). So findet sich die Familie in einer Zwei-Zimmer-Wohnung. «So ziemlich dem übelsten und billigsten Viertel Londons . . . In keiner der Stuben ein sauberes oder anständiges Möbelstück. Alles ist zerbrochen, zerschlissen, zerfetzt, fingerdicker Staub klebt darauf . . . Manuskripte, Bücher, Zeitungen liegen kunterbunt neben Spielzeug und Fetzen aus dem Nähkorb seiner Frau, Tassen mit verklebten Rändern, schmutzige Löffel, Messer, Gabel, Lampen, Tintenfaß, Bierseidel, Pfeifen, Asche – alles in wüstem Durcheinander auf demselben Tisch. Beim Betreten des Raumes beißen Rauch und Tabakschwaden dermaßen in die Augen, daß man zuerst wie in einer Höhle vorwärtstappen muß, bis man sich daran gewöhnt und den einen oder anderen Gegenstand im Dunst erkennt. Sich hinzusetzen ist nicht ungefährlich, hier steht ein Stuhl nur auf drei Beinen, dort ein anderer, der heil zu sein scheint, auf dem aber die Kinder Kochen spielen. Dieser wird dem Besucher angeboten, aber das Spielzeug der Kinder wird nicht entfernt, so daß man seine Hosen riskiert . . . Aber all diese Dinge stören weder Marx noch seine Frau. Man wird aufs herzlichste empfangen . . . und schon entwickelt sich eine kluge, anregende Unterhaltung», wie eine Beobachterin (Yvonne Kapp) schreibt (zit. n. Raddatz, S. 153)

Marx' Selbsterleben ist trotz allem so, als ob er der Gläubiger, die anderen seine Schuldner wären. Erst zehn Jahre später kann er erreichen, daß die Mutter einige Schuldscheine vernichtet. «Meine Mutter, bei der von barem Geld nicht die Rede ist, die aber rasch ihrer Auflösung entgegengeht, hat einige frühere Schuldscheine, die ich ihr ausgestellt, vernichtet. Das war ein ganz angenehmes Resultat der zwei Tage, die ich bei ihr zubrachte. Ich selbst sprach gar nicht von ihr, von money, . . . sondern sie nahm in diesem Punkt die Initiative» (an Engels). Die Vermögensverwaltung im elterlichen Hause Marx hatte außerdem nicht die Mutter, sondern ein Onkel, mit dem sich Marx gut stellte und dem er 1861 auch «160 Pfund abgepreßt» hatte. Im August wünscht sich die Frau ins Grab, aus Not.

Weitere Versuche, an das Vermögen der Mutter heranzukommen, scheitern. «Von meiner Alten erhielt ich gestern Antwort. Nichts als . . . Redensarten, but no cash. Außerdem teilt sie mir mit, was ich längst wußte, daß sie 75 Jahre alt ist und manche Gebresten des Alters fühlt». Als sie dann im Dezember 1856 stirbt, eilt Marx sofort nach Trier, um den Rest des Erbes anzutreten. Allerdings bleiben für Marx nur 5000 Gulden übrig, weil das zuvor Erhaltene abgezogen wird und der andere Teil seinen Geschwistern zukommt. Sobald ein geringes Erbe – so 1856 – durch den Tod der Schwiegermutter in Aussicht steht sowie weitere 150 Pfund durch eine schottische Verwandte seiner Ehefrau, wird ein vornehmes, großes Haus bezogen, das mehrere Familien beherbergen könnte. Als Wilhelm Wolff stirbt, hinterläßt er ihnen ein ansehnliches Erbe – Marxens erhalten in einem Jahr, 1864, 30 000,- Mark. Aber im Mai 1865, ein Jahr danach, ist wieder das Pfandhaus der Helfer in der Not. Der Freund Engels, zunächst mit 100 Pfund Einkommen ausgestattet, kann ab 1851 aus Manchester monatlich 5 Pfund schicken, also jährlich 60 Pfund. Engels wird vom Vater selbst finanziell kurz gehalten.

Im späteren Wohnhaus Marxens können Feste mit bis zu 50 Personen durch die Töchter gegeben werden. Der Revolutionär, ständig unter Geldmangel leidend, jammernd und klagend nach allen Seiten, großzügig alles, was ihm zukommt, entgegennehmend, kümmert sich weder um Herkunft noch um Verbleib des Geldes, lebt aber wie ein Angehöriger des Großbürgertums und sucht auch in Phasen der Not den Schein bürgerlicher Wohlanständigkeit zu wahren. 1868 nennt er Kugelmann gegenüber seine jährlichen Lebenshaltungskosten mit 400 bis 500 Pfund; der Wochenlohn eines Minenarbeiters mit 6 Kindern war 24 Schillinge, der eines Textilarbeiters 28 und der eines Londoner Bauarbeiters 32, das sind zwischen 62 und 85 Pfund (1700 Mark) im Jahr.

In den Zeiten der Flaute zieht Marx Wechsel auf Persönlichkeiten, die nur selten vorher um ihr Einverständnis gefragt wurden. Man kann den Eindruck haben, daß in dieser Hinsicht Marx sein Ideal einer brüderlichen Gesellschaft auf eigene Faust schon vorab selbst lebt: er ist da, mit Familie, und hat durch die Gesellschaft angemessen versorgt zu werden; sich dafür etwa in «abhängige Arbeit» zu begeben, widerspricht diesem Ideal vollkommen. Wo die Versorgung nicht von allein geschieht, wie allzu häufig, muß er sich das Notwendige nehmen, ohne sich dabei um bürgerliche Konvention zu kümmern. Richard Wagner, der wenig ältere Zeitgenosse und Künstler, im gleichen Jahr wie Marx verstorben, zeigt darin ähnliche Züge.

Nur einmal führt die Selbstbezogenheit von Marx zu einer derartigen Spannung, daß sie den endgültigen Bruch der einzigartigen Freundschaft mit Engels hätte bedeuten können, wenn nicht Marx, die Gefahr verspürend, sich zu einem für ihn außerordentlichen Schritt entschlossen hätte: er entschuldigt sich – ein Vorgang, der sich sonst nicht bei Marx finden läßt. Ursache dafür ist der überraschende Tod der langjährigen Lebensgefährtin von Engels, der Irin Mary Burns, der Engels tief trifft. Er teilt dies seinem Freund mit kurzen Worten mit: «Mary ist tot. Gestern abend legte sie sich früh zu Bett, als Lizzy (die Schwester) sich gegen 12 Uhr schlafen legen wollte, war sie schon gestorben. Ganz plötzlich ... Ich kann Dir gar nicht sagen, wie mir zumute ist. Das arme Mädchen hat mich mit ihrem ganzen Herzen geliebt. Dein F.E.» (7. 1. 1863). Der egozentrische Freund hat zwei Sätze des Beileids übrig: «Lieber Engels, die Nachricht vom Tode der Mary hat mich ebenso sehr überrascht als bestürzt. Sie war sehr gutmütig, witzig und hing fest an Dir.» Nach einem weiteren Satz ist Marx bei sich selbst angekommen: «Meine Versuche ... Geld aufzutreiben, sind gescheitert ... Dazu haben die Kinder keine Kleider und Schuhe, um auszugehen ... Es ist scheußlich egoistisch von mir, daß ich Dir in diesem Augenblick die horreurs erzähle ... Hätte nicht statt der Mary meine Mutter. . .» Da schreibt Engels (13. 1. 1863): «Lieber Marx, Du wirst es in der Ordnung finden, daß diesmal mein eigenes Pech und Deine frostige Auffassung desselben es mir positiv unmöglich machten, Dir früher zu antworten. Alle meine Freunde, einschließlich Philisterbekannte, haben ... mehr Teilnahme und Freundschaft erwiesen ... Du fandest den Moment passend, die Überlegenheit Deiner kühlen Denkungsart geltend zu machen. Soit!» Im Entwurf hatte er hinzugefügt und dann doch weggelassen: «Genieße Deinen Triumph, er wird Dir nicht bestritten» (Mayer II, S. 123). Darauf entschuldigt sich Marx: «Lieber Frederick, ich hielt es für gut, einige Zeit verstreichen zu lassen, bevor ich Dir antwortete. Deine Lage einerseits, meine andererseits, machten es schwer, die Situation ‹kühl› aufzufassen. Es war von mir unrecht, daß ich Dir den Brief schrieb, und ich bereute ihn, sobald er abgeschickt war» (24. 1. 1863). Darauf Engels: «Lieber Mohr, ich danke Dir für Deine Aufrichtigkeit. Du begreifst selbst, welchen Eindruck Dein vorletzter Brief auf mich gemacht hatte. Man kann nicht so lange Jahre mit einem Frauenzimmer zusammenleben, ohne ihren Tod furchtbar zu empfinden. Ich fühlte, daß ich mit ihr das letzte Stück meiner Jugend begrub. Als ich Deinen Brief erhielt, war sie noch nicht begraben. Ich sage Dir, der Brief lag mir eine Woche im Kopf ... Dein letzter Brief macht ihn wett, und ich bin froh, daß ich nicht mit Mary gleichzeitig meinen ältesten und besten Freund verloren habe» (16. 1. 1863).

Anschließend wendet er sich Marxens Geldnöten zu, er zieht zu dessen Gunsten einen Wechsel über 100 Pfund: «Du mußt aber jetzt auch selbst begreifen, daß ich nach den ungewöhnlichen Anstrengungen ... rein ausgepumpt bin und Du ... auf gar keine Rimessen meinerseits ... rechnen darfst» (26. 1. 1863). Marx dankt überschwenglich:

«Ich weiß genau, wie *riskiert* es für Dich war, in dieser Weise so große und unerwartete Hülfe zu bringen. Ich kann Dir nicht dankbar genug sein, obgleich ich, in meinem inneren Forum, keines *neuen* Beweises Deiner Freundschaft bedurfte, um mich zu überzeugen, daß sie aufopfernd ... Ich kann Dir jetzt auch ohne weitere Umstände sagen, daß ... nichts auch nur verhältnismäßig (so) auf mich preßte, als die Furcht, daß ein Riß in unserer Freundschaft ...» (28. 1. 1863).

Neben dieser höchsten Gefährdung der Freundschaft und ihrer Wiederherstellung gibt es eindrückliche Zeugnisse gegenseitiger Hochschätzung, aber auch solche, wo Engels sich bescheiden unter Marx stellt. Marx seinerseits versichert wiederholt Engels das «Glück solcher Freundschaft» (20. 2. 1866) oder schreibt davon, wie ihn bei gesundheitlichen Qualen «der Gedanke an Dich und Deine Freundschaft aufrecht gehalten» (12. 4. 1855).

Als Marx das Wolffsche Erbe antritt, verschweigt er seinem Freund gegenüber die Höhe des Erbteils aus Trier, weil er dann das rasche Verschwinden leichter rechtfertigen konnte. Er nimmt, was er bekommt, auch von Engels recht geschäftsmäßig, wie ihm zustehend. Es dürften nach Berechnungen des Moskauer Marx-Engels-Instituts, d. h. nach Berechnungen des verdienstvollen Herausgebers der Gesamtausgabe David Rjazanov, anhand des Briefwechsels 150.000,- Mark oder mehr festzustellen sein (Blumenberg, S. 109). Ohne den Schicksalshintergrund, aus dem Engels einen Ausgleich für zugefügten Schmerz zu schaffen bestrebt ist, wäre diese merkwürdige Beziehung nicht zu begreifen, zumal Engels sonst sehr genau zu rechnen wußte.

Der große Analytiker des Kapitals hat selbst niemals eines zu bilden vermocht, lebte er doch, allerdings ganz aus bürgerlichen Vorstellungen, in denen der Schein gewahrt werden muß, in der Praxis schon in einer neuen Ordnung, die er vorhersagte.

Als Engels sein Ausscheiden aus der Firma geregelt hatte, schreibt er am 29. 11. 1868 an Marx: «Lieber Mohr, überlege Dir die Antwort auf inl. Fragen ganz genau ... 1. Wieviel Geld brauchst Du, um alle Deine Schulden zu bezahlen ...? 2. Kannst Du mit 350 Pfund für die gewöhnlichen regelmäßigen Bedürfnisse auskommen? ... Die von G. E. mir offerierte Summe ... würde mich in den Stand setzen, Dir 350 Pfund jährlich sicher für 5–6 Jahre zuzuweisen und bei außergewöhnlichen Fällen auch etwas mehr. Aber Du begreifst, daß alle meine Arrangements umgeworfen würden, wenn sich von Zeit zu Zeit wieder eine Summe von Schulden aufhäufte ...» Engels kannte seinen Freund. Dieser antwortet: «Ich bin ganz knocked down durch Deine zu große

Güte» (30. 11. 1868). Durch ein weiteres Erbe seiner Mutter konnte Engels seinem Freund die genannte Summe bis zum Tode bezahlen.

Was Engels der «hündische Commerz» bedeutet, läßt sich ermessen, wenn er als Geschäftsmann einerseits jede Krise, die ihn selbst betrifft, freudig erregt als Auslöser einer Revolution erwartet, also ungebrochen Revolutionär ist, andererseits aber weiß, was er als Diener des Proletariats selbst zu dessen Ausbeutung persönlich beiträgt. Diese Spannung ist nicht verdrängt, sondern ihm voll bewußt; sie kann nur um eines noch höheren Zieles willen achtzehn Jahre ertragen werden: einem anderen, Marx, sein Werk zu ermöglichen, das «Kapital». 1867 ist dieses fertig – freilich nur mit dem ersten Band, zwei Jahre später läuft Engels' Vertrag aus: er kann sich befreien und die Spannung, den Grundwiderspruch seines jetzigen Lebens für sein individuelles Bewußtsein lösen.

3. Petrinisches Apostolat

Mit neunundvierzig Jahren «freigekommen» von der Nötigung zum Broterwerb, entfaltet Engels ein Wirken vor allem für die Lehre, von deren Wahrheit er tief durchdrungen ist. Wie er wesentlich sich deshalb in die «Arbeitsfron» begab, um dem Freund die nicht endenwollende Fertigstellung des «Kapitals» zu ermöglichen, so ist er nach Erscheinen des ersten Bandes unentwegt für die Bekanntmachung der darin enthaltenen Lehre tätig. Engels ist sicher, daß das, was Marx fand, eine «kopernikanische Wende» darstellt. «Marx ist der Entdecker des Grundgesetzes, nach welchem die menschliche Geschichte sich bewegt und entwickelt. Marx entdeckt auch das spezielle Gesetz, nach dem die menschliche Gesellschaft entstand und untergehen wird wie alle früheren Phasen der Gesellschaft. Aber so wert ihm die Wissenschaft war, sie absorbierte ihn ganz» (Mayer II, S. 352). So setzte sich der Freund in nicht weniger als neun Buchbesprechungen, die er anonym oder unter verschiedenen Namen abfaßte, für das Werk in verschiedenen Zeitschriften gleich bei Erscheinen ein. *«Für Engels gab es seit dem ‹Kapital› keine theoretisch ungelöste ‹soziale Frage› mehr»* (ebd., S. 275). Um in Zukunft den Einfluß des «Kommunistischen Manifestes» auf eine künftige Internationale zu sichern, mußten alle konkurrierenden Richtungen, die noch Einfluß auf die europäische Arbeiterbewegung hatten: Bakunin, Proudhon, Lassalle u. a., gedanklich vernichtet werden. Diese Wirkung auszuüben, maß er dem «Kapital» bei, das nun als geschlossenes System zu Ende geführt wurde. «Um Marx die Muße zur Arbeit zu schaffen, übernahm er von nun an selbst immer ausschließlicher die Auseinandersetzung mit konkurrierenden Bestrebungen» (ebd., S. 258).

Es entwickelt sich die religiöse Inbrunst des Jüngers, der nach Gewißheit des Bekenntnisses gesucht hatte und nun zur Sicherheit in der Verkündigung der Lehre gelangt ist. Etwas zugespitzt verdeutlicht Mayer diese fünfundzwanzigjährige Epoche in Engels› Leben damit, daß der jetzige Engels nicht mehr der Wahrnehmende ist, sondern Lernender und Lehrender, so daß sich behaupten ließe, «daß Marx in der Studierstube zum Kämpfer und Revolutionär wurde, während Engels sein Kampfbedürfnis in die Studierstube führte» (ebd., S. 296)

Zunächst führt die räumliche Nähe zu Marx zu erneuter Zusammenarbeit. Da sind zunächst die großen Geschehnisse gemeinsam zu bewältigen: aus der Ferne der Aufstand der Kommune in Paris, schließlich die Abrechnung und «Exkommunikation» Bakunins aus der Internationalen, die beide in der intrigantesten, durchtriebensten und unwürdigsten Weise betrieben wurden – mit dem besten Gewissen, da es nur «um die Sache» gehe. Dies führte zum Untergang der Internationalen.

Danach wird Engels unermüdlich tätig: in langen Briefen – Sendschreiben – an die Schüler läßt er ihnen eine angemessene Erziehung zur richtigen Einstellung und Denkweise angedeihen, entwickelt die Grundzüge der «Bibel», des «Kapitals», die für manchen mit ihren aberhunderten Seiten nicht erkennbar waren, arbeitet sie einfach und deutlich heraus und bezieht sie auf die anstehenden Fragen des sozialistischen Gemeindelebens. Er geißelt Irrtümer, weist auf notwendige Handlungen hin, korrigiert, unterliegt selbst Irrtümern, ist *sich* aber *immer sicher* und stets der Mission bewußt. Rund 100 *Lehr-Briefe* gehen an August und Julie Bebel, 175 an Edward und Regina Bernstein, 150 an Kautksy, 500 Seiten füllt der Schriftwechsel mit Liebknecht. *Engels wird zum Verkünder des Stifters,* nimmt sich selbst dabei ganz zurück und verdeutlich und verklärt den bald verstorbenen Freund. Dabei gelingt ihm, was zu Lebzeiten Marxens nicht gelingen wollte: er macht die Lehre über kleine Zirkel hinaus weithin bekannt und eingängig, wobei er den internationalen Charakter der Arbeiterbewegung, ihre «menschheitliche» Komponente immer wieder betont. Er, der zunehmend Apostelqualitäten entwickelt und die Erinnerung an den Anfang wachhält, äußert gegenüber A. M. Voten (1870–1937), er wünsche, daß Russen und alle anderen «endlich damit aufhören würden, Marx- und Engels-Zitate herauszuklauben, . . . statt dessen so dächten wie Marx an ihrer Stelle gedacht hätte. Wenn das Wort Marxist ein Recht zu existieren hätte, dann nur in diesem Sinn» (zit. n. Enzensberger, S. 669 f.). Er wird nach Marxens Tod zum «ersten Marxisten» (so Hirsch, S. 84 ff.). Hatte Marx noch von sich gesagt: «Ce qu'il y a de certain, c'est que moi je ne suis pas Marxiste» (ebd.), so ist Engels Verbreiter seiner Lehre (Enzensberger, S. 679 f.).

Engels legt «zum erstenmal nach den verschiedensten Seiten hin ausführlich und eindringlich die Eigenart des Marxismus ... gegenüber dem damals grassierenden eklektischen Sozialismus klar ...» (so Kautsky über den Anti-Dühring) und bestätigte, wie er dadurch zum theoretischen Schulmeister für ihn, Kautsky, Bernstein und die Partei wurde (zit. n. Kliem, S. 513).

Die weit gestreckten Interessen ermöglichen Engels, dann auch auf Probleme zu antworten, die aus der deutschen Sozialdemokratie an ihn herankommen. Er sieht dabei seine Aufgabe darin, die Äußerungen der dortigen Parteileitung mit der «allgemeinen Theorie in Einklang» zu halten. Es ist gut, wenn die Partei «im Ausland ein paar Leute hat, die unbeeinflußt von den verwirrenden Lokalverhältnissen und Einzelheiten des Kampfes von Zeit zu Zeit das Geschehene und Gesagte an den für alle modernen proletarischen Bewegungen geltenden theoretischen Sätzen messen und die den Eindruck widerspiegeln, den ihr Auftreten in Deutschland macht» (n. Mayer II, S. 344 f.). In diese Aufgabe des Lenkers, des die «Linie» Haltenden, wächst er nach Marx' Tod ganz hinein.

Die «ideologische Sicherheit» fehlt nach Engels Ansicht den sozialistischen Parteiführern in Deutschland, und tatsächlich: viel mehr als das Manifest ist nicht bekannt (vgl. Hirsch, Bebel), das «Kapital» von Marx ist zu schwer, aber auch zu umfangreich, so daß in der geistigen Formierung der sozialistischen Bewegung eine tatsächliche ideelle Schwäche besteht. In dieses Vakuum hinein wirkt gestaltend der Berliner Privatdozent Eugen Dühring (1833–1921) mit seinem 1872 erschienenen «Kursus der Natinalökonomie und des Sozialismus». Er lehrt eine «Wirklichkeitsphilosophie», mit der er Marxens «Kapital» kritisiert und ihn als «wissenschaftliche Jammergestalt» bezeichnet. Er will einen «autokratischen Sozialismus», wobei er vor allem nicht nur Kritik vorbringt, sondern auch positive Lösungen vorzuschlagen hat, so etwa die Überwindung des «Ablohnungssystems durch die wirtschaftliche Selbständigkeit von Arbeitergesellschaften» usf. Diese Anregungen «verunsichern» viele Sozialdemokraten, da sie diese Vorschläge ebensowenig wie die Verurteilung Marxens zu bewerten vermögen. In dem sogenannten Anti-Dühring («Herrn Eugen Dührings Umwälzung der Wissenschaft»), zunächst in Fortsetzungen im «Vorwärts» 1877/78, später – nach Verboten – in Broschürenform erschienen, widerlegt Engels die «falschen» Ansichten und arbeitet in eingängigen Gedanken die «wahre Lehre» des Marxismus heraus, die auf diese Weise der deutschen Arbeiter-Bewegung vermittelt wird, denn sie «ist die Erbin der deutschen klassischen Philosophie» (im Vorwort des Anti-Dühring).

Eine weitere Schrift, die viel zur «rechten Denkform» der deutschen Arbeiterbewegung beiträgt, ist die Schrift von Engels: «Ursprung der Familie», die er erst nach Marx' Tod beginnt. Auslöser hierfür war, daß durch den Amerikaner Lewis H. Morgan: «Ancient Society, die ungeschriebene Geschichte», die Vorgeschichte aufgehellt wurde. Nun kann Engels daran gehen – er tut dies mit Genuß, weil er die Sonderstellung des russischen Gemeineigentums, den Mir, auf den die Russophilen so stolz sind, zu relativieren vermag –, die frühe Geschichte der Familie im historischen Materialismus einzubauen («Ursprung der Familie»). Das Unhaltbare und Verquere dieser Gedanken braucht hier nicht ausgeführt zu werden (vgl. Wesel).

So wird Engels zu einem Apostel, der die neue Sichtweise des historischen und dialektischen Materialismus – beide Ausdrücke stammen von ihm – der deutschen Arbeiterbewegung vermittelt und sie damit so zur Wirksamkeit bringt, daß sie über den Tod des Begründers in das nächste Jahrhundert hinüber sich entfalten wird.

Der Dienst am Freund, der ihm ein gutes Jahrzehnt voranging, die Anerkennung dessen intellektueller und theoretischer Begabung, die Engels in selbstloser und hilfsbereiter Weise ständig unterstützt, setzt sich nach dessen Tod bei Engels in verwandelter Form fort, steigert sich sogar noch beträchtlich. Hatte er den Freund als «bestgehaßtesten und bestverleumdeten Mann seiner Zeit» in seiner Grabrede (17. 3. 1883) bezeichnet, der verfolgt, ausgewiesen wurde, dem die Regierenden um die Wette Verlästerungen nachlogen, so stellt er sich ganz in den Dienst dieses Verfolgten: er übernimmt Marxens schriftlichen Nachlaß, ordnet die riesigen Manuskriptstöße des «Kapitals», entziffert die kaum von einem Menschen lesbare Schrift und veröffentlicht, nur geringfügig redigierend,daraus zwei weitere Bände des Hauptwerks von Marx: «Das Kapital – Kritik der politischen Ökonomie». Der erste Band heißt im Untertitel: *Der Produktionsprozeß des Kapitals* (1867), er hat 960 Seiten Umfang, der von Engels 1885 herausgegebene 2. Band: *Der Zirkulationsprozeß des Kapitals* 630; der dritte: *Der Gesamtprozeß der kapitalistischen Produktion,* über 1050 Seiten, erschien erst 1894. Diese editorische Aufgabe fordert von Engels ein ganzes Jahrzehnt seines eigenen

Lebens; ihr ordnet er alles unter. Kaum ist er mit der Arbeit zu Ende, bemerkt er, «daß 74 nicht 47 ist». Er muß sich auf das Alter umstellen; der stets jung wirkende Engels altert nun vom Sommer 1894 an rasch, bemerkt Konzentrationsmängel, zu seiner Gesundheit muß er sich eine «pedantische Lebens- und Sittenpflicht» oktroyieren lassen, wie er am 20. 3. 1895 schreibt. Nach einer sich verschlimmernden Krebserkrankung des Kehlkopfes und einer kurzen Leidenszeit stirbt er 74jährig am 5. August 1895 in London. Seine Urne wird bei Eastbourne ins Meer versenkt.

2. Teil:
Wandel und Entfremdung: Die Entscheidungsjahre 1838–1843 im Lebensgang einzelner Junghegelianer

I. Das Grunderlebnis der Bewußtseinsseele: Entfremdung

1. Entfremdung und Umbruch

Solange Vertraut- und Heimischsein, Einheit, Harmonie, Freundschaft, Liebe, ja Einigkeit waltet, ist das Erleben der Sicherheit und des Getragenseins vorherrschend. Wenn Handlungsvollzüge wiederkehren und überlieferte Traditionen das schon lange Bekannte erneuern, kann der Mensch in Übereinstimmung mit der Gemeinschaft und ihrer Ordnung leben. Bricht aber in das Erleben der *Zweifel* ein, so trennt sich das persönliche Erleben von dem Vorgefundenen, setzt sich in Widerspruch zu ihm und steht der vorgefundenen Wirklichkeit verunsichert, ja kritisch gegenüber.

Dieser Vorgang der *Entzweiung* hat sich geschichtlich, zwar jeweils in verschiedener Gestalt, zu wiederholten Malen ereignet. Stets ist die Folge, daß in unendlichen Frageaufwürfen, in Suchbewegungen, eine neue Einheit *erstrebt* wird. Dabei treten eine Vielzahl von Überlegungen auf, wie dem Zustand der Verunsicherung zu entkommen sei. Was der einzelne im Innern durch Bewußtwerdung erlebt, kann auch von außen durch geschichtliche Ereignisse zum Erlebnis ganzer Gemeinschaften werden. Beides, sowohl das individuelle Erleben wie das der Gemeinschaft, macht somit auf eine Entwicklung aufmerksam, die zwar durchaus von Äußerem veranlaßt, doch vornehmlich sich als Verarbeitungsaufgabe des Inneren erweist. Veränderungen des Bewußtseins sind die Folge. Denn selbst, wenn etwa durch Kriege, Völkerwanderung oder Klimaänderungen das bisherige Leben verändert wird, so muß doch das Bewußtsein erst diese Veränderungen verarbeiten und beherrschen lernen.

Die geschilderten Erlebnis-Einbrüche, in denen sich der einzelne oder Gemeinschaften selbst als «entfremdet» erleben, gab es wieder und wieder. So entnehmen wir dem ersten Buch *Mose* die Vertreibung aus dem Paradies, wo das Geschehen der *Entfremdung im Sündenfall* leitmotivisch und urbildlich und der in Aussicht gestellten heilsgeschichtlichen Rückkehr thematisiert wird. Dann – viele Etappen überspringend –

dasselbe beim Übergang von der griechischen Polis in das römische Reich, wo sich das wohlgeordnete Gemeinwesen (Polis) in das überdimensionale Imperium Romanum hinein auflöst, also in einer kaum erlebbaren größeren Gemeinschaft aufgehoben wird. Ferner das Auftreten des Christentums, wo die wahre Heimat prinzipiell in einer anderen Welt zu suchen ist. Wer Christus folgt, gewinnt Sicherheit, auch wenn er der wahren überirdischen Welt entfremdet bleibt, denn Christus vergegenwärtigt sie, bindet er doch diese an jene durch seine Erlösungstat. Dadurch entsteht aus der christlichen Religion eine Welt der Freiheit, weil die endliche erfahrbare Welt dem Subjekt kein völliges Zuhause anbot, die andere Welt hingegen eine zu erstrebende bleibt, die durch Christus dem Menschen gewiß ist, wenn auch noch nicht hier und jetzt erreichbar.

Allerdings bricht in diese Welt, die prinzipiell die Entfremdung überwunden hat, dennoch – stufenweise und neuerlich – ein Gefühl der Entfremdung ein, so etwa als mit dem Beginn der *Neuzeit* die unendliche kosmische Entfernung der bewegten Himmelskörper dem Menschen ein Gefühl vermittelt, «verirrt in diesem versprengten Winkel der Welt» zu sein. Es war Pascal, der dem Menschen einen mittleren Ort zwischen Nichts und All, zwischen den Extremen, die in Gott vereint sind, zuwies (B. Pascal, Nr. 72).

Die Aufklärung holt dann gar den «Himmel» auf die Erde, indem sie mit den *Intelligenzkräften* alle Dunkelheit zu verdrängen sucht. Doch auch sie kann die beiden Seiten – Kosmos und Erde – in jener problematischen Mitte, die Mensch heißt, nicht dauernd verbinden, so daß sich aus ihr die *Sehnsucht nach absoluter Freiheit, Gleichheit und Brüderlichkeit* ergibt, *in der erneute Beheimatung erhofft wird.* In der Französischen Revolution dringt dieses Sehnen in das allgemeine Bewußtsein ein, schlägt aber nur allzu bald in Terror um. Der große Aufbruch, den die Revolution verhieß, endete schrecklich: ein neues, entsetzliches Erlebnis der Entfremdung blieb als tiefe Erschütterung in den Seelen der wachsten Zeitgenossen zurück.

2. Nochmals: Hegel – Entfremdungserlebnis und Versöhnung

Mit der Periode der Restauration nach dem Wiener Kongreß entfaltet *Hegel* seine *Philosophie der Versöhnung* zur höchsten Blüte, wo er den

Zwiespalt unserer Zeit, das Problem der allseitigen Entzweiung des menschlichen Bewußtseins und des Lebens philosophisch aufzulösen sucht. Wie er, so erlebt eine zahlreiche Zeitgenossenschaft die *Entzweiung als existentielles Grundproblem,* das von Hegel in der Entgegensetzung von «Gott und Welt», «Endlichkeit und Unendlichkeit», «Geist und Natur», «Glauben und Wissen», von «Gesinnung und Gesetz», «Moralität und Sittlichkeit», «Staat und Religion», von «Subjektivität und Objektivität» gesehen wird. Wie kann dieser Widerspruch überwunden werden, der zur «Zerrüttung des Zeitalters» führt? *In der gegenwärtigen Welt verschwindet die Macht der Vereinigung aus dem Leben der Menschen, die Gegensätze verlieren ihre lebendige Beziehung und Wechselwirkung,* sie sind nur noch Gegensätze (Hegel, Werke I, S. 46). Die Ursache der Entzweiung sieht Hegel primär im Verlust der absolut göttlichen Wahrheit, der dadurch zustandekommt, daß der Mensch auf vernünftige Erkenntnis verzichtet. Die Krise hat für ihn ihren *innersten Ursprung im Bewußtsein.* Seine ganze Bemühung kreist darum, eine Versöhnung herbeizuführen, die bewußt von der Analyse des «Zwiespalts unserer Zeit» ausgeht. Denn die Entzweiung ist eben Grundsituation und Signatur unserer Gegenwart. Der Mensch kann sich nicht aus der *verendlichten* Realität befreien und die absolute Wahrheit gewinnen. So zieht er sich in die «innere Welt der Gefühle» und die idealische der Kunst zurück – das ist aber: in die Unwirklichkeit. Denn die empfindende Subjektivität hat stets einen Mangel, sie ist fern dem Absoluten, so daß nur die Sehnsucht nach diesem bleibt. Sie kommt aber nicht zum Substantiellen, verglimmt in sich und hält sich auf ihrem Standpunkt fest (Hegel, Werke 19, S. 644). Dadurch verschärft sich die Not der Gegenwart noch weiter, und ebenso die «Flucht vor dem Endlichen» und das «Festsein der Subjektivität». Das *Gefühl, «Gottverlassen» zu sein, erweist sich als Bestätigung und Fixierung der vom Verstand betriebenen «Emanzipation und Entgegensetzung».* Daher wird nunmehr Religion als reine Herzenssache bestimmt und Gott als nur aus dem Gefühl versteh- und erfahrbar. Aber gerade damit entfremdet der moderne Verstand den Menschen seinem allgemeinen Wesen und er kann in keiner der beiden Welten «gleitend verweilen».

Die Philosophie muß nach Hegel eben diese Gegensätze «aufheben», indem sie zeigt, daß keine der Extrem-Positionen die Wahrheit innehabe. *«Die Wahrheit liegt erst in der Versöhnung und Vermittlung* beider, und diese Vermittlung sei keine bloße Forderung, sondern das an und für sich Vollbrachte und stets sich Vollbringende . . . die Philosophie gibt nur denkende Einsicht in das Wesen des Gegensatzes, insofern sie zeigt, wie das, was Wahrheit ist, nur die Auflösung desselben ist, und zwar in der Weise, daß nicht etwa der Gegensatz und seine Seiten *gar nicht*, sondern daß sie in Versöhnung sind» (Hegel, Ästhetik, S. 95 f., zit. nach Stuke, S. 44, dem wir im Vorstehenden für Hegel folgten). Dadurch wird aus denkender Einsicht die Gegenwärtigkeit Gottes in die begreifende Erkenntnis hereingerufen. Dies geschieht bei Hegel vor allem im Aufweis, daß der Geist Gottes in der Geschichte, wie früher schon gezeigt, wirkt. So wird ihm das *gegenwärtige Zeitalter* zu demjenigen, *in dem sich der Endzweck der Weltgeschichte darstellt und rechtfertigt.* Von nun an wird gewußt, «daß das Sittliche und Rechte im Staat auch das Göttliche und Gebote Gottes sind» (Werke 11, S. 563). Sie sind damit Grundbedingung der Versöhnung von Gott und Welt. Allerdings bleibt *diese so errungene Versöhnung «abstrakt»*, weil die Gesetze der Freiheit noch nicht zu einem System von dem, was an und für sich recht ist, ausgebildet sind. Dieses System bildet – nach Hegel – erst der moderne Rechtsstaat mit seiner im Protestantismus begründeten sittlichen Ordnung aus. *«In der Organisation des Staates ist es, wo das Göttliche in die Wirklichkeit eingeschlagen*, diese von jenem durchdrungen und das Weltliche nun an und für sich berechtigt ist. Denn ihre Grundlage ist der göttliche Wille, das Gesetz des Rechtes und der Freiheit . . . In der Sittlichkeit ist die Versöhnung der Religion mit der Wirklichkeit, Weltlichkeit vorhanden und vollbracht» (Werke 16, S. 344 f.). Die Überwindung der Entfremdung gelingt Hegel damit zwar philosophisch, nicht aber praktisch. Das wußte er auch selbst, er sieht die Versöhnung der geschichtlichen Gegensätze in der Gedankenwelt durch die *Theoria* (entspricht der geistigen Anschauung) als vollzogen und geleistet an, nicht aber in der irdischen Tatsachenwelt, und er überläßt es der Welt selbst, wieweit die im Denken errungene Wahrheit sich im Wirklichen selbst als gestaltende Macht offenbaren wird. Dieser verbleibende Rest ist für Hegel als Philosoph unerheblich. Die empirische Gegenwart muß und wird schon den Weg finden, durch den sie aus ihrem Zwiespalt herauskommt.

Was in Hegel als tiefdurchlittene *Grundempfindung* im Hinblick auf die Entfremdung lebt, gilt nicht nur für ihn, sondern ebenso für seine Schüler. Es ist dies eine Grundempfindung der wachsten Geister der Zeit, also im ersten Drittel des 19. Jahrhunderts, die sich aber nicht etwa durch das Hegelsche Versöhnungsbemühen milderte, sondern eher noch intensiviert, ja vertieft und dadurch, daß der Tatbestand durch Hegel bewußt gemacht wurde, die Seelen an der Entfremdung tief leiden läßt.

3. Selbsterleben und Entfremdung

Was liegt diesem schmerzenden Entfremdungserlebnis zugrunde? In der aufbrechenden nachhegelianischen Kritik wird sichtbar, daß die Fähigkeit, zu kritisieren, parallel mit einem verstärkten Erfassen des eigenen, inneren Wesens einhergeht. Das *Ich-* oder *Selbst-Erleben* eines Bruno Bauer, Karl Marx, Max Stirner u. a. ist kaum noch zu steigern. Sie sind ihrer selbst gewiß, und aus dieser Position greifen sie an, kritisieren das Gegenüber. Das «Ich-Erleben» ist dabei ihre Stütze, die Basis des eigenen, persönlichen und bewußten Welt-Ergreifens. Dafür ein Zeugnis des ein Jahrsiebent nach Marx geborenen Ferdinand Lassalle, der es im Selbstbewußtsein Marx gleichtut und diesem besonders verhaßt wird, er schreibt an seinen Vater (Heyman Lassalle) am 13. 5. 1844 (also mit 19 Jahren): «. . . ich habe die höchste Phase des gegenwärtigen Geistes erreicht . . . Vor 2 1/2 Jahren häutete ich mich zum dritten Mal. *Die Philosophie trat* an mich heran, und sie gebar mich wieder und von neuem im Geiste. Diese geistige Wiedergeburt *gab mir alles, gab mir Klarheit, Selbstbewußtsein,* gab mir zum Inhalt die absoluten Mächte des menschlichen Geistes, die objektiven Substanzen der Sittlichkeit, der Vernunft etc., kurz sie machte mich zu der sich selbst erfassenden Vernunft, d. h. zum *selbstbewußten Gott* (d. h. zu dem sich als Erscheinungsform und Verwirklichung des Göttlichen begreifenden Geist). *Wer aber einmal ein Gott war, wird nie wieder ein dummer Junge!!!»* (zit. n. Uexküll, S. 41). Aus dieser Position kritisiert er seine Professoren – er studiert bereits zwei Jahre! – folgendermaßen: «Schelling hat noch nicht angefangen; wenn er lesen wird, will ich der Kuriosität wegen ein paarmal hingehen, natürlich kann ich nichts von seinen Vorlesungen erwarten als Intuition und Mystik. Bei Trendelenburg Reflexion, bei Schelling Intuition, bei den Hegelianern Langeweile und Fadaisen, Trivialitäten in der höchsten Potenz, aber nirgends Philosophie. Es ist zum Totschießen. Aber nein, es ist bloß zum Wegbleiben . . . (So bleibt) fast die ganze Zeit für Selbststudium das einzig Fruchtbare» (ebd., S.42 f.)

Ähnlich wie Marx in der gleichen Lebenszeit dem Vater schreibt, so auch Lassalle. Biographisches Erwachen zum Selbsterleben – als Gott – fällt zusammen mit dem Zeiterleben. *Ein gesteigertes Selbsterleben einerseits, die Fähigkeit in Grund und Boden zu kritisieren andererseits.* Gibt dieses Gefühl Sicherheit? Nur scheinbar. «Doch diese Selbständigkeit ist zwiespältig. Das Ich entbindet eine Doppel-Gebärde . . .: Ich weiß zunächst, so sicher ich meines ‹Ich› stets bin, diesem ‹Ich› keinen Inhalt zu geben. Wohin ich auch den Blick auf der Suche nach dem ‹Ich› lenke, nach außen wie nach innen, ich treffe stets auf ‹Welt›, auf etwas, was mir Objekt ist. Alles, was ich beobachte, was also im Bewußtseinsfeld auftaucht, ist eben dadurch mir gegenüber – nicht ‹Ich›» (Rapp, S. 1 f.). Wir selbst sind es also, die den Zwiespalt in die Welt tragen, indem wir uns selbst als Ich gewahren: im Bewußtsein tritt stets das Gegenüber zur Welt auf, wobei wir sogleich mitwissen können bzw. könnten, daß wir zur Welt gehören (vgl. Steiner, GA 35, S. 138 ff.). «Nun ist kein auffindbarer Unterschied zwischen dem, was im Bewußtsein als mathematischer Begriff lebt, wenn dieses Bewußtsein seinen Inhalt auf einen empirischen Tatbestand bezieht; oder wenn es diesen mathematischen Begriff in rein mathematischem abgezogenen Denken sich vergegenwärtigt. Das heißt aber doch nichts anderes als: das Ich steht mit seiner mathematischen Vorstellung nicht außerhalb der transzendent mathematischen Gesetzmäßigkeit der Dinge, sondern innerhalb. Und man wird deshalb zu einer besseren Vorstellung über das ‹Ich› erkenntnistheoretisch gelangen, wenn man es nicht innerhalb der Leibesorganisation befindlich vorstellt und die Eindrücke ihm von außen geben läßt; sondern wenn man das ‹Ich› in die Gesetzmäßigkeit der Dinge selbst verlegt, und in der Leibesorganisation nur etwas wie einen Spiegel sieht, welcher das außer dem Leibe liegende Weben des Ich im Transzendenten dem Ich durch die organische Leibestätigkeit zurückspiegelt» (ebd.). Das Erleben der Welt erscheint den Hegelianern zunächst als ein Gegenüber-Stehen, was die Kritikfähigkeit aufruft. In der Kritik wird schon die verändernde, bessernde Handlung gesehen. Dies aber genügt vielen nicht.

Jener Bereich in der Seele, in dem das Ich sich seiner selbst bewußt inne wird und nicht nur diffus allgemein erlebt, kann als *«Bewußtseinsseele»* bezeichnet werden, er ist der «Kern des menschlichen Bewußtseins» (Steiner, Theosophie, GA 9, S. 46). Diese Qualität tritt menschheitlich in einem ersten Erblühen in der Renaissance auf, wo der selbstschöpferische Mensch nicht nur sich selbst erlebt, sondern als *uomo universale* auch vielseitige Schöpfungen hervorbringt. Der Dichter, Maler, Plastiker, Baumeister verkörpert ebenso diesen Typus wie der condottiere oder der frühkapitalistische Unternehmer, der abweichend von der Überlieferung der zünftigen Produktion neue Wege geht, wie dies Jakob Burkhardt und Joseph Schumpeter eindrücklich beschrieben. In einer späteren Phase wird dann diese Seelenqualität «etwas viel *Abgesonderteres, Individuelleres,* mehr auf den *Egoismus* hin, auf die menschliche *Einsamkeit* im eigenen Leibe hin Organisiertes». «Durch die Bewußtseinsseele ist der Mensch viel mehr ein einzelnes Individuum, ein *Einsiedler,* der durch die Welt wandelt», als in der Zeit zuvor. Es ist ein Charakteristikum für unsere Zeit geworden, «daß sich die Menschen in sich abschließen», denn «die Bewußtseinsseele gibt den Charakter des Sich-Abschließens von der übrigen Menschheit, des mehr Isoliert-Lebens. Daher macht es größere Schwierigkeiten, mit den andern bekannt, namentlich vertraut zu werden» (Steiner, GA 168, 10. 10. 1916). Das aus der Erfahrung der Bewußtseinsseele resultierende Erleben der Entfremdung nennt Steiner die *«seelische Not der Gegenwart».* Aus ihr entstehen Lebensfragen, so nach sozialem Menschenverständnis (Gleichheit), nach Gedankenfreiheit und Geisterkenntnis und wirtschaftlicher Brüderlichkeit.

Hinter diesen stufenweise sich entfaltenden Ich-Erfahrungen stehen unbewußte Begegnungen mit übersinnlichen Wirksamkeiten. In der Zeit der Renaissance sind dies Begegnungen mit den «Geistern der Persönlichkeit», die durch lange Zeit gewirkt hatten und nun beginnen, sich vom Menschen zurückzuziehen. Und wie im Herbst im ersten Welkwerden die ganze Farbpracht erglüht, so auch jetzt in den Persönlichkeiten eines Michelangelo, Leonardo, Raffael. Daneben aber wirken die Gestalten des Cesare Borgia und Alexander VI., die vor keiner Schandtat zurückschrecken. Sie sind von «zurückgebliebenen», d. h. «luziferischen Geistern der Persönlichkeit» beherrscht, die in die freiwerdenden Bewußtseinsräume einschießen. «Die ganze Geschichte ist damals durchsetzt von den schlimmen Geistern der Persönlichkeit. Der Mensch war gleichsam besessen von diesen Geistern» (Steiner, GA 130, 29. 1. 1911, S. 328). «Diese Epoche ist vorbei. Wir leben in der Zeit der Erzengel, mit Gedanken, die hinaufreichen können in die Region, wo die Erzengel und die Gegner der Erzengel sind ... Heute sind die Menschen mehr schablonenhaft. Jetzt wird abstrakten Idealen nachgejagt. Immer mehr sind es Ideen, Meinungen, Empfindungen, durch welche die Menschen wie besessen sind von Gegnern der Erzengel» (ebd., S. 329).

Was sich um 1500 in der Wirksamkeit der Geister der Persönlichkeit veränderte, erfährt etwa 350 Jahre später beim Wechsel der Zeitregentschaft, wie schon dargestellt wurde (vgl. S. 135 ff.) eine gesteigerte Wiederholung. So kommt es zu einem neuerlich verstärkten Selbst-Erleben. Und wie die Folge des erstarkten Ich-Erlebens die Fähigkeit zur Kritik des Bestehenden nach sich zieht: so muß aus dieser Spannung von Ich-Erleben (These) und Kritik (Antithese) das Streben nach Aufhebung (Synthese) folgen. Die «Aufhebung» wird zu einem erstrebenswerten Ideal der

Gemeinschaft aller Menschen, wo im «wahren», vollendeten Menschen das Ziel der Versöhnung gesehen wird. Das *Ideal der Gemeinschaft*, die *Überwindung* von *Egoismus*, dessen schlimmste Ausformung im *Gewinnstreben* und der *Eigentumsanhäufung*, ja in der Eigentumsordnung selbst gesehen wird, schwebt all jenen vor Augen, die das Ich in der Bewußtseinsseele stark in sich erleben. Sie sehnen sich danach, der Einsamkeit und Isolation zu entkommen, den Egoismus durch *Abschaffung des Eigentums* zu überwinden und die *Gütergemeinschaft* oder den gemeinen Nutzen, den Sozialismus an die Stelle des verderblichen Eigentums zu setzen und Gerechtigkeit zu schaffen. Wie mit der Reformation – dem Gegenstück der Renaissance des Südens im Norden – Bestrebungen der Gütergemeinschaft in Herstellung und Verzehr, orientiert an den Urgemeinden des Christentums, entstanden, so etwa bei den Hutterern in Böhmen[1], so traten im Frühsozialismus jetzt verwandte Bestrebungen auf. Der Gestus gilt allgemein und speist sich aus tieferen Schichten: aus der der Entfremdung und seelischen Not innewohnenden Dialektik. Es ist das gemeinsame Ziel, zur «Aufhebung» zu gelangen. Dieses Ziel bleibt selbst dann bestehen, wenn es von der Kritik überlagert wird; etwas wie eine Sehnsucht nach Erlösung ist bei allen noch zu erörternden Denkern durchgängig vorhanden. Das, was in der Erkenntnis als Zwiespalt und Entfremdung bemerkt wird, wird dann selbstverständlich in der sozialen Welt als Entfremdung der Menschen von sich selbst aufgefunden, «entdeckt» - im Sinne von enthüllt –, wie etwa in der industriellen Arbeit u. a. Wir verfolgen hier nur die Erkenntnisseite weiter, die soziale dagegen wird lediglich gestreift.

Nun kommt hinzu, daß das Erleben der Entfremdung bei allen Hegelianern noch dadurch erhöht wird, daß ihre Beschäftigung eine besonders intensive *Arbeit in und mit der Gedankensphäre* verlangt. Die Hegelsche Philosophie ist die umfassendste, systematisch und historisch am besten durchgearbeitete Philosophie, d. h. Anschauung von Umfang, Tragweite und Bedeutung des Gedankenlebens und gedankliche Durchdringung der historischen und gedanklichen Gegebenheiten. «Ihr inneres Leben, ihre Kraft verdankt sie ihrer Methode, der Dialektik, dem bewußten Fortschritt in der Gesetzmäßigkeit der Gedankensphäre. Zu ihrer totalen gedanklichen Verarbeitung und Aneignung machte sie allerdings große gedankliche Anstrengung nötig, so daß bald . . . es den einzelnen Philosophen nicht mehr möglich war, sie als *Ganzes* aufzu-

1 Die Hutterer gehen auf die Täuferbewegung in der Ausformung von Jacob Huter zurück. Siehe James M. Stayer, in: Goertz, S. 33 ff.

nehmen und sich einzuverleiben. Darin aber liegt das Geheimnis ihrer Wirksamkeit: indem sie *empirisches Denken, Energie des Denkens,* bewegliche und lebendige Gedankenführung verlangte, regte sie in denen, die intensiv mit ihr umgingen, den Denk*willen* an – damit aber die Kraft, die vom Denken aus die Persönlichkeit bereichert, sie ‹stempelt›. Wenn man die Fülle der bedeutenden Persönlichkeiten, die innerhalb des Hegelianismus ... standen, bedenkt, so muß man sie mit zurückführen auf die Kraft des Denkwillens, die die Beschäftigung mit Hegels Philosophie auslöste, und damit auf die Steigerung der innersten Kräfte dieser Menschen ... Der Umgang mit der (Gedanken)-Sphäre ... wirkt zurück auf die Persönlichkeit ...» (Kühne 1968, S. 148 f.).

Als Ursache der Entfremdung sieht Feuerbach das Abstrahieren an, nämlich die Projektion von Welten- und Bewußtseinsinhalten in eine zweite, hypostasierte Welt: «Abstrahieren heißt das Wesen der Natur außer der Natur, das Wesen des Menschen außer den Menschen, das Wesen des Denkens außer den Denkakt zu setzen» (Feuerbach, Kleine Schriften, S. 124, zit. n. Sass, S. 84).

Indem das Bewußtsein die *bleibende Wahrheit,* jenseits von Sympathie und Neigung, von persönlichen Gefühlen erlebt und weiß, also sich der Teilhabe am Absoluten im Hegelschen Sinne versichert, gelangt diese Seelentätigkeit über die von außen gegebenen Eindrücke hinaus, zu einer *Erfahrung des Geistes durch die Intuition.* Diese muß er selbst hervorbringen, wobei der Mensch sich selbst erlebt. «Das Ich lebt in der Seele», dieses ist es, das aus sich den Geist in der Intuition ergreifen muß. Dem Entfremdungserlebnis ist nur zu entkommen, wenn es dem Ich gelingt, den Geist so zu ergreifen, daß er das Ich von innen nach außen bildet, wie ihn zuvor – in der vorangegangenen geschichtlichen Entwicklung – die Sinneseindrücke von außen nach innen gebildet haben (vgl. Steiner, Theosophie, GA 9, S. 48 ff. und Kap. über Cieszkowski).

Zunächst aber wird durch das im Denken gestiftete Bewußtsein unser *ganzes Wesen* in *zwei Teile* gespalten, es trennt mich von den Objekten, indem es mich ihnen gegenüberstellt, verbindet mich aber auch zugleich mit ihnen. «Darauf beruht die *Doppelnatur des Menschen:* er denkt und umschließt damit sich selbst und die übrige Welt; aber er muß sich mittels des Denkens zugleich als ein den Dingen gegenüberstehendes Individuum bestimmen» (Steiner, Philosophie d. Freiheit, GA 4, 4. Kap.). Gerade den schärfsten Denkern wird nach vierhundert Jahren moderner Gedankenentwicklung an Naturwissenschaft und Technik bewußt, welche Doppelnatur der Bewußtseinsseele eignet: das Erleben einer *Schwelle,* wo Diesseits und Jenseits, Materie und Geist eine jeweils verschiedene Verfassung vergegenwärtigen. Die Schwellensituation besteht in folgendem: «Nach innen entfaltet es (das Ich) sein zurückgezogenes Leben im reinen Denken. Aus dieser Perspektive blickt es *nach außen* auf eine geistentblößte Welt! Die Materie ist der notwendige Gegenschlag zur durchsichtigen Geist-Erfahrung im ‹Ich›» (Rapp, S. 4).

Steiner beschreibt diese Situation so, daß heute der Mensch nicht mehr die «Ideen ‹von oben› aus dem geistigen Inhalt des Kosmos» empfängt, daß vielmehr die Seele diesen «aktiv aus der eigenen Geistigkeit» heraufholt. «Damit ist der Mensch erst reif geworden, sich auf seine eigene Wesenheit zu besinnen ... Indem diese Inspiration aufhörte und der Mensch in eigener Tätigkeit die Gedanken bildet, ist er auf die Anschauung der Sinne verwiesen, um für diese Gedanken einen Inhalt zu haben. So mußte der Mensch zunächst die errungene eigene Geistigkeit mit materiellem Inhalt erfüllen. Er fiel in die materialistische Anschauung ...; man kann den ‹Fall› in den Materialismus nur allein beachten, und dann über ihn traurig sein. Aber während das *Anschauen* dieses Zeitalters sich auf die äußere physische Welt beschränken mußte, entfaltete sich im Innern der Seele eine *gereinigte, in sich selbst bestehende Geistigkeit* des Menschen als *Erleben*», wobei dieses Erleben bewußt werden muß und sich dann mit neuem kosmischen Inhalt zu erfüllen vermag (Steiner, GA 26, Brief v. 31. 8. 1924). Dadurch erfährt die Bewußtseinsseele eine Befruchtung durch ein Höheres, das *Geistselbst.*

Der Blick allein auf die Materie erwächst aus der Schwierigkeit, daß das Denken, will man es in seiner Wesenheit beobachtend erfassen, der «betrachtenden Seele nur allzu leicht ... entschlüpft ... Dann bleibt ihr nur das *tote Abstrakte, die Leichname des lebendigen Denkens* ... Aber wer sich dazu bringt, das Leben im Denken wahrhaft zu haben, der gelangt zur Einsicht, daß dem inneren Reichtum und der in sich ruhenden, aber zugleich in sich bewegten *Erfahrung*» nichts vergleichbar ist (Steiner, Philosophie d. Freiheit, GA 4, Kap. VIII, S. 146 f.). Wer so das Denken als lebendes Wesen erfährt und nicht nur die abgezogene Begrifflichkeit der Abstraktion, dem eröffnen sich neue Inhalte. «In dem *Gedanken* selbst liegt nämlich schon eine *innere Wesenheit*, welche im Zusammenhang steht mit der übersinnlichen Welt. Die Seele ist sich gewöhnlich dieses Zusammenhangs nicht bewußt, weil sie gewöhnt ist, die Gedankenfähigkeit nur an der Sinnenwelt heranzuziehen ... Man lernt (durch Übung), wie Gedanke den Gedanken sucht, auch wenn die Gedankenverbindungen nicht durch die Macht der Sinnesbeobachtung bewirkt werden» (Steiner, Geheimwissenschaft, GA 13, S. 300). Lasse ich mich auf *die dem Denken innewohnende gestaltende Kraft* ein, kann ich gewahren, wie sich Gedanke an Gedanke bindet und sogar einen ganzen *Gedankenorganismus* formt.

Dies ist in der Tat bei Hegel in größtem Umfang der Fall, der, wie in der Mitte stehend, mit aller Gewalt sich herausarbeitet und den Mächten der Schwere die abstrakte Logik entreißt. «So bleibt die *Hegelsche Logik* tatsächlich *etwas Ewiges,* so muß sie fortwirken . . . Man kann ohne sie nicht auskommen.» (Steiner, GA 199, 27. 8. 1920, S. 153).

Dennoch rafft sich Hegel selbst nicht dazu auf, in das Wesenhafte der Gedanken, die übersinnliche Wesen sind, einzudringen. Dies hat seinen Grund darin, daß für ihn das *Werden* im Grunde das *Gewordene,* nicht das Schaffende selbst, sondern das daran *Reflektierte* ist. In der Wissenschaft der Logik wird das Werden zu Anfang so bestimmt: *«Das reine Sein und das reine Nichts ist also dasselbe.* Was die Wahrheit ist, ist weder das Sein, noch das Nichts, sondern daß das Sein ins Nichts, und das Nichts in Sein – nicht übergeht – sondern *übergegangen ist».* Nicht der Entstehungszustand also, sondern das Gewordene wird epimetheisch mit Ernst und Schmerz nachgestaltet. Deshalb ist für Hegel das Bestehende, wie er es vorfindet, wirklich und vernünftig. Nicht aus schaffender Lust, aus Kräften des Willens wird er weitergedrängt, das Bestehende zu verändern. Diese Grundhaltung von Ernst, Schmerz, Geduld und Arbeit des Negativen prägt sogar seine Physiognomie. Hegel fühlt, daß der «Wille dem Denken entfällt, und zwar ‹anothen›, ‹von oben› herab. Er ist durch den Logos-Zusammenhang der Inhaltlichkeit des Gedankenkosmos ‹aufgehoben› worden und wird bei jedem Gedanken wieder ‹aufgehoben› . . . Hegels Denkwille entfällt. Und Hegel denkt diesen Fall in der deduktiven Richtung der Logik nach. Der entschiedene Wille gibt seinem Denken die Richtung» (Wulf, S. 11). «Auf dem Boden der Logik erstirbt die übersinnliche Erkenntnis», Hegel bringt sie zum genialen Spiegelabglanz, in dem man nur dann leben kann, wenn der Geist sich daraus entfernt. Der «physische Leib erfaßt in Hegel die Geistigkeit und preßt sie zu gleicher Zeit aus. Höchster Logiker, dieser Hegel; geistloseste Philosophie, dieses durch höchste Anstrengung des Geistes hervorgebrachte Denken!» (Steiner, GA 192, 13. 7. 1919, S. 281).

So drängt es die *Nachfolger* über Hegel hinaus, und zwar in die Richtung des *prometheischen Tuns, zur Philosophie der Tat.* So wollen sie dem Schmerz entkommen und zum Werden, vom Denkwillen zur äußeren, durch Vernunft gelenkten Tat vordringen. Der *Ausbruch aus der «verdünnten Geistigkeit»* erfolgt, indem der *Inhalt im Sinnlichen, in der Zuwendung zur Welt* gesucht wird. Versöhnung, so wird erlebt, mag

Hegels Methode zwar leisten, aber nur abstrakt, abgezogen vom Wirklichen, Tatsächlichen. Eine ganz andere Richtung, bei gleicher Willensintention, wird von den einen als notwendig in der Hinwendung zum Sinnlichen, zur Gattung, zur Arbeit usf., bei anderen in der Hinwendung zum Geist (Cieszkowski) erlebt, wie dies später in der Geisteswissenschaft Steiners umfassend entfaltet wird. Für einige der Hegel-Nachfolger gilt, daß durch «Einsicht» (Intuition) in die Welt des Geistes der schaffende Wesensgehalt so ergriffen wird, daß im menschlichen *Tun das in den Erscheinungen bereits wirkende Geistige,* das noch unzulänglich ist, soweit *entfaltet* wird, daß es zu größerer Vollkommenheit gelangt.

Durch den Gedanken der Entfremdung und die Notwendigkeit einer Versöhnung wird ein besonderer Entwicklungsmoment in das Bewußtsein gerückt: sowohl der einzelne wie die Menschheit sind in ihrem Werden an einen Wendepunkt gelangt. Die Menschheitsentwicklung wird von dem Erlebnis der Entfremdung aus neu verstanden, und die Erwartung, daß die Aussöhnung gelingen werde, war darum allen Hegel-Schülern eigen: sie wußten, daß ein Umschlag, eine Synthese fällig sei, daß die neuen Götter, mit deren Hilfe diese gelingen werde, gesucht werden mußten. Es ist allen bewußt, daß diese Synthese über die *Zukunft,* ja überhaupt über jeden Fortgang der Geschichte entscheidet, daß es also jetzt um die *Begründung eines neuen Zeitalters,* einer neuen Weltära gehen muß.

Es stellt sich aber die Frage, ob die Versöhnung durch die ausschließliche Hinwendung zum Diesseitigen, Sinnlichen erfolgen kann oder ob sie durch Hingabe an den Geist zu erlangen ist. Im einen Fall führt die Aufdeckung der in den äußeren Gegebenheiten waltenden Gesetze zum Ziel, im anderen wird bei aller Emanzipation von Traditionen, religiösen Überlieferungen, das Ich zum Tun gelangen, indem es die «konkreteste Einwirkung auf das Leben und die sozialen Verhältnisse» übernimmt (Cieszkowski, Ms. Vater I). Doch dieses Ich bleibt sich seiner Herkunft und Verbindung mit dem Geiste bewußt. Cieszkowski sieht beispielsweise «die bevorstehende Umgestaltung der Verhältnisse in bezug auf die niedersten Schichten» als unabwendbar notwendig an (ebd., S. 69). Gleichzeitig ruft er zu dieser Handlung Gott an. «Gott der Menschheit! Gott der Väter! Gott unserer Zukunft! Schöpfer, – Wort, – absoluter Geist und dreimal Heiliger . . . Du hast mir erlaubt, den großen Tag zu verstehen, der sich nähert . . .» Die letzten drei Jahrhunderte «sind nur eine Stufe . . ., nur eine Vorbereitung auf die Krisis», aber kein Neubeginn. Jedes Jahrhundert hat eine Reformation oder Revolution, das 16.

die religiöse, das 17. die wissenschaftliche, das 18. die politische (Französische Revolution), so Cieszkowski (ebd., Ms. S. 37). Das uns bevorstehende neue *Zeitalter der Freiheit*, der organischen Entwicklung speist sich aus spiritueller Intuition. Die das Heil, die Versöhnung Erstrebenden schauen in zwei Richtungen: ins reine Diesseitige und ins Transzendente, das auch im Diesseitigen als Geistiges steckt, wobei Versöhnung allerdings im Aufblick die Kraft verleiht, das Diesseitige, Niedere durch die Tat zu gestalten.

Zunächst ist allen Hegel-Schülern gemeinsam, daß sie die Hegelsche Versöhnungsphilosophie für absolut unzulänglich erachten. Denn erstens läßt die *Aporie* der *philosophischen* Versöhnung das Problem der *wirklichen* Versöhnung offen, und zweitens bildet es ein Ärgernis, daß Hegel «die Kontemplation des Ewigen» - wie er es nennt – als Höchstes ansieht und damit die Seinsmöglichkeit auf das Innerliche zurückverweist. Denn gerade das verhindert nach Ansicht seiner Nachfolger die *tatsächliche* Aufhebung der Entfremdung. So drängt, gleichsam aus innerer Logik, die Hegelsche Versöhnungsidee zunächst nicht zur Versöhnung, sondern zu einer Radikalisierung der Gegensätze und dadurch zur Aufhebung durch eine *Philosophie der Tat.*

Schon der vierundzwanzigjährige Feuerbach setzt sich in einem Brief an Hegel 1828 für eine «Verwirklichung und Verweltlichung der Idee, die Ensarkosis oder Inkarnation des reinen Logos» ein (zit. nach Stuke, S. 52). Die «Verwirklichung der Idee» sei, so meint er, nun an der Zeit. Scheinbar nimmt Feuerbach nur Hegels Motiv auf, daß jeder «den substantiellen Geist der Zeit an seinem Ort an den Tag bringen» soll; in Wirklichkeit aber gibt es in der Hegelschen Philosophie niemals die Aufgabe, die Idee zu verwirklichen.

Sichtbar wird daran, daß ein verändertes Bewußtsein die Nachgeborenen erfüllt, nämlich «die *Gewißheit, vor dem Anbruch eines neuen Weltalters zu stehen,* und das mit ihr korrespondierende Verständnis der Gegenwart als Auflösungs- und Übergangsperiode». Dies tritt nach der Julirevolution von 1830 «in einem zuvor (mindestens in Deutschland) nicht gekannten Ausmaß» ins Zeitbewußtsein (so Stuke, S. 56 f.). Das Bewußtsein «politisiert» sich, insofern es die Probleme der Zeit selbst nicht allein philosophisch, sondern politisch analysiert, und zum andern, indem es die eigene Zeit in eine reale Beziehung und *Analogie* setzt *zum Untergang des Römischen Reichs – durch das aufsteigende Christentum.* Eingeleitet wurde dieser Prozeß des Zeitverständnisses in Analogie zur Antike bereits mit der *Französischen Revolution.* Diese war demgemäß aber nur der *Anfang eines großen Revolutionierungsvor-*

gangs, dessen weitere Schritte erst noch bevorstehen, ja demnächst fällig sind. So hat schon früh Heinrich Heine von einer «philosophischen Revolution größten Ausmaßes» durch Hegel gesprochen und sie der französischen parallel gesetzt. Mit dem Tod des Meisters 1830 verbreitete sich zunächst eine tiefe Verunsicherung. Der Positivismus breitet sich verstärkt aus: der «Geist scheint Schiffbruch» erlitten zu haben und damit der Glaube an ihn, wie Rudolf Haym meint. Alle Hegel-Schüler sind sich sicher, daß ein neuer Aufbruch, ein weiterer Schritt in der Philosophie fällig ist.

Neben dem von Marx gewiesenen Weg, der vierunddreißig Jahre (1917) nach dessen Tod politisch durch den Bolschewismus wirksam und für einen Teil der Erde herrschaftsbestimmend wurde, gab es aber auch andere Wege, von anderen Denkern gewiesen, die zeigen, daß die Marxsche Konzeption nur eine, keineswegs die einzige Farbe im Spektrum der Möglichkeiten darstellt. Sind diese Möglichkeiten schon darum falsche Wege, weil sie sich sozial nicht durchsetzen? Oder ist jene Konzeption, die sich mit *Gewalt* durchsetzte, vielleicht mehr ein Unglück als tatsächliche Befreiung und Überwindung der Entfremdung? Entspricht die Marxsche Konzeption der sozialen Wirklichkeit oder ist sie nur ein Konstrukt im Sinne einer theoretischen Heilslehre? Immerhin, sie setzte sich als «real existierender Sozialismus» durch. Warum gelang dies nicht den anderen Farben des Spektrums unter den Junghegelianern? Diese wurden bald vergessen, während der Marxismus als eine gesellschaftsgestaltende Kraft sich der Betrachtung aufzwängt.

Die *Hegelianer* waren sich ihrer besonderen Aufgabe, im *Brennpunkt des Zeitgeistes* zu stehen, allesamt bewußt: So formulierte z. B. Konstantin Frantz (Grundzüge des wahren und wirklich absoluten Idealismus, Berlin 1843) als *Aufgabe der Philosophie* in der damaligen Gegenwart, *die von ihr erkannte absolute Wahrheit dem Leben einzubilden.* Hegel wirft er vor, er habe die Philosophie zur spekulativen Gotteswissenschaft, eigentlich zur Theosophie ausgestaltet. Die *Philosophie der Tat* sei wesentlich die in der Politik sich auswirkende Religion (zit. n. Stuke, S. 81).

Die Philosophie mit der Politik zu verbinden, gelang allerdings letztlich nur Marx und Engels, wenngleich auch nicht zu deren Lebzeiten. Vielmehr wirkt ihre Gedankenkonzeption weiter und wird deshalb «politisch». Ist nun ihre Lehre, ihre Farbe, die einzige, «richtige»? Dies schon deshalb nicht, weil nicht nur die marxistische erst spät zum Zug kam, sondern auch die nachfolgende Entwicklung des Nationalstaats, der sich nur mühselig den Weg bahnte, unter Mitwirkung des Liberalismus zunächst die Szene des Tatsächlichen beherrschte. Aber es wäre auch eine Verengung des Blicks, die anderen Ansätze in ihrer Fruchtbarkeit zu übersehen, weil nur die Saat des Marxismus für jeden sichtbar reifte. Rücken wir uns deswegen die fehlenden Farben des Spektrums aus dem Kreis der Hegel-Nachfolger vor Augen, um den Reichtum der Überlegungen, die damals gedacht wurden, zu erfassen und zu ermessen, was dem Marxismus alles an Möglichkeiten gebricht. Hegels Nachfolger gehen ähnlich wie Marx von demselben Philosophen und Wissen aus, daß sie in einer Zeit der Revolution, des Umbruchs leben, wo gerade der Philosophie die Aufgabe zukommt, handlungsleitend für eine Praxis der Zukunft zu werden. Es sind hier zu nennen: *Graf August Cieszkowski, Moses Hess, Michael Bakunin, Max Stirner* und nicht zuletzt *Bruno Bauer* – sie kamen alle mit Marx oder er mit ihnen in – zumindest geistige – Berührung, ja Marx setzte sich mit ihnen auseinander und «überwand sie» in seinem Selbstverständnis. (Damit sind keineswegs alle Hegelianer genannt, zu denen Feuerbach, Ruge u. a. als Rechtshegelianer zu behandeln wären).

4. Dialektik – Mittel der Versöhnung oder Radikalisierung?

In der Dialektik geschieht alle Entwicklung entsprechend der *Denkbewegung in einem Dreischritt,* die Cieszkowski als lang ersehnte «Entdekkung des Steins der Weisen» bezeichnet (Historiosophie, S. 131). Dabei bildet der Obersatz den Ausgang, die These, sie ist die Position, die Behauptung des Allgemeinen. Jeder Begriff schlägt irgendwann in sein Gegenteil um, so daß die These in ihren Gegensatz also in den Untersatz übergeht, ihn negiert. Damit kommt man zur Antithese. Die erneute Bejahung setzt die vorangegangene Verneinung, eben die Negation der Negation voraus, wobei die Synthese die vorangegangenen Zustände als Bezug in sich birgt.

Von Hegel übernahm Marx die Dialektik. Doch er versteht sie als Antithese dazu. «Meine dialektische Methode ist der Grundlage nach von der Hegelschen nicht nur verschieden, sondern ihr direktes Gegenteil. Für Hegel ist der Denkprozeß, den er sogar unter dem Namen ‹Idee› in ein selbständiges Subjekt verwandelt, der Demiurg des Wirklichen, das nur seine äußere Erscheinung bildet. Bei mir ist umgekehrt das Ideelle nichts anderes als das im Menschenkopf umgesetzte und übersetzte Materielle» (Kapital I, Nachwort). Das *Begriffsnetz,* das Hegel nicht zum übersinnlich Wesenhaften als Ursache hinführte, *holt Marx* herunter – *ins Gehirn* (vgl. 1. Teil, 1. Kap., S. 68), wo er das Materielle begrifflich *spiegelt*, insofern ist er die *Antithese* zu Hegel.

Die *Synthese* wäre dann, es ins *Übersinnliche*, Wesenhafte zu führen. Marx versteht sich als den, der «die rücksichtslose Kritik alles Bestehenden» betreibt, dem die gegebene soziale Welt als Thesis gilt, die es zu kritisieren gilt. Diese kann er nur negieren, d. h. er mußte eine Antithese, eine Negation aufbauen und die These zerstören. Gleichzeitig aber wird in dem Nein zur Entfremdung etwas erstrebt: ein Ja zur neuen Welt, die *hinter der Zerstörung als Erlösung* liegt. Diese bildet erst die Synthese als Negation der Negation. Bei Hegel ist Synthese *Aufhebung*, das heißt ein Aufheben im dreifachen Sinn: *aufgehoben* als bewahrt, dann versöhnt im Sinne von ausgeglichen und schließlich emporgehoben auf eine höhere Stufe, wodurch etwas qualitativ Neues entsteht. Aufhebung ist absolut positiv. Im Umschlagen des einen in das andere wird das Vorhergehende zerstört, etwa die vertrakte Entfremdung. Der bloßen Aufhebung setzt, wie Marx freudig bemerkt, schon Feuerbach seine große Tat entgegen, indem er der Negation der Negation, die das absolut Positive zu sein behauptet, das auf sich selbst ruhende und positiv auf und in sich selbst Begründete entgegenhält. – «Aber indem Hegel die Negation des Negativen . . . aufgefaßt hat, hat er nur den *logischen, spekulativen* Ausdruck für die Bewegung der Geschichte gefunden, die noch nicht wirkliche Geschichte der Menschen als eines vorausgesetzten Subjekts, sondern erst *Erzeugungsakt, Entstehungsgeschichte* der Menschen ist» (MEW, Bd. 1, S. 570). Was Hegel als Synthese ansieht, die Versöhnung am Ende der Geschichte durch die Aufhebung der Entfremdung, ist somit nur ein Anfang: *Vorgeschichte.* Denn die Entfremdung geschieht nur im «abstrakten philosophischen Denken. Die ganze Bewegung endet daher mit dem absoluten Wissen . . . Die ganze *Entäußerungsgeschichte* und die ganze *Zurücknahme* der Entäußerung ist daher nichts als die *Produktionsgeschichte* des abstrakten, i. e. absoluten Denkens . . .» (ebd., S. 572). *Diese «idealistische Dialektik» wird in die «materialistische» umgestülpt,* behält dabei aber ihren monistischen Charakter. *Bei Marx sind Ideen Abbilder der wirklichen Dinge, bei Hegel die Dinge Abbilder des absoluten Begriffs.*

Der Marxismus reduziert die Dialektik zur «Wissenschaft von den allgemeinen Gesetzen der Bewegung, sowohl der äußeren Welt wie des menschlichen Denkens – zwei Reihen von Gesetzen, die der Sache nach identisch, dem Ausdruck nach aber insofern verschieden sind, als der menschliche Kopf sie mit Bewußtsein anwenden kann, während sie in der Natur . . . in unbewegter Weise, in der Form der äußeren Notwendigkeit, inmitten einer endlosen Reihe scheinbarer Zufälligkeiten sich durchsetzen. Damit aber wurde die Begriffsdialektik selbst nur der bewußte Reflex der dialektischen Bewegung der wirklichen Welt» (Engels, MEW 21, S. 293). Dadurch erhielten die Begriffe «Widerspruch, Negation» u. a. einen anderen Sinn als bei Hegel. Die Wirklichkeit ist Bewegung der Materie, diese spiegelt sich als Schein im Kopf. Hegel sieht sie als Denkgesetze, sie sind aber Gesetze der Natur und der Geschichte. Daraus werden im Marxismus dann die Gesetze der Entwicklung, der Einheit in den Gegensätzen, des Umschlags von Quantität in Qualität u. a. abgeleitet (vgl. Strawe, S. 130 ff).

Marx ist gegen die Vertreibung und Aufhebung von Gegensätzen, gegen Phrasen, die das «Bewußtsein über den *totalen Gegensatz des Kommunismus gegen die bestehende Weltordnung* abschwächen und verwässern könnten» (MEW 3, S. 457). *Marx arbeitet an der Polarisierung,* nicht versöhnlich, sondern *dualistisch,* in Gegenüberstellungen. Das Vermittelnde ist ihm tief zuwider, die *Extreme* lassen ihn innerlich, konstitutionell aufblühen. Der Kämpfer liebt den Feind, die eine Seite ist licht, die andere finster. Schon in der Kritik der Hegelschen Rechtsphilosophie lehnt er sich gegen *«die Mitte»* auf, sie ist *«hölzernes Eisen,* der *vertuschte Gegensatz* zwischen Allgemeinheit und Einzelheit» (MEW 1, S.288). Für ihn gibt es eine *«Absurdität der Vermittlung»* - *«wirkliche Extreme können nicht miteinander vermittelt* werden, eben weil sie wirkliche *Extreme* sind. Aber sie *bedürfen auch keiner Vermittlung, denn sie sind entgegengesetzten Wesens.* Sie haben nichts miteinander gemein, sie verlangen einander nicht, sie ergänzen einander nicht» (ebd., S. 292). Marx denkt – wie sich aus seinen Schriften von 1843 ergibt, und das ändert sich auch später nicht, – in *Antinomien und Antagonismen.* Von dieser Position aus treibt er den Keil zwischen alles, um Position und Negation rein und bezugslos, d. h. in scharfer Gegensätzlichkeit zu bekommen. Dabei besteht der Monismus in der Rückführung des Ganzen auf einen Quell – das Materielle.

In Hegels Dialektik waltet urbildhaft das Verhältnis der *Trinität: Vater Gott – Sohnes Gott – Geist Gott,* oder von *Weisheit, Bewegung (Leben), Form*[2], dies ist Geistigkeit der zweiten schöpferischen Hierarchie als Abbild der Dreieinigkeit. Das bemerkte auch Marx: «Der ‹Begriff› ist der Sohn in der ‹Idee›, der Gott-Vater das agens, das determinierende, unterscheidende Prinzip» (ebd., S. 213). Allerdings ist für den

2 In der christlichen Hierarchienlehre: Kyriotetes, Dynamis, Exusiai.

Materialisten «die innere Genesis der heutigen Dreieinigkeit im menschlichen Gehirn. Sie beschreibt ihren Geburtsakt. So weist die wahrhaft philosophische Kritik der jetzigen Staatsverfassung nicht nur Widersprüche als bestehend auf, sie erklärt sie, begreift ihre Genesis, ihre Notwendigkeit» (ebd., S. 296). Indem Marx einerseits die Substanz der Dialektik auf Gehirnvorgänge zurückführt, andererseits sie vor allem antithetisch anwendet, die Synthesis nur für die große Lösung, die soziale Revolution offenhält, lebt er selbst die polare Spannung bis in die eigene Krankheit als Extrem aus. Er findet geistig sich in guter, wenn auch widersprüchlicher Gesellschaft, die von den Gegnern auf der Rechten bis zur Linken reicht. Kein anderer als der uns bereits wohlbekannte Pastor Krummacher sagt von sich: «Ich kenne keine Mitte» (in: Sabbathglocke, S. 99, zit. n. Seeger, Engels, S. 121). Edgar Bauer ruft: «Es lebe das Extrem» (Dt. Jb., S. 614, zit. ebd.). Das extreme Erleben der schmerzenden Zerrissenheit läßt Hess 1840 in seiner «Europäischen Triarchie» niederschreiben: «Ohne Schonung riß ich die Pflaster von der großen, klaffenden Wunde, damit jeder sehe und sich überzeugen möge, wie sehr uns Versöhnung nottut» (S. 37).

Der Tatbestand, daß die eigene Seelenhaltung, die der Bewußtseinsseele, in der Lage sei, mit aller Schärfe die *«dialektische Negativität»* auszuarbeiten, «die reine sich selbst aufhebende Tätigkeit» auszubilden, «mit einem Worte die *Auflösung*» zu bewirken, hat unter den Hegelianern als einziger Cieszkowski (Gott, Ms. S. 111 f.) bemerkt und auch formuliert. In der Auseinandersetzung mit seinem akademischen Lehrer und lebenslangem Freund, Carl Michelet, über die Unsterblichkeit der Seele gesteht er zu, daß die Negation, der negativ-dialektische Gedanke, nötig und verdienstvoll sei, daß dies aber nur «den aufgelösten und aufzulösenden Gedanken» darstellt, also nicht das Ganze. Doch die *«Negativität kann nie das Ende der Wege Gottes sein»* (ebd., S. 113). Im Vater Unser sagt Cieszkowski: «. . . die Ausschließlichkeit und Rücksichtslosigkeit führt immer zu Trugschlüssen» (Ms. S. 119). So bleibt bei der durch die Kritik geschaffenen *Tabula rasa,* wie diese etwa durch Strauß, Feuerbach oder Bauer geschaffen wurde, die Aufgabe, sie wieder zu «erfüllen». Doch wie ist das möglich?

«Man setzt an die Stelle des *Abgemachten . . .* ein *dürftig Allgemeines»*, eine abstrakte, inhaltsleere Begrifflichkeit. Die Kritik beseitigt berechtigt vordergründige Vorstellungen, so etwa religiös durch die Bibelkritik, dann wird die Religion inhaltsleer, an die Stelle treten schließlich Abstraktionen wie Gattung, Menschsein usf. Das aber reicht nicht zu, ebensowenig wie die Abstraktion «unsterbliches Wesen» des

Menschen. Vielmehr treibt der *«dialektische Standpunkt» dialektisch über sich hinaus,* damit er zur Affirmation (Bejahung), d. h. zu neuen Inhalten, zu positiven Aussagen kommt. Dies kann nur durch *«tätige Intuition»*, das erste «Prinzip des tätigen Denkens», geschehen (ebd., S. 111). Nachdem die überlieferte Religion abgetan ist, wird sich dahinter eine ganz neue auftun. Die tätige Intuition wird von Cieszkowski als bessere, höhere Auffassung der «intellektuellen Anschauung»[3] verstanden (S. 53). Diese hat am Allgemein-Absoluten zwar Teil, doch ist sie bildhafter Natur: «Vorstellung»; in ihr ist das «Positiv» enthalten wie in der Synthesis auch. So kommt hinter der *Auflösung*, eine neuerliche *«Auffüllung»*, die Vorstellung muß neu «aufgemacht», aufgetan werden (ebd., S. 97). «Die Vorstellung ist das tägliche Brot des Denkens, und ‹unser tägliches Brot gib uns heute› ist unser tägliches Gebet. Sie gänzlich zu verleugnen, hieße, die Entbehrlichkeit des Brotes zu behaupten» (ebd., S. 112). Notwendig ist nicht *«spekulative Reflexion»*, sondern eine affirmative (bejahende) Begründung der *«spekulativen Spekulation»* (ebd., S. 113). Doch selbst die «strengste und kräftigste Spekulation bleibt so lange unfruchtbar, bis sie von der lebendigen und schöpferischen Intuition befruchtet wird ... Die Intuition (ist) das Befruchtende, die Reflexion das Befruchtete, und die Spekulation das Erziehende» (ebd., S. 114).

In der Geisteswissenschaft heißt das Vermögen, allgemeine Wahrheiten zu fassen, abstrakte Grundsätze zu formulieren, Bestehendes analytisch zu kritisieren, *Bewußtseinsseele* – das Vermögen, Zukünftiges offenlassend in Gebärden oder Gesten zu erfassen, bildhaft-imaginative Gestaltungen zu ergreifen, Wahrheiten nicht nur abstrakt zu wissen, sondern zu durchleben: *Geistselbst.* «Die *Bewußtseinsseele berührt* die von jeder Antipathie und Sympathie unabhängige, durch sich selbst bestehende Wahrheit; das *Geistselbst* trägt in sich *dieselbe* Wahrheit, aber aufgenommen und umschlossen durch das ‹Ich›, durch das letztere individualisiert und in die selbständige Wesenheit des Menschen übernommen» (Steiner, Theosophie, GA 9, S. 51). Weil Cieszkowski selbst Erfahrung in der Intuition hat, kann er von ihr sprechen. Wenden wir uns ihm nunmehr eingehender zu.

3 Der Begriff geht auf Fichte und Schelling zurück, Der Akt, indem das Wissen sich selber bewußt wird, also in einer sich wissenden Helligkeit lebt, heißt intellektuelle Anschauung: «intellektuell, weil sie nicht sinnlich ist wie andere Anschauungen. Anschauung, weil sie den begrifflichen Unterscheidungen vorausliegt ... es entfällt auch der Unterschied zwischen Wissen und Wollen: Die Handlung ist sich bewußt, und das Bewußte ist Handlung» (Jakobs, S. 50).

August Graf von Cieszkowski

II. August von Cieszkowski – Ausgleich und Evolution

1. «Extreme sind Halbwahrheiten»

Graf August von Cieszkowski (1814–1894), einer der jungen Hegelianer, der bereits versucht, die vorher beschriebene Versöhnung zu leisten, steht an Bekanntheit weit hinter Marx zurück, übertrifft ihn jedoch an Originalität der Gedanken wie an Tiefe und Reichtum, wenn ihm auch jene Schärfe und polarisierende Art sowie die aufpeitschende Spannung in der Sprachäußerung und somit die entsprechende Wirkung fehlt. Innerhalb der Entwicklung nähert sich für Cieszkowski jetzt die «real objektive Dialektik des Lebens ihrem höchst vermittelten Standpunkte, und die Widersprüche der Zeit treten nur darum so grell hervor, weil sie ihrem Umschlagen und ihrer Losung selbst entgegen reifen» (Historiosophie, S. 146).

Ihm widerstrebt, den Weltgeist nur allgemein – wie Hegel – zu fassen, er will ihn vielmehr speziell in seinem Fortschritt in der Menschheit analysieren, wobei er auf den *«Geist einzelner Völker»* stößt, die *in einem dialektischen Verhältnis zum Weltgeist* stehen, im Verhältnis des Allgemeinen zum Besonderen. Dabei gilt, wie von diesem Denker später weiter ausgeführt wird, daß «alle ausschließlichen Ansichten Halbwahrheiten sind» (Vater Unser, S. 117 u. 127, n. Wojtczak, S. 29). Denn die Wahrheit kommt erst in der Aufhebung des Widerspruchs zum Ausdruck. Dies ist deshalb so, weil dem Bestehenden, der Thesis und der Negation, dem Zukünftigen, also dem durch Revolution zu erreichenden Zustand, eine Halbwahrheit eignet, solange das «Zukünftige, es mag auch noch so vernünftig und konsequent ausfallen, gar keine Wirkung gegen das Bestehende hat, sondern, ehe es selbst ein Bestehendes wird, schon ein Bestehendes sein muß» (Historiosophie, S. 36). Damit hebt Cieszkowski in den Blick, daß in jeder Position und Negation je schon das Gegenteil *als Anlage* enthalten sein muß. «So besitzen wir doch unmittelbar in *jeder* Gegenwart die besonderen *Vergangenheiten* und *Zukünfte* derselben» (ebd., S. 37). Wird alles in der absoluten Synthesis zusammengefaßt, sind in dieser selbst wiederum «die Momente der Thesis, Antithesis und Synthesis zu unterscheiden» (ebd., S. 106).

Bei aller Entgegensetzung, die der Dialektik eignet und die das Weitertreibende der Entwicklung verdeutlicht, führt diese Art des Verstehens im Ansatz schon zum *Ausgleich*, zur *Milde*, zu einer mittleren Position. *«Das Zugrunderichten ohne das Zugrundelegen wäre mir zu widerlich»* (Gott, S. 88). Darin steht Cieszkowski auf der anderen, polaren Seite des Spektrums von Marx – wenn man mit dem Farbenspektrum vergleichen will: beim Violett wie Marx beim Rot.

Die Frage, wie das Zeitliche zum Abstrakten, das Ewige zum Gegenwärtigen sich verhält, wie die Wirkung in der Ursache mitenthalten ist und wie Begriff und Objekt zueinanderstehen, beschäftigt im gleichen Sinne vier Jahrzehnte später Rudolf Steiner, der dem Zeitproblem nachspürt und zur fundamentalen Einsicht in einen *Doppelstrom der Zeit* kommt. Unser Zeitbegriff ist vom Raum, d. h. dem Nebeneinander, genommen und auf den Entwicklungsvorgang übertragen, so daß er eine eindeutige Richtung im Nacheinander von der Vergangenheit über die Gegenwart zur Zukunft bekommt. Indessen ist wahre Gegenwart Anwesenheit von Zukunft *und* Vergangenheit, sonst gibt es zwar eine mineralische, eine tote Taktzeit, aber keine Zeit, in der Entwicklung statthat – Evolution und Devolution mit ihren Sprüngen und Umwälzungen. In der Kritik des Atombegriffs eröffnet sich Steiner diese Einsicht des Doppelstroms der Zeit – mit der Gültigkeit für alles Lebendige, Beseelte, Durchgeistigte. Dies wird fundamental für das Verständnis des Menschseins, wie es Marx nie, wohl aber Cieszkowski 1838/1842, vertieft dann Steiner 1883 gelungen war. «Das Schicksal setzt sich zusammen aus zwei Tatsachengestaltungen, die im Menschenleben zu einer Einheit zusammenwachsen. Die eine entströmt dem Drange der Seele von innen heraus; die andere tritt von der Außenwelt her an den Menschen heran» (Mein Lebensgang, XII, GA 23).

Was Steiner dann zu differenzierter Ausgestaltung im Blick auf Evolution und Devolution der Naturreiche, auf das menschliche Schicksal usw. ausgestaltet, wendet Cieszkowski auf das «absolut Praktische, das soziale Wirken und Leben im Staat» (Historiosophie, S. 112) an und folgert: «*Sein* und *Denken* muß also im *Tun*, – *Kunst* und *Philosophie* im *sozialen Leben – zu Grunde gehen*, um dort erst wieder wahrhaft und ihrer letzten Bestimmung gemäß aufzutauchen und aufzublühen» (ebd., S. 69). *«Die Wahrheit steckt niemals in einem Extrem»*, vielmehr schließt sie die Widersprüche ein, sie ist diese «durch *allgemeine Eintracht der Elemente*» (Gott, S. 126). *Triadisch* folgt aufeinander Recht, Moralität,

Sozialität; in dieser (triadischen) Folge entwickelt sich auch die Religion zur Philosophie, ja schließlich das Bewußtsein zu sich selbst und damit *die Freiheit von einer zufälligen zur notwendigen, zu einer «freien Freiheit»* – bei der nur *aus sittlicher Intuition gehandelt* wird –, was alles Vorhergehende einschließt, aufhebt. Die *Freiheit der Tat* ist die *höchste Stufe der Entwicklung*, ihr gehen Stufen der Entwicklung voran. Auf der höchsten Stufe der Freiheit stimmt das menschliche mit dem göttlichen Handeln, das Sein mit den Gedanken überein. Damit sind erste Linien im Werk dieses Denkers vorläufig angedeutet. Bei Cieszkowski lebt das triadische Wissen eines rosenkreuzerischen, esoterischen Christentums: «Im totalen Charakter des Weltgeistes aber wird sich die Betätigung: a) des Schönen im Gefühle, – die Liebe . . . b) des Wahren, im Wissen, – die Weisheit . . ., c) des Guten, im Willen, – die *Kraft* und *Allmacht des Lebens* . . . erzeugen» (Historiosophie, S. 154).

2. Historiosophie: Einblick in den Geschichtsgang

Wer war dieser Graf August von Cieszkowski? Am 6. September 1814 wurde er in Sucha in Podlachien (Herzogtum Warschau) geboren, altpolnischem Adelsgeschlecht entstammend. Jahre der Kindheit verbringt er mit den kunstorientierten Eltern in Italien. Die Matura legt er in Warschau ab. Eine aufgetretene Augenerkrankung nötigt ihn, bei berühmten Berliner Ärzten Heilung zu suchen, was dann auch gelang. Hegel war gerade verstorben, als er mit dem Studium beginnt, aber Cieszkowski lernt den Meister durch Carl Michelet (1801–1893) und Karl Friedrich Werder (1806–1893) kennen, mit denen er sich anfreundet. Vor allem gegenüber Michelet entwickelt er seine Gedanken, die sein Biograph Kühne aus dem Briefwechsel rekonstruiert. Nach seinem Aufenthalt in Berlin promoviert er in Heidelberg zum Doktor der Philosophie mit einer lateinisch abgefaßten Arbeit über die Ionische Philosophie. In Warschau und Posen veröffentlicht er vielfältig in Zeitschriften. Sein erstes Werk («Prolegomena zur Historiosophie») erscheint 1838. Ein Aufenthalt in Paris führt zu einer wiederholt aufgelegten Schrift in Französisch über Kredit und Zirkulation (1839), die ihn als führenden Nationalökonomen ausweist. In Berlin gründet er mit Michelet die «Philosophische Gesellschaft», die der Pflege von Hegels Denken gewidmet ist. Um Deutschland näher zu sein, gibt er die elterlichen Güter im russischen Teil Polens auf und kauft sich Güter und Schloß

Wierzenica bei Posen, im preußischen Teil Polens. Italienische Künstler malen das Schloß aus. 1846 kauft er sich ein weiteres Gut in der Provence, so daß eine rege Reisetätigkeit sein Leben kennzeichnet, wobei er in den drei Sprachen: Polnisch, Deutsch, Französisch seine Werke veröffentlicht. Sein Hauptwerk, das *«Vater Unser»*, veröffentlicht er mit dem Einleitungsband auf Polnisch 1848 in Paris – anonym. 1850 wird ihm das preußische Ministeramt der Finanzen angeboten, das anzunehmen er aber ablehnt. Er wird 1852 Mitglied des Preußischen Abgeordnetenhauses. Nach dem frühen Tod seiner Frau 1861, die er 1857 geheiratet hatte, will er ihr zu Ehren eine landwirtschaftliche Hochschule in Posen errichten. Um sich zu informieren, besucht er England, Belgien, Frankreich. 1866 zieht er sich aus dem öffentlichen Leben zurück, arbeitet jahrelang intensiv am «Vater Unser», versucht 1870 in Rom während des Vatikanischen Konzils vergeblich, das Infallibilitätsdogma, das er für ein Unglück hält, zu verhindern. Mit achtzig Jahren stirbt er am 12. 3. 1894 in Posen.

Ein tief einwirkendes Grund- oder Selbsterlebnis im Jahr 1838 bringt Cieszkowski dazu, die Stellung des Einzelmenschen herauszuarbeiten, es ist «dieses, daß der Einzelmensch im Lauf intensiver Gedankenarbeit zu der Entdeckung gelangen kann, daß er nicht eingeschlossen ist in seinem Denken, in dessen subjektiven Verlauf, sondern daß sich dieses subjektive Denken eröffnet einem objektiven Denken, das in sich aufnehmen kann *Weltgedanken* und damit Zugang gewinnt zum schöpferischen Wesensgrund der Welt, von Natur und Geschichte, zum Absoluten vordringt . . . Dieses Weltgedanken-Erlebnis, auf dem Hegels Philosophie beruht, haben viele Hegelianer gehabt. Sie sind durch die Berührung mit einem übermenschlichen Gedankenreiche *produktiv* geworden. In ihre subjektiven Gedankenformen ergoß sich ein objektiver Gedankenstrom, ein Lebensstrom, der den Einzelmenschen aktivierte, sein Einzelmenschentum nicht auslöschte, sondern erweiterte und ihm einen neuen Blick, neue Gesichtspunkte für Welt und Menschenleben gab. Bei aller Einheit dieser Weltgedankensphäre in sich bewirkte die Berührung mit ihr, die Durchdringung mit ihr bei den vielen Hegelianern zwar eine gewisse Einheitlichkeit der Grundstimmung . . ., aber doch darüber hinaus wieder eine große, großartige Mannigfaltigkeit und Differenzierung, die zu vielen Auseinandersetzungen innerhalb der Schule Hegels führte. Diesen Aktivierungsprozeß, der zugleich ein Differenzierungsprozeß war, können wir in den Briefen und Notizen des jungen Cieszkowski verfolgen: Er wurde produktiv, aber auch selbständig» (Kühne, 1938, S. 16 f.).

Die Gegenüberstellung von Natur und Geist, d. h. den Geist als Negation der Natur zu betrachten, der diese als Teil von jenem hält, widerstrebt Cieszkowski. Für ihn ist der Geist in konkreter Identität der Idee mit der Natur zu betrachten, wie im einzelnen Menschen die Seele mit dem Leib konkret identisch ist und der Geist in diesem wie in jener selbsttätig wirkt. Die Unterscheidung zwischen endlichem und unendlichem, absoluten Geist trifft nicht auf einen Gegensatz, weil der in Leib und Seele wirkende, endliche Geist sich stets über die bloße Endlichkeit erhebt zum Reich des Allgemeinen, wobei das Denken Mittler ist.[1] Der Mensch besteht aus Leib, Seele und Geist. Das Geistwesen ragt durch die (a) *Individualität* in die Natur, durch die (b) *Subjektivität* in ein allgemeines Denken, in der (c) *Persönlichkeit* wird es zum schaffenden *Selbst,* dieses ist unsterblich. Denken – vielleicht präziser: Vorstellen, Reflektion – selbst ist nichts Schaffendes, sondern Abgeleitetes. Anders ist es mit der *tätigen Intuition,* die Keime der Zukunft erzeugt. «Denkt man wirklich dreigliedrig, so ergibt sich der Schluß, daß der absolute Geist als absolute Persönlichkeit sowohl das System des einzelnen subjektiven Geistes als seinen Leib und auch das System des allgemeinen objektiven Geistes als seine Seele in sich schließt» (Kühne, S. 62). Cieszkowski versteht seine Philosophie als *absoluten Spiritualismus,* als «slawische Philosophie», die der tätigen Intuition, der dritten Stufe des Erkennens zugehörig ist. Die Intuition erfaßt in der Synthesis das Absolute. In ihr vollzieht sich die Synthese von Wahrnehmung, Vorstellung und Begriff, wobei sie das ihr Gewahrgewordene dem Vorstellungsleben einzukörpern vermag. *Gott ist durch tätige Intuition als Welten-Ich zu erfassen, durch das alle Iche zum Wissen ihrer Identität kommen.* In kritischer Auseinandersetzung mit Hegel und seinen Schülern entwirft Cieszkowski seine spirituelle Ichlehre.

In seinen *«Prolegomena zur Historiosophie»* kritisiert Cieszkowski, daß Hegel den «Willen nur (als) eine besondere Weise des Denkens» aufgefaßt habe, «und dies ist die *falsche Auffassung*» (S. 120). Außerdem

1 Thomas von Aquino schildert drei Arten der Erkenntnis von göttlichen Dingen. «Die erste besteht darin, daß der Mensch mit dem natürlichen Licht der Vernunft durch die Kreaturen zur Erkenntnis Gottes aufsteigt. Die zweite besteht darin, daß die göttliche Wahrheit, die die menschliche Vernunft übersteigt, zu uns herniedersteigt, in der Weise der Offenbarung (per modum revelationis), freilich nicht als dem Schauen dargebotene, sondern gleichsam auf Verkündigung hin zu glaubende. Die dritte besteht darin, daß der menschliche Geist zu dem erhoben wird, was als Offenbartes auf vollkommene Weise zu schauen ist (intuenda)» (Summa c. gent. IV, 1).

begrenzte Hegel seine Erkenntnisse der Geschichte auf die Vergangenheit, aber «die Feststellung der Zukunft (ist) eine unentbehrliche Vorfrage für den Organismus der Geschichte» (S. 9). Er korrigiert den von Hegel damit allzusehr eingeschränkten Geschichtsbegriff, weil dieser doch die Vorgeschichte als «mythisch» und die Zukunft als «Utopie» aus der Philosophie ausgeschlossen hat und sich allein auf Europa als geschichtlichen Raum konzentriert.

Cieszkowski unterscheidet zwar auch, wie Hegel, drei Zeitalter: als *Thesis ein Zeitalter der Einheit,* der Kunst, des Gefühls, der Ahnung, der Propheten, nämlich die vorchristliche Zeit. Dann die *christliche Zeit,* das Zeitalter des Denkens, des Bewußtseins, der Wahrheit – als *Antithesis.* Schließlich das *dritte Zeitalter: das der Tat,* des Willens, der vermittelten, also der durch menschliche Handlung wiedergewonnenen Einheit, die *Zeit der Synthesis,* der die unendliche, immerwährende Zukunft gehört. Als Motto stellt er über das dritte Kapitel seiner Schrift ein Zitat aus Goethes Faust: «. . . Mir hilft der Geist! Auf einmal seh' ich Rat / Und schreibe getrost: Am Ende wird die Tat!» – Die Tat stand bei Faust am Anfang!

Cieszkowski ist ein geistoffener Philosoph; in seinem Erleben fängt er etwas von der sich vorbereitenden, gewaltigen übersinnlichen Auseinandersetzung auf, die sich in der an das menschliche Bewußtsein angrenzenden Welt begibt (vgl. 1. Teil, Kapitel III, 4), und ist bestrebt, die sich abzeichnende alleinige Bindung des Intellekts an das sinnlich Gegebene oder nur abstrakt Gedachte nicht zuzulassen. Er will dadurch die menschliche Entwicklung offenhalten, daß er die Wirksamkeit geistiger Wesen durch Intuition zur Erfahrung macht, die er in der Meditation in überquellender Wesensschau zweimal (1838 und 1840) erfahren hat – Erlebnis-Material, das er im Nachfolgenden begrifflich und systematisch aufzuarbeiten bestrebt ist.

Darüber eröffnete Cieszkowski 1894 seinem Sohn auf dem Todeslager: «Nach der Niederschrift des Manuskriptes der *Prolegomena* gab ich sie meinem Vater zu lesen. Der ließ nach der Lektüre anspannen, um eine feierliche Messe lesen zu lassen und Gott dafür zu danken, daß er ihn mit einem solchen Sohn und diesen Sohn mit einem solchen Werk begnadet habe. Während mein Vater sich der Messe hingab, rezitierte ich für mich das Vaterunser, und dabei ging mir plötzlich auf, daß alles, was bei der Niederschrift der Prolegomena unklar vor meinem Auge gestanden hatte, in voller Klarheit im Gebete des Herrn (dem Vaterunser) enthalten sei. Von diesem Augenblicke an gehörte mein Leben dem Vaterunser, und alles, was ich geschrieben habe, ist letzten Endes aus diesem Erlebnis erwachsen» (zit. n. Ehret, 1973/7, S. 56). 1863 führt Cieszkowski über seine Arbeit am Vaterunser folgendes aus: «Wir versichern Ihnen, daß wir bei vollkommener Gesundheit unserer Sinne und unserer Vernunft sind und nicht Beute einer Ekstase, daß wir über dieses Thema nachgedacht haben, nicht nur während Tagen und Nächten oder Monaten und Jahren, sondern während einer langen Reihe von Jahren, genau gesagt während eines Vierteljahrhunderts; daß wir Hülfe und Rat gesucht haben bei allen Weisen dieser Welt, daß wir keine Wissenschaft vernachlässigt haben – und nirgends und von niemand haben wir Weiseres, Vollkommeneres und Fruchtbareres in bezug auf Segnungen empfangen als das, was uns der Sohn Gottes vor beinahe 2000 Jahren geschenkt hat» (ebd.).

Weiter eröffnet Cieszkowski seinem Sohn auf dem Totenlager: «Ein zweites Erlebnis dieser Art (wie in der Kirche in Sucha) habe ich am Pfingstfest 1840 in der St. Markuskirche und auf dem Lido in Venedig gehabt, als ich über die Persönlichkeit des Heiligen Geistes meditiert habe. Eine Andeutung davon ist in *Gott und Palingenesie* zu finden» (ebd.). Diese Erlebnisse waren gewaltige Schauungen, deren Inhalte Cieszkowski in die Begriffssprache (Hegels) zu fassen und dem Gegenwarts- und Zukunftsverständnis nahezubringen suchte. Dabei wurde ihm bewußt, daß die Versöhnung nur durch eine neue Verbindung mit dem Geist geschaffen werden kann. Doch in der Epoche des Materialismus ist dafür «die Zeit noch nicht gekommen. Ich habe nicht gewollt, daß das, was ein Stein des Aufbaus sein sollte, ein Stein des Anstoßes würde, und deswegen ist das ‹Vaterunser› bis zum heutigen Tag nicht veröffentlicht worden.» (So der Bericht des Sohnes, Ms. Vater Unser, Anl. B.) Wenden wir uns den zugänglichen Schriften zu.

Cieszkowski zeigt, wie der aus Erkenntnis Handelnde sich im Dienst der Weltvernunft, Zukunft schaffend, betätigen kann – als freie, sittliche Persönlichkeit, nur der eigenen Einsicht und keinen äußeren Geboten gehorchend. Cieszkowski sieht die *Geschichte als einen Organismus*, und wie für diesen, so gilt auch für jene, daß von einem Teil auf das Ganze, von der Gegenwart auf die Zukunft geschlossen werden kann. Der hochbegabte, vielbelesene Vierundzwanzigjährige meint, wie Cuvier aus einem Zahn das diluvianische Tier konstruiert habe, so sei die Zukunft zu prognostizieren, wozu die triadische Methode, die Dialektik, beiträgt (Historiosophie, S. 32). Anregungen, die Umrisse der Zukunft zu erschließen, erhielt er von den französischen Philosophen und Sozialisten.

Auch für Cieszkowski ist die *Krise der Zeit* selbst *tiefdurchlittenes*

Erlebnis, sie gilt es zu überwinden, und zwar theoretisch und praktisch. Ursache für die Desorganisation, den Zerfall, der auch vor dem Christentum nicht halt macht, ist der revolutionäre Zug der Zeit: «Holy God! What is going on in the world?» ruft er im «Vater Unser». «Religion, Kunst, Wissenschaft, Staat, Menschheit – alles ist erschüttert worden, wachend gemacht – mehr oder weniger eingebrochen, eingestürzt» (heißt es in einem Fragment, zit. n. Kühne, Cieszkowski, S. 444). Dabei hat die Medaille zwei Seiten: Glaubenslosigkeit als Folge der Aufklärung und politischer wie ökonomischer Liberalismus, durch den sich *Atomisierung, Egoismus und Gewinnstreben in der nackten Vereinzelung des Ich* zeigen. Durch die französischen Frühsozialisten wurden ihm tiefe Einsichten in die gesellschaftlichen Zusammenhänge vermittelt, wobei ihm Fourier am nächsten steht, weil er das Individuum am stärksten gegenüber der Gemeinschaft betont.

Was aber ist die tiefere Ursache für diesen *neuerlichen Einbruch des Dualismus,* den Cieszkowski trotz Hegels Versöhnung erlebt? Der Dualismus, aus dem alle radikalen, destruktiven Bewegungen in ihrer antithetischen Haltung, in ihrer Negation erwachsen, ihn gilt es zu überwinden. Wie später Marx eine *monistische Auffassung* sucht, so schon vor ihm auch Cieszkowski, allerdings von Anfang an gegliedert, und zwar triadisch. Diesen Monismus sieht er in der Dialektik als Erkenntnismethode zur Wirklichkeit gekommen: «The result and end of all Dialectic is an organic whole – complete satisfication. All contradictions are solved by conducting them to two wholly opposite extremes. In discovering their two poles, we discover their equator: and thereby we are in position to solve the riddle of history» (Vater Unser, S. 63, zit. n. Stuke, S. 96). Die Einheit verwirklicht sich in der «aufgehobenen» Spannung. Wer aber, wie Marx, die Extreme betont, versündigt sich am Monismus, indem er ihn abstrakt, d. h. als Halbwahrheit versteht – er steht dann als Revolutionär, der die Zukunft schaffen will, nur destruktiv auf Seiten der Dualisten alter Art.

Von dieser Aussöhnung, dem Monismus ausgehend, wendet Cieszkowski die Hegelsche Dialektik auf die Geschichte an, um das nunmehr Fällige zu beschreiben. Im Geschichtsprozeß kommt es auf den Menschen als Handelnden an, auf den *freien Einzelnen.* Es entbehrt nicht der Ironie, daß der von tiefem religiösen, spirituellen Empfinden erfüllte Cieszkowski sowohl mit dem Materialismus als auch der Kirche in ihrer Dogmatik kollidiert. In seinem monistischen Bestreben ist er sich bewußt, daß die Einheitlichkeit sich nur durch die Differenzierung im Zeitlich-Konkreten ergeben kann, daß also die Dialektik die Außenseite einer tieferen, inneren geistigen Einheit darstellt. Wie der Materialismus die Einheit mit konkreten materiellen Inhalten erfüllt, so behauptet die *Kirche* als Verwalterin der spirituellen Überlieferung den *Dualismus von Offenbarung und Wissen* weiterhin, um den sittlich sich selbst bestimmenden Menschen abzuweisen. So werfen die kirchlichen Vertreter Cieszkowski vor, daß er nicht die Grenze zwischen dem Wissen und Glauben wahre. «Den höchsten Wahrheiten, den tiefsten Geheimnissen näherte er sich mit dem Verstand allein, die Wahrheiten des täglichen Lebens erklärte er mit den Worten der göttlichen Offenbarung» (so urteilt der Kapuziner-Mönch Wojtczak, S. 54), wobei die bahnbrechende Suche des Geistsuchers, der *meditativ zu Intuitionen* zu gelangen versucht, völlig verkannt wird.

Dieser «Ketzer» setzt der Hegelschen Philosophie, dem Hegelschen Denken die *Praxis* entgegen, die *Philosophie der Tat*, die erst erlaubt, daß der Mensch sein Schicksal selbst bestimmt und nicht bloß als mehr oder weniger unbewußtes Werkzeug des Weltgeistes wirkt: «Die Philosophie wird von jetzt an beginnen, angewandt zu werden ... jetzt wird ihr normaler Ausfluß auf die sozialen Verhältnisse der Menschheit beginnen, um in der nicht bloß vorhandenen, sondern selbst ausgebildeten Wirklichkeit die absolut objektive Wahrheit zu entwickeln. Daraus läßt sich die zur Monomanie in unserer Epoche gesteigerte *Wut, soziale Systeme zu bauen und die Gesellschaft a priori zu konstruieren*, begreifen, welche sonst nur ein dumpfes Vorgefühl eines bis jetzt noch nicht zum klaren Bewußtsein gereiften Zeiterfordernis ist» (Historiosophie, S. 131 f.). Dazu ist nötig, zunächst die Zukunft zu bestimmen, dies kann dreifach geschehen: «Die erste Determination ist die unmittelbare, natürliche, blinde zufällige: daher erfaßt sie meistenteils nur die Partikularitäten, einzelne Fakten; sie wird ahnend, – sie erzeugt die Seher ... Die zweite Determination ist eine reflektierte, gedachte, theoretische, bewußte ... sie erzeugt die Philosophie der Geschichte ... Die dritte Determination ist endlich die wirklich-praktische, angewandte, vollführte, spontane, gewollte, freie; daher umfaßt sie die ganze Sphäre der Tat ... die Theorie und die Praxis, den Begriff und seine Realität, – und erzeugt die Vollführer der Geschichte» (ebd., S. 25 f.).

Im ersten Zeitalter, der Thesis, dem Altertum, ist das Hauptprinzip die Natur, die Materie, das Sein; in Verbundenheit damit verläuft das Leben. Das Bewußtsein des Geistes fehlt, damit auch der Begriff des Menschen. Am *Ende der Antike* kommt es zur ersten Erscheinung des Weltgeistes, erstmals erwacht die Menschheit, ein *erstes Empfinden der*

Freiheit tritt auf. Die zweite Epoche, die Negation, beginnt mit dem Christentum, wo der Geist die Freiheit des Beisichselbstseins gewinnt. Der Begriff der Menschheit tritt auf durch die «Radikalreform der Menschheit». Es gibt zwar «all men rights, but only in idea, subjectively, and not objectively and in reality» (Vater Unser, S. 283, zit. n. Stuke, S. 99). Das *Christentum* verinnerlicht alles, es wird zur *Negation des Gegebenen,* Endlichen, Wirklichen, verdammt alles Weltliche, Niedrige, Körperliche – alles äußerlich Reale –, bildet die Antithese zum Altertum. Dadurch zerfällt es in sich in einen inneren Gegensatz, einen Dualismus von Denken und Sein, Verstand und Sinnen, Himmel und Erde, Staat und Kirche. Die Welt spaltet sich im Streit zwischen Civitas Dei und Civitas terrena, zwischen dem, was *ist,* und dem, *was sein soll.* Das Christentum verdoppelt die Lebenswelt des Menschen, ja spaltet ihn in Leib und Seele, Subjekt und Objekt, Sinnlichkeit und Geistigkeit, in einen idealen und realen Menschen.

Seit dem 15. Jahrhundert kehrt die Entwicklung durch *drei Reformationen* zur realen Welt zurück. Die *erste unter Luther,* die *zweite* in der *Emanzipation der Naturwissenschaft* von der Religion, die *dritte* in der *Französischen Revolution,* wodurch das Mittelalter aufgelöst, aber keineswegs die moderne Welt hervorgerufen wird: alle drei Reformationen destruieren das Alte, aber sie sind im Ergebnis nur insofern destruktiv, als sie die Einseitigkeiten und Abstraktionen des Christentums wiederholen oder antike Lebensanschauungen erneuern. Auch die Naturwissenschaft ist nicht schon das Neue selbst, sondern mit ihren Fortschritten nur die materielle Voraussetzung für das neue Weltalter. Die Hinwendung zur objektiven Welt, wie sie im Materialismus geschah, ist ein Prozeß fortschreitender Profanisierung, die einem «scheinbaren Rücklauf» in antike Verhältnisse – aber auf höherer Ebene –, einer spiralähnlichen Entwicklung gleichkommt (Gott, S. 16).

Cieszkowski verfolgt die Hegelsche Linke in ihrer Entwicklung ebenso wie die Positivisten. Er verkennt «keineswegs die Berechtigung der *nur* negativen Kritik (Feuerbach, Bauer u. a.) und weiß sehr wohl, daß wir ohne sie nicht fortzuschreiten vermöchten; aber «meiner Individualität, meiner Idiosynkrasie nach, kann ich mich nimmermehr zu ihr verstehen, und ich zaudre so lange auf dem Rande des Abgrunds, bis ich mir die Brücke geschlagen habe, ihn zu überschreiten. Dann aber reiche ich gern denen die Hand, die sich freimütig in den Abgrund hineingestürzt haben – die ich aber so lange bekämpfen muß, als sie nicht heraufkommen wollen. Wenn ich aber mit der einen Hand kämpfe, so möchte ich gern mit der anderen Hand die Stufenleiter (der spekulativen Entwicklung) erreichen» (Gott, S. 88).[2]

Die gegenwärtige Krise, das aufwühlende Erlebnis der Entfremdung, der bindungslose Individualismus, die Absage an die Religion, der revolutionäre Aufruhr der Zeit, erinnert ihn an den Untergang Roms, signalisiert aber in seinem Dualismus oder Antagonismus nur den bevorstehenden Umbruch. Das bisherige Christentum schuf den Dualismus, es verdammte die menschliche Existenz zur Wesenlosigkeit, indem es sie auf das innere, jenseitige Leben verwies. Aufklärung, *Liberalismus und die roten Sozialisten* wollen auf Erden ein *Reich der Freiheit,* der Harmonie und des Glücks errichten – *ein vergeblicher Versuch,* weil er zwar das Christentum in dessen Einseitigkeit negiert, aber seinerseits ebenso eine Einseitigkeit darstellt, *indem das Geistwesen des Menschen negiert wird.* Anstatt die beiden Pole, die Extreme zu vereinigen, wird also dadurch die *Existenz einer jenseitigen Welt geleugnet, wie das Christentum die diesseitige negiert hat.* Nun wird die materielle Welt als einzige Welt gesehen; das jedoch ist kein Fortschritt, sondern nur ein Schritt tiefer in die Krise hinein. Position und Negation, das Gegeneinander, ist nur in der dialektischen Aufhebung in einem höheren, dritten Prinzip möglich. Und in der Tat, der *Weltgeist befindet sich nach der Zeit des Vaters und Sohnes an der Schwelle zur Epoche des Heiligen Geistes.* Wenn Lessing sagt (in der Erziehung des Menschengeschlechtes, 1781), «sie wird kommen, sie wird gewiß kommen, die Zeit der Vollendung ... die Zeit eines neuen ewigen Evangeliums» (§ 85 ff.), so formuliert zwei Menschenalter später Cieszkowski: «The Third World is at the door» (Vater Unser, S. 20). In dieser Epoche wird erst aus der Reife des Bewußtseins dieses selbst gewahr, welche *Unsinnigkeit* es darstellt, *daß eine ideale Welt die einzige wahre Wirklichkeit «und eine wirkliche Welt keine Wirklichkeit» besitzen soll* (Vater Unser, S. 94). Die *Welt des Geistes und der Materie,* die sich zu widersprechen scheinen, sind durch ein Drittes zu versöhnen und auszugleichen. Wie der von ihm geschätzte Lessing spricht Cieszkowski von einem göttlichen Erziehungsplan, der es gerade zuließ, daß Leid und Not über die Menschheit kam, um den Einzelmenschen zu einem freien, denkenden und tätig schöpferischen Wesen zu schaffen. Waren bisher Gefühl und Denken zur Entfaltung

2 In einer Besprechung über Cieszkowskis Werk über den Kredit schreibt Michelet ganz im Sinne des Besprochenen: «Es wäre wohl Zeit, das kritische Zeitalter der Revolution zu beschließen und in das der organischen Revolution einzutreten» (Kühne 1938 S. 170).

gekommen, so wirkt als durchdringendes Prinzip des dritten Weltalters der *Wille,* er ist der «Eckstein dieser Welt» (Vater Unser, S. 73), er *überwindet den Widerspruch zwischen dem, was ist, und dem, was sein soll* – dadurch entfällt der Dualismus. Als selbsttätiger Wille, der zum Hervorbringer aus sich, zum freien Selbsttun befähigt ist, erzeugt er eine organisch-konkrete Totalität, wodurch die «absolute, beiderseitig gleichberechtigte und substantielle Versöhnung des Realen mit dem Ideellen», die *«wahre Rehabilitation der Materie»* geschieht (Historiosophie, S. 127). Dadurch wird der innerliche Logos zum *Pneuma,* das alles durchdringt und schließlich versöhnt. Als Geistwesen ist die *Persönlichkeit «das volle Selbst* – welches sich selbst *will und vollbringt, sich frei aus sich setzt»* (Gott, S. 41 f.). Das *«Ich» lebt sich aber dann nicht mehr selbstisch aus, sondern wird ein «soziales Individuum», zum freien gleichberechtigten Mitglied* der durch den Willen seiner Glieder zustandegekommenen Gemeinschaft. Die Bewußtseinsseele ist aus ihrer Isolierung befreit, hineingewachsen, aufgehoben in ein Höheres, die Gemeinschaft, in ihr ist das *Geistselbst* erwacht, sie ist durch den Geist befruchtet und über sich – als Seele – zu einem erweiterten Bewußtsein hinausgehoben, das schafft Harmonie, Zukunftsentwicklung wird dadurch Gegenwart, daß durch Übungen der einzelne versucht – «eben durch Aufwendung innerer Entwicklung, innerer Betätigung» - ein Heilmittel im «Menscheninteresse» zu finden. Dazu ist eine umfassende Menschenerkenntnis, Psychologie usw. nötig (Steiner, GA 168, 10. 10. 1916).

Der Staat verläßt nunmehr seine «abstrakte Abgesondertheit». In ihm ist auf der dritten Stufe die Civitas Dei und die Civitas terrena zur «Civitas Dei terrena» vereint (Vater, S. 285, 294), sie ist die «politische Kirche der Menschheit», «Kirche des Heiligen Geistes», die «Gesellschaft des Parakleten». In einer *Vision* taucht hier eine soziale Gemeinschaft auf, die aus der Zukunft in die Gegenwart hereinwirkt, es ist die künftige, von brüderlichem Geist durchdrungene Gemeinschaft, die imaginativ ansichtig wird, zweifellos inspiriert von einer slawisch eingefärbten Geistigkeit, die sich in einer ferneren Zukunft zur Reife entfaltet.

Indem im Willen sich Vernunft und Gefühl vereinen, kommt es erst voll zur Gegenwart *Christi – er «ist der Prototyp der Menschheit,* ihr verwirklichtes Ideal . . . Er ist nicht nur der vollkommenste unter den Menschen, sondern schlechthin der vollkommene Mensch . . . Als absolut vollkommener, absolut vollbrachter Mensch ist er damit Gott. Als Mensch, der *zu Ende* gelangte, also sein Ziel erreichte, als Mensch, der *den ganzen Begriff des Menschen in sich verwirklichte,* das ganze Ideal des Menschen realisierte, jede menschliche Wirklichkeit auskostete, hörte er eo ipso auf, *nur* Mensch zu sein; er verwandelte sich in ein höheres Wesen, als es der Mensch ist – und darin besteht die Verklärung des Herrn» (Vater Unser II, S. 397; Historiosophie, S. 187 f).[3]

Wer eine derartige Einsicht gewonnen hat in das Wirken der geistigen Welt, wie es in der dritten Epoche möglich wird, ist *frei,* er bittet, daß von oben die Gnade der Einsicht, der Erkenntnis in die Dinge einströmt. – Aus dem eigenen Willen, aus der *Selbstbesinnung des Willens tut der Mensch zwar, was er will,* doch er ist *sittlich und vernünftig,* weil er es in Voraussicht der Folgen, die sein Tun für den Mitmenschen hat, tut. Dadurch verbinden sich Menschen brüderlich – bilden *Assoziationen,* denen Cieszkowski keine nähere Bestimmung gibt, um nicht in «Schwärmerei» zu verfallen. Die *Wiederkunft Christi* ereignet sich, indem der Mensch den Himmel erstrebt und das im Geist Errungene auf

3 Für Cieszkowski wie die anderen Messianisten Polens (Adam Mickiewicz, Zygmunt Krasinsky [1812–1859], Jljusz Slowacki [1809–1849], Bronislaw Trentowski [1808–1869] u. a.) war es seit der Auflösung Polens und durch Hegels Volksgeistlehre gewiß, daß der polnische Volksgeist eine besondere Mission hat. Jedes Volk wird von seinem Volksgeist durchwaltet, der die Herren und Führer inspiriert. Mit subjektivem Eifer verfolgen sie die objektiven Ziele des Volksgeistes und schaffen ihm den Leib im Staat und die Institutionen. Der Schwerpunkt der Geschichte liegt über den Menschen. Die Volksgeister als Individuen werden vom Weltgeist durchwaltet, dem Geist der Geschichte. Kühne beschreibt, wie mit der Auflösung Polens, gerade dessen Aufgabe, dem einzelnen in Freiheit das Tun zu ermöglichen, erkannt wurde. Die Mission Polens besteht darin, *«das Christentum, die wahre christliche Liebe aus dem Innern des Menschen, aus den einzelnen Beziehungen in das öffentliche Leben, in die Politik einzuführen, die Bruderliebe von dem einzelnen auf die Nationen zu übertragen, mit einem Wort: das Christentum in der Weltgeschichte wie in der ganzen Politik zu realisieren. Meine Herren, das war von jeher die Mission des polnischen Volkes, der polnischen Nation»* führt Cieszkowski in einer Abgeordneten-Rede aus (zit. n. Kühne 1938, S. 333 f., vgl. ebd. S. 50 ff., 132 f., S. 275 ff.).

Die Messianisten, «diese bedeutendsten Geister» bezeichnet R. Steiner als «Vorläufer der Anthroposophie», wobei er Cieszkowski nicht namentlich erwähnt (16. 6. 1917 in Bremen, zit. n. Maikowski. S. 17). Polens Mission besteht im «Streben nach Individualität» (vgl. die Ausführungen Maikowskis).

An den Deutschen erlebt Cieszkowski die Fähigkeit der Abstraktion. «Das konkrete Leben fehlt ihnen überhaupt. Alles findet in Deutschland einen gesunden und kräftigen Anklang, aber alle diese Elemente entbehren eines organischen und harmonischen Einklanges. Alles zerfließt in Partikularitäten, deren Gesamtbild also selbst ein Abstraktum, ein Hirngespinst, ein caput mortuum ist. Wissenschaft und Leben, Idealität und Realität sind voneinander getrennt. Es ist ein beständiges Hüben und Drüben» (Kühne 1938. S. 429).

die Erde trägt. *Der Mensch wird zum Selbsterlöser und Selbstschöpfer durch das Innewerden des Heiligen Geistes.* Damit gelangt Cieszkowski in Dimensionen der Tiefe, die er zwar niederschreibt, nicht aber veröffentlicht. Das dritte Zeitalter verwirklicht die Gottähnlichkeit des Menschen, eine Vorstellung, die bei dem polnischen Hegelianer Trentowski gleichfalls auftaucht.

Wie aber beginnt der «Einstieg» in diese Zukunft? Eben durch die *Philosophie der Tat.* Cieszkowski setzt sich von Hegels Versöhnung durch die *Theoria* ab, die sich als *vernehmende Vernunft* auf die «vorhandene Wirklichkeit» richtet, um «in dem Scheine des Zeitlichen und Vorübergehenden die Substanz, die immanent, und das Ewige, das gegenwärtig ist, zu erkennen» (Hegel, Werke, VII, S. 33, zit. n. Stuke, S. 113). Er wendet sich gegen den Dualismus, in dem das Vernünftige vom Wirklichen getrennt ist, so daß das Ewige im Wirklichen nicht erkennbar werden kann. Genau aber das Wirkliche, wie es ist, gilt es zu ändern. Wo die Theoria passiv, betrachtend bleibt und Versöhnung zu stiften vermeint, kann nur *durch Tat, durch den Willen, Vernunft in die Wirklichkeit kommen;* aus der Betrachtung gilt es zur Handlung zu kommen, von Epimetheus zu Prometheus. Die Praxis muß das Zukünftige in sich haben, sie ist eine theoretische, voraussinnende, nicht nachsinnende, eine Praxis, «welche bereits durch die Theorie hindurchgegangen ist, also dieselbe in sich begreift» (Historiosophie, S. 120). Die Wirklichkeit darf nicht bloß als vorhanden akzeptiert werden, sondern ist als gewußte *und* gewollte zu bestimmen (ebd., S. 132), erst dann kann eine *Versöhnung* erfolgen. Versöhnung ist es aber, die Cieszkowski bewirken, erreichen möchte, sie ist das Zeichen des dritten Zeitalters, die Versöhnung der Gegensätze, die nicht nur im Denken, sondern *in der Wirklichkeit* stattgefunden hat. *Versöhnung* geht nicht schnell, sie *ist ein Prozeß,* bei dem die Beseitigung der Gegensätze niemals auf Dauer gelingen wird; es kommt darauf an, nicht Fakten hinzunehmen, sondern Taten zu schaffen durch Menschen, die *«bewußte Werkmeister ihrer eigenen Freiheit»* (ebd., S. 20) sind. Die Tat schafft die «Identität des Vernünftigen mit dem Wirklichen» (Gott, S. 99), wobei die Philosophie «aus der Höhe der Theorie in die Gefilde der Praxis herabsteigen muß», um die «konkreteste Einwirkung auf das Leben und die sozialen Verhältnisse» zu bewirken (Historiosophie, S. 129), zur Aufgabe hat.

3. Wiederverkörperung: Entfaltung des höheren Ich in der Tat

Es sind zwei Motive, die Cieszkowski *gedanklich* zur Auffassung hinführen, daß unter den Gliedern des Menschen – Leib, Seele und Geist – der Geist dem Absoluten, Ewigen zugehöre und folglich wiederholt im Endlichen erscheine. Das eine Motiv ist die Einsicht in das Wesen der Tat, das andere die Auflösung der Persönlichkeit in ein Allgeistiges durch die Hegelschüler. Die Wiederverkörperung war ihm dabei selbst sicheres *Erlebnis,* das aber der gedanklichen Stütze bedurfte. Die Einsicht in das Wesen der Tat ergab sich Cieszkowski gleichsam als Antithese zu Hegels Satz: «Das Denken macht die Seele, womit auch das Tier begabt ist, erst zum Geiste» (Vorrede der Enzykl. d. Wiss.). Wenn dies stimmte, müßte der Geist, also das Ich, einem Schlafenden fehlen. Wie ist es aber möglich, daß dieser sich in beiden Wachzuständen, dem vergangenen und dem jetzigen, als identisch erlebt? Weil im schlafenden Wollen das Ich, der Geist, anwesend ist. In der Handlung liegt oft mehr von unserem Wesen als in unseren Gedanken, nicht aber im unbewußten, sondern im selbstbewußten Tun, wo das eigene Selbst frei aus sich tätig und schöpferisch wird. Hier ist die dritte Stufe, die der Freiheit, zu sehen.

Nun zum zweiten Motiv. Als Cieszkowski in Berlin Michelet (1801-1893) hört, macht er sich im Anschluß an die erste Vorlesung mit ihm bekannt und schließt eine lebenslange Freundschaft mit ihm. Nun veröffentlicht eben dieser Michelet eine Vorlesungsreihe in Buchform *«Über die Persönlichkeit Gottes und die Unsterblichkeit der Seele oder die ewige Persönlichkeit des Geistes»* (Berlin 1841). Unter den Hegelianern war es Friedrich Richter, der in der Weise des Averroes die Seele im Allgeist aufgehen läßt. Ihm folgt Michelet, der in der Seele eine Fülle von Eindrücken und Zuständen bemerkt, die erst durch das Denken geordnet werden. Durch das Denken werden die in der Welt und in uns waltenden Kräfte strukturiert, in der Welt wirken sie als Ideen. Alle Gedanken und Ideen haben eine Uridee, das Absolute. Dieses ist allgemein und wahrhaft seiend. Das Absolute ist aber dem Denken selbst nicht zugänglich, es steht als gemeinschaftlicher Grund hinter der Allgemeinheit und den Einzelheiten – also hinter Denken und Wahrnehmung. Dadurch wird von Michelet dualistisch, nicht aber wie es Cieszkowski für notwendig hält, trialistisch oder trichotomisch gedacht. Bei Steiner wird später das Dahinterstehende, eben die Synthesis, der (intuitive)

Erkenntnisakt genannt, «das im rein Geistigen verlaufende Erleben eines rein geistigen Inhalts» (Philosophie d. Freiheit, GA 4, S. 146).

Das Allgemeine ist nicht in einer jenseitigen Welt, sondern tritt sowohl im Einzelbewußtsein wie in den Einzelheiten auf. Die Unsterblichkeit des Menschen liegt demnach für Michelet «nicht auf der Seite seiner, als eines Einzelwesens, sondern auf der Seite des ihn durchwaltenden, in ihn hineinragenden Allgemeinen» (n. Kühne 1938, S. 85)[4]. Denn seiner eigensten Natur nach ist das Selbst, das Ich, Wille. Es zu gewahren, ist «Erleben», bei dem man in ihm steht und aus ihm handelt (vgl. ebd., S. 32).

Dagegen nimmt nun Cieszkowski entschiedene Stellung in seiner Schrift *«Gott und Palingenesie»* mit dem Zusatz «Erstes kritisches Sendschreiben an den Herrn Professor Michelet auf Veranlassung seiner Vorlesung über die Persönlichkeit Gottes und die Unsterblichkeit der Seele» (Berlin 1842). Die Freundschaft mit Michelet wird jedoch davon nicht berührt, vielmehr gibt Michelet 1852 eine weitere Schrift heraus: *«Die Zukunft des Menschen und die Unsterblichkeit der Seele»* (Berlin). Darin stellt er die Gedanken Cieszkowskis, seines «östlichen Freundes», sehr zuverlässig dar, wie dieser sie in der Philosophischen Gesellschaft, die beide gemeinsam 1842 begründeten, in verschiedenen Sitzungen vorgetragen hatte. Es sind jene Gedanken, die Cieszkowski als zweiten Teil seiner Schrift von 1842 als «positive» Darstellung vorgesehen hatte, während der erste Teil die «Kritik» beinhaltet. Dieser zweite Teil erscheint dann nicht, weil das Manuskript bei Zygmunt Krasinski (1812–1859), mit dem Cieszkowski seit 1839 eng befreundet war, abhanden kam. Es gibt zwei Versionen darüber: Die russische Polizei habe es konfisziert, oder Krasinski habe es anläßlich einer Durchsuchung seiner Wohnung durch die Polizei vernichtet. Kühne vermutet, daß es wegen des Bruchs mit der katholischen Lehre, den der gläubige Freund vollzogen hatte, verschwand. Krasinski war Seher, Visionär und deshalb von Cieszkowski geschätzt[5]. So besteht die Vermutung, daß Krasinski zwar

4 «Für den einzelnen Hegelianer, also etwa Michelet, war das Auftreten des Weltgedankenbewußtseins eine Art *Geburt des Geistes im Einzelmenschen,* das Festhaltenkönnen oder Bleiben dieses Bewußtseins ein höherer Lebenszustand, das Nachlassen und Aufhören dieses selben Lebens ein *Tod des Geistes* im Einzelmenschen» (ebd., S. 115).

5 Zygmunt Krasinski äußert sich über Cieszkowski gegenüber der Gräfin Delfina Potocka: «Je besser ich Cieszkowski kennenlernte, desto mehr muß ich die Macht seines Verstandes anerkennen. Dieser Mensch wird nicht völlig sterben, seine Spuren werden auf Erden zurückbleiben ... Außer Mickiewicz

vom Gedanken der Wiederverkörperung überzeugt war, zugleich aber als gläubiger Katholik der befürchteten Glaubenskollision durch Vernichtung des Manuskriptes aus dem Weg gehen wollte.

Cieszkowski gelangt aus eigenem Denken zur sicheren Überzeugung – damit aus der allgemeinen Zeitströmung herausfallend –, ja zur Gewißheit, daß das *Ich des Menschen durch wiederholte Erdenleben hindurchgehe.* Die Leiblichkeit wandelt sich durch die Tätigkeit des Geistes stets aufs Neue. Die Verteilung der Güter (meint zumeist: auch Fähigkeiten) ist Hinweis auf unterschiedliche Tätigkeiten des Geistes in früheren Leben. Nachdem er, wie wir sahen, drei Stufen unterscheidet: (1) Individualität, (2) Subjektivität und (3) Persönlichkeit, bestimmt er die Individualität als mit Vererbung, Temperament usf. behaftet und damit vergänglich (Lebensleib), während die Subjektivität die vorübergehenden Empfindungen, seelische Zustände (Seelenleib) umgreift. Anders ist es mit der Persönlichkeit, dem unveräußerlichen Wesen. «Ja, alle jene Momente, welche die sterbliche Seele des individuellen Geistes ausmachen, sterben für sich als besondere Bestimmtheiten aus; alle aber lassen einen Eindruck auf die Totalität des Geistes zurück, tragen dazu bei, diese Totalität konkret auszudrücken und eine synthetische Bestimmtheit des Geistes, welche eben unsterblich ist, auszubilden. Das konkrete Selbst des Geistes bleibt damit gestempelt; für ihn also und in ihm sind diese Bestimmtheiten unvergänglich, obgleich sie für sich als solche vergänglich und veränderlich sind. Er geht wie der Phoenix aus seiner Asche hervor» (Gott, S. 128 f.).

Die Persönlichkeit hat ihr eigentliches Prinzip im Willen, die Resultante aller tätigen Kräfte des Werdens ist: Temperament, Alter, Nationalität. Ähnlich wie aus dem Schlaf erwacht der Mensch von Leben zu Leben im Großen. Das Selbstbewußtsein scheint unterbrochen, aber bei einzelnen ist es erhalten, so etwa bei Pythagoras, weil «die aus einem früheren Leben herübergeretteten geistigen Bestimmungen noch nicht die Intensität erlangt haben, sich im Neuen wiederzuerkennen. Je mehr diese Intensität wächst, desto größer ist auch die Wahrscheinlichkeit der Wiedererinnerung und der Identität des Bewußtseins, bis, mit der Vollendung des Individuums, die volle Erinnerung, das totale Bewußtsein im Reigen der Seligen erblüht. Dieser Kreislauf des Geistes ist vollbracht, wenn in einer seiner Umgestaltungen sein Wille alle Resultate der frühe-

kenne ich niemanden, der einen noch schärferen Adlerblick, noch machtvollere Gedanken hat ... Es kann auch geschehen, daß die Leute erst später bemerken werden, wer er ist oder wer er war – denn je höher der Geist, desto längere Zeit braucht er zur Popularisierung ...» (zit. n. Ehret, 1980, S. 407).

ren Stufen gezogen, und die ganze Möglichkeit der Person sich in den verschiedenen Phasen ihrer Entwicklung zur Wirklichkeit herausgeboren hat: d. h. sobald die Seele aus ihrem Leibe immer aetherischere, seelenhaftere Keime entfaltet, und ihn zuletzt vollständig durchdrungen und verklärt hat. Dann hat die Seele aus keiner Verpuppung mehr ihn zu befreien. Damit fällt die Seelenwanderung fort: und es bleibt nur die letzte Palingenesie bestehen, durch welche dann auch, wie der heilige Paulus sagt, der letzte Feind, der Tod, überwunden ist» (Gott, S. 132 f.).[6]

In der Auffassung von der Seelenwanderung war sich Cieszkowski bewußt, daß er dabei an das Indertum anknüpft, also an die «erste Epoche». Indem der Inder auf die Überwindung der Seelenwanderung abzielte, hatte er kein Bewußtsein vom Einzelmenschentum. Erst im Christentum ist ein Bewußtsein von der Individualität entfaltet, erst da konnte die Lehre von der Unsterblichkeit entstehen. Diese aber widerspricht der Auffassung von Wiederverkörperung im Buddhismus. Der Widerspruch löst sich allerdings, wenn nicht alle Taten des Lebens ausgeglichen werden können, sondern Reste bleiben, die sich nachtodlich konzentrieren in einem Kraftsystem, das nach einer gewissen Zeit einen neuen Leib anzieht. Das geistige Kraftsystem ist nicht eine durchgehende Wesenheit, sondern ein dynamisches Geschehen, in dem die einzelnen Inkarnationen und Menschen hängen, das sie aber selbst nicht sind. Ein Ich als durchgehenden Faden lehnen die Buddhisten ab. Die bestimmende Gesetzmäßigkeit heißt Karma (Kühne, 1938, S. 316).

Der Zusammenhang wiederholter Erdenleben wird im Buddhismus nicht vom Ich her bestimmt, sondern vom Karma. Die neuen Daseinskeime sollen unterbunden werden. Der einzelne Mensch ist Glied des Karma-Zusammenhangs, aber nicht Subjekt desselben.

Die christliche Lehre von der Ewigkeit des Wesens enthält die zweite Stufe des Geistes, und die dritte Stufe synthetisiert die Lehre von der Palingenesie des Geistes. Bei Cieszkowski erzeugt jedes Leben eine Resultante, die sich mit der Persönlichkeit verbindet und nicht auf dieses oder jenes beschränkt ist, noch auf die Allgemeinheit des Denkens,

6 Erinnert sei, daß unabhängig von Cieszkowski der Gedanke der Wiederverkörperung ein Jahrsiebent später von Maximilian Droßbach (1812–1876) vorgelegt (1849: «Wiedergeburt oder die Lösung der Unsterblichkeitsfrage auf empirischem Wege nach den bekannten Naturgesetzen») und durch ein von ihm veranstaltetes Preisausschreiben durch Gustav Wiedemann (1812–1876) vertieft wird: «Gedanken über die Unsterblichkeit als Wiederholung des Erdenlebens», Wien 1851.

sondern es ist die *«wirkliche Resultante aller tätigen Kräfte jenes ganzen Prozesses des geistigen Werdens, welches das Leben ist»* (ebd., S. 317). Aus den Einzelheiten und Einzelbetätigungen erhebt sich ein immer reicherer Phoenix des Geistes. Resultante kann auch synonym mit Karma gesetzt werden. Denn die Resultante ist eine Kraft. «In Cieszkowskis Lehre von der Palingenesie des Geistes sind orientalische Karmalehre und christliche Ich-Lehre wesenhaft miteinander verbunden» (ebd., S. 318).

Damit wird die Hegelsche Philosophie überwunden, denn in ihr spielt der einzelne keine Rolle, allenfalls als vorübergehendes, aber prinzipiell gleichgültiges Organ für die Entfaltung des Weltgeistes. (Hegel kannte in seiner Jugend freilich den Gedanken der Wiederverkörperung und dokumentierte ihn in dem Gedicht «Eleusis», doch schwand dies gänzlich aus seinem Bewußtsein). Cieszkowski dagegen betont das einzelne Selbst in seiner freien Handlung. Erst damit aber erfährt die Philosophie der Tat ihre tiefste Begründung: der einzelne in seiner Persönlichkeit ist Mit-Träger der Entwicklung des Universums, das sich in Spiralen nach oben entfaltet.

4. Versöhnung – soziale Aufgabe der Zukunft

Cieszkowskis geistesgeschichtliche Stellung wird von Stuke so bestimmt, daß er dessen Versöhnungsphilosophie in einen Zusammenhang mit der romantischen Auffassung von der intellektuellen Anschauung einordnet. Dieser zufolge war die Disharmonie in der intellektuellen Anschauung dadurch aufgehoben, daß sie das Identische – als etwas, was weder subjektiv noch objektiv ist – *unmittelbar* erfaßt und zum Gegenstand der Erkenntnis macht. Diese Anschauung ist aber rein ideell und innerlich, ohne äußeren Wirklichkeitsbezug, und daher nur in der künstlerischen Produktion herzustellen, so daß für die Romantik von der Philosophie zur Kunst fortgeschritten werden mußte. «In einem ähnlichen Verhältnis wie ästhetische und intellektuale Anschauung stehen – mutatis mutandis – philosophische und praktische Versöhnung bei Cieszkowski . . . Durch die politisch-soziale Tat werden Subjekt und Objekt, Sein und Denken, Idee und Wirklichkeit *realiter* vereinigt» (Stuke, S. 118 f.).

Damit wird die von Hegel schon erreichte Stufe der Versöhnung durch die Theoria zu einer *Durchgangs-Etappe*, sie bildet kein Ende. Die

Aufgabe besteht darin, «die Idee der Schönheit und Wahrheit im praktischen Leben in der bereits bewegten Objektkivität zu realisieren, alle einseitigen und sich einzeln offenbarenden Elemente des Lebens der Menschheit organisch zu fassen und zur lebendigen Mitwirkung zu bringen, endlich die Idee des absoluten Guten und der absoluten Teleologie zu verwirklichen» (Historiosophie, S. 29 f.).

Das Anliegen der Versöhnung führt Cieszkowski zur Klarsichtigkeit im Hinblick auf die neuen Aufgaben, die sich welthistorisch stellen. Er greift, wie Marx, *geistgewärtig* die Aufgabe auf, aber wie anders als jener! Der Revolution abhold, offen gegenüber der Tat, das Ziel im Auge, will er «das *organische Aufnehmen und zweckmäßige Geltenlassen aller Elemente,* die sich nach und nach im Prozeß der Weltgeschichte manifestiert haben, und zwar jeder nach seiner speziellen Stellung, Wichtigkeit und Zeitgemäßheit, womit gemeint ist, daß alles Vergangene und Gegenwärtige zur höheren Einheit sich organisieren solle, und als Glieder dieses Organismus, als dienende Momente sich zu behaupten die Bestimmung hätte. In diesem Sinne lassen die wahrhaft Konservativen (denen er sich zuwendet) der Vergangenheit und Gegenwart ihr Recht widerfahren, ohne im mindesten aufzuhören, *Männer der Zukunft* zu sein. Den Glauben an die Vergangenheit haben sie nicht verloren, wohl aber verklärt; dem Parteihaß der Gegenwart sind sie völlig fremd, und darum behandeln sie dieselbe mit innigster Liebe; endlich statt an der Zukunft zu verzweifeln, hegen sie die höchste Hoffnung von ihr – und darum muß endlich das Reich das ihrige werden» (Gott, S. 11 f.).

Diese versöhnliche Stellung meint keine «juste-milieu-Einstellung», die bei den bürgerlichen Liberalen jener Zeit üblich war. Sie bezog sich häufig auf Goethe und dessen freie Stellung zum Christentum, die darauf beruhte, daß er «richtig gefühlt» hat, während jene «ihr Mittelmaß» schon für Mitte und Maß hielten» (Löwith, S. 38).

So begibt sich Cieszkowski als Abgeordneter in das preußische Abgeordnetenhaus, wo er «Zur Verbesserung der Arbeiter auf dem Lande» (1853) wirkt, Anträge zur Universitäts- und Unterrichtsfrage (1855) einbringt, desgleichen solche zu Kreditfragen und «zu Gunsten der Klein-Kinder-Bewahranstalten als Grundlage der Volkserziehung und Feststellung des Staates in Beziehung auf Volkswohlstand und Kultur» (1855). Er äußert sich zu vielen aktuellen Fragen, insbesondere zur polnischen, ist vielfältig und segensreich tätig, wohl wissend, daß jede Theorie (auch über die Zukunft) unfruchtbar bleibt, wenn nicht, wie im künstlerischen Prozeß, das Material eine entsprechende Form hergibt, wenn nicht die zwischen Sein-Sollendem und Wirklichkeit bestehende Kluft sich praktisch versöhnen läßt. Diese Kluft besteht bei Utopien, die auf das so entfernt Zukünftige zielen, das für die Gegenwart noch nicht erreichbar ist; da vermag die Absicht nichts auszurichten, weil sie an den immanenten Wirkenskräften vorbeizielt; d. h. durch die bloße Absicht wird *das in den Erscheinungen Liegende nicht herausentwickelt, sondern die theoretischen Gedanken vergewaltigen die Wirklichkeit.*

Dies ist der scharfe Gegensatz, der polar zwischen Marx und Cieszkowski besteht. Cieszkowski war ein Tatmensch, der sich der geschichtlichen Entwicklungsgesetze ebenso wie sein geistiger Kontrahent bewußt ist, aber er weiß auch, daß der sich seiner selbst bewußte, freie selbsttätige Mensch – als Vergegenwärtiger der Zukunft – der Praxis seine Intuitionen einprägen muß, dies aber *angemessen,* d. h. unter Würdigung des Bestehenden, Wirklichen. «Die Wirklichkeit macht sich beständig der Vernünftigkeit *angemessener*» (Historiosophie, S. 145 f.), d. h. beide Seiten trennen sich naturgemäß und müssen in Schritten der Versöhnung sich immer mehr nähern, bis sie zusammenfallen. «An ein einseitiges Einholen ist gar nicht zu denken» (ebd., S. 149). Versöhnung ist ein langdauernder, ja immerwährender Vorgang, niemals in *einem* einzigen revolutionären Akt erreichbar. Wenn Marx und Engels von fließendem Blut sprechen, hinter dem der Ausgleich liegt, so ruft Cieszkowski: niemals, nur neuer Gegensatz, mehr Blut!

Diese Sicht arbeitet Cieszkowski immer weiter und tiefer im «Vater Unser» aus, wobei es ihm widerstrebt, die so mannigfaltigen Gegensätze, die er im Leben wahrnahm, tatsächlich, wie es seine Absicht war, von den Richtlinien der Bitten dieses Gebets her zu interpretieren.

Versöhnung war der eine Grundsatz – das Gegebene so zu ändern, daß es dem Geist der Sache und Menschen entsprach, der andere, wobei Reduktion und Radikalität von ihm streng ausgeschlossen werden. So sieht er schließlich ganz ab, das «Vater Unser» weiter auszuarbeiten, drei Bände – zu den ersten drei Bitten – erschienen, vom Sohn später herausgegeben, in polnisch und französisch. In der Anlage ebenso groß wie das «Kapital» bildet das «Vater Unser» zu diesem das geistige Gegenstück: sieht jenes alles in den Produktivkräften und Produktionsverhältnissen begründet, so blickt Cieszkowski auf die Persönlichkeit, die Intuition, die geistige Welt mit ihren Wesen *und* auf die sozialen Gegebenheiten.

Eine besondere Tragik liegt darin, daß der Konzeptor der Philosophie der Tat, der alles auf die Persönlichkeit stellt, den ersten Band seines Hauptwerkes anonym und dazu auf Polnisch – 1848, im gleichen Jahr wie das Kommunistische Manifest – erscheinen läßt und es damit um seine Wirkung bringt.[7]

Die Tragik setzt sich fort, indem er zu Lebzeiten über sein Werk mit fast niemandem spricht, einmal aus dem Bewußtsein, daß die Begriffssprache an das tatsächlich Erlebte[8] nicht heranreicht; zum anderen aber auch aus dem Wissen, daß er mit den dargestellten Inhalten in Widerspruch zur katholischen Kirche geriet, deren Lehramt er – aus polnischer Tradition – Autorität über das von ihm Erkannte einräumte. «Letzten Endes hatte Cieszkowski d.Ä. seinen ‹Ojcze Nasz› nicht herausgegeben, weil er nicht wollte, daß die Katholische Kirche daran Anstoß nehme ... Das bedeutet aber im Sinn und Geist seiner eigenen Historiosophie, daß er einer Weltmacht der abgelaufenen Geschichtsepoche das Urteil über ein Werk der Zukunft überließ und dieses nicht bei Lebzeiten dem freien Urteil der Ichkräfte anvertraute» (ebd., S. 13).

Seine immanente, behutsame Art ruft zur Handlung und Einfühlung auf, sie ist der schlichten und scharfen, aufpeitschenden Formel abhold. So verfällt er im Zeitalter des bürgerlichen, vordergründig nationalstaatlich orientierten Liberalismus einerseits und der radikalen Formierung des Sozialismus andererseits dem Vergessen. Er bewegt sich zwischen den höchsten geistigen Höhen und praktischem Tun. So finanziert er die Tätigkeit der Philosophischen Gesellschaft in Berlin kräftig mit und veröffentlicht eine eigene philosophische Schriftenreihe in Warschau auf Polnisch.

Wenn Cieszkowski für die freie Persönlichkeit eintritt, weiß er, daß die «nackte Ichheit» durch «Einrichtungen», durch die «wachsende Macht der Assoziation», zur sozialen Persönlichkeit emporgehoben werden muß. In der Philosophischen Gesellschaft führt er folgendes über das Geistesleben aus: «Die Zeit ist allzu ernst geworden. Mit

7 «Cieszkowski übernahm also 1848 nicht die Verantwortung für den ersten Band seine ‹Ojcze Nasz› vor der Welt und beraubte dieses Werk dadurch der wesentlichen, tragenden Kräfte: er trat nicht ichmäßig für seine Lehre von der Weltgeschichte und von der Palingenesie der Iche ein» (Kühne 1932, S. 10).

8 Das von Cieszkowski tatsächlich Erlebte läßt sich durch ein von Kühne aufgefundenes Fragment erschließen. Darin hält Cieszkowski eine Bibelübersetzung für dringlich, die das der Bibel eigene «innere Licht» erschließen soll. «Auf eine Weise bin ich aber zu der formellen Überzeugung gekommen, daß wenn der Heilige Geist überhaupt die Verfasser der Kanonischen Bücher inspiriert, so hat er sich wahrlich bis jetzt diese Mühe in Betreff deren Übersetzung erspart ... und der größte Teil der Bücher mußte verschlossen bleiben ...» (zit. n. Kühne, 6. 9. 1930).

Worten und schönen Redensarten läßt sie sich nicht mehr abspeisen. Kräftiges Brot bedarf sie – wenn auch nicht allzuviel von einem Mal – ...; sollte sie aber beständig auf einer Seite nur rohes Mehl, auf der anderen nur abstraktes Ferment, und wieder nur klares, pures Wasser vorfinden, dann wird ihr bange am Ende, da wird sie ungeduldig über die Bäcker und fängt an, selbst auf ihre Art zu backen, und der Himmel weiß, was sie zuerst für eine Brühe macht ... Wir Bäcker aber, ex professo, wozu sind wir aber da? Nun sind wir aber einmal die Bäcker der Wissenschaft. Genießbares Brot zu liefern ist unsere heilige soziale Pflicht. Die Gesellschaft hat das Recht, von uns zu verlangen, daß wir sie mit geistiger Nahrung versorgen – daß wir ihr Brot und nicht nur Elemente des Brotes – geschweige denn Steine anstatt Brot, wie dies manchmal vorkommt –, reichen» (Juli 1843, zit. n. Kühne 1938, S. 167).

Mannigfache Motive, wie sie bei Cieszkowski bereits auftauchen, werden später, vor einem anderen Zeithintergrund, neu und voll begründet entfaltet werden – so der Gedanke des Ethischen Individualismus, der Wiederverkörperung, der geschichtlichen Entwicklung und der trinitarischen gesellschaftlichen Gestaltung im Werk Steiners als Idee der Dreigliederung des sozialen Organismus mit einem freien, sich selbst verwaltenden Kulturleben, einem assoziativen Wirtschaftsleben und einem demokratisch verfaßten – entflochtenen – Staatsleben.

Cieszkowski betont die *Volkserziehung gegenüber dem Volksunterricht.* Der Aufgabe des Volksunterrichts hat sich bisher der Staat angenommen, wobei einseitig das Erkenntnisvermögen gefördert wurde. Volkserziehung heißt aber nach Auffassung von Cieszkowski, «vom zartesten Kindesalter an dem ganzen folgenden Leben Richtung und Stimmung (zu geben) ..., die von Hause so allseitig auf Gesamtbildung des Leibes, der Seele und des Geistes ausgeht, also schon im Kinde den *ganzen* Menschen mit so mächtigen Einflüssen und Gaben auf die Dauer ausstattet, daß – mit Ausnahme der Religion – jeder nicht bloß dies *eine* Erdenleben durchdringenden, sondern auch darüber hinausreichenden Macht, keine andere auf Erden ... sich jemals mit ihr zu messen ... imstande ist» (Kleinkinder-Bewahranstalten, S. 3)

Mit Adolf Lette zusammen richtet er für die Kinder der Dorfbevölkerung «Bewahranstalten» ein, um den Kindern eine «richtige» Inkarnation zu ermöglichen. Der Staat soll diese nicht einrichten, wohl aber vorhandene Bestrebungen fördern. Denn jegliche Erziehung entzieht sich dem Ein- und Übergriff des Staates. Für die landwirtschaftlichen Arbeiter auf seinen Gütern gewährt er Gewinnbeteiligung.

Ebenso denkt er über die Gesellschaftsordnung nach, wo er im Tastenden bleibt, wissend, daß die Zeit für vieles, was in Bildern in ihm lebte, noch nicht reif war.

Wie hätte sich die Gegenwart ausgestaltet, wenn nicht der Marxismus mit seinen Gedankenformen den Osten überflutet hätte, sondern diejenigen Cieszkowskis? Wären sie dieser nicht weit angemessener und zukünftiger als die zwingende Gewalt marxistisch-leninistischer Gedankenformen? Inspirationen der Geister des Lichtes und der Geister der Finsternis stehen einander gegenüber. Der von Cieszkowski ausgegangene Strom floß unterirdisch weiter, sich langsam wieder zum Licht bringend.[9]

Schließen wir mit dem Anfang des dritten Bandes des «Vaterunser», das aus dem Kühne-Nachlaß von Ehret (1981/22, S. 174) veröffentlicht wurde:

«Gott der Menschheit! Gott unserer Väter! Gott unserer Zukunft! – Schöpfer – Wort – Absoluter und dreimal heiliger Geist! Deiner Lobpreisung, Deiner Verherrlichung, der Erfüllung Deiner Absichten habe ich meine Gedanken geweiht.

Jetzt kommt die Zeit, wo Dein Name in neuem Glanze erstrahlen, wo Dein Reich wahrhaftig im Schoß der Menschheit errichtet wird, wo Du sehen wirst, wie Dein Wille in unumschränkter und einstimmiger Weise erfüllt wird, wo Du mit neuen Gaben die bisher zurückgesetzte Erde beschenken wirst, wo Deine Herrlichkeit in der Anbetung der Völker gepriesen wird, und wo du Dich mit ihnen vereinst, wie Du sie mit Dir selbst vereinst mit einem noch engeren Band, wo Du, nachdem die Welt endlich aus dem Zustand der Uneinigkeit, in dem sie sich befindet, befreit ist, die letzten Spuren der Schuld, die auf der Menschheit lastet, auslöschen und die letzten Wirkungen ihres Sündenfalles gnädig entkräften wirst.

Das ist die Erneuerung, der Fortschritt, die Versöhnung, nach der wir mit allen Kräften rufen und die wir ersehnen. Gott der Gerechtigkeit und der Barmherzigkeit, erbarme Dich unserer Leiden!

Entflamme unsere Herzen, erleuchte unsern Verstand, stärke den

9 Das Verdienst, diesen Denker der Vergessenheit entrissen zu haben, kommt Walter Kühne zu, der in der Zeit des Rassenwahns 1938 eine Monographie über Cieszkowski veröffentlichte, die vom Gedanken der Versöhnung zwischen Polen und Deutschen getragen war. «Den mit Abstand bedeutendsten Beitrag zur C-.Forschung ... stellen zweifellos die Werke von Walter Kühne dar ... Bedauerlicherweise haben die Arbeiten Kühnes bisher nicht die Beachtung gefunden, die sie verdienen» (Stuke, S. 88). Kühne war Slawist, 1919–1923 Vorsitzender des Bundes für Dreigliederung, vgl. Ehret 1970).

Geist der Menschheit, denn wenn sie auch schon von sich aus dieses große Ziel erstrebt, so könnte sie es doch nie erreichen, ohne daß Du ihr dabei hilfst.

Gott Heiliger Geist, der Du die Zeiten missest und die Taten der Menschheit abwägst, Du hast mir gewährt zu begreifen, daß der große Tag naht, daß ein neuer Weg sich vor uns auftut, daß die Menschheit beginnt, einer großen neuen Offenbarung entgegen zu gehen, daß sie nach einer neuen Erlösung ruft.

Wenn nun aber ich es bin, o mein Gott, den Du erwählt hast, Deine heiligen Ratschlüsse bekannt zu geben, so leite mit Deiner Vorsehung mein Wort, damit es die Seele der Menschheit in ihren empfänglichsten Regionen anrühren kann.»

Bruno Bauer

III. Bruno Bauer – Zersetzende Kritik und Intellektualismus

1. Bemühung um spekulative Theologie

Der Einfluß von Gedanken, der von Bauer auf Marx ausging, wurde, ebenso wie die Trennung Marxens von Bauer, schon behandelt (1. Teil, I, 4/III, 1). Bauer wurde am 6. 9. 1809 in Thüringen als Sohn eines Porzellan-Malers geboren, studierte später in Berlin Philosophie und Theologie und habilitierte sich 1834 – 25jährig – in Berlin für das Fach Theologie. – 1835 erschien Strauß' «Leben Jesu», das zunächst keiner unter den Hegelianern rezensierte. Bauer ist es, der diese Aufgabe übernimmt. Mit zwei Artikeln in den «Jahrbüchern für wissenschaftliche Kritik», dem Blatt der Hegel-Schüler, bespricht er dieses Werk kritisch. Dabei hält er Strauß vor, daß dieser in seiner Kritik nicht von der Identität von Idee und Wirklichkeit ausgehe, sondern die Evangelien-Berichte darauf prüfe, ob sie wahr seien, wodurch also Idee und Wirklichkeit auseinanderfallen. Dieses Vorgehen kritisiert Bauer, weil dadurch die historische Authentizität der Bibel in Frage gestellt wird, so daß dann auch die innere Notwendigkeit der Berichte nicht mehr erfaßt werden könne. Bauer aber kritisiert nicht nur, sondern versucht zugleich positiv die übernatürliche Zeugung Jesu für das kritische Bewußtsein zu begründen.

Der Gedankengang ist nicht gerade inspiriert: Die Völker an der Zeitenwende waren unschöpferisch und passiv geworden, blieben aber «empfänglich». «Und da in dem Weibe oder bestimmter in der Jungfrau diese Empfänglichkeit auf unmittelbare Weise vorhanden und das Tun des Mannes immer eine Tätigkeit ist, die die Beschränktheit des Resultats zur Folge hat, so hat der Mensch, indem die Einheit der göttlichen und menschlichen Natur erschienen ist, zur Mutter die Jungfrau, zum Vater den Geist, der die absolute Notwendigkeit von der Einheit der göttlichen und menschlichen Natur ist. Sein Dasein ist das Resultat von Zusammentreffen der Empfänglichkeit und der schaffenden Notwendigkeit, und alle physiologischen Fragen sind in diesem Zusammenhang beseitigt ... Die physiologische Betrachtung hebt sich in die theologische auf» (Jahrbücher für wissenschaftliche Kritik, 1835, II, Sp. 897, zit. n. Hertz-Eichenrode, S. 13).

Dies ist zwar dialektisch gedacht, der Begriff zeugt bei Bauer selbst die Wirklichkeit, es entspricht also durchaus dem Hegelianismus, überzeugt aber in seiner Abgezogenheit wenig. Bauer erwies sich damit für die Hegelianer als orthodoxer Dialektiker, und er war unter ihnen nunmehr bekannt. Besser sitzt in der Rezension Bauers Einwand gegen die Straußsche These von den Evangelien als absichtslosen Produktionen der Urgemeinden, indem er einwendet, wie denn die Niederschrift ohne Bewußtsein des Schreibers hätte erfolgen können, *«immer sind es doch Einzelne, von denen das Einzelne seinen Ursprung nehmen mußte»* (ebd., S. 14).

Diese Auffassung wird später ein Anlaß der Trennung zwischen Marx und Bauer werden. Während Strauß den einzelnen nicht für fähig hält, vollkommenes Gefäß der Idee zu sein, glaubt Bauer, daß dies dann möglich sei, wenn vom höheren *Begriff der Persönlichkeit* ausgegangen werde und die Persönlichkeit zum Ich-Bewußtsein erwacht. Zerbricht die beschränkende Schale, erkennt sich die Persönlichkeit als Subjekt von der Substanz (Gott) unterschieden, dann strebt sie danach, mit der Substanz eins zu werden. Der philosophisch Arbeitende, der Gebildete, hat schon niedere Eigenschaften abgelegt und lebt den *rein menschlichen Interessen.*

Bauer sieht zwischen den beiden Positionen der damaligen Theologie, dem *Rationalismus* einerseits und dem *Supranaturalismus* mit seiner Überzeugung, daß die religiöse Wahrheit niemals durch Vernunft, sondern allein im Glauben erfahrbar sei, andererseits, die Aufgabe, eine *spekulative Theologie* zu begründen. Diese habe durchgängig nachzuweisen, daß die heilsgeschichtlichen Tatsachen der vollendete Ausdruck der Idee sind. So bemüht er sich, die verschiedenen Lager im System der theologischen Richtungen durch ein Organ, die *«Zeitschrift für spekulative Theologie»*, zu einen. Der Antrag an das Ministerium auf Genehmigung des Blattes ließ zunächst auf sich warten, eine Intervention an den Minister Altenstein brachte Bauer eine Antwort, in der der Minister darauf aufmerksam macht, «wie die Besorgnis naheliegt, daß dieses Unternehmen Sie . . . sehr wesentlich dem wissenschaftlichen Aufbau der theologischen Disziplinen, dem Sie sich vorzugsweise gewidmet haben, entziehen und Ihre Wirksamkeit als akademischer Lehrer beeinträchtigt werde» (zit. n. Hertz-Eichenrode, S. 16). Unterwürfig antwortet Bauer darauf – er erhält danach schriftlich die Erlaubnis der Zensurbehörde. 1836 erscheint das erste Heft, 1838 aber schon das letzte. Die

Absicht war, daß die produktiven, *«positiven» Beiträge nicht hinter den kritischen zurückstehen* sollen. Dazu soll die spekulative Methode Hegels verhelfen, sie ist der «Speer», der die Wunde schlägt *und* heilt. Durch diese Methode wird Bauer von einem *epochalen* Gefühl beseelt: er glaubte, *durch Spekulation Glauben und Wissen «vermitteln» und «aufheben»* zu können. So versteht es sich, daß er zunächst die Gegensätze in und damit die Krise der Theologie begrüßt, weil dadurch sich die *Extreme* ankündigen, also der Umschlag bevorsteht, durch den erst das Neue, die Aufhebung und Versöhnung erfolgen kann.

2. Wendung zur Kritik (1840)

1838 veröffentlicht Bauer ein fast 1000seitiges Werk *«Die Religion des Alten Testaments in der geschichtlichen Entwicklung ihrer Prinzipien dargestellt* – Kritik der Geschichte der Offenbarung, 1. Teil (2 Bände, Berlin)». Die Kernthese des Werkes ist es, daß die geschichtliche Erscheinung zeige, daß die *Offenbarung mehrere Stufen ihrer Entfaltung* bis zur absoluten Vollkommenheit aufweise; dies nachzuweisen, sei Aufgabe der Kritik, die die tatsächlich vorhandenen Widersprüche in der Offenbarung herauszuheben habe, um das treibende Element der geschichtlichen Entwicklung freizulegen. Kritik dient hier allein zur Verdeutlichung des Entwicklungsbegriffs. Damit wird aber eine dem bisherigen dogmatischen Verständnis gegenüber erhebliche Relativierung vollzogen: Offenbarung ist nicht mehr ein einmaliger, vollkommener Akt der Kundgabe eines absoluten Gottes, sondern Gott offenbart sich teilweise, also unvollkommen! Das erniedrigt die alttestamentliche Offenbarung, erhöht dagegen die christliche Offenbarung! Dieser Vorgang bricht dogmatische Starre auf, erzeugt Bewegung, aber er birgt auch die Gefahr fortschreitender intellektualistischer Relativierung.

In seiner Berliner Zeit verkehrt Bauer, trotz seiner zahlreichen schriftstellerischen Arbeiten, gesellig in den Salons der Hauptstadt, so bei Bettina von Arnim, begründet dann in den ausgehenden dreißiger Jahren sogar eine eigene wissenschaftliche Gesprächsrunde, den «Doktorklub», dem er z. B. den Hörer seiner Vorlesungen über Jesaia im Wintersemester, Karl Marx, zuführt. Daneben bietet die Verbindung zur eigenen Familie ihm einen sicheren Halt. Zeitlebens ist er den Eltern und Geschwistern zugetan, einzig mit dem ihm besonders eng verbundenen Bruder Edgar tritt später ein nicht überbrückbarer Bruch ein, als dieser nach der gemeinsamen Entwicklung zum Atheismus wieder zum Christentum und zur Kirche zurückfindet.[1] «Die Familienpietät oder Nächsten-Pietas ist Bruno Bauers Ersatzreligion geworden und geblieben» (Barnikol, Bauer, S. 15).

Für sein Anliegen findet Bauer kein Verständnis in den Kreisen der Theologie, allenfalls Ablehnung seiner spekulativen Methode. Nur derjenige, davon ist er überzeugt, kann *erkennen,* der sich nicht bereits im Glauben befriedigt fühlt. *«Wer nicht erschüttert ist, wird nicht erkennen und nicht einmal Bedürfnis zum Erkennen haben»,* entringt sich dieser Seele, die im Aufbruch zu einer neuen inneren Erkenntnissicherheit ist. Diese zu gewinnen empfindet er als seinen Schicksalsauftrag (Sp. 325, ebd.).

Bauer brach also 1838/39 mit der evangelischen Orthodoxie aus «Liebe zur Wahrheit». Er hoffte, daß er vor den Nachstellungen der Apologeten doch «noch das freie, im unermüdlichen Dienste freie Denken» sichern könne. Denn «die Geschichte ist gerecht und welches der Gehorsam des wahren treuen Knechtes sei, ob der Stolz der unbestimmten Behauptungen oder die Bestimmtheit des Denkens, das wird sie auch noch an den Tag bringen. Und sie geht jetzt nicht langsam!» (Dr. Hengstenberg, S. 129, zit. n. ebd., S. 38).

Inzwischen, als Dreißigjähriger, seines Lebensauftrags bewußt geworden, die spekulative Methode in der Theologie zu begründen und die Evangelien wie die darin enthaltene Offenbarung zu kritisieren sowie Glauben und Wissen zu versöhnen, ist Bauer bestrebt, sich die äußere Existenz für diese Aufgabe zu schaffen. Nach anfänglichem Widerstand der Fakultät erhält er schließlich die Lehrbefugnis an der Universität Bonn, ohne jedoch, wie erhofft und mit dem Minister Altenstein abgesprochen, zum Professor ernannt zu werden. Wobei Bauer schon in der Eingabe, wie er behauptet, der Fakultät (Oktober 1839) erklärt, daß er der «festen Überzeugung und Einsicht» sei, *«die Auflösung und ‹Negation› der gesamten Welt des religiösen Bewußtseins* müsse eine durchgreifende sein, so daß kein Atom in ihr verschont bleibe.» Zugleich versichert er, «daß diese Auflösung dem Wesen des Christentums keinen Abbruch tue, vielmehr *erst aus der vollständigen Auflösung die Wahrheit des Christentums hervorgehe»* (Bauer, Die gute Sache, S. 23).

1 Geschwister: Egino (1809–1882); Egbert (1812–1882), er ist Tabakwarenhändler, betreibt eine Leihbücherei und später einen Verlag; Edgar (1820–1882) studiert Theologie, wird dann Schriftsteller, später Lehrer.

Darin wird die *Grundhaltung Bauers* ansichtig: *er kämpft für das von ihm für wahr Gehaltene unerbittlich,* seine ganze, selbstbewußte Persönlichkeit einsetzend. Er erlebt innerlich, nachdem er die Vorlesungen in Bonn aufnahm, dabei wenig Zulauf[2] hatte und auch sonst recht isoliert blieb, daß dieser Zustand zwar «köstlich» für einige Zeit sei, aber zugleich für ihn eine neue Entschiedenheit gebracht habe: «In dem Augenblicke, wo ich zum erstenmal in eine fremde Welt geworfen bin . . ., habe ich mit Einemmale meine Stellung zur Entschiedenheit gebracht – zu einer Entschiedenheit, welche dem Rest meiner bisherigen Voraussetzungen schnurstracks entgegen ist» (schreibt er am 4. 11. 1839 an den Bruder Edgar im Briefwechsel, S. 12). Rückblickend betont Bruno Bauer, daß er sich im Herbst, also mit Aufnahme der Lehrtätigkeit in Bonn, noch unklar über seine wissenschaftlichen Ansichten gewesen sei, aber schon im Winter 1840 habe er sie zur Klarheit entwickelt. Ihm wurden also die Grundsätze der Evangelienkritik, über die er in den Vorlesungen handelt, deutlich: er will sich und die Theologie vom *Unrat rein waschen.* Dieser grundlegenden *Wandlung von der Versöhnung zum «Rein-Waschen»,* zur Revolutionierung und Kritik der Theologie, wird später, in den ausgehenden 40er Jahren eine weitere Wandlung folgen: zum Reaktionär, wie Marx ihn bezeichnet.

Was führt Bauer in die *radikale Kritik?* Bauer fußt zwar, wie gezeigt, auf Hegel, mehr aber scheint er auf Fichte zurückzugreifen. Ihm wird dabei das *unendliche Selbstbewußtsein zum einzig wahren, von Sinnestäuschungen befreiten, alles schaffenden Grundprinzip.*

Was hat es mit dem Selbstbewußtsein auf sich? Es ist dialektischer Natur: es ist außerhalb der Gegenstände und erzeugt sie! Durch das Bewußtsein unterscheidet der Mensch und geht in sich (Posaune, S. 158 f.), allerdings nicht der Mensch als ganzer, sondern das Selbstbewußtsein. Wie bei Hegel der Geist in der Geschichte sich selbst entwickelt, so ist bei Bauer *das «Selbstbewußtsein die einzige Macht der Welt und Geschichte, und die Geschichte hat keinen anderen Sinn als den des Werdens und der Entwicklung des Selbstbewußtseins»* (Posaune, S. 70). Damit erhält das Selbstbewußtsein, das individuell und allgemein zugleich ist, einen herausragenden Rang: Bewegt sich das Selbstbewußtsein, so *erbebt die Welt,* treten doch alle Erscheinungen in ihm auf. «Dieser eine Akt des Insichgehens wirft aus dem Selbstbewußtsein, seine Allgemeinheit als das Gute und die Idee heraus, setzt den Menschen als

2 WS 1839/40 über Biblische Theologie: 4 Hörer (Barnikol, S. 533).

endlich und natürlich (empirisches Ich, S.L.) und bewirkt es, daß für sein Bewußtsein die endliche und natürliche Welt überhaupt existiert» (ebd., S. 155). Jede Erscheinung ist demnach Bewegung des Selbstbewußtseins in der Erkenntnis. Erkenntnis aber ist Kritik, nämlich Erkenntnis (und Kritik) alles Seins. Ziel alles Daseins ist die letzte Erkenntnis, d. h. zur letzten Allgemeinheit des Selbstbewußtseins erhoben zu werden.

Für Bauer, bei dem die Lebensempfindung aus der ihrer inne gewordenen Bewußtseinsseele so ist, daß er vom eigenen Auftrag weiß, und der die epochale Bedeutung der eigenen Zeit in der Menschheitsgeschichte zu kennen glaubt, konzentriert sich die Aufgabe auf die Theologie und die Entlarvung der Religion. In der Vibration der Unsicherheit sieht er schmerzhaft die Freiheit sich herausringen. Er selbst muß sich durch die «Höhle der Theologie» hindurcharbeiten. So wendet er sich zu Beginn seiner Zeit in Bonn zunächst dem Johannes-Evangelium zu, und zwar in der Haltung, daß «bisher die Geschichte keine Wahrheit hervorgebracht hat, die nicht dem Feuer der Kritik verfallen mußte, und die höchste Wahrheit, die er jetzt – durch die Kritik – zu erringen im Begriffe ist, ist der Mensch, die Freiheit, das Selbstbewußtsein . . .» Dies herbeizuführen, sieht er als seine Aufgabe (Die Judenfrage, S. 81, zit. n. Hertz-E., S. 44).

Das *Selbstbewußtsein* ist nicht in sich ruhend, sondern *in Bewegung*, in fortschreitender Entwicklung. Wer an ihm Teil hat, der hat zu kritisieren, um dann dem Neuen, den höheren Stufen des Selbstbewußtseins Möglichkeiten zu eröffnen, ohne aber der Zeit unnötig und unangemessen vorauszueilen. Alles Bestehende ist zu prüfen, ob es lebendigen Gehalt hat. «Kritik ist die Bewegung und Entwicklung des Selbstbewußtseins – des Selbstbewußtseins nämlich, in welchem der Betrachtende das Subjekt und der betrachtete Gegenstand sich als Eins setzen . . .» (Gute Sache, S. 71).

Für dieses Bewußtsein kommt – auf dieser Stufe der Bauerschen Entwicklung – in Entstehung und Inhalt den Evangelien keine historische Autorität mehr zu. Er untersucht nunmehr allein, inwieweit das Neue Testament inhaltlich mit dem vollendeten Selbstbewußtsein übereinstimmt, wobei er aus der späteren historischen Überlieferung die Zeugnisse, in denen sich das Selbstbewußtsein Jesu Christi unmittelbar ausspricht, aussondert. Diese religionsgeschichtliche Linie in Bauers Werk braucht hier nicht ausgeführt zu werden. Wohl aber jene Position, zu der neben dem Begriff des Selbstbewußtseins, wie gezeigt, jener der Kritik gehört. Bauer betreibt sie neben den großen Evangelienkritiken von 1840–43[3] in Broschüren, die allesamt reichliche Ironie und Polemik gegen andere enthalten. In den Deutschen Jahrbüchern schreibt er 1843 (S. 91): «... und die *Kritik* ... (in ihrer) Vollendung *wird ... die befreite Menschheit, den wahren, freien Menschen zur Folge haben»* (Hertz-E., S. 55).

3. Radikalisierung der Kritik – Kritik als Selbstzweck (1842)

Die gleichsam locker vorgetragene Kritik wird bald zur *reinen* Kritik, die sich von aller «positiven Bestimmtheit losgelöst hat, also *voraussetzungslos* ist». Darunter versteht Bauer, daß sie nur dem inneren Gang des Selbstbewußtseins folgt. Alle bisherige Geschichte war Bindung für das Selbstbewußtsein, das jetzt zu befreien ist, indem es das Vorhandene negiert. Kritik ist das Instrument der Befreiung und damit ist ihr Endziel *«Negation ohne Grenze»*. Das Bestehende ist zu stürzen, es gibt kein Aufbauendes, nur ein *zerstörendes Prinzip*, um das Selbstbewußtsein zu befreien und die Entfremdung zu überwinden.

Max Stirner bespricht die «Posaune» und schreibt: «Die Zeit der Aussöhnung ist vorüber ... *Wir wollen keine Vermittlung, keine Ausgleichung; kein diplomatisches ‹Quängeln› mehr, wollen in geschiedenen Feldlagern einander gegenüber stehen»* (Kleine Schriften, S. 17 f.). Das Bauer eigene Bewußtsein ist ein allgemeines; es klärt, wo die Trennungslinie (Junghegelianismus – Orthodoxie/Pietismus) verläuft, verlangt aber auch, daß die *Verschärfung der Gegensätze* (in der wissenschaftlichen Anschauung) die Entwicklung voranzutreiben hätte, um zur Vollendung des Selbstbewußtseins zu kommen. Denselben Gestus finden wir dann bei Bauers Freund Marx, allerdings nicht mehr auf die Theologie, sondern auf die Philosophie und die Gesellschaft bezogen. Die zugrundeliegende Denkstruktur wurde von Bauer errungen – an der Evangelienkritik.

Die Kritik begreift alles Gegebene, erklärt auch seine Entstehung, aber sie tut mehr, sie zersetzt das Gegebene ohne Konzession, damit sich alle Geschichte in eine im Selbstbewußtsein geschehende auflöse.[4] Dabei

3 Kritik der evangelischen Geschichte des Johannes, Bremen 1840; Kritik der evangelischen Geschichte der Synoptiker, Bd. I u. II Leipzig 1841; Bd. III unter dem Titel: Kritik der evangelischen Geschichte der Synoptiker und des Johannes, Braunschweig 1842.

4 Später, 1849, in einer Verteidigungsrede vor Wahlmännern, wird ihm dies vorgehalten, wobei Bauer folgendes ausführt: «Die Kritik ist weiter nichts, als

wird allerdings durch Bauer das Diesseits in ein Jenseits, in inneres Geschehen verwandelt: bei ihm *bestimmen* die Verhältnisse nicht den Menschen, sondern sein Bewußtsein schafft und beherrscht die Verhältnisse! Genau diese Aussage aber wird es sein, die Marx ins Gegenteil verkehrt. Zwar – dies ergibt sich aus der Geschichtsbetrachtung – waren große Aktionen der bisherigen Geschichte *«von vornherein verfehlt* und ohne eingreifenden Erfolg», weil die *Masse* «für sie interessiert und enthusiasmiert» war, aber für Bauer ist und bleibt die Masse doch der Feind des Geistes. Wie im Fall der Evangelienentstehung sieht Bauer überall einzelne – mit Selbstbewußtsein Begabte am Werk, wobei er eigentümlicherweise geniale Menschen, die herausragen, ebenso ablehnt wie die Masse. Woran er sich hält, sind fortgeschrittene Aristoi, die Besten, die ob ihrer fortschrittlichen Anschauungen die Elite bilden, auf sie kommt es an. Die Tugend (virtus), wie sie in der römischen Republik bestand, steht vor Bauers Augen, dies ist es, was Bauer als Persönlichkeit «von antiker Härte, die einem den Atem stocken macht» (Nigg), erscheinen läßt.

Alle *Geschichte* löst sich bei Bauer in *«Werke der Gedanken»* auf, ebenso «Religion, philosophische Geschichte, Staatsverfassungen, Künste und Wissenschaften wie Philosophie» (Posaune, S. 70). Die Grundhaltung, sich scharf, ja überscharf in der Kritik zu äußern, dann aber letztlich vor den daraus folgenden Konsequenzen doch innezuhalten, eignet Bauer durchgängig. Sie begründet einen besonderen Typus des Verhaltens, nämlich alles zu wissen, kritisch-abschätzig zu durchschauen, aus der Sicht des Überlegenen zu beurteilen und einzuordnen, aber dann zurückzustehen, wenn der Eingriff, d. h. die Einbringung der eigenen Person notwendig wäre. Dies ist die *reifste Form des Intellektualismus,* wo der Intellekt sich verselbständigt und aus seiner Einbindung in die anderen Seelenkräfte (Gefühl, Wollen) herausfällt, sich abspaltet. Das wird im einzelnen bei Bauer deutlich, etwa in der Frage des Kirchenaustritts. Diese einzige konsequente Protesthaltung, die aus seiner Religionskritik folgt, lehnt Bauer selbst aber ab, weil der Austritt kein individueller, sondern ein allgemeinhistorischer sein soll. Der stolze Kritiker bleibt «mit Willen im Gefängnis». Damit zeigt er, «daß es für die Freiheit kein Gefängnis ist, daß nämlich die wahre, die ernstliche Freiheit seine Mauern zersprengt» (Die gute Sache, S. 210). Dies alles

der wirkliche Gebrauch des Auges – sie ist das wirkliche Sehen, ungehindert, unverrückt durch Vorstellungen und Interessen, die dem Gegenstande, den ich sehen will, fremd sind, ungetrübt durch die Wünsche, Hoffnungen und Befürchtungen . . .» (Barnikol, Bauer, S. 520).

geschieht durch die *Kritik*, sie ist *Praxis, wenn auch eine theoretische.* Der geistige Kampf ist ein gedanklicher. Die Waffen sind die der Vernunft. Bauer will die totale Emanzipation.

Wo es aber um tatsächliche Verwirklichung, um handelnden Eingriff geht, wird er skeptisch. *So wird seine Position der Kritik unvermerkt immer universeller, aber auch radikaler.* Sein Appell an den Staat – bis 1840/41 noch als Wertinstanz von ihm anerkannt – wird in der fortschreitenden Kritik – durchaus berechtigt – dann selbst in die Kritik mit einbezogen. Dies hat neben der eigenen Erfahrung – er wird von der Privatdozentur abberufen – allerdings auch systematische Gründe: denn aus sich wird der Kritiker gedrängt, «ansichts-, system-, gesinnungslos» zu werden (B. Bauer: Was ist jetzt Gegenstand der Kritik?, zit. n. Hertz-E., S. 104).

Dabei wird eine neue Qualität der Kritik für Bauer sichtbar. Abgelöst, d. h. unberührt von Affekten, geht die *Kritik ihrer sachlichen Aufgabe* nach: *Der Kritiker «kennt weder Freundschaft noch Liebe; dafür aber prallt die Verleumdung machtlos an ihm ab: nichts kann ihn beleidigen; ihn berührt kein Haß, kein Neid; Mißgunst, Ärger, Grimm sind ihm unbekannte Affekte.* Das Philistertum, das mit Steinen nach ihm wirft, das ihn mißkennt und das ihm unreine Motive unterschiebt, um sich gleich zu machen, es wird von ihm nicht verlacht, denn das ist es nicht wert, aber durchschaut und mit Ruhe in seine unbedeutende Bedeutendheit zurückgewiesen» (Edgar Bauer: «1842», zit. n. Hertz-E., S. 104). Die Kritik kommt aus ihrer eigenen Natur in die Selbstisolation, sie wird unangreifbar, aber auch unkorrigierbar, allem Irdischen, das sie kritisiert, entrückt.

Als die von den Brüdern Bauer herausgegebene Monatsschrift *«Allgemeine Litteraturzeitung»* nach einjährigem Bestehen «eingeht», erklären die unangreifbaren Herausgeber, daß der Zweck des Blattes erfüllt sei, indem es «keinen Anklang findet» (ebd.), als ob der Sinn eines Publikationsorgans darin bestünde, nicht gehört, verstanden und beachtet zu werden.

In einem anderen Organ hält Bauer seinem ursprünglichen Kampfgefährten in den Jahren 1839/41, Ruge, vor, daß er ja mit der Zensur kämpfen müsse. Würde dieser den «kritischen Gedanken so ruhig und klar» entwickeln – wie er –, dann würde «die majestätische Ruhe, Klarheit und Einfachheit seines Stils» den Zensor zwingen, ihn reden zu lassen (ebd., S. 105). Selbstredend hat Bauer immer mit dem Zensor zu kämpfen.

Die *Abgezogenheit* von aller sozialen Realität, ja die *Täuschung*, von der Bauer ergriffen wird, offenbart sich in der Zensurfrage durch ihre Verschärfung überdeutlich, die alle wachen Gemüter damals erregte: *«Die Kritik erklärt sich weder für noch gegen die Zensur»*, sie *«steht nicht auf demselben Boden . . . daher kann sie gegen diese nicht kämpfen, aber auch von dieser nicht bekämpft werden»*, weil doch die Ebenen verschieden sind. Die Zensur ist damit für immer «theoretisch überwunden und sie (die Kritik) wird von ihr bei ihrem Schaffen und Arbeiten nicht mehr gestört» (ebd.).

Daraus wird der Geist der Täuschung, der nun Bauer umfängt, deutlich, dieser Geist aber ist der der Verfinsterung. Die extreme Isolation, die eine scharfe Ablehnung der Masse, der niederen Gesellschaftsschichten, einschließt, bildet die «These», aus der die mit Bauer zunächst menschlich und geistig verbundenen Freunde Marx und Engels die Antithese bilden werden und dann den gesellschaftlichen Materialismus entwickeln.

Bauer hat in seiner ganzen weiteren Biographie kein Verständnis für die Heraufkunft des Industrialismus und die soziale Frage, anders ist es hingegen mit politischen Problemen. Aber nicht nur wegen seiner radikalen Kritik, die Marx als Absprung dient, hat Bauer geistesgeschichtlich entscheidenden Rang, sondern auch deshalb, weil er «in seiner rücksichtslosen raschen Entwicklung, Erkenntnis, Verleugnung und negativen Wirklichkeitserfahrung den gleichen Weg zurücklegt, für den andere Geister, Einzelmenschen, Familien, Völker Jahrzehnte bzw. Jahrhunderte brauchen» (Barnikol, Bauer, S. 42).

Bauer sieht stets die Gefahr, daß ein Angriff «von unten» erfolgen könnte; die «Masse» ist ihm aber suspekt. Er, der für die allerneueste Wahrheit, die Wahrheit des Tages», ist (Die Judenfrage, S. 61), kann sich unmöglich dazu verstehen, daß der «Fanatismus für die Sache der Vernunft» (E. Bauer: Gegner, S. 106) dienlich sein könnte, also wenn die Gattung oder Masse als treibende Kraft angesehen werden müßte. Das bringt ihn zunächst zu Feuerbach und ihm folgend mit Marx in Konfrontation. Ist jenen die Gattung alles, so anerkennt Bauer nur, daß sie «sich in spezifischen Unterschieden zur Erscheinung bringt» – gemeint ist: in Persönlichkeiten. Für Bauer, der kurz zuvor *durch Kritik «Raum zu machen» versucht «für das, was kommen soll», geht es nicht* darum, sich «persönlich in die Gesellschaft einzulassen». Der engste Freund Bauers, Franz Szelinga (1816–1900), schreibt: *«Der wahre und reine Kritiker legt ja niemals selbst etwa Hand an, er ist nicht, was man gewöhnlich . . . einen ‹Mann der Tat› nennt»* (Kritik, II, S. 44, zit. n. Koigen, S. 79). Dieser völlige Rückzug aus jeder Handlung folgt konsequent aus der «reinen Kritik», zu der Bauer seit 1843/44 gekommen war, denn diese stellt *«kein neues Ideal* mehr auf, mit keinem Dogma will sie die alten verdrängen, mit *keinem neuen System* bereichert sie die Welt; sie zeigt nicht: dort liegt der archimedische Punkt, von welchem aus wir endlich wirklich einmal die Welt aus ihren Angeln heben wollen, sie träumt nicht und will nicht, daß ihre Träume durch raschen Entschluß in die Wirklichkeit gezaubert werden» (Szelinga, a. a. O., n. Koigen, ebd.).

Aber all diese Abstraktionen lassen unbefriedigt und fordern zu Widersprüchen heraus; erst nach den Vorwürfen von Marx in der «Heiligen Familie» äußert sich Bauer zum *Vorwurf der völligen Abstraktion* und Gesellschaftsfeindlichkeit 1845 in Wigands Vierteljahresschrift mit einer «Charakteristik Ludwig Feuerbachs». Den Vorwurf der Abstraktion kehrt Bauer um, indem er nachweist, daß mit dem Feuerbachschen Gattungsbegriff das Wesen des Menschen einer Abstraktion geopfert wurde: *« . . . die Gattung ist ein neuer Gott oder der Gott von neuem»* (zit. n. Hertz-E., S. 106). Feuerbach habe zwar das Wesen des Christentums erkannt, aber das Wesen der Religion verkannt. Anstatt aber *«aus dem entmenschten Menschen des Christentums . . . den wahren, wirklichen, persönlichen Menschen»* hervorgehen zu lassen, muß sich das Individuum sofort wieder der Gattung unterwerfen, die das Absolute, der neue Gott sei. Damit begehe Feuerbach «den Grundirrtum der Religion und das Unheil und Unglück aller religiösen Anschauung, nämlich daß der Mensch nicht Er selber ist, daß die Persönlichkeit nicht selbst das Wirkende und Schaffende ist, welche ihr Wesen, nicht ein von ihr verschiedenes, fremdes, allgemeines, absolutes, sondern ihr eigenes sich vorstellt und in sich zurücknimmt» (ebd.).

Stattdessen macht Bauer geltend, daß die *Geschichte von der Kritik gelenkt* werde, ebenso wie die Gegner der Kritik. Die *Kritiker sind es allein, «welche die Gewalt in ihren Händen haben,* weil die Kraft in ihrem Bewußtsein und weil sie die Macht aus sich selber, aus ihren Taten, aus der Kritik, aus ihren Gegnern, aus ihren Geschöpfen schöpfen; – daß erst mit dem Akte der Mensch befreit wird und damit *der* Mensch geschaffen, *die* Menschen» (ebd.). Dies hätten Marx, Engels, Feuerbach, Hess verkannt. Worum Bauer ringt, ist, die Stellung des Ich herauszuarbeiten, das bei Hegel unbewußtes Gefäß des Weltgeistes war, bei Feuerbach in die Gattung, in das Ich-Du, das «Füreinander» aufgehoben wurde. Bei Marx geht das Ich als Funktionsträger der Klasse in der Gesellschaft unter, bei Bauer «hebt» es ab von der Gesellschaft in ein sich *bespiegelndes kritisches Sondersein.* Eine Lösung dieser Frage gelingt ihm nicht. Eine einsame, unangreifbare, abgehobene, aber auch entschiedene Haltung, unbeirrbar, unangreifbar, unverletzlich. Bauer arbeitet «aus Freude an der Zerstörung», mit «temperamentvollem Denken», das aber «kein hervorbringendes, sondern ein kritisches» ist, aber eben nur das. Damit tritt die *«Ohnmacht des Denkens auf»*, das «an das Selbstbewußtsein heranreichen will, aber nicht kann» (Steiner, GA 18, S. 307).

4. Absetzung und Prozeß: der Atheismus

Kehren wir zur äußeren Biographie Bauers zurück: Er wartet ein Jahr nach der Aufnahme der Privatdozentur (1839) noch vergeblich auf seine Ernennung zum Professor. Zwar waren Altenstein, der Minister, ebenso der Referent Johannes Schulze ihm wohlgesonnen, aber die sieben Mitglieder der Fakultät weniger; sie obstruierten seine Ernennung zum außerordentlichen Professor. In all den äußeren Hemmnissen war Bauers eigene innere Entwicklung unaufhaltsam, ja beschleunigt weitergegangen; vom kritisch Fragenden war er zum entschiedenen Vertreter antitheologischer, ja antireligiöser Lehrsätze geworden. Wie war diese Extremposition mit der bisher gültigen Freiheit für Forschung und Lehre innerhalb des Protestantismus vereinbar? Auf dem verschlungenen Weg (1839–1842), der mit wiederholten Bitten um Berufung und zeitweiliger Resignation bei Bauer besetzt ist, treten Zustände auf, die der einstige Lehrer und Förderer, Marheineke, als «die Zerrissenheit und den Jammer eines edlen Gemüts» beklagt.

Nach unterschiedlichen Gutachten der Fakultäten, die alle außer Bonn für seinen Verbleib als Privatdozent votierten, und bei überwiegend zurückhaltenden Voten für Bauer aus der Beamtenschaft des Ministeriums entzieht der Minister – Eichhorn – eigenständig am 29. 3. 1842 Bauer die Lehrbefugnis, ein Signal für weiter forcierte Unterdrückung der Geistesfreiheit in Preußen, das sich ohnehin seit den Karlsbader Beschlüssen schon weit von Humboldts Idealen entfernt hatte. Damit ist Bauer die Universitätslaufbahn endgültig versagt. Ein schwerer Schicksalsschlag! Ohne daß Bauer davon wußte, hatte inzwischen der König, Friedrich Wilhelm IV., selbst in das Verfahren eingegriffen und ihm im Grunde jene Erweiterung gegeben, die Bauer schon lange als Tatsache unterstellt hatte, daß es nämlich nicht nur um ihn, sondern um die ganze geistige Entwicklung ginge. Als der liberale badische Staatsrechtler,

Hofrat und Professor Karl Theodor Welcker (1790–1869) Berlin besuchte, wurde ihm am 28. 9. 1841 ein Ständchen dargebracht, woran Bauer teilnahm und einen liberalen Toast auf Hegel anbrachte. Der König, empört darüber, läßt sich die Namen der Teilnehmer vorlegen und verfügt an Eichhorn, «daß Dr. Bauer nicht wieder in sein Verhältnis als Privatdozent nach Bonn zurückkehre», außerdem sind «Individuen, welche Ihre Tendenz so deutlich, wie hier geschehen ist, ausgesprochen haben, in Meiner Residenzstadt ohne hinlänglichen Grund (nicht) zu dulden» (Barnikol, S. 505)

Bauer war aus äußerer Bedrückung wie aus seiner eigenen Entwicklung – ohne daß man Ursache und Wirkung im einzelnen bestimmen könnte – zum radikalen Kritiker geworden, der zunehmend in den Berufungsstreitigkeiten nicht nur seine Auffassung, sondern das ganze Hegelsche System, ja die fernere Entwicklung der Menschheit gefährdet sah, identifizierte er doch seine Entwicklung schließlich mit der menschheitlichen. Und in der Tat, ähnlich wie Engels, der durch den Restaurationspietismus aus einer ehrlichen Gesinnung seine religiösen Gefühle in soziales Engagement wandelt, so radikalisiert sich Bauer unter dem äußeren Druck und wird sensibel für tieferliegende Vorgänge der Zeit. Er durchläuft in kurzer Zeit aus der Grundhaltung die Negation und radikale Kritik, eine Entwicklung, die ihn in der Theologie – teilweise Generationen vorausgreifend – zu Formulierungen kommen läßt, die sich dann erst bei Nietzsche und schließlich durchgängig im 20. Jahrhundert finden: *«Gott ist tot»* (Posaune, S. 77). Und sein «Cetero censeo» lautet noch vor seiner Amtsenthebung: *«die Religion muß ganz untergehen,* und alle, die mit ihr buhlen und in Schimpf und Schande Kinder zeugen, werden von selbst untergehen» (an Ruge, 16. 4. 1841).

Bei dieser Entwicklung, in der Bauer sich als von «dämonischer Besessenheit» erweist, fragt es sich, ob es die äußeren Umstände waren, die ihn für diese Kräfte offen werden ließen, oder ob es seiner Veranlagung entsprang oder beides zugleich gültig ist. Zweifellos aber ist, daß die rückwärts gerichtete Haltung in Kirche und Staat eine Entwicklung beschleunigt haben, die ohne sie anders verlaufen wäre. Bruno Bauers ursprüngliche Ziele beim Weggang von Berlin waren weitgespannt, so hoffte er, seinen Schüler Marx bald nach Bonn zu holen, damit dieser das Werk der Kritik in der Philosophie vollbringe, welches er in der Theologie schon geleistet hatte.[5]

5 Darüber findet sich im Briefwechsel von I. H. Fichte mit Chr. H. Weiße am 24. 7. 1841 folgende Passage: «Dr. Marx, Mitarbeiter von Ruges Zeitschrift, der

Etwas von seiner Getrieben- und Besessenheit wird faßbar in Briefen an Ruge, an den er am 6. 12. 1841, kurz vor seiner Amtsenthebung schreibt: «Ich halte hier Vorlesungen . . . vor einem großen Auditorium. *Ich kenne mich selbst nicht, wenn* ich meine Lästerungen auf dem Katheder . . . ausspreche und denke, wie fromm ich zu Hause an der Apologie der heiligen Schrift . . . arbeite. *Es ist auf jeden Fall ein böser Dämon, der mich jedesmal ergreift, wenn ich das Katheder besteige, und ich bin so schwach, daß ich ihm unbedingt nachgebe»* (Bauer, zit. n. Barnikol, S. 28). Es ist, als ob er im Vortrag wie ergriffen wurde von einer Macht, die ihn weiter treibt, als er beabsichtigt und aus Selbstbewußtsein und Kritikvermögen verantworten kann. Doch eben das kritische Vermögen folgt dann doch dem dämonischen Schrittmacher, für den er empfänglich ist.

An seinen Bruder berichtet er von der Suspension der Vorlesungs-Ankündigung durch das Ministerium. «Was meine Zuhörer betrifft, so sind sie ziemlich zahlreich . . . ein Auditorium, welches gespannt meinem Vortrage zuhört . . . *Ich zwinge sie aber auch durch die Kraft der Entwicklung, so lange aufmerksam zu bleiben, bis der letzte Drucker kommt, um sie vollends zu erschüttern.* Lust zu Spaß können sie nicht empfinden . . . Den Anfang einer solchen Entwicklung trage ich immer *ruhig und kalt* vor, bis ich im Fortgang . . ., wenn ich die Widersprüche auseinanderbringe und zerreibe, der Stimme Lebhaftigkeit und Abwechslung gebe und endlich am Schluß . . . Alle erschüttere, daß sie wie gefangen dasitzen. Ich bilde mir aber über den Sukzeß . . . Nichts ein. Wie können solche Burschen ohne innere Erfahrung . . . die Bedeutung . . . fassen! . . . bald nachher sind sie wieder die Alten . . . sie müssen bald ein Amt haben . . . zu ihrer inneren Leerheit zurückkehren» (Briefw., S. 178 ff.).

Der unmittelbaren Wirkung ebenso gewiß wie der auf Dauer fehlenden, kommt Bauer einmal auf sich selbst zu sprechen, wo er bekennt,

sich jetzt hier als Privatdozent etablieren will, mit der Absicht, ein ähnliches Blatt hier zu gründen, und der gleichfalls ausdrücklich ausgesprochenen Intention, als mein Gegner aufzutreten und mich zu stürzen . . . ist mit Dr. Bauer sehr intim, der sich dadurch und auch durch die schlechte literarische Gesellschaft, in der er auftritt, unglaublichen Schaden tut. Obiger Marx läßt, nach seiner Erklärung, ein Buch in Leipzig (probablement bei O. Wigand) drucken, dessen Schluß lauten soll: ‹Aus allem Bisherigen folgt, daß es absurd sei, noch an einen Gott zu glauben!!! Haec hactenus›». (Der Briefwechsel ist bisher unveröffentlicht und wurde dankenswerter Weise von dem I. H.-Fichte-Forscher und Sammler des Fichte-Nachlasses Hermann Ehret zugänglich gemacht.)

mit Feder und in der Vorlesung offen, im Umgang mit anderen verschlossen über seine Absichten zu sein. «Gerade in Leiden ... sehe ich immer klarer meine Bestimmung sich ausbilden, und ich bin glücklich, weil ich denselben immer entgegen gehe und für sie erzogen werde. Ich weiß doch, warum ich leide» (an Marx, 30. 3. 1840, MEGA I, 1/2, S. 238 ff.).

Was aber ist die Absicht? Sie hängt mit der Wende zum Atheismus zusammen. Kurz darauf entwickelt er sie, wie Barnikol nachwies. An Marx (5. 4. 1840): «Wie nun die Philosophie zum Staate stehe, davon haben sie keine Ahnung, nur die Pietisten haben noch die feinere Nase, eine Art von Furcht nunmehr unter sich, von einem *nahe bevorstehenden Abfall der Bösen. Sie haben das Vorgefühl einer Krisis,* wie die Tiere von dem Wechsel des Naturlebens ... In der Tat, seitdem ich hier (in Bonn) bin und meine *Opposition innerlich zur Entschiedenheit ausgebildet* habe, verabscheue ich nichts mehr als jeden Schein ... eines Unzufriedenen ... *Der Sieg,* der schon so gewiß ist, *wurde mir in seiner ganzen Nähe klar ... Die Katastrophe wird furchtbar und muß eine große werden,* und ich möchte fast sagen, sie wird größer ... als diejenige war, mit der das Christentum in die Welt getreten ist ... Die feindlichen Mächte sind so nahe jetzt gerückt, daß ein Schlag entscheiden wird» (ebd., S. 240 ff.).

Die hier angesprochene Wende Bauers zum Atheismus, d. h. der Einfluß jener Inspiratoren, denen Bauer den Fortschritt zuschreibt, verdichtet sich um das Jahr 1840. Später wird der Grundsatz der Berliner «Freien», der sich jetzt vorbereitet, so lauten: *«Was ist, ist schlecht und muß negiert werden und zugrundegehen: Staat, Kirche, Christentum, Wissenschaft, Religion, Gott, damit aus dem Untergegangenen die freie Philosophie erwachsen kann»* (zit. n. Barnikol, Bauer, S. 33).[6] «Mit dieser kritischen Negierung Jesu Christi und seiner Verbannung aus der geschichtlichen Wirklichkeit verband sich die Negierung seines Gottes, wie jeder Gottheit, als Fiktion des Menschengeistes» (ebd., S. 42).

In seiner kritischen, selbstbewußten Dynamik empfindet Bauer die, ob ihrer Radikalität von der Zensur verfolgten «Halleschen Jahrbücher», an denen er mitarbeitet, schon bald als zu matt. Er hat seine bereits ein Jahr früher eingenommene Position überholt. So will er, inzwischen völlig vom Atheismus besessen, eine neue Zeitschrift gründen, die diesen Titel tragen soll. Als geschulter Dialektiker mit hoch ausgebildetem

6 Bei Hess taucht die Formulierung auf: «Alles, was besteht, ist wert, daß es zu Grunde geht» (Soz. Aufs., S.9).

Selbstbewußtsein sieht Bauer den Entzug der Venia legendi prinzipiell als Ausdruck des fortschreitenden Geschichtsganges, so daß er seine Angelegenheit mit allen Mitteln zu einem Prozeß für das öffentliche Bewußtsein zu gestalten bestrebt ist. Im Verfahren in die Gegenwart vorgreifend, lanciert er durch Marx und Ruge, um den Prozeß noch vor der Absetzung zu beschleunigen, Berichte in Zeitungen. Im Gewande orthodoxer Position läßt er seine Ablösung fordern, damit sich durch Diskussion die Auseinandersetzung als Angelegenheit von prinzipieller Bedeutung der Öffentlichkeit mitteile. An Ruge schreibt er: *«Ich ruhe nicht eher, als bis ich alle theologischen Fakultäten in die Luft gesprengt ... habe* ... Ich werde Alles tun, Alles versuchen und alle Mittel durch die Reihe durch versuchen, bis ich gezwungen bin, nach Paris zu gehen ...» (1. 3. 1842). Für jemand, der sich im Auftrag des Zeitgeistes handelnd empfindet, ist das eine klare Haltung.

Und in der Tat, Bauer wird in seiner herausragenden Bedeutung im Hinblick auf die Klärung der Positionen und auf das, was fällig ist, als Stimmführer unter ähnlich Gesinnten zunehmend anerkannt. Ruge spricht voll Achtung vom «Robespierre der Theologie», Barnikol nennt ihn den damaligen «Führer des Junghegelianismus». Bauer vermittelt allen ein Bewußtsein, daß das kritisch und konsequent Gedachte eine umstürzende Wirkung haben werde, daß die *Macht der «Theorie jetzt die stärkste Praxis» ist,* «und wir können noch gar nicht voraussagen, in wie großem Sinne sie jetzt praktisch werden wird» (an Marx, 31. 3. 1841, MEGA I, 1/2, S. 250). Oder noch entschiedener in der Wortgewalt an den Freund: «Der Terrorismus der wahren Theorie muß reines Feld machen» (28. 3. 1841, ebd., S. 247).

Persönlich nimmt er – Träger jenes Selbstgefühls, das die Auflösung dieser Welt vollenden wird – den Entzug der Venia legendi ganz gelassen hin, für seine Freunde eine Leistung, die ihn als wiedererstandenen Stoiker erscheinen läßt. Eduard Schläger, ein Freidenker, berichtet nach dem Verlust der Venia legendi: «Heiter und unbekümmert wie ein antiker Philosoph verließ er Bonn». Dies ist sein grundlegender Wesenszug.

Als 1848 die Märzrevolution ausbrach und Bauer als «Vollender der Revolution» einen Beitrag hätte leisten können, hielt er sich zurück «aus persönlichem Widerwillen seiner im Innersten vornehmen Natur gegen den Lärm der Gasse,gegen die Blindheit, die Beschränktheit, Rohheit der Menge» (Ludwig Pietsch, zit. n. Barnikol, S. 67). Ganz auf die schmalen Einnahmen seiner Feder angewiesen, entfaltet Bauer nunmehr eine erstaunliche Produktivität, der durchgängig – bei aller Brillanz und bei großartigen Gedankenblitzen mit polemischer Schärfe im einzelnen – manches Unausgereifte anhaftet. Die schiere wirtschaftliche Not zwingt ihn, wie er selbst weiß, manches Unfertige wie Unsystematische zu veröffentlichen, damit er zu Einnahmen kommt, kurz: die Nähte, mit heißer Nadel gefertigt, sind vielfach spürbar. Neben einem umfänglichen Briefwechsel entstehen in den Jahren 1838–1845, unserem Betrachtungszeitraum, weit über 90 mehr oder weniger umfängliche Aufsätze und Rezensionen in verschiedenen Zeitschriften, fast 20 Bücher bzw. Broschüren, dazu fünf Bände Quellenmaterialien (zur Französischen Revolution und Aufklärung), von Bauer ediert – eine erstaunliche Leistung! Ein Kritiker meint, «seine Originalität lag nicht so sehr darin, dieses oder jenes Problem als erster erkannt zu haben, sondern vielmehr in der Formulierung seiner Antworten auf Zeitfragen. Hierin verfuhr er nämlich mit einer seltenen Bereitschaft, gedanklich bis zur äußersten Konsequenz, bis zum Extrem fortzuschreiten und die gefundenen Einsichten mit einer entsprechenden polemischen Schärfe zu vertreten» (Hertz-Eichenrode, S. 118).

Die eigentümliche Entwicklung der Bewußtseinsseele treibt Bauer in ein gesteigertes, aber bei ihm moralisch gebändigtes Selbsterleben, das ihn selbst in die Einsamkeit, die Isolation führt, in *die Entfremdung, aus der er gerade die Menschheit zu befreien suchte*.

Mit der Rückkehr nach Berlin mußte Bauer dann erstmals bemerken, daß das von ihm für richtig und unvermeidlich Erkannte keineswegs für andere Bewußtseine ebenso gültig war. Seine «Angelegenheit» wurde nämlich dort überwiegend gleichgültig aufgenommen, außer einigen wenigen interessierte sich niemand für die *«weltgeschichtliche Entscheidungsschlacht» zwischen «Wissenschaft» (Bauer) und Kirche* (verkörpert in der preußischen Staatsverwaltung). *«Unser Erwachen war schrecklich»* (Dt. Jb., 1842, S. 589, zit. n. Hertz-E., S. 87). In der Selbstkritik stellen sich Fragen: *wie geht die richtige Einsicht in die Praxis über*? Muß die Kritik noch schärfer, grundsätzlicher, radikaler werden? Oder ist eine Revolution der einzige Ausweg, der erst die verdorbene Wirklichkeit wegräumt, um der reinen Idee den Weg freizumachen? «Wenn die bestehenden Verhältnisse der Idee vollständig widersprechen, wo kann die Idee dann anders existieren als in dem reinen Selbstbewußtsein, welches aus der Verderbnis sich gerettet hat und die wahren Formen seiner Existenz als Ideale zunächst in sich trägt?» (Dt. Jb. 1842, S. 594, ebd.). Bauer bleibt Hegelianer reinsten Wassers, die Idee – bei ihm das Selbstbewußtsein – wird, findet sie oder es zu sich, aus sich heraus das Nötige bewirken. Wenn Bauer sich auch radikal und revolutionär im Wort gebärdet[7], Täter ist er eben auch nur im Wort.

Marx verlangt an dieser Stelle, daß Ideen Gewalt bekommen, wenn sie die Massen ergreifen, also daß die Ideologie die Bewußtseine formiert. Von daher wird es auch verständlich, daß Bauer zum Kreis der «Freien», der die Reste des Doktorklubs und weitere Intellektuelle umfaßt, bei aller ihm bekannten Unzulänglichkeit der einzelnen Mitglieder zunächst fest «steht». Das dort herrschende radikale Wortgefecht entspricht ihm. Als Ruge im Herbst 1842 diesen Kreis besucht, widert ihn dessen intellektuell-großsprecherisches, von Alkohol- und Zigarrendunst eingenebeltes Treiben an. Bauer, die Zentralfigur, einst, d. h. zwei Jahre zuvor, von Ruge großartig begrüßt, wird ihm zum Ärgernis, der ihm verschiedene radikale und lächerliche Dinge «auf die Nase» hefte, «z. B. der Staat und die Religion müßten aufgelöst werden, das Eigentum, die Familie dazu; was positiv zu machen wäre, wisse man nicht, man wisse nur, daß alles zu negieren sei» (12. 12. 1842, Ruge, Briefe I, S. 290). Das war dem wertbewußten Liberalen zu viel. Schrieb doch Bauer zuvor, sich in seiner Radikalität steigernd: «Nur ein Heil gibt es, nur eine Möglichkeit des Fortschrittes: *der Bruch mit allem Halben und Illusionen!* Durchgehende Kritik . . . Je tiefer die Konzentration und je schärfer die Zuspitzung, desto mehr Feinde haben wir, desto klarer wird die Sache, desto schärfer stehen die Freunde des Alten da, desto eher ist es möglich, daß der alles entscheidende Schlag eintrifft . . .» (Bauer an Ruge, 27. 10. 1842, zit. n. Hertz-E., S. 139).

Das Bewußtsein der eigenen Aufgabe, das Empfinden, durch Kritik in die Speichen des Weltgetriebes unmittelbar einzugreifen, ist trotz aller persönlicher äußerer Widrigkeiten ungebrochen, wird durch diese eher noch beflügelt. Diese Grundgeste ist später noch genauer zu betrachten.

7 Die Wortschärfe, mit der er «seinen Prozeß» vor der Öffentlichkeit führt, ist durchdringend, Ein Beispiel: «Der Preußische Staat identifiziert aber ‹sein Gedeihen mit der Intelligenz *und* Freiheit und Wahrheit›, so wie der Jesus des vierten Evangeliums sagt: ‹Ich bin die Wahrheit›? Welche Sprache! Und wie muß sich Herr Gruppe durch seine Sprache selbst wiederlegen! Die Lobredner können nicht zusammenhängend denken, nicht rein sprechen; in ihrer theologischen Sprache drückt sich das Falsche, Lügnerische und Hohle ihrer Sache aus; ihre innere Heuchelei macht ihre Sprache schief, schielend und für jeden aufrichtigen Mann unerträglich» (Angelegenheit, S. 31).

5. Das entdeckte Christentum – widergeistige Inspiration (1843)

Die Kritik an der Religion erlangt bei Bauer ihren Gipfel in der Schrift *«Das entdeckte Christentum»*, Ende 1842 / Anfang 1843 abgefaßt, allerdings wird sie später noch vervollkommnet. Unmittelbar nach Fertigstellung wird die Schrift in Fröbels Verlags-Comptoir (Winterthur/Zürich) verlegt, aber noch vor der Auslieferung beschlagnahmt und vernichtet.[8] Bauer knüpft an einen Aufklärer des 18. Jahrhunderts, Edelmann (1698–1767) an, um das Christentum zu «entdecken», was soviel meint wie: zu entblößen, zu entlarven. «. . . Was der Mensch ist, muß bekannt, entdeckt und Gegenstand der Betrachtung werden . . . und wenn der Mensch durch die Spannung gegen dieses Wesen umso lebendiger angeregt werden sollte, es sich anzueignen, so muß es ihm zuvor als ein Fremdes, als göttliches Wesen erscheinen. Um wahrhaftiger Mensch zu werden, mußte er erst den Unmenschen . . . kennenlernen. *In der Religion ist er selber der Unmensch geworden, und hat er die Unmenschlichkeit als sein Wesen verehrt»* (Entdecktes Christentum, S. 73).

Der Kritiker des Religiösen erneuert damit das Bild von Gott und Teufel, wie Stirner kurz darauf ihm vorhält. Es seien noch einige Kernsätze aus dem «Entdeckten Christentum» zitiert: «Nur ein Gebiet des menschlichen Lebens gibt es, in welchem der Krieg ewig, der Frieden unmöglich ist . . . es ist die Religion» (S. 1). «Die vollendete Religion ist das vollendete Unglück der Welt» (S. 11). «Ist die Religion das Grab der Vernunft, so ist die Hölle die letzte Tiefe dieses Grabes . . .» (S. 18). «Die Religion ist . . . das Unglück und die Selbstentzweiung der Menschheit» (S. 38).

Wir müssen, um die Stellung des «Entdeckten Christentums» zu verstehen, nochmals zurückblenden. In dem von Bauer – in seinem Selbstverständnis – gegen die Religion geführten Prozeß, der auf seine Absetzung erfolgt, wird er ganz entschieden von einer Lust am Extrem ergriffen, das «keine Mitte kennt». Nachdem er aus dem «seligsten Traum von Einheit der Idee und der unmittelbaren Wirklichkeit» erwacht war, weiß er, daß es *nicht* zur *Versöhnung, sondern* zur bedin-

8 Erst 1927 wurde das Werk nach der neuerlichen Auffindung eines erhaltenen Exemplars von E. Barnikol neu ediert. Dieser beschäftigte sich dann weitere 40 Jahre seines Lebens mit Bauer und hinterließ 2500 Manuskript- und 1000 Seiten Materialien, die in Auszügen veröffentlicht wurden (siehe Barnikol, Bauer).

gungslosen *Zerstörung des Bestehenden* kommt. Es wurde für Bauer immer eindeutiger: *unvermittelt stehen sich zwei Weltepochen gegenüber;* die der Zerrissenheit, Entfremdung, Unfreiheit und Unvollkommenheit und Unvernunft und die neue, vollendete Geschichte – an ihr hat Bauer schon Anteil – mit ihrer Vernunft, Freiheit, Vollkommenheit. Seine Einsicht teilt sich dem Bruder Edgar mit. Die neue Welt ist nur zu erlangen durch eine *Revolutionierung, eine «Vernichtungsschlacht»*, weil *«jedes Prinzip, welches neu auftritt* in der Weltgeschichte, *vandalisch»* ist. Und es ist «vandalisch, weil es bis zu seiner extremen Ausbildung fortgehen muß ... Das Prinzip zertritt auf seinem Gange, den ihm die eiserne Notwendigkeit selbst vorschreibt, alles, was sich ihm nicht unbedingt anschließen will; die Zerstörung, die es anhebt, ist schonungslos; und es ruht nicht eher, als bis es seine Feinde bis auf den letzten Mann niedergeworfen hat» (heißt es bei Edgar Bauer: Bruno Bauer und seine Gegner, 1842, S. 89 f., zit.n. Stuke, S. 140). «Werdet daher endlich einmal klug und lernt es, *daß allein im Extreme die Wahrheit und der Sieg sein kann.* Denn ... nur das Extrem kann ein Prinzip rein aufnehmen und durchführen, *nur das Extrem und sein Prinzip hat zeugende Kraft,* während derjenige, welcher zwei Prinzipien vermitteln will, nur das Äußerliche, die Nebensachen, auffaßt, erst den Geist aus ihnen treiben muß und daher von vornherein auf jeden Fortschritt Verzicht leistet» (E. Bauer, Gegner, S. 37). Dabei kommt das bei Bruno Bauer lebendige Anliegen bei dem jüngeren Bruder Edgar, der früh das Studium abbricht und Schriftsteller, Journalist wird, vereinfacht, überspitzt, klarer zum Ausdruck. Bauer beruft sich im Revolutionsgedanken auf Hegel, der die Französische Revolution, wie wir wissen, als «herrlichen Sonnenaufgang» besang – er vergißt – was hinzugehört – dabei den späteren preußischen Staatsphilosophen Hegel – und ruft: *«Behüte! Die Philosophie will Revolution, gegen alles Positive, Revolution, auch gegen die Geschichte ...»* (Posaune, S. 167). Die Revolution gegen alles Bestehende ist ebenso nötig wie die radikale Kritik desselben. Eine grenzenlose prinzipielle – theoretische – Zerstörungsneigung eignet Bauer in dieser Zeit. So nennt ihn Cieszkowski eine «bedeutende wissenschaftliche Erscheinung», die am Horizont des Wissenschaftshimmels «als Komet aufleuchtet» und der als *Montagnarde* «die *Denkguillotine* selbst in den höchsten Sphären» mit «wissenschaftlichem Terrorismus» anwendet (Gott, S. 93 ff.).

Was war vorgegangen, daß Bauer von einer derartigen Radikalisierung ergriffen und zu einer völligen Uminterpretation der Hegelschen Dialektik und Versöhnungsbestrebung veranlaßt wurde? Am Ende des «Entdeckten Christentums» wird etwas von der ihn überkommenen *Inspiration* faßbar. Bauer spricht von einem *«großen Drachenkampf»*, der statthat, «da wir im Anfange des Jahres *1843* diese Zeilen schreiben» (S. 118). «Laßt aber nur den großen Drachen, die alte Schlange der religiösen Vernichtungs-Wut und des theologischen Hasses wüten; der Drache wird nicht mehr lange noch die Erde und die Geschichte beunruhigen. Der Verkläger der Menschheit, der teuflische Gedanke, kann nur noch einmal die Menschheit plagen und martern. – Das Fieber der Krisis, welches ihn aus dem Mittelpunkt vertreiben wird, kann hitzig werden. Aber die Menschheit wird es glücklich überstehen, den Feind von sich ausscheiden und den Ankläger und den *bösen Feind* vom äußersten Saum der Geschichte bis zum *Vitzliputzli, zum Moloch, zum Ahriman verbannen.* Die Menschheit wird endlich vom bösen Wesen geheilt werden ... *Die Vernunft ist der rechte Michael, der all diese Furien bändigen kann»* (S. 118 f.; Bauer stützt sich in zwei Anmerkungen auf Edelmanns Werke[9] ab. Das Werk endet: *«Das Selbstbewußtsein ist zur Gewißheit*

9 Es sind dies zwei Schriften von Johann Christian Edelmann (1698–1767): 1. *«Die Göttlichkeit der Vernunfft» (*1742), (Reprint Stuttgart-Bad Cannstatt 1977), wo in den Betrachtungen über den Logos erwähnt wird, daß der «große Drache, die alte Schlange / die da heißet / aber nicht ist / der Teuffel und *Satanas ist aus dem Himmel ... meines Verstandes aus und auf die Erde oder in den irdischen Theil der Phantasie geworffen* / und zwar durch den Michael, das ist, durch den, der da ist wie Gott! wer ist aber wie Gott, als das LOGOS, das selbst Gott ist, und uns alle durch die in uns wohnende, neu belebende und regierende Vernunfft erleuchtet, und wider desgleichen selbst erzeugte Gespenster streiten hilfft» (S. 316 f.).
2. Die andere Schrift ist Edelmanns Glaubensbekenntnis: *«Abgenöthigtes Jedoch Ander nicht wieder aufgenöthigtes Glaubens Bekenntniß* –Aus Veranlassung unrichtiger und verkürzter Abschriften Desselben» 1746, (Reprint Stuttgart-Bad Cannstatt 1969). Hier bezieht Edelmann als vielseits verketzerter Aufklärer seine Position: *der Mensch war nie von der Gemeinschaft mit Gott getrennt* (S. 313), er sieht es als falsch, daß die Glückseligkeit erst nach dem Tode beginnt. Dadurch kommt er zu einer Uminterpretation der Stellung Jesu und des Bösen. Es gibt für ihn weder Teufel, Sündenfall noch Sühnetod Jesu. «Denn wenn man gleich sprechen will, der Herr Jesu hätte den Menschen deßwegen der Vergebung oder Hinwegnehmung ihrer Sünden angekündiget, weil Er selber bald ein Versöhnung Opfer vor dieselben werden wollen, so macht man doch den theuren Mann erstlich offenbar damit zum Lügner / weil vor aller Welt Augen klar ist, daß durch den Tod des Herrn Jesu die Sünde der Menschen weder aufgehoben / noch Gott versöhnet worden» (S. 250). Jesu lebt dagegen die vollkommene Lieben vor, er ist aber nicht ein Gott, sondern ein «stiller» Mann, er ist nicht der

seiner Freiheit gelangt und wird im entscheidenden Augenblick auch den Unfreien die Freiheit lassen, unfrei zu sein. Es wird ihnen die Freiheit nicht aufzwingen, es wird mit der Freiheit die Welt überwinden» (S. 119).

Der Drachenkampf, in dem sich Bauer und seine Zeit sieht, bei der er die von ihm eingenommene Position der Vernunft mit Michael, die gegnerische, nämlich die der Religion mit Ahriman, Moloch, Vitzliputzli[10] bestimmt, ist insofern klar erfaßt, als er im Übersinnlichen

Messias, wohl aber der rechtmäßige König des Friedens, der die Juden vom Joch der Römer befreien kann. Wer Gott einen Widersacher (Teufel, Satan, Diabolos) andichtet, belügt sich. Diese falsche Lehre resultierte aus mißverstandenen Schriften der Alten (Heraklit, Pherekydes), die vom Kampf der Gegensätze berichten (Osiris – Thyphon).

Noch älter sei die persische Lehre vom Kampf Ahuramazdao und Ahriman im Kosmos, «welche die Christen unter dem Namen Michaels und des Drachens vorgestellt» (S. 276). Das alles ist Mythos, d. h. ein «Pfaffen-Gespenst» (S. 92), ist zum Schrecken des Pöbels erdacht (S. 261), ist eine «scheußliche Pfaffengeburt» (S. 262), er – der Satan, Ahriman – ist «nichts anderes als ein Mensch» (S. 264), ein »Meuble der Pfaffen» (S. 269) usf. Ahriman wird von Edelmann dreimal erwähnt, nicht aber Moloch, nicht Vitzliputzli, diese Reihe geht auf Bauer selbst zurück.

10 Einige Erläuterungen zu den Begriffen Ahriman, Moloch, Vitzliputzli, wie sie etwa dem Kenntnisstand von Bauer entsprochen haben könnten. *«Ahriman,* in Pehlvi: ahreman, in Zend: peetiare, d. i. böse oder Quell des Übel . . ., ist nach den Zendschriften das Oberhaupt der bösen Geister und Urheber alles sittlichen und physischen Übels. Ihm ist entgegengesetzt Ormuzd, das Oberhaupt der guten Geisterwelt, der Urgeber alles sittlichen und physischen Guten.» Beide Wesen sind selbst geschaffen, haben einen Anfang, bestehen aber in Ewigkeit fort. «Geschaffen hat sie die Zeit ohne Grenzen, Zervane Akarene» (so heißt es *1819* zu Beginn der 8. Sp. in der über hundertbändigen «Allgemeinen Enzyklopädie der Wissenschaften und Künste», herausgegeben von Esch und Gruber, die es bis zum Buchstaben P brachte, in Leipzig verlegt, Dokument aufklärerischen Wirkens vom Beginn bis über die Mitte des 19. Jahrhunderts).

Moloch ein Abgott der Ammoniter und Moabiter, auch Malcolm genannt. «Was die Bedeutung des Wortes angeht, so ist es soviel als Melech. Man gibt es sonst mit dem Worte König, Herrscher; allein ein (Autor) . . . erinnert, daß in uralten Zeiten der Melech, Molech oder Moloch mehr, was gut sei zu raten, als was geschehen solle, zu befehlen gehabt habe; und dieses Wort . . . von Malach oder Nimlach, er hat Rat geschaffen, herfließe». – Ursprünglich Eigenschaft eines Menschen wurde die Eigenschaft mit dem Licht der Sonne verbunden und zum Himmelsherrscher Melech, ihm wird geopfert durch das Feuer. Bei den Ägyptern ist Molech die Marsgottheit, die Osiris entspricht. Sein Abbild war ein tatsächlich stattfindet. Und in der Tat erstrebt *Michael* als Geist, d. h. Wesen der Intelligenzkräfte der Welt, daß Spiritualität in freier Weise – und nicht aufgrund überlieferter traditioneller Formen – ergriffen werde. Dazu schafft er durch den «Sturz der Geister der Finsternis» in das Reich des Irdischen und in die menschlichen Gehirne[11] die Voraussetzung. Von nun an – dies wird von Bauer und anderen als welthistorischer Augenblick richtig gesehen – muß der Mensch in und aus sich den Weg und die Klarheit finden und darf das «Begriffsnetz» nicht mehr nur als Abbild des gegenständlichen Diesseits sehen, sondern hat es als im Zusammenhang mit der Welt des geistig Wesenhaften zu betrachten. Diesen beginnenden «Umschlag» der Betrachtungsweise vermag der Mann der Extreme, obgleich er die notwendigen Benennungen, aber letztlich trotz theologischer Schulung doch fehlende Begriffe hat, zu bemerken, aber nicht einzuordnen. Er nimmt tatsächlich etwas, wenn auch ungeordnet, wahr von dem, was sich «hinter den Kulissen des äußeren Geschehens» ereignet.

Unbeschadet dieser begrifflichen Unzulänglichkeit hat Bauers Auffassung weittragende Folgen in der Ausformung materialistischer Denkmuster. So übernimmt Engels, der in seiner Berliner Zeit, genau von Januar bis Oktober 1842, engste freundschaftliche Beziehungen zu Edgar Bauer

Stier, der sieben Kammern inwendig oder Opferstellen davor (Planeten) hatte. Hier wurden Kinder geopfert durch Feuer, später wurde das Opfer gemildert, die Kinder gingen durch Flammen hindurch. Aus diesem sollte Segen für das Haus und die anderen Kinder fließen. Dadurch wird Moloch zum alles verschlingenden Gott. Moses wehrt diesem Aberglauben (Johann Heinrich Zedler: Großes vollständiges Universal-Lexikon, Halle und Leipzig 1732).

Vitzliputzli, Huitzilopochtli, Vizilopucheli, Vizlipuali, so und anders lauten die Transkriptionen – «welches Wort soviel als schöne Feder heißen soll, ist der Name des bösen Gottes, welchen die Einwohner ... Mexikos ... glaubten und verehrten ... Das ungeheure Bildnis, welches ... eine teuflische Gestalt vorstellte, war von Holz, hatte die Gestalt eines Mannes ... einen Löwen-Kopf ... (darauf) einen Feder-Busch ... Auf dem Rücken hatte er zwei Flügel, wie die Fledermäuse haben und an den Füßen, welche Ziegen-Füße vorstellen, scharfe Klauen», usf. Vitzliputzli führt sein Volk nach Amerika in 80jähriger Wanderschaft, er «äfft» das Wunder der Kinder Israels nach (aus Zedler Universal-Lexikon, Leipzig/Halle 1746. Vgl. die ganz andere Aspekte aufdeckende Darstellung von R. Steiner. GA 171, 18. 9. 1916).

11 Edelmann verlegt – siehe Anmerkung S. 261 – den (kommenden) Sturz des Drachen aus dem Himmel des Verstandes in den irdischen Teil, den er der Phantasie gleichsetzt, diese ist ihm die Gespensterwelt. Diese Gedankenform des Aufklämeres bannt in seinen Verständnismöglichkeiten Bauer.

hat, Formulierungen von Bruno Bauer aus dem «Entdeckten Christentum» wie etwa: Religion ist ihrem Wesen nach «Entleerung des Menschen», oder Charakteristisches wie «Unsittlichkeit, übermenschlich, Prätention, Entleerung, Leerheit als Synonym für Religion» ins eigene Werk vom November 1843 an (vgl. Barnikol 1927, S. 30).[12]

6. Ziele, der weitere Weg und was blieb: Antisemitismus und Ideologie

Bauer will die *Revolution zu Ende führen*, wie sie mit Luther begonnen und in der Französischen Revolution fortgeführt wurde.[13] Dazu ist nach Bauer der *«opiumartige Einfluß der Religion»* zu beseitigen, um den Ungeist der Unmenschlichkeit abzuschaffen. Voraussetzung für eine wahrhaft-menschliche Gesellschaft ist, daß durch Kritik der Endkampf vorbereitet wird. Für Bauer ist die Kritik nicht Selbstzweck, sondern sie soll den *«Menschen sich wiedergeben»* (Die gute Sache, S. 202), sie weist die «Krankheit der Zeit» auf damit ist Kritik an der Gegenwart Praxis. *Die Religion verweist den Menschen auf ein Jenseits, doch im Diesseits ist*

12 Freilich wirkt dann noch stärker auf Marx und Engels die Schrift «Wahres Christentum» (1847) von Georg Friedrich Daumer, nachdem durch Bauer der Boden gelockert wurde. Daumer ist der vormalige verdienstvolle und einfühlsame Erzieher Kaspar Hausers. Seine Schrift dagegen ist ein oberflächliches Machwerk, aus dem Marx Passagen in einem Vortrag im Arbeiterbildungsverein in Brüssel (Oktober 1847) zitiert. So etwa: Christen haben Menschen geschlachtet und im Abendmahl dazu Fleisch gegessen und Blut getrunken. Das Menschenopfer war ihr Heiligtum, der Protestantismus erst milderte es, indem er das Opfer auf den geistigen Menschen übertrug. Marx: »Durch diese Geschichte, wie sie in Daumers Werk dargestellt wird, bekommt das Christentum den letzten Stoß; es fragt sich nun, welche Bedeutung hat es für uns? Es gibt die Gewißheit, daß die alte Gesellschaft zu Ende geht und das Gebäude des Betrugs und der Vorurteile zusammenstürzt» (Nettlau, zit. n. Barnikol, 1927, S. 56). Daumer selbst tritt keine zehn Jahre später – nach der von ihm ausgesprochenen Verdammung des Christentums – zum Katholizismus über – damit die Zwiespaltigkeit vieler sensilber Naturen in der damaligen Zeit erhellend. Von dieser Sensibilität war bei Marx und Engels allerdings nichts mehr zu spüren. Die vulgär atheistische Auffassung geht ins Kommunistische Manifest (1848) über und tut ihrerseits Wirkung.

13 Marx sieht zu dieser Zeit –1842 – die Revolutionäre so: «Bauer ist Robespierre, und Danton lebt in Ruge, Marat ist Feuerbach» (MEGA I, 1/2, S. 273).

sein Leben. Da herrscht aber Unfreiheit, Bevormundung; so muß die Gesellschaft, d. h. aber dann vor allem: der Staat, kritisiert werden. Denn der Staat macht sich zur Kirche, während er die Kirche zu einer Art Staat macht. Bauer verlangt auch in der Politik den «Sturz des Bestehenden». Aber hier gerät er in einen merkwürdigen Widerspruch: «Das Prinzip der Freiheit und der freien Entwicklung der Wahrheit» (ebd., S. 32) soll das Prinzip des Staates sein. Dies aber ermöglicht ja auch der liberale Staat, der dem Egoismus der Reichen freien Lauf läßt. «Im *Prinzip* ist Bauer, wie auch alle Hegelianer, für den Staat, wobei sie sogar apologetisch für ihn eintreten . . ., weil es so der Hegelianismus mit sich bringt» (Koigen, S. 69). So sagt Bauer: «Dem Staate, der in seiner ganzen Einrichtung noch nicht auf der Höhe der Vernunft angelangt ist, geschieht ein großes Unrecht, wenn die fortgeschrittenste Wissenschaft verlangt, daß er allen ihren Anforderungen genügen soll» (in Hall. Jb., 1841, n. Koigen, S. 71). Damit wehrt er – unbewußt oder nicht – die demokratischen Bestrebungen des Vormärz ab. Nicht nur Marx, sondern auch der Bruder, Edgar Bauer, kritisieren diese Haltung, die B. Bauer vor allem in einer anonymen Schrift «Staat, Religion und Partei» (Leipzig 1843) vorgebracht hat. Edgar Bauer meint, der Polizeistaat müsse auf Leben und Tod bekämpft werden. «Wer im Menschen nicht das freie Ich anerkennt, wer in ihm nur ein von Verhältnissen abhängiges Wesen sieht – müßte die Kritik verdammen. Wer also? Der Staat und die Universitäten, die Kirche, ein Teil der Öffentlichkeit» (zit. n. Koigen, S. 72). Dem folgt dann, wenn auch weniger radikal, Bruno Bauer von 1843 an.

Nach seiner Entlassung in Bonn kehrte Bauer nach Berlin zurück, wo er sich trotz königlicher Ausweisungsanordnung niederlassen konnte, weil der Innenminister dem König gegenüber die Auffassung durchzusetzen vermochte, daß dadurch Bauers «Ruf unverdient erhöht und er gleichsam als Märtyrer seiner Lehren betrachtet» wurde (12. 12. 1842: von Arnim an den König, n. Barnikol, Bauer, S. 507).

Die Hoffnung Bauers, aufgrund seiner Veröffentlichungen eine sichere Existenz aufbauen zu können, wird herb enttäuscht: der Absatz der Bücher entspricht nicht seinen Erwartungen, das Honorar gleichfalls nicht. Der Kampf mit der Zensur wirkt auslaugend, das Ende der «Allgemeinen Litteraturzeitung» trifft ihn wirtschaftlich ebenso wie der Mißerfolg des Verlags seines Bruders Egbert, wenn er seelisch auch stoische Größe zeigt. In dieser Situation gewährt die Frau Max Stirners, Marie Wilhelmine Dänhardt (1818–1897), ein stattliches Darlehen von 2000 Talern, die Bruno über 25 Jahre gewissenhaft zurückzahlt, wohl von 1843 an (Mackay, Stirner, S. 129 u. 198). Zunächst halten ihn Gelegenheitsarbeiten für die Rheinische Zeitung von Januar bis Juni 1842 (20 Artikel) und für andere Blätter kaum über Wasser. In der 48er Revolution bewirbt sich Bauer vergeblich um einen Abgeordnetensitz, sieht die fruchtlosen Debatten aber dann mit scharfem kritischem Blick.

Anfang 1855 ist er bei seiner Protektorin Bettina von Arnim in Blankensee bei Gerswalde, Ende des Jahres finden wir ihn in London, wo er Marx mehrfach besucht; aber schon bald verläßt er England und kehrt verarmt nach Deutschland zurück. Vorübergehend arbeitet er als scharfer Kritiker des schwächlichen Liberalismus am konservativen Blatt «Die Zeit» (1856–58). 1859 findet er eine Anstellung als Mitautor am konservativen «Staats- und Gesellschaftslexikon» von Hermann Wagener (1815–1889), wo er an über 20 Bänden als Chefredakteur mitarbeitet und bis 1866/67 die Hauptlast trägt. Die dort erschienenen Aufsätze und Beiträge bilden die Vorstudien für seine letzten großen Werke über Imperialismus und «Christus und die Cäsaren». Seine Methode ist dabei, in Längsschnitten Entwicklungstendenzen der Vergangenheit in die Gegenwart und umgekehrt in eins zu sehen und zu setzen.

Wie war diese Wandlung vom radikalen Kritiker – dies blieb er zeitlebens –, der Emanzipation und Befreiung des Menschen anstrebte, zum Konservativen, Bewahrenden, der düstere Untergangskräfte – wie sie dann tatsächlich heraufkamen, ja sogar ungewollt von ihm befördert wurden – heraufkommen sah, möglich? Manche herbe Enttäuschung mußte der Unanfechtbare und mehr und mehr Isolierte auf dieser Lebensetappe erfahren: So greift ihn zunächst Marx, der hoffnungsvolle, talentierte Schüler, in der «Heiligen Familie» an, kurz darauf der stille, liebenswürdige Stirner («Der Einzige», 1844). Sein verläßlicher, begabter Schüler Ernst Jungnitz stirbt früh (1847). Dann muß er erleben, daß seine «Angelegenheit» gerade jene nicht interessiert, die für Freiheit, Bürgerrechte, Allgemeine Wahlen usf. eintreten: die Liberalen. Nimmt er die persönlichen Angriffe in erstaunlicher Gelassenheit, ohne je ein böses oder abfälliges Wort über die früheren, persönlichen Freunde zu äußern – ganz anders ist es natürlich bei jenen, die ihm nicht nahestanden –, so bereitet die Mißachtung seiner Anliegen durch die Öffentlichkeit, insbesondere die Liberalen, für ihn eine sachliche und persönlich schmerzvolle Enttäuschung (1842/43). So im Stich gelassen, entfremdet er sich dem Liberalismus: die Wandlung zum Konservativen ist vorbereitet. Sie erfolgt endgültig, nachdem er sich kritisch mit der Französischen Revolution, mit der Aufklärung, d. h. der Kulturgeschichte des 18. Jahrhunderts und schließlich den deutschen Oppositionsversuchen

(Geschichte der Parteikämpfe in Deutschland 1842–46) auseinandergesetzt hatte. Zu jedem der genannten Themengebiete erscheinen jeweils mehrere Bände und Broschüren, wobei Bauers Methode der Kritik darin besteht, im Aufweis früherer Geschehnisse und Entwicklungen seine eigene Gegenwart zu entlarven. Nicht mehr die Theologie, sondern die Profangeschichte ist sein Gegenstand. Als er in der Kritik schließlich bei der Französischen Revolution ankommt, kämpft er gegen die alte und neue Reaktion, wobei ihm besonders das liberale Bürgertum suspekt ist, da es seiner Aufgabe in keiner Hinsicht gewachsen sei.

Mit Mühe schlägt sich Bauer wirtschaftlich durch, hat in den vielen Buchveröffentlichungen ständig – trotz früher ganz anders gearteter Äußerungen – mit der Zensur zu kämpfen. Durch die Aufforderung der *New York Tribune* verfaßt er von 1853 bis 1855 Aufsätze, aus denen zehn Bücher bzw. Broschüren hervorgehen. Darin beschäftigt er sich mit der Stellung Rußlands, die er aus dessen imperialistischem Drang als unausweichlich weltbeherrschend ansieht. Die Aufgabe Deutschlands besteht darin, sich zu einen und in selbständiger Synthese mit Rußland zu wirken – oder es muß sofort den Endkampf mit ihm wagen, will es nicht überwältigt werden und untergehen. Bauer prognostiziert damit die kommende Weltmachtstellung Rußlands, aber ebenso auch die Amerikas. Darin zeigt er sich zukunftsvorausschauend und klarblickend wie wenige, und doch auch wieder getreulich an Hegel anknüpfend, der Amerika als «Land der Zukunft» bezeichnet hatte, in welchem sich die «weltgeschichtliche Wichtigkeit offenbaren soll». Rußland dagegen trage in seinem Schoß eine «ungeheure Möglichkeit von Entwicklung seiner intensiven Natur» (von Löwith, S. 55, aufgezeigt).

Doch immer noch bleibt der Wandel zum Konservativen nicht voll verstehbar. Da gilt es zwei Gedankenfäden herauszugreifen, die das Kontinuum in seiner Entwicklung bilden: einmal das In-eins-setzen der eigenen Zeit mit der Vergangenheit mit der Gegenwart und sein Atheismus. Was er schon im Beginn seiner Laufbahn herausarbeitet, daß die Offenbarung des Judentums (Altes Testament) unvollkommener als die christliche sei, wird schließlich auf das Christentum und die Religion allgemein angewendet. So stellt er in der Schrift «Die theologische Erklärung der Evangelien» (Berlin 1852) fest: «Die Leugnung des ersten urchristlichen Jahrhunderts mitsamt Jesus, Urgemeinde und Paulus, und stattdessen erst und allein die Anerkennung des zweiten als des ‹kirchlichen Jahrhunderts› mitsamt der Hellenisierung» sei zu Recht erfolgt. Dahinter verbirgt sich der Vorwurf der «Orientalisierung», worunter Bauer das Ideennetz Hegels versteht. Dieses entstammt der vollendetsten Philosophie. «Die Welt des Einzelnen und des Wirklichen kann nicht gründlicher und umfassender, als es von Hegel geschehen ist, einer idealen, d. h. chimärischen Allgemeinheit unterworfen – der Orientalismus, der vor der göttlichen Herrlichkeit die Wirklichkeit zergehen läßt, ja, der Fetischismus, der in jedem einzelnen Ding das Göttliche und immer nur dasselbe Göttliche anschaut, können nicht vollständiger und kräftiger wiederhergestellt werden» (S. 4, zit. n. Barnikol, S. 211 f).

Dem steht nun das «geistige Judentum» zur Seite mit seiner «ätzenden», aber nicht auflösenden Kraft, seiner «schlaffen, kraftlosen Haltung», die durch Hengstenberg ins Christentum eingeschleust wird. Und das Judentum wird damit zur Konstante. «Seine (Bauers) Bedeutung für die konservative Partei besteht nicht in seiner Tätigkeit für das Staatslexikon, sondern darin, daß er sie auf die Judenfrage aufmerksam gemacht hat. . . . (Es) war wesentlich seinen Bemühungen zuzuschreiben, wenn in den Konservatismus antisemitische Gedanken eindrangen . . . Er betrachtete die Judenfrage (nunmehr) weder von der religiösen noch von der rassischen, für die die wissenschaftlichen Grundlagen noch fehlten, sondern ging von der zersetzenden Denkart und Geisteshaltung der Juden aus, die er aus der Geschichte zu beweisen suchte und auf die Gegenwart anwandte. Die Juden streben danach, sich die Völker zu unterjochen und eine jüdische Weltherrschaft aufzurichten. Sie sind Schmarotzer, die das gutgläubige Gastvolk ausnutzen und aussaugen» (Adalbert Hahn: Die Berliner Revue . . ., in: Histor. Studien, 241, Berlin 1934, S. 38, zit. n. Barnikol, S. 350). Dutzende von Artikeln, im Lexikon, in der Zeitschrift, in Broschüren haben diesen Gehalt. Dabei glaubt Bauer, daß, wenn erst einmal das Judentum gefallen ist, die Kirche, das Christentum, die Religion von allein stürze (vgl. Barnikol, S. 351).

Darin offenbart sich eine Gedankenform, die als Gift zu weiteren inferioren Gedanken anregt. Bauer wirkt somit verhängnisvoll in die Zukunft und befördert, was er als Humanist nicht wollte, den Antisemitismus, der Stufe um Stufe im Niveau abgleitet, bis er in die Praxis des Nationalsozialismus einmündete, Tiefpunkt widergeistiger Inspiration.

Aber die Bauerschen Gedankenformen weisen noch eine weitere fortwirkende Eigenschaft auf, darin dem Marxismus verwandt: Wenn Bauer schließlich aus seiner Kritik die Entstehung des Christentums ins zweite Jahrhundert verlegt und als Urheber Seneca ansieht, dann faszinieren ihn seine eigenen Vorstellungen so, daß er nicht mehr die Wahrheit des Ganzen im Auge hat, sondern bei teils richtigen Einsichten das Ganze doch verzerrt und entstellt, kurz aus seinem Bewußtsein *Ideologie* produziert, nach der sich die Wirklichkeit zu richten hat.

Nach 1868 zieht sich Bauer auf ein kleines Landgut seines Bruders Egbert nach Rixdorf bei Berlin zurück, wo er nach dem Tod des Bruders für dessen Angehörige sorgt, dem Gartenbau und seiner schriftstellerischen und journalistischen Arbeit hingegeben und bis zu seinem Tod 1882 bescheiden als einer der «großen Isolierten» lebt.

Cieszkowski hatte in Bauers «wissenschaftlichem Terrorismus» eine revolutionäre Fortbildung Hegels gesehen[14], die nicht mehr rückgängig zu machen sei, die ihre eigene Krise erfahren werde, weil im Extremen nicht, wohl aber allein im Organischen zu leben sei. Was Bauer gedanklich abhandelt, wurde bereits im Selbstverständnis Cieszkowskis in der «Historiosophie» geklärt. Bauer mag als «geistiger Ingenieur» durch «Hin- und Herfahren» den Weg aufhalten, aber am Ende werde er «zu nichts anderem kommen als zu dem Standpunkte, den die ‹Prolegomena› im voraus zum Ziel der Richtung unserer Zeit gestellt haben . . . (Ja, es wird) das religiöse Bewußtsein dadurch, statt auszusterben, wie es jetzt den Anschein hat, eben *wiedergeboren* und zu neuem, höherem Leben» kommen (Gott, S. 99 f).

In der Tat kommt Bauer nach dem Aufbruch in den Radikalismus von 1839–43 in eine Krise. Das in den vier Jahren Geschaffene löst sich ab, wird antithetisches Baumaterial im Werk eines anderen, grundiert den Atheismus und bringt Marx/Engels weiter auf dem «Weg in die Praxis». Von diesen wird Bauer dann «erledigt», d. h. so abgetan, daß sich mit diesem versponnenen Subjektivismus seither kaum jemand mehr zureichend beschäftigt hat. Die Rezeption einzelner entscheidender Gedanken Bauers in den Marxismus ist ebenso unstreitig wie dessen antithetischer Umschlag.[15] Bei Edgar Bauer heißt es: «In stürmischem Gange fortschreitend, findet sie (die Kritik) nicht mehr in ruhiger, gedankenmäßiger Widerlegung, sondern in der praktischen Gewalt, die sie ausübt, den Beweis für ihre Macht» (E. Bauer: Geschichte Europas, S. 118). Bei Marx erhält die Philosophie Gewalt, wenn sie die Massen ergreift.

Der andere Gedanke, den Cieszkowski in der Betrachtung des Kome-

14 Auf das Verhältnis von Cieszkowski und Bauer wies als erster Stuke in seiner verdienstvollen Arbeit hin, der wir gelegentlich folgen.

15 «Karl Marx sah nach unten und ging aus von der Wirtschaft des Kapitalismus und der für ihn entscheidenden Wirklichkeit des Klassenkampfes, Bruno Bauer aber sah nach oben, nach dem Reich des Geistes und ging von daher aus von der Wirklichkeit der von ihm gedeuteten Geschichte mit der für ihn notwendigen Befreiung der Menschheit von aller Religion. Beide sind doch heute damit Gegenwarts-Geister» (Barnikol, Bauer , S. 220).

ten Bauer äußert, daß ihm, Cieszkowski, notwendig Weggenossen zuwachsen werden, weil ein Leben im Organischen unausweichlich sei und eine Wiedergeburt der Religion erfolge, bestätigt sich einerseits, als die Entwicklung anders ablief, als von Bauer prognostiziert, andererseits zeigt sich aber auch, daß durch die Inspiration, an der Bauer teilhat, es möglich wird, auch ohne die Massen – rein aus Gedanken – eine Revolution «zu machen». «Das Proletariat (mit seiner Avantgarde) muß zuerst die Bourgeoisie stürzen und *für sich selbst* erobern, dann aber diese Staatsmacht, das heißt die Diktatur des Proletariats, dazu ausnützen, um die Sympathie der Mehrheit der Werktätigen zu gewinnen» (Lenin: Ausgewählte Schriften, S. 1176).

Was die Wiedergeburt des Religiösen betrifft, die Cieszkowski als Hinwendung zur Spiritualität versteht, so kam sie – wenn man wie Cieszkowski von den fortlebenden, überlieferten Formen absieht – nicht unmittelbar, sondern sie bedurfte der intensiven Erarbeitung, wie sie später die Anthroposophie leistet, um zustande zu kommen. Die Weggenossen fanden sich zunächst für einen spirituellen Ansatz nicht, sie gingen unter den Inspirationen der Geister der Finsternis einen anderen Weg (vgl. auch die Biographien bei K. König).

Schließen wir mit einer Wertung Löwiths, die für Bauer ebenso gilt wie für weitere noch darzustellende Persönlichkeiten, nicht aber für Cieszkowski: «F.A. Lange (Geschichte des Materialismus) bemerkt einmal von Feuerbach, er habe sich aus den Abgründen der Hegelschen Philosophie zu einer Art Oberflächlichkeit emporgearbeitet und mehr Charakter als Geist gehabt, ohne jedoch die Spuren Hegelschen Tiefsinns ganz zu verlieren . . . Diese Charakteristik trifft . . . auf alle Junghegelianer (zu). Ihre Schriften sind Manifeste, Programme, Thesen, aber kein gehaltvolles Ganzes und ihre wissenschaftlichen Demonstrationen wurden ihnen unter der Hand zu effektvollen Proklamationen . . . Wer ihre Schriften studiert, wird die Erfahrung machen, daß sie trotz ihres aufreizenden Tones einen faden Geschmack hinterlassen, weil sie mit dürftigen Mitteln maßlose Ansprüche stellen und Hegels begriffliche Dialektik zu einem rhetorischen Stilmittel breit treten» (Löwith, S. 79).

Moses Hess

IV. Moses Hess und die «wahren» Sozialisten

1. Heilige Geschichte – Die Inspiration des Sozialismus

Eine andere Stellung nimmt Hess ein, der seinen Vornamen stets mit Moritz angab. Er war im engeren Sinn kein Hegelianer, wenn er auch als Autodidakt Hegel studiert hat. Doch sein Einfluß auf Marx und Engels war groß, vermittelte er ihnen doch ein erstes Verständnis für die Umbrüche der Zeit durch den Industrialismus und den Hinweis auf die kommende, befreiende Gesellschaftsordnung des Kommunismus. Seine Bedeutung im Erfassen der sich seit der Julirevolution verändernden Gesellschaftsstrukturen und für das Verständnis der Industrialisierung in breiteren Kreisen ist nicht leicht zu überschätzen. Hess ist sensibel, visionär, prophetisch veranlagt, von daher erlangt er Wirkung.

Moses Hess wurde am 21. Januar 1812 in Bonn in der Judengasse, d. h. im Ghetto, geboren. Sein Vater war Kolonialwarenhändler, später Zuckerfabrikant in Köln. «Der Vater war ein praktischer Mensch, der Sohn ein Träumer. Beim Vater dominierte der nüchterne Verstand, beim Sohn die Phantasie. Der Vater verfolgte materielle Zwecke, der Sohn sucht nach Idealen» (Silberner, S. 5).

1835 notiert Hess in sein Tagebuch, daß er aus Erwägungen über die Französische Revolution gezwungen sei anzunehmen, daß die *Revolution noch nicht vollendet* sei. Das Gift im Gesellschaftskörper sieht er in der Geldaristokratie, wobei erstmals der Gedanke einer Abschaffung der «Erblichkeit von Reichtum», d. h. von Eigentum bei ihm auftritt. Er sinnt, auf sich gestellt und im väterlichen Geschäft mitarbeitend, viel über gesellschaftliche Fragen nach – aber auch über seine eigene Aufgabe. Nach nur geringer Schulbildung und jüdischer Unterweisung durch den Großvater sind seine Bildungsvoraussetzungen gering, aber sein Streben ist groß. Am 16. 8. 1835 notiert er im Tagebuch: «Der Beruf des Mannes ist, die Weisheit zu erforschen, den Irrtum aufzudecken, die Bosheit zu entlarven, das Gute zu erkämpfen, mit Kraft, Mut und Ausdauer die Vollkommenheit . . . herzustellen» (ebd., S. 22).

Im *Herbst 1835*, als er dreiundzwanzig ist, also zu einer Zeit, wo die

Kräfte des Selbstbewußtseins sich entfalten, versetzt ihn das intensive Nachdenken über religiöse und soziale Probleme in eine Art *prophetischen Trancezustand,* «indem er sich als einen göttlichen Verkünder einer neuen Lehre betrachtet» (ebd., S. 31). Er beginnt, ungeschult und unerfahren, aber wie inspiriert, ein Buch auszuarbeiten und bezeichnet es als *«ein Werk des Heiligen Geistes der Wahrheit».* Während Gottes Sohn die Menschen von der eigenen Knechtschaft erlöst hat, wird er, Hess, sie von der noch bestehenden, drückenden politischen Knechtschaft befreien. Er sieht sich als berufen an, «das Werk des Heiligen Geistes zu verkünden», notiert er am 4. Dezember 1835 in sein Tagebuch. Die Zeit der Erfüllung des Gebets der Christenheit ist gekommen, das Reich Gottes naht mit mächtigen Schritten. Ihm dient das letzte Buch der Bücher, Spinozas Ethik (1674), das er zuvor studiert und das ihn tief berührt hatte, als Leitfaden. Der Geist, von dem Hess wiederholt spricht, ist nämlich bei Spinoza schon lange da. Von sich sagt Hess: «Auch ich bin wie einst Johannes berufen, von dem Licht zu zeugen. Und bin selbst nicht das Licht, sondern nur der Verkünder desselben. Und folge meinem Berufe, denn die Welt soll frei werden, damit sie durch die Freiheit zur Wahrheit, zur vollkommenen Erkenntnis Gottes gelange» (7. 1. 1836, ebd., S. 32). Die Weltgeschichte ist deshalb heilig, weil Gott sie lenkt. Sie aber zu verstehen, stellt die menschliche Aufgabe dar, dafür allerdings ist «ein geringes Werkzeug der ewigen Vorsehung» geschickt: Hess selbst, dessen sich – wie in anderen Fällen – die Gottheit «zu allen Zeiten» bedient. So unternimmt er es, «Ordnung in das Chaos zu bringen. Der erste Versuch, die Weltgeschichte in ihrer Ganzheit und Gesetzmäßigkeit aufzufassen» (Heilige Geschichte, 1837, S. 231).

Er geht dabei von einer Dreizeitenlehre aus: Wurzel, Krone und Frucht. Nach dieser triadischen Entwicklung verlaufe die Geschichte als lebendiges Ganzes. Die Aufgabe des Historikers ist es, nicht nur die Vergangenheit, sondern auch die Zukunft zu betrachten. In der Gegenwart – dies ist eine ganz originäre Entdeckung des sensiblen Hess – liegt die *Quelle der sozialen Not in der wirtschaftlichen Ungleichheit.* In der ersten Epoche waren die Güter noch gleichmäßig verteilt, erst später traten dann Eigentumsrechte auf, und die Geldaristokratie wurde der Feind des Fortschritts. Immer weniger besitzen immer mehr. Die Verhältnisse werden unerträglich. Der Egoismus breitet sich aus, gräbt aber sein eigenes Grab, in dem er in Kürze beerdigt werden wird. *«Die ursprüngliche Gleichheit der Menschen muß durch Aufhebung der Erblichkeit vermittelt werden»* (S. 257). Das Eigentumsrecht schuf die Extreme von Reichtum und Armut, wobei die Mittelschichten zugrundegingen. Durch die Aufhebung des Erbrechts fällt die Hinterlassenschaft dem Staat als Universalerben zu, der jedem Staatsglied nach der Mündigkeit einen gleichmäßigen Anteil zuwendet (S. 261 f). Dadurch wird eine erste Stufe des Ausgleichs geschaffen. Aber erst im Greisenalter des Staates wird die höhere Stufe, die wirkliche Gleichheit in der Gütergemeinschaft, «das letzte Ziel des sozialen Lebens» (S. 249) erreicht werden. Bis dies geschieht, wird zunächst eine große Not kommen (S. 287).

Die neue gesellschaftliche Ordnung wird ein gemeinsames Werk von Deutschland und Frankreich sein. Die Franzosen *sind an politisch-sozialen*, die *Deutschen an religiös-sozialen Fragen* interessiert. *Deutschland ist das Land geistiger Kämpfe, Frankreich das welthistorischer Revolutionen* (S. 308 f.). Von *Frankreich* wird die *echte Politik*, von *Deutschland* die *wahre Religion* ausgehen.» *Durch die Vereinigung beider wird das neue Jerusalem entstehen.* Die Posaune der Zeit wird zum dritten Mal erschallen, das Reich der Wahrheit wird gegründet sein» (S. 310).

Das Schlußkapitel entwirft das neue Jerusalem und die letzten Zeiten im idealen Zukunftsstaat des Gottesreichs. Menschen leben wie Brüder. Es gibt *keinen Unterschied zwischen Regierenden und Regierten, keine Kriege werden mehr geführt*, nur noch eine Verteidigung wird aufrechterhalten. Der *Unterschied zwischen Stadt und Land verringert sich.* Auch in Dörfern entstehen herrliche Gebäude, in den Städten schöne Gärten. Das ganze Land wird ein Garten, in dem frohe und fleißige Menschen wandeln und das Leben genießen. Das Elend wird man suchen. *Die Frau ist dem Mann gleichgestellt.* Freie Liebe herrscht, die Erziehung der Jugend wird vom Staat geleitet, der dafür sorgt, daß Erziehung nicht nach Meinung der Eltern töricht oder vernünftig geschieht, sondern rechtlich. Dies ist aber nur ein Durchgangszustand. Denn *später*, im Greisenalter der Menschheit, wird *«jedes Elternpaar einen eigenen Staat bilden»* (S. 321). Dann stirbt der Staat ab, wird überflüssig (S. 321 f.). Eine einige Religion des Geistes verbindet die neue Gesellschaft (S. 340). Die Gesellschaft bildet «Heilanstalten jeder Art zur Besserung aller Toren und Sünder, aller Schwachen und Kranken, aller Hilfsbedürftigen und Notleidenden» (S. 326). Sie bestraft nicht und mordet nicht, sondern heilt und bessert.

In diesem Werk «Die heutige Geschichte der Menschheit» ist in Deutschland erstmals der Sozialismus als notwendiges Resultat der gesellschaftlichen Entwicklung dargestellt. Das bestehende wirtschaftliche System verursacht wachsende Not, der Reichtum konzentriert sich in den Händen weniger, die Mittelklassen verschwinden, die Masse verelendet. Deshalb führt die Entwicklung zur Abschaffung des Privateigentums und am Ende zur vollständigen Gütergemeinschaft und zum Absterben des Staates.

Hess war durch seinen Werdegang nicht umfassend gebildet, sondern schrieb sein Erstlings-Werk mit der Bibel in der einen, der Ethik Spinozas in der anderen Hand – den Rest beflügelte Inspiration und Vision. Weder weltkundig im Sinne reicher Lebenserfahrung, noch literarisch belesen, aber tief vom eigenen Auftrag erfüllt, ist Hess durchlässig dafür, was sich in der Zeit hinter den Kulissen begibt. Das Bibelstudium öffnet ihm das Gemüt für übersinnliche Wirksamkeit, das Studium Spinozas ermöglicht Hess, daß sich dessen Gedankenschärfe mitteilt und den aufquellenden, eschatologisch-apokalyptischen Bildern eine gewisse Struktur zu geben vermag. Das Berufungserlebnis gibt ihm den Auftrag, Ordnung in das Chaos zu bringen (S. 109 f.). Als «Werkzeug der Vorsehung» will er – gleichzeitig wie Cieszkowski – den Willen Gottes verkünden und die Zukunft, das Werdende in die Geschichte einbeziehen. Anklänge an Lesefrüchte von Hegel und Simon Fourier scheinen erkennbar, Autoren, die er damals aber wohl noch nicht kannte. Es ist wie eine *Eingebung*, die ihn überkommt. «‹Die heilige Geschichte der Menschheit› ist ein ziemlich unübersichtliches Buch in einem archaisierenden und pathetischen Stil geschrieben» (Silberner, S. 51). Sie war das Gegenteil von einem Bestseller. Später schaut Hess kritisch auf diesen Erstling zurück und bezeichnet ihn als «Not- und Mißgeburt», gleichwohl ist er eine erstaunliche Leistung.

Anfang 1840, die Zwischenzeit ist in seinem Leben schlecht belegt, knüpft Hess eine Freundschaftsbeziehung zu dem später sehr erfolgreichen Schriftsteller Berthold Auerbach an, der wie er 1812 geboren ist. Dieser hatte wegen seiner Zugehörigkeit zur Burschenschaft eine Gefängnishaft abzusitzen. In seinem ersten Roman befaßt auch er sich mit Spinoza, was die Verbindung zwischen beiden herstellt. Fortan besteht über Jahre ein regsamer Austausch zwischen ihnen. In diese Zeit fallen auch gewisse schmerzhafte antisemitische Erlebnisse, die Hess an seine Herkunft erinnern. Am 15. März 1840 vermeldet er Auerbach, daß er an einem neuen Werk schreibe, welches das soziale Thema neu aufgreife und vertiefe, vor allem aber England einbeziehe. Von dort nämlich werde eine umfassende, tiefgreifende und folgenschwere Revolution ausgehen. Es ist dies das Werk *«Europäische Triarchie»*, das im Januar 1841 im Umfang von fast 20 Bogen schon gedruckt und gebunden vorliegt. Damit gewinnt Hess einen Namen in der öffentlichen Meinung.

2. «Europäische Triarchie», Gründung der «Rheinischen Zeitung» und Propaganda für den Sozialismus

Anlaß ist der Schmerz über die Zerrissenheit der Zeit. Die bestehende *Gesellschaft leidet an Gegensätzen, die versöhnt werden müssen.* Die Geistes- und Sittenfreiheit ist keine reale, der *Gegensatz* von Staat und Kirche, *von Reichtum und Armut* bildet eine große, klaffende Wunde. Hess reißt das Pflaster weg, um davon zu überzeugen, wie sehr *Versöhnung* nottut. Wie den «geistvollen Cieszkowski» (S. 5), den Hess inzwischen studiert hat, drängt es Hess zur Versöhnung *durch die Philosophie der Tat.*

Indem *Deutschland die geistige Revolution* (Reformation), *Frankreich die politisch-sittliche und England die soziale Revolution* in naher Zukunft verwirklicht, haben die *Triarchen* aufgrund ihres Nationalcharakters als *Arme der Vorsehung* zu dienen. Deutschland ist «Schöpfer der Reformation, es repräsentiert den östlichen Typus der kontemplativen Ruhe und Innerlichkeit, – Frankreich ... den westlichen Typus der Bewegung und Äußerlichkeit. – Die Einheit beider bildet England, weshalb auch hier unsere Zukunft zu suchen ist» (Triarchie, S. 141). Es heißt ferner, Deutschland verkörpert den Gedanken, Frankreich den Willen, England die Tat (ebd., S. 57 ff.). Die englische Revolution bringt das Reich Gottes auf Erden, das neue Jerusalem in Europa. Der *auserwählte Erdteil,* unter besonderem Schutz Gottes stehend, von dem aus das Schicksal der Welt gelenkt wird, verwirklicht das Gottesreich nach der Wiedergeburt Europas, d. h. nach der Wiederherstellung des tausendjährigen Heiligen Römischen Reiches, in der Einheit Europas. Immer mehr Völker haben am Heilsgeschehen Anteil, das Heiligerwerden verläuft extensiv, aber auch intensiv.

Aus dem Zerfall, der gegenwärtig zu beobachten ist, erwächst der Kampf, der in den Frieden einmündet. Das künftige Europa wird kein zerteilter, sondern ein gegliederter Körper sein, wobei sich die verschiedenen Länder Portugal, Spanien, Italien, Griechenland, Böhmen, Polen, Ungarn und Skandinavien den drei großen Ländern anschließen (S. 57 f.). Jede der Nationen ist inkommensurabel und muß bei der anderen in die Schule gehen. Nur so kann die Versöhnung durch allseitiges Zusammenwirken gelingen.

Die Deutschen sind Idealisten, die Engländer Materialisten und die praktischste Nation der Welt, die aus allem Nutzen ziehen, während die Franzosen zwischen dem Ideellen und Materiellen schwanken.

Die Geschichte führt die Absichten Gottes aus; aus ihm geht sie hervor, in ihm endet sie. Sie ist von ihm geordnet, verläuft also gesetzmäßig, dem organischen Wachstum der Pflanze vergleichbar, durch die Stadien des Keimens, Blühens und Fruchtens, wo der Zustand an seinen Ursprung zurückkehrt. Unbewußt primitive Harmonie am Anfang, geistdurchdrungene, vernunftbegründete Harmonie und Gleichheit freier Menschen im «neuen Jerusalem», am Ende. Um aber das Ziel zu erreichen, geht der Weg dialektisch durch Trennung und Abfall von Gott durch Weltzerwürfnis, was die Entwicklung hin zur Einheit veranlaßt, zur Synthese der Wiederversöhnung. Durch Gegensätze geschieht Läuterung und Durchdringung mit dem Heiligen Geist.

Hess ist Autodidakt, begrifflich darum erheblich unklarer als Cieszkowski oder Bauer. Auch er gliedert die Geschichte triadisch, wobei die drei Personen der Trinität sich nacheinander offenbaren und drei gottbegnadete Repräsentanten als Prototypen der Menschheit hervortreten: in der ersten Epoche Adam, in der zweiten Christus, in der dritten Spinoza. In der dritten Epoche wird sichtbar, daß sich in Spinoza Gott nicht mehr bloß in Ahnungen des Gemüts, sondern im hellen Lichte des Verstandes offenbart. Die volle Wesensfülle als Einheit von Geist, Natur, Idealem und Realem tritt jetzt in der Vernunft als Gottheit hervor. Dadurch vollendet sich der Prozeß der Versöhnung und Vermittlung. Die Gegensätze werden in einer Synthesis aufgehoben, Innerlichkeit und Äußerlichkeit, Idee und Leben, Gottesbewußtsein und Weltbewußtsein, Diesseits und Jenseits werden am Ende vereinigt sein. Auch Religion und Politik bilden im heiligen sozialen Staat eine Einheit. «Gott ist in Christo Fleisch geworden, mithin Gott in uns durch Christum» (Triarchie, S. 81). Der gottgleiche Mensch, im Vollbesitz seiner Wahrheit, erlöst sich selbst.

Auch der wirtschaftlichen Entwicklung liegt ein Heilsplan zugrunde. Zwiespalt, Elend und Anarchie sind Durchgangsstadien zur Harmonie. Ein Sündenfall beseitigt im ökonomischen Geschichtsprozeß die ursprüngliche Einheit des Paradieses. Dieses *besteht in der Gleichheit und Gütergemeinschaft* der ersten Menschen einer *kommunistischen Gesellschaftsordnung,* die konfliktlos harmonisch ist. Dieser erste Kommunismus war bewußtlos. So muß ein *zweiter Sündenfall* – die allgemeine Sprachenverwirrung – Ungleichheit bewirken: das Eigentumsrecht kommt auf. Schließlich werden aus Egoismus Herrschende die Unterdrücker der *arbeitenden Menschen,* die zu *Sklaven,* ja zu lebendigen Werkzeugen und Maschinen *herabgewürdigt* werden (ebd., S. 29 f.).

Dem Gottesreich auf Erden liegt eine sozialistische Gesellschaftsordnung zugrunde, wo die entgegengesetzten Interessen von Individuen, Familien, Ständen, Nationen, Rassen aufgehoben sind und getrennte Besitzverhältnisse wie das Privateigentum abgeschafft sein werden. Dadurch entsteht Einheit, Gleichheit und Harmonie aller Gesellschaftsglieder (ebd., S. 159).

Moses Hess hatte sein Werk ursprünglich «Wiedergeburt Europas» nennen wollen, aber auf Anraten von Freunden (Rudolf Schramm und Ludwig Braunfels) setzt er der kurz zuvor (1839) von dem Deutschrussen Goldmann (1798–1863) erschienenen Schrift «Europäische Pentarchie», hinter der er einen slawischen Suprematsanspruch wittert, die Triarchie entgegen. Dieses Werk ist packend, flüssig geschrieben, hat aber auch «überflüssige Wiederholungen und Mangel an übersichtlicher Gliederung ... Es ging über seine (Hess) Kraft, Bücher aus einem Gusse zu schreiben» (Silberner, S. 90).

Dennoch tut das Werk seine Wirkung nicht zuletzt bei den Junghegelianern. Sein Sozialismus wird nicht dialektisch aus dem Geschichtsprozeß entwickelt, sondern als *Ziel angestrebt, das jenseits der geschichtlichen Wirklichkeit* liegt, geschaffen *«durch die freie sittliche Tat, der die Gesinnungsänderung vorangeht.* Diese Gesinnungsänderung ruft der *ethische Sozialismus* auf, und mit ihrer Hilfe erstrebt er die Umwandlung der Wirklichkeit» (Stuke, S. 220).

Im Kontakt mit Fröbel, dem Mineralogen und Verleger aus Zürich, der ihn besucht, entwickelt Hess 1841 den Plan einer «Rheinischen Zeitung» – in der Form einer Aktiengesellschaft. Hess trifft die Vorbereitungen, macht Erfahrungen, die er an Auerbach (13. 12. 1841) weitergibt: «Zum Teufel mit den Hunden! ... Ich habe jetzt mit den Besten unter den Geldaristokraten verkehrt; es sind die *letzten,* mit welchen ich freundlichen Umgang pflege. *Krieg* zwischen mir und ihnen!»

Hess beschafft Autoren, so Marx und die Berliner, kann aber ob seines sprunghaften Wesens nur als Redakteur, nicht jedoch als Chef mitwirken. In seinen Beiträgen umkreist er die *Frage der Zentralisation, die Schutz vor antisozialen, egoistischen Tendenzen* sein soll. Ein *Volk der Gerechten* ist sein Ziel, wobei er in der Redaktion völlig isoliert ist und seine Auffassung nur verschleiert aussprechen kann. Er berichtet deshalb aus französischen Blättern über den Sozialismus. Dadurch kommt er mit Engels in Kontakt, der sein Schüler wird. In einem Aufsatz (in: Einundzwanzig Bogen aus der Schweiz, Zürich und Winterthur, 1843) schreibt er: «Wollt Ihr also mit eurer Freiheit Ernst machen, so bleibt nicht auf halbem Wege stehen, begnügt Euch nicht damit, diese oder jene Form an Knechtschaft anzugreifen, *verfolgt und zerstört von Grund auf; seid radikal!* Es gibt nur eine Knechtschaft, wie es nur eine Freiheit gibt! Das Wesen des Menschen, das spezifische, wodurch er sich vom Tier unterscheidet, besteht eben in einer freien, von jedem äußeren Zwang unabhängigen Tätigkeit. Diese Freiheit ist wie das einzige Leben so auch der einzige Genuß des Menschen» (ebd., S. 94).

Die freie Selbstbestimmung, das selbständige Tun, die Tätigkeit bildet das Wesen des Menschen. Das Arbeiten ist wahres geistiges Eigentum. Der Mensch setzt es in materielles Eigentum der fixierten Resultate der Arbeit um. Damit stellt er alles auf den Kopf. *Statt im Schaffen Befriedigung zu finden, fixiert er sich auf die Resultate der Arbeit.* Die aus äußerem Zwang ausgeführte Arbeit aber führt notwendig zur Habsucht, zum Haben (ebd., S. 329).

Im Herbst 1842 geht Hess als Korrespondent der «Rheinischen» nach Paris, dort macht er die Bekanntschaft mit allen bedeutenden Gestalten der französischen sozialen Bewegung: Cabet, Considérant, Dézamy, Leroux, Flora Tristan, Louis Blanc. Nach Einstellung der «Rheinischen Zeitung» schickt er Korrespondenzen an die «Kölnische Zeitung», die «Mannheimer Abendzeitung» und arbeitet in verschiedenen Zeitschriften mit. Auch an der Gründung der «Deutsch-Französischen Jahrbücher» ist er beteiligt. Er lernt Ruge und Marx persönlich kennen und schreibt eine Abhandlung über das Geldwesen, wobei viele Formulierungen, die er gebraucht hat, beim Mitredakteur Marx später dann ähnlich auftauchen.

Für Hess ist Leben Tätigkeit. Im Aufsatz über das Geldwesen in *«Rheinische Jahrbücher zur gesellschaftlichen Reform»* (1. Band, 1845, S. 2) heißt es: «Leben ist Austausch von produktiver Lebenstätigkeit.» An anderer Stelle: «Der Verkehr der Menschen *entsteht* nicht etwa aus ihrem Wesen; er *ist ihr wirkliches Wesen,* und zwar ist er sowohl ihr theoretisches Wesen, ihr wirkliches Lebens-*Bewußtsein,* wie er ihre praktische, ihre wirkliche Lebens-*Tätigkeit* ist. Denken und Handeln gehen nur aus dem Verkehr, dem *Zusammenwirken* der Individuen hervor» (S. 4).

«Was der *Gott* fürs *theoretische Leben,* das ist *Geld* fürs praktische Leben *der verkehrten Welt: das* entäußerte *Vermögen der Menschen, ihre* verschacherte *Lebenstätigkeit. Das Geld ist der in* Zahlen *ausgedrückte* menschliche *Wert – es ist der* Stempel *unserer Sklaverei, das unauslöschliche Brandmal unserer Knechtschaft – Menschen, die sich kaufen und verkaufen können, sind eben Sklaven» (S.* 10 f.). Die Proletarier sind solche Sklaven, die ihre Existenz nur durch Verkauf fristen können. «Wir alle können unser Leben nicht frei betätigen, können nicht *schaffen* oder *füreinander* wirken – wir können unser Leben nur *verzehren,* können uns nur *gegenseitig* auffressen, wenn wir nicht anders *verhungern* wollen. Denn das *Geld,* das wir *verzehren* und um dessen *Erwerb* wir arbeiten, ist unser *eigenes Fleisch und Blut,* welches in seiner *Entäußerung* von uns erworben, erbeutet und verzehrt sein muß. Wir *alle* sind – das dürfen wir uns nicht verhehlen – *Kannibalen, Raubtiere, Blutsauger.* Wir sind es so lange, als wir nicht *alle* füreinander tätig sind, sondern jeder *für sich* erwerben muß». «Das Geld ist das Produkt *der gegenseitig entfremdeten Menschen, der entäußerte Mensch»* (S. 11).

Hess ist gegen einen rein egalitären Kommunismus, nach dem Arbeit und Konsumtion gleich verteilt werden. Er führt seiner Auffassung nach nur zur bequemen Stallfütterung. Die Reform, für die er kämpft, verlangt eine *Änderung des Bewußtseins,* und zwar muß diese vorangehen. Deshalb wendet er sich nicht an eine Klasse, sondern an alle Gebildeten. Er vertraut auf die Einsichtsfähigkeit des Menschen. Eine gewaltsame Revolution ist ihm zunächst fremd, der Appell an die Vernunft naheliegend. Sollte die Vernunft versagen, kann es zur Revolution kommen. Er lehnt liberale Reformen ab, weil sie die Lage der arbeitenden Klasse nicht bessern.

3. Der wahre Sozialismus: Sprache des Mitgefühls

Der Weg, den Hess innerhalb eines guten Jahrsiebts zurücklegt, führt ihn vom religiösen zum «wahren» Sozialisten und spiegelt sich in drei Etappen seiner «Philosophie der Tat» zwischen 1837 und 1845 ab. Hess stellt sich, ohne Hegelianer zu sein – er trägt nichts zur gedanklich-theoretischen Auseinandersetzung mit Hegel bei –, in den junghegelianischen Radikalismus und überwindet ihn zugleich – wir folgen hier der fundierten Analyse Stukes. Die dritte Fassung seiner Gedanken ist mit dem «wahren Sozialismus» identisch – sie *verwirklicht* die Philosophie. Die erste Fassung der Philosophie der Tat findet sich in der «Europäischen Triarchie» und knüpft stark an Cieszkowski an; die zweite Fassung erfolgt, indem er durch die Triarchie mit den Berliner Junghegelianern bekannt wurde. Dabei stützt sich Hess auf Bauers und Fichtes Philosophie des Selbstbewußtseins, nachdem das in seinem Wesenskern tätige Ich in der sozialistischen Gesellschaftsordnung den konkreten Ort für das freie Selbstbewußtsein erhält. Die Abkehr hiervon erfolgt in der

Begegnung mit Feuerbach, der ihm den sogenannten *«realen Humanismus»* erschließt, aus dem er selbst dann denknotwendig – aus dem Wesen des Menschen – den wahren Sozialismus ableitet. Das intellektuelle Selbstbewußtsein wird auf den sinnlich-leibhaftigen Menschen zurückgeführt, der Mensch ist soziales Wesen, das im Miteinander und in der Wesensgleichheit von Ich und Du definiert wird (so bei Feuerbach). Hess gelingt es wie keinem anderen der Zeitgenossen, durch seine Ansichten zahlreiche Literaten für den Sozialismus zu gewinnen. Die von ihm initiierte Bewegung erlebt ihre Blütezeit 1844–46. Sie wird als *philosophischer Sozialismus*, gelegentlich auch als *wissenschaftlicher Sozialismus* bezeichnet. *«Wahrer Sozialismus»* wird sie dann von Grün und Marx genannt, nicht aber von Hess selbst – von Marx allerdings im Sinne der Verspottung. Neben Hess zählen zu den engagiertesten Vertretern dieses gefühlshaft wirkenden Sozialismus Karl Grün (1817–1888), Herausgeber der Mannheimer Abendzeitung[1] – er verfaßt ein Buch «Über Göthe vom menschlichen Standpunkte» (1846) –, dann Hermann Püttmann (1811–1874), Redakteur der Kölner Zeitung, und schließlich der Arzt Otto Lüning (1818–1868). Ferner sind zu nennen Harburgers, Kötten und Schnake, Emil Weller, Hermann Semming, Ernst Dronke und Hermann Kriege. Sie leben in Westfalen, Leipzig und Berlin. Weitere Literaten, die dem philosophischen Sozialismus zugehören, sind Julius Meyer, Rudolf Rempel, Friedrich Schmidt, Rudolf Matthäi, Ferdinand Freiligrath, Karl Beck, Luise Dittmar, Adolf Meißner, Wolfgang Müller und Louise Otto.

Die philosophischen Sozialisten haben durchaus Meinungsunterschiede über die Lösung der sozialen Frage. Der bedeutendste unter ihnen, der sie zugleich vereint, ist Hess, der die theoretische Basis schuf und in der Bewegung den Ton angab, ohne daß die Mitwirkenden sich dadurch zu einer Partei zusammenschließen. Engels und Marx stehen ebenso in seinem Bann, wenngleich sie später diesen Sozialismus mit Hohn überschütten. Hess bietet in seiner Argumentation zahlreiche Topoi, die sich dann bei Marx entsprechend wiederfinden

Aber der «wahre Sozialismus» destruiert und kritisiert nicht nur, sondern er strebt eben nach Gesinnungsänderung und Versöhnung. Hess ist dabei der «gebende» Geist, «Grün erscheint als Nehmender»,

1 Grün übernimmt 1842 die Redaktion dieses Blattes, wird 1843 verhaftet, wodurch die Öffentlichkeit aufmerksam wird; vom bayerischen Ludwigshafen aus betreibt er die Redaktion weiter, steigert die Auflage, so daß sie zum Organ der liberalen Opposition, später der sozialen Demokraten wird (Deuchert, S. 160–174)

Lüning als «eigenartiger Popularisator, als praktischer Sozialist» (Koigen, S. 226). Der *wahre Mensch* steht im Mittelpunkt der neuen Anschauung, *Menschentum ist das oberste Prinzip.* Ist Cieszkowski evolutiv Handelnder, sind Bauer, Marx, Engels Kritiker, so besteht die Gruppe der «wahren Sozialisten» aus Menschen der Gefühls- und Gemütskräfte. Sie wollen die Formen beseitigen, die zur Entäußerung der wahren menschlichen Natur führen. Feuerbach wirkte stark auf sie ein, wenngleich auch ein eigenes aufklärerisches Moment mitschwingt. Die neue deutsche Philosophie, «die Verlegung des Göttlichen in das Menschliche, die Verwandlung des Scheins, des Spiegelbildes in das Wesen, die Aufhebung des Jenseits durch das Diesseits, welches uns an die Spitze der menschlichen Entwicklung stellt, was ist sie anderes, als die wissenschaftliche Begründung, Läuterung und Ausbildung des Enzyklopädismus?» (O. Lüning, in: Neue Anekdotis, S. 82, zit. n. Koigen, S. 227).

4. Bewußtseinsänderung und moralische Handlung

Die philosophischen Sozialisten verwerfen den Liberalismus mit seinen politischen Reformanliegen – Wahrheit, Verfassung, Schwurgerichte –, weil dadurch nicht die Armut beseitigt und «kein Proletarier und keine Weiber» emanzipiert werden. Eine politische Revolution kann Sachen, nicht aber Menschen befreien. Grün spottet über die Liberalen: «Wer sind sie? Leute . . ., deren Horizont nicht weiter reicht als der Wunsch jener ehrenwerten Haus- und Fabrikbesitzer. Sind diese Handvoll Besitzer samt ihren schreibenden Trabanten das Volk? Nein. Verlangt das Volk die Konstitution? Nicht im Traume!» (in: Politik und Sozialismus, S. 100, zit. n. Koigen, S. 229)

Im Liberalismus wird die Adels- durch die Geldherrschaft abgelöst. Während die meisten dieser Sozialisten gleich auf die höchsten Prinzipien abheben und ihre Analyse auf französische Berichte abstützen, wendet sich Lüning ganz praktischen Fragen zu, so dem Prinzip des Freihandels zur Förderung der Konjunktur, der Hilfe gegen Not. Er folgt Louis Blanc und sieht in der freien Assoziation das Prinzip des wahren Menschen, vor allem in der Liebe. Hören wir Lüning selbst. Er schreibt: «Das große Kapital verschlingt immer das kleinere, und deshalb ist es logisch notwendig . . ., daß die freie Konkurrenz am Ende nur unermeßlichen Reichtum und ebenso unermeßliches Elend übrig läßt, daß sie unerbittlich die Gesellschaft in zwei Lager spaltet, in eine kleine Schar Besitzender und eine zahllose Masse Besitzloser» (in: Westphäl. Dampfboot, Bd. I, 1845, S. 299, zit. n. Cornu III, S. 310). So weit so gut. Aber wo liegt die Ursache? «Der herrschende Gedanke ist die Selbstsucht, der *Egoismus;* ihre Form ist die *Vereinzelung,* die *feindliche Stellung des Einen gegen den Andern;* ihr Grundsatz ist: *Jeder für sich und Jeder gegen Alle.* Der klassische Ausdruck dieses Gedankens ... ist die *freie Konkurrenz.* Sie ist der Höhepunkt und das letzte Wort des Egoismus» (ebd., S. 167, n. Cornu III, S. 310). Damit wird, wie Marx und seine Schüler später kritisieren, das Problem ganz ins Seelische verlagert. Die «wahren Sozialisten» machen die soziale Frage zu einer *Bewußtseins-,* statt zu einer *Seins-* und *Klassenkampf-Frage.* Sie schwächen die bestehenden Gegensätze gemüthaft ab, statt, wie nötig, sie zu verschärfen und zu vertiefen und damit auf den Weg der rechten Entwicklung zu bringen – was natürlich voraussetzt, daß man die Richtung und das Ziel kennt, also hinter die bloße Erscheinung auf die wahren Triebkräfte abzuheben vermag.

Durch Bewußtseinsveränderung wäre den Fragen, wie diese Sozialisten meinen, demnach beizukommen. Deshalb verkündigt etwa Lüning positiv einen «herrschenden Gedanken der zukünftigen Gesellschaft» - es ist die *«Liebe, die Aufopferung;* ihre Form ist die *Assoziation, die brüderliche Vereinigung, das gemeinsame Wirken;* ihr Grundsatz ist: *Einer für alle und Alle für Einen.* Nur unter dieser Fahne ist ein gleichmäßiges, harmonisches Glück der Menschheit, eine befreiende Existenz für jeden einzelnen Menschen möglich» (ebd.) – also statt Kampf, Umsturz, Revolution und Zerschlagung des Alten moralische Motivierung.

Und in der Tat, Lüning meint, «der Knoten muß gelöst werden, aber nicht mit dem Schwert zerhauen» (ebd., S. 151, n. Cornu III, S. 311). *«Im Bewußtsein der Menschheit wird jetzt ein Kampf geführt ... der Geist schlägt jetzt die Schlachten und unter seinem Schwerte sinken die Vorurteile, welche die Menschheit bergeschwer belasten ... Vor seinem Hauche* stürzt eine ganze alte Welt erwachend in Trümmer» (ebd., S. 62, n. Cornu III; S. 311).

Diese Bewußtseins- und Motivationsänderung muß bewirkt werden: «Das erste Mittel zu unserem Zweck wäre also die *Erziehung der Proletarierkinder:* dadurch würde schon viel erreicht werden ... ein gebildetes Proletariat würde uns vor den Wutausbrüchen, der Verzweiflung, wie wir sie in der ersten Revolution erlebt haben, ganz sicher bewahren» (ebd., S. 183, zit. n. Cornu III, S. 311). Dabei wird davon ausgegangen, daß keine Klasse der Gesellschaft so herzlos sein würde, ihre Mitmenschen im Elende zu lassen, stände ihr ein Mittel zu Gebote, alle ihre Mitmenschen glücklich zu machen. Die Besitzenden sind auch gebildet und bemühen sich vielfach um Besserung der Zustände. Durch Aufklärung soll alles gebessert werden. Damit verlagert sich der notwendige Kampf auf das Gebiet ideologischer Auseinandersetzung.

Nachdem Marx und Engels zeitweilig diesen Auffassungen nahegestanden haben, gehen sie 1845/46 über diese hinaus und bezeichnen sie dann als *«abstrakte Phraseologie»* und *«gemüthaften sektiererischen Sozialismus»*, der das Klassenbewußtsein untergrabe und damit die Kampfkraft des Proletariats schwäche.

Bei diesen sozial engagierten Denkern, den ersten Sozialisten Deutschlands – von Marx lag damals nur «Die Heilige Familie», d. h. die Kritik an Bauer u. a. vor –, tritt erstmals die soziale Auswirkung des neuzeitlichen, arbeitsteiligen Wirtschaftslebens in den Blick: die ungleiche Verteilung des Besitzes, der Entlohnung und Bildung; das Konkurrenzprinzip und der Egoismus werden als ursächlich ausgemacht. In der Liebe wie in der *Bildung brüderlicher Vereinigungen,* wo einer dem anderen beisteht, wird die Abhilfe gesehen. Manches klingt gefühlshaft und verschwommen. «Wir stehen am Eingange, an der Pforte dieser neuen Welt der Liebe und fordern Einlaß» (M. Hess, Neue Anekdota, S. 284). *«Liebe!* das ist ein Panzer, der über alle Panzer geht. *Vereinigung!* Steht dies Zauberwort in eurer Brust mit Flammenzügen eingeschrieben, dann erhebt uns kühn ein Siegesgeschrei, daß die alte Mutter Erde in ihren Grundfesten freudig erbebt» (H. Püttmann, in: Rhein. Jb. 1846, S. 149, zit. n. Cornu III, S. 311).

Karl Grün, der später von Marx und Engels besonders mit Spott verfolgt wird, formuliert Gedanken, die später ganz analog bei Marx zu finden sind, deren Urheber aber Grün ist: «Die Geschichte war bisher nur ein einziger unausgesetzter Krieg, und zwar wesentlich ein Krieg zweier Menschenscharen widereinander, ein Krieg der Glücklichen, der Habenden, der Sieger, wider die Unglücklichen, die Nichthabenden, Unterdrückten: in Griechenland hießen die letzteren Sklaven und Heloten, in Rom Sklaven, im Mittelalter Leibeigene, in Rußland heißen sie Bauern, in Nordamerika Schwarze, in der zivilisierten Welt von England, Frankreich und Deutschland heißen sie prolétaires» (Grün: Über wahre Bildung. Eine Vorlesung, 28. 4. 1844, Bielefeld, zit. n. Silberner, S. 252). Hier wird zum erstenmal der Gedanke des Klassenkampfes formuliert.

Und erstmals in Deutschland wird auch – ein bisher übersehener Aspekt – das thematisiert, was in der Französischen Revolution mit dem

Begriff der *Brüderlichkeit* bezeichnet sein mag. Anders als bei den Liberalen und Demokraten sind es hier allein wirtschaftliche Fragen, die diese Denker auf Veranlassung von Hess bewegen. Sie untersuchen erstmals die reale *soziale* Ausgestaltung und Wirkung des Wirtschaftslebens. Diese Auswirkungen reichen – ebenso wie die ökologischen Probleme heute zeigen – weit in die Zukunft und können deshalb nicht wie das Vergangene – etwa die Religion – klar und eindeutig analysiert und beschrieben werden. Zumal wenn das Werdende, die Entwicklung, betrachtet wird, gerät die Formulierung leicht ins Unscharfe. So haftet diesen ersten Sozialisten wie ihren Urhebern etwas Träumerisches, Gefühlsgefärbtes an, manches wird mehr geahnt als tatsächlich erfaßt. Aber ihr Verdienst bleibt es, erstmals die Lage des sich gerade bildenden Proletariats im öffentlichen Bewußtsein breiter vergegenwärtigt und erste Lösungsvorschläge gedacht zu haben.

Lüning schreibt: «Es ist töricht, wenn die Arbeiter ihren Zorn gegen den einzelnen Fabrikanten oder gar gegen die Maschinen richten. Die Verhältnisse sind schuld» (in: «Dies Buch gehört dem Volk», zit. n. Koigen, S. 235). Er schlägt dann Reformen vor und lehnt Revolutionen ab – dies muß für Marx und Engels den Anlaß zum Bruch geben: im Kommunistischen Manifest nennen sie diesen Standort ein «geistloses Echo» der französischen Sozialisten. Zu dieser Zeit, 1847/48, ist Marx schon weiter. Er ist hinter die den Erscheinungen zugrundeliegenden wirksamen Triebkräfte der Entwicklung gekommen und glaubt sie in den Produktivkräften gefunden zu haben.

Die «wahren Sozialisten» dagegen machen nicht materielle Faktoren verantwortlich für die Entwicklung, sondern geistige Kräfte, ja sie bemühen Ethik, Bewußtsein, Liebe. Wie sollen diese aber gegen egoistische Interessen etwas bewirken? Waren zur gleichen Zeit etwa J. R. Mayer, Joule, Helmholtz bestrebt, die vielfältigen Erscheinungen in der Welt der Physik auf eine Gesetzmäßigkeit, diejenige von der «Erhaltung der Kraft (Energie)», zurückzuführen und von daher zu erklären. Sah etwa Darwin die Tierwelt mit ihren vielfältigen Arten von einem Prinzip bestimmt, dem Kampf ums Dasein, so ist auch Marx bestrebt, die gesellschaftlichen Erscheinungen auf eine Gesetzmäßigkeit, die Dialektik von sich entfaltenden Produktivkräften und zurückbleibenden Verkehrsformen (Produktionsverhältnissen) zurückzuführen, die in einem revolutionären Umschwung zu höherem Ausgleich kommen. Da muß der Rekurs auf Ethik einen Rückfall in den Dualismus darstellen. Als *monistischer* Denker kann Marx Erscheinungen wie Liebe, Moral unmöglich als so stark wirksam werten, daß sie ein Agens der Geschichte wären. Zwar wird der Kenner des «objektiven Geschichtsgesetzes» selbst durch Ablehnung des «wahren Sozialismus» nicht des Handelns enthoben; vielmehr verlangt diese Entwicklung danach, daß er an der Realisierung der objektiven Gesetze mitwirke. «Auch wenn die Gesellschaft dem Naturgesetz ihrer Bewegung auf die Spur gekommen ist ..., kann sie naturgemäß Entwicklungen weder überspringen noch wegdekretieren» (MEW 23, S. 16). Dennoch besteht durchaus eine Freiheit für das Bewußtsein – aber diese ordnet sich der umfassenderen List der Weltvernunft unter und ein. Das allgemeine Gesetz wird nach Raum und Zeit modifiziert. Die realen Grundlagen alles gesellschaftlichen Seins liegen in der ökonomischen Struktur; eine Modifikation gibt es im Überbau «der rechtlichen und politischen Einrichtungen sowie der religiösen, philosophischen Vorstellungsweise eines jeden geschichtlichen Zeitalters» (Engels im Anti-Dühring, MEW 20, S. 25). Zu diesem Überbau zählen drei Gruppen von Erscheinungen: «erstens die gesellschaftlichen Ideen, Stimmungen, die sozialen Gefühle, d. h. die Ideologie und die gesellschaftliche Psychologie; zweitens die verschiedenen Organisationen und Institutionen: Staat, Gerichte, Kirchen usw. und drittens die Überbauverhältnisse» unter den Menschen (F. W. Konstantinow, Hg.: Grundlagen der marxistisch-leninistischen Philosophie, Frankfurt/M. 1972, S. 312).

Wie soll also die Kraft des Überbaus, die Kraft der Liebe, der Ethik ausreichen, um die nötigen Machtveränderungen zu bewirken? Das ist für Marx geradezu lächerlich. Und doch: wird in dieser monistisch-materialistischen Auffassung nicht der Glaube, der Berge zu versetzen vermag, unterschätzt? Erlitt der real existierende Marxismus nicht gerade Schiffbruch im Hinblick auf die Triebkräfte, die er im Überbau ansiedelt, so daß er seinerseits ständig an das Bewußtsein appellieren muß, um das Klassenbewußtsein neu zu befestigen? Lag bei Marx und Engels wie dann bei allen Nachfolgern nicht etwa eine starke Unterschätzung nationaler Gefühle vor, wie der Ausbruch des Ersten Weltkriegs lehrte, wo doch die internationale Solidarität der Arbeiterklasse vor der nationalen Zugehörigkeit hätte rangieren müssen? Kurz: Die «wahren Sozialisten» decken Dimensionen auf, die dem «wissenschaftlichen Sozialismus» verschlossen bleiben, und sie ahnen, daß Wirtschaftsprobleme nur durch Verständigung und gegenseitige Absprachen zu lösen sein werden.

Erwähnt sei noch, daß 1842 das Werk von Lorenz von Stein *«Geschichte des Sozialismus und Kommunismus des heutigen Frankreichs»* erschien, wo dieser vom preußischen Staat finanzierte junge Gelehrte einen Begriff des Proletariats und der Klasse herausarbeitet. Der Proletarier «hat *keinen Besitz, wohl aber Arbeitskraft* und den Willen, sie anzuwenden ... Er will gern, gut und viel arbeiten, aber er *will für eine Arbeit einen angemessenen Lohn,* und das Mißverhältnis zwischen seiner Anstrengung und seinem Erwerb ist eigentlich der erste und unmittelbare *Reiz zur Unzufriedenheit* und damit der Anstoß zum Gegensatz zwischen ihm und denen, die für wenig Mühe viel Gewinn haben ...» (S. 13).

Über die Klassen heißt es in dem gleichen Werk: «Der Proletarier wird den Besitzer für seinen Feind halten, weil er sich unter ihm fühlt, während er sich berechtigt glaubt, neben ihm zu stehen ...» (S. 74). Gegen diese Auffassung nimmt Hess Stellung, Marx selbst hingegen übernimmt einige begriffliche Schärfe von Stein in seine eigene Argumentation.

Hess, der nach Verbot der «Rheinischen» sein Korrespondentenamt in Paris verlor, begründet den «Gesellschaftsspiegel» in Wuppertal, der ihn aber wirtschaftlich nicht zu tragen vermag. Zeitweilig wegen Verfolgung in Brüssel lebend, kommt er erneut mit Marx und Engels in Verbindung, wobei der letztere es versteht, ihn von Marx zu entfernen, obgleich sich Hess inzwischen bereits auf der Stufe von Marx befindet. Er hat den wahren Sozialismus «überwunden». Marx wirbt in dieser Zeit um ihn, darauf Hess: «Du bist einmal ein ‹auflösendes›, ich vielleicht ein zu sehr ‹versöhnendes› Naturell – ein jedes Volk hat seine Größe – und jedes Individuum auch seine Blöße ... Gehab dich wohl! Mit dir persönlich möchte ich noch recht viel verkehren; mit deiner Partei will ich nichts mehr zu tun haben!» (20. 5. 1846).

Das weitere Leben von Moses Hess – zum Teil in Deutschland, überwiegend aber in der Emigration in Genf, Brüssel und vor allem in Paris verlaufend, wirtschaftlich stets beengt –, kann in den Wandlungen zum Zionismus, zu einer dynamischen Stofflehre nicht nachgezeichnet werden; immer aber war der Sozialismus in ihm lebendig. Wir setzen das Urteil der jüngsten monumentalen Biographie von Edmund Silberner an den Schluß: «Hess weist keine geradlinige Entwicklung auf. Sie ist durch Schwankungen, Akzentverlagerungen und diametrale Meinungsänderungen gekennzeichnet. Er verfällt nicht selten in den Gegensatz dessen, was er zuvor vertreten hatte ... Während der jüngere Hess in seinen Reformbestrebungen praktische Schwierigkeiten kaum berücksichtigt hatte, sucht der ältere Hess sein soziales Programm den gegebenen Tatsachen anzupassen. Er schlug wiederholt neue Wege ein» (Silberner, S. 651).

Hess bildet im Farbspektrum des Sozialismus eine wichtige, wenn auch changierende Farbe, die in ihrer ethischen Grundtönung viel Zukünftiges sichtbar machte. – Er starb am 6. April 1875 in Paris.

Michail Bakunin (1838)

V. Michail Bakunin – Der Einbruch der tätigen Destruktion

1. Zwischenbetrachtung: 1842 – Das Jahr der Weggabelung

Im gleichen Jahr, in dem Cieszkowski seine «Historiographie» veröffentlicht, 1838, schaffen Arnold Ruge (1802–1868) und Ernst Theodor Echtermeyer (1805–1844) ein Presseorgan für philosophische und politische Fragen, die *Halleschen Jahrbücher*. Es wird zum wichtigsten Organ Intellektueller und hat die Hand am Puls der Zeit. In dieser kritischen und liberalen Zeitschrift wird vielfältig die Frage erörtert, wie die Philosophie der Tat zum unmittelbaren Handeln werden könne. «Da sie (die Junghegelianer) über keine reelle Macht verfügten und mit Hegel an die schöpferische Kraft der Vernunft und Theorie glaubten, mußten sie zunächst versuchen, die Frage (wie der Übergang vom Denken zum Handeln geschieht) auf utopische Art zu lösen» (Cornu I, S. 142).

Als erstes entfaltet sich die Kritik zunächst an der Theologie, dann an allem politisch-gesellschaftlichen Bestehenden überhaupt. In diesem geistigen Klima gestalten sich die verschiedenen ganz individuellen Konzeptionen gesellschaftlicher Verwandlung aus. Marx und Engels verwerfen rasch die «verabsolutierte Kritik», die zum Selbstzweck wird und bei der als «einzig Wesenhaftes nur noch das nach absoluter Freiheit strebende Individuum übrig blieb» (ebd., S. 285). Sie gehen dabei auf einem sich gabelnden Weg in der einen Richtung; andere, darunter eben Bakunin und Stirner, folgen jedoch, aus gleicher Richtung kommend, einem anderen Weg, der sich aber seinerseits wiederum gabelt. Diese Situation am Kreuzweg, an dem sich die Grundpositionen von Marx und Bakunin/Stirner endgültig trennen, wird in einem Gespräch vom Oktober 1842 symptomatisch deutlich. Teilnehmer sind drei Persönlichkeiten: der Sozialist Moses Hess, der Geschäftsmann Gustav von Mevissen (1815–1899) und der liberale Schriftsteller Karl Gutzkow (1811–1878). Diese drei unterhalten sich in Köln über die negativ-kritische Linie der eben begründeten Rheinischen Zeitung, deren Mitredakteur und Initiator Moses Hess ist. *Mevissen* sagt: «Das Positive sollte überall die Grundlage des Negativen sein, denn die absolute Negation ist nichts als die absolute Leere.» *Hess:* Nein. *Negation ist die Hauptsache. Man muß niederreißen, um die Dinge in Bewegung zu bringen.* Das Negative schließt ja auch das Positive in sich.» *Mevissen:* «Das Negative schließt nur dann das wahrhaft Positive in sich, wenn es das individualistisch Positive gründlich negiert. Dann allerdings ist die Negation zugleich Position, denn sie baut wieder auf, was sie niederreißt. Die Negation durch allgemeine Prinzipien . . . negiert nur das Allgemeine und hat gar keinen konkreten Gehalt. . .» *Gutzkow:* «Gewiß, das Positive ist das einzig Wahre, und die Negation hat nur dann einen Wert, wenn sie zum Positiven hinleitet» (J. Hansen: G. v. Mevissen, Bd. II, Berlin 1906, S. 93, zit. n. Cornu I, S. 286).

Während bei Cieszkowski alles auf Weiterentwicklung mit dem Ziel der Versöhnung angelegt ist, tritt bei Hess – in dieser Phase seiner Biographie –, aber dann auch bei Bakunin und Marx, wie wir sahen, die «Negation des Positiven», das Einreißen, in den Vordergrund. Es wird schlicht erwartet, daß aus der Dialektik der Sache sich bei extremer Negation die Synthesis von allein – als Negation der Negation – ergeben wird. *Dieser Einbruch des Glaubens* an die förderliche *Aufgabe der Destruktion* vollzieht sich im Jahr 1842 im Bewußtsein mancher Geister. Was Hegel zuvor in der Aufdeckung der Denkgesetze gelungen war – den «Umschlag» herauszuarbeiten, aus dem eine neue Qualität erfolgt –, wird nunmehr auf die gesellschaftlichen Erscheinungen übertragen, und diese werden analog dem Dreischritt der Dialektik interpretiert. Sowohl Hess als auch Bauer und Bakunin formulieren verwandte Gedanken *gleichzeitig.* Marx folgt darin zeitlich erst ein, zwei Jahre später.[1] Wir haben es also mit *einem* umfassenden Gedankentypus zu tun, der sich in die Menschheit einzuwurzeln sucht und sich dabei verschiedener individueller Bewußtseinskanäle bedient.

Aus dieser verbreiteten Einstellung, zunächst einmal *alles zu kritisieren und dann einzureißen im Vertrauen darauf, daß das «neue Leben aus den Ruinen» von selbst sprießt, zum anderen aber auch aus der Meinung heraus, daß schon in der Kritik das positive Ziel, wenigstens in Umrissen, anzupeilen wäre,* ergibt sich die Frage, welche Quelle es denn ist, die dann das Positive bewirken werde. Es ist für diese Position klar, daß es

1 Rückblickend wird vom Zersetzungs- und Verwesungsprozeß der Hegelschen Philosophie von Marx gesprochen: «Wie deutsche Ideologen melden, hat Deutschland in den letzten Jahren eine Umwälzung ohnegleichen durchgemacht . . . Es war eine Revolution, wogegen die Französische ein Kinderspiel ist . . . In den drei Jahre 1842–1845 wurde in Deutschland mehr aufgeräumt als sonst in drei Jahrhunderten» (MEW Bd. 3, S. 17).

tief verankerte Geschichtsgesetze sind, die aus sich zur Befreiung der unterdrückten Klassen drängen. So lehrt es später der wissenschaftliche Sozialismus, beeinflußt vom Gattungsgedanken Feuerbachs.

Die andere Position, die an dieser Gabelung auftritt, kann die Triebkräfte in diesem allgemeinen, d. h. dem Klasseninteresse, nicht sehen, ihr ist das *agens* der einzelne Mensch, das Individuum, wobei erst eine exakte Anthropologie offenlegen könnte, inwiefern dies so ist. Diese Version tritt im *Anarchismus* erstmals auf, der sich wiederum gabelt: in den kommunistischen und individualistischen. Der gleiche Ausdruck belegt unterschiedliche Erscheinungen.

Hess, der damals die erstgenannte Position vertritt, wird von Marx/Engels weitergeführt, Mevissen dann von Stirner und in anderer Weise von Bakunin. *Hess schreibt:* «Soll die individuelle Freiheit der allgemeinen, d. h. dem Gesetz oder dieses der individuellen Freiheit geopfert werden?» Beides ist ihm dasselbe: «Wenn nämlich das Individuum dem Begriffe entspricht, ... wenn der Mensch wirklich ist, was er seinem Wesen nach sein soll, dann ist die individuelle von der allgemeinen (Freiheit) gar nicht unterschieden, denn der wahre Mensch lebt nur das Leben der Gattung ... Das Gesetz ist der Schutz gegen die antisozialen, egoistischen Tendenzen, die Freiheit ist das Leben, die Entwicklung selbst» (Deutschland und Frankreich in bezug auf die Zivilisationsfrage, 17. 5. 1842, zit. n. Cornu I, S. 287).

Dieser Gleichschaltung von freiem Individuum und gesellschaftlicher Freiheit traut Stirner nicht, wohl aber vertraut er der Kraft des einzelnen, jener Freiheit, die zur Sittlichkeit führt. Das verlangt jedoch im Hinblick auf die Gesellschaft als Handlungsziel die *Herrschaftslosigkeit, die Anarchie.* Geht Hess von der sozialistischen, «unegoistischen» Gesellschaftsordnung aus, so Stirner von ihrer Negation. Dabei wird er zum Begriff des Ich und seiner moralischen Verantwortung geführt. Die Gesellschaft tritt in ihrer Bedeutung zurück, denn anders als bei Hess ist der einzelne nicht mit der Gattung identisch. Aber wenden wir uns zunächst Bakunin (1814–1876) zu, der sich 1842 zum Anarchismus äußert, während Stirner erst 1844 mit seinem Werk hervortritt.

In Moskau hatte sich Ende der 30er Jahre des 19. Jahrhunderts ein Kreis begüterter Adeliger in politischer Opposition gegen das autokratische Zarentum gesammelt, die auf der Suche nach neuen Wegen der Erkenntnis und der gesellschaftlichen Gestaltung waren. «Der neue Herr, nach dem man sich im Dunkel der nikolaitischen Reaktion orientierte, war die Philosophie des deutschen Idealismus. Es waren nicht viele junge Männer, die sich über der Lektüre von Schelling, Fichte und Hegel in Moskau zusammenfanden» (Stöckl, S. 489).

Diese Gruppe, welche nach erster Begegnung ganz der Faszination Hegels verfiel, wurde von N. V. Stankevič (1813–1840) geführt. Zu ihr gehörten der radikale Literaturkritiker Belinskij (1810–1848)[2], ferner die späteren Slawophilen Aksakov und Samarin, der spätere Nationalist Katkov, der liberale Historiker Granovsky und eben Michail Bakunin. Um 1840 erfaßt sie alle «ziemlich plötzlich ein lebhaftes Ungenügen an den Systemen der deutschen Philosophen und die Notwendigkeit einer Hinwendung zur Wirklichkeit» (Stöckl, S. 491). Hegel wird in seiner Erkenntnisform als «unwirklich» erlebt. So schreibt keine zwei Jahre nach der vorgenannten Äußerung derselbe Belinskij an Bakunin: «Ich habe schon längst vermutet, daß die Philosophie Hegels nur ein Moment ist, vielleicht ein bedeutendes, daß aber der absolute Charakter ihrer Ergebnisse zum Teufel ist. . . Das Subjekt ist bei ihm kein Selbstzweck, sondern nur Mittel für einen momentanen Ausdruck des Allgemeinen, und das Allgemeine ist für ihn ein Moloch. . . Ich habe besondere Gründe, auf Hegel böse zu sein, denn ich fühle, daß ich ihm . . . treu war, als ich mich mit der russischen Wirklichkeit aussöhnte. . . Alles Geschwätz Hegels über die Sittlichkeit ist reiner Unsinn. . . Das Schicksal des Subjekts, des Individuums, der Persönlichkeit ist wichtiger als das Schicksal der ganzen Welt. . .» (Tschizewsky, S. 226). So geschah ein grundlegender gedanklicher Umschwung. Was wird er bringen? Wir verfolgen eine Linie: den Lebenslauf Bakunins.

2. Bakunin: Reminiszenzen alter Volkskräfte

Michail *Bakunin,* 1814 geboren, aus adeligem Elternhaus stammend – der Vater hatte in Italien promoviert und war aufgeklärter Deist – wurde Offizier, wobei er nach seiner eigenen Aussage während des Militärdienstes «die beiden hervorragendsten Gefühle» ausbildet: *«Empörung und Auflehnung»* gegen Grausamkeit und Unrecht (zit. n. Wittkop S. 11).

2 Belinskij schrieb an Bakunin über seine Erlebnisse: «Ich sehe die von mir früher so verachtete Wirklichkeit an und erzittere, weil ich ihre Vernünftigkeit begriffen habe. . . Ich erkannte, daß es keine gefallenen Menschen gibt . . . Ich verachte jetzt keinen Menschen mehr . . . Die Wirklichkeit ist ein Ungeheuer, das mit eisernem Gebiß bewaffnet ist. . .» (Tschizewskij, S. 196). Hegels Wirklichkeitsbegriff wird hier deutlich sichtbar.

Voller Drang zu erfahren, «welcher Platz mir in der gewaltigen Maschine der Welt zugedacht ist», ruft sein «ganzes Wesen nach Aktivität, und alles, was ich tue, beschränkt sich darauf, *für die Zukunft zu arbeiten*» (ebd., S. 12). Da kann es auf Dauer keinen Dienst in der Kaserne geben.
Bakunin ist dem (Hegel-)Studium der Philosophie seit 1835, also seit seinem 21. Lebensjahr, ergeben. In dieser Zeit will er sogar die eigenen Lebenswege nach philosophischen Gesichtspunkten ordnen. Er schreibt ganz hegelianisch: «Alles lebt, alles wird durch den Geist lebendig gemacht. Nur für ein totes Auge ist die Wirklichkeit tot. Die Wirklichkeit ist uns ewiges Leben Gottes ... *Was wirklich ist, ist vernünftig.* Der Geist ist die absolute Macht, die Quelle jeder Macht. Die Wirklichkeit ist sein Leben und folglich ist sie allmächtig ...» (Tschizewskij, S. 194 f.). Wie Hegel will er zu dieser Zeit die Wirklichkeit versöhnen, wobei ihn eine «brausende» Stimmung durchzuckt. Er übersetzt Fichte, verkehrt auch im Kreis von Alexander Herzen, im Haus Nikolaj P. Ogarevs – beide später führende Emigranten. So geht er dann Ende 1840 nach Berlin, nachdem er den Offiziersdienst quittiert hatte. Er schließt zahlreiche Bekanntschaften, so mit Richard Wagner, A. Ruge, M. Hess später mit Marx, Engels usf., und taucht rasch in das deutsche Geistesleben ein. In Berlin hört er 1842 Schelling mit seiner Offenbarungsgeschichte und ist tief beeindruckt von ihm. Bald verbindet er sich aber wieder mehr mit dem Kreis der Junghegelianer, die Schelling ablehnen. Diese Begegnung läßt ihn, leicht beeindruckbar und von großer Gemütstiefe, die neue Kritik mit in sein Hegel-Verständnis aufnehmen. Ruge äußert sich Oktober 1841 in Dresden, wo er Bakunin begegnet, über ihn: «Er ist ein interessanter, namentlich als Journalist außerordentlicher Mann, mehr mit besonders starkem Willen und klar denkendem Gehirn als spekulativen Fähigkeiten begabt» (zit. n. ebd., S. 20). So ist Bakunin kein Hegelianer im Sinne philosophischer Fortentwicklung des Meisters, sondern jemand, der das gedanklich Aufgenommene in seinem Gemüt leben läßt und dann auf Handlungen zielt.

Etwas später lernte er auch Bruno Bauer und dessen Kreis persönlich kennen. Die unmittelbare Begegnung von Mensch zu Mensch geht ihm über jedes Buchstudium. Der Eindruck, den dieser bis in die Morgenstunden durch die Nacht hindurch diskutierfreudige Bakunin bei seinen Gesprächspartnern hinterläßt, ist niemals unbedeutend. Selbst Marx, der von allen Weggenossen abschätzig spricht, billigt ihm, den er als schärfsten Gegner ansieht, in den sechziger Jahren zu, daß er der einzige sei, der sich weiterentwickelt habe.

Bei Bakunin zündet besonders Hess' Gedanke von der *schöpferischen Rolle des Negativen.* Dies trifft auf eine mythische Wurzel in ihm: die Geschichte Rußlands wurde durch den slawischen Urgrund, später durch die Überformung von seiten der Wikinger (Varäger), der Ruderer, der Rus, dann vom 13. Jahrhundert an durch die der Mongolen bestimmt. In der ältesten Überlieferung, der «Erzählung der vergangenen Jahre», heißt es unter dem Jahr 862: «Sie begannen sich selbst zu regieren, aber es herrschte keine gerechte Ordnung unter ihnen, und es erhob sich Sippe gegen Sippe, Zwiste entstanden ... Da sprachen sie untereinander: Laßt uns einen Fürsten suchen, der über uns herrsche und über uns Gericht halte nach dem Recht», und sie begaben sich über das Meer zu den Varägern (Stöckl, S. 34, vgl. auch Skerst).

Dieser *Urzustand*, der *vor jeder Herrschaft* liegt, lebt in Bakunin erneut auf und verbindet sich bei ihm mit dem an Hegel geschulten Denken. «Das Positive ist durch das Negative und das Negative umgekehrt durch das Positive negiert – was ist denn das beiden Gemeinsame, das beide Übergreifende? Das Negative, das Zugrunderichten! Das leidenschaftliche Verzehren des Positiven ... Nur als dieses rücksichtslose Negieren ist das Negative berechtigt ... Dieses *Sichselbstauflösen des Positiven* ist die einzig mögliche Vermittlung des Positiven ...» (in: Deutsche Jahrbücher, 2.10.1842, S. 1002, zit. n. Cornu I, S. 291 f.).

Von da aus bekämpft er die Partei des Ausgleichs, des «Juste-Milieu», den Liberalismus, weil er den «Gegensatz seiner bewegenden, praktischen Seele» beraubt. Und an das Vorstehende anschließend, verkündet Bakunin die Erlösung: «Alle Völker und alle Menschen sind von einer gewissen Ahnung erfüllt, und jeder ... sieht mit einer gewissen *schauerlichen Erwartung der nahenden Zukunft* entgegen, welche das erlösende Wort aussprechen wird ... O die Luft ist schwül, sie ist schwanger von Stürmen! Und darum rufen wir unseren verblendeten Brüdern zu: Tut Buße! Das Reich des Herrn ist nah! Laßt uns also dem *ewigen Geist* vertrauen, der nur deshalb *zerstörend vernichtet*, weil er der *unergründliche und ewig schaffende Quell alles Lebens* ist. *Die Lust der Zerstörung ist zugleich eine schaffende* Lust.» So schrieb Bakunin unter dem Titel «Die Revolution in Deutschland» (ebd.) und unter dem Pseudonym Jules Elyzard.

Kurze Zeit später (1843) finden wir Bakunin in der Schweiz, wo er über seine Flucht aus Dresden bemerkt – er befürchtet, verhaftet zu werden –, sie sei vorzeitig gewesen, doch bereue er sie nicht. *«Ich mag immer gern meine Existenz erneuern ...* Ich betrachte diese Ruhe, nach der man sich so sehnt, als das größte Unglück, das einem Menschen begegnen kann» (an Emma Siegmund, verh. Herwegh, n. Wittkop, S. 23).

Im Juni 1843 veröffentlicht er anonym einen Artikel im «Schweizerischen Republikaner»: «Es handelt sich um nichts Geringeres als eine neue Religion, die *Religion der Demokratie*, die den Kampf wieder aufnehmen wird ... auf Leben und Tod ... mit der Devise: Freiheit, Gleichheit, Brüderlichkeit ... Nein, der *Kommunismus* ist kein lebloser Schatten; er *ist aus dem Volk entsprungen ... das Volk, sage ich, ist immer der einzig fruchtbare Boden gewesen, aus dem ... alles hervorwächst, was die Würde des Menschen ausmacht, ... alle befreienden Revolutionen ... Schaffen kann man nur dank einer echten, magnetischen Berührung mit dem Volk» (ebd., S.* 24). Die Triebkräfte und das Zukünftige kommen dunkel von unten, es verträgt bei seiner Entfaltung keine äußeren Zwangsmittel, keine Herrschaft, sonst bleibt das Kommende wie die Knospe im Frost stehen. Um sie zu entfalten, benötigt man *Herrschaftslosigkeit, Anarchie* – für die Bakunin eintritt.

Damit kommen alte Reminiszenzen, archaische Erlebnisse früherer Existenzformen des Menschen, der ganz von, in und durch die Gemeinschaft getragen wird, in Bakunin zur Erscheinung – und dies deshalb, weil er aus seinem Studium der russischen Geschichte jene Gemeinschaftsformen in der Dorforganisation, den Mir, kennt, in dem die bäuerlichen Haushaltungsvorstände gemeinsam über den dörflichen Besitz und dessen Nutzung jährlich neu freie Vereinbarungen treffen. Ähnlich wie später die Narodniki (Volksfreunde) sieht Bakunin darin nicht nur eine urrussische Lebensform, sondern geradezu ein Urbild, wie sich neue Sozialformen aus den Kräften des Volkes ergeben können. So empfängt Bakunin in der Berührung mit dem Volk, der Gemeinschaft gleichsam als dem höheren Ich, Kräfte der Inspiration, die ihn selbst steigern und erhöhen. Und in der Tat, wenn Bakunin vor Massen stand, ging von diesen auf ihn und von ihm auf diese eine anregende, ja erregende und sich steigernde Wechselwirkung aus.

Was als Ideal der Zukunft in ihm und seinem Programm lebt, daß nämlich nach der Befreiung des Volkes sich die rechten Inhalte der Sozialgestaltung von selbst ergeben werden, ist nicht nur Ahnung, sondern Erleben. Bis in die 70er Jahre ist Bakunin davon überzeugt, daß es sich verbiete, Pläne über die Zukunftsgestaltung zu machen, weil dies aus dem Volk kommen müsse (so in «Einige Worte»). Die Lust an der Zerstörung, der Glaube, daß daraus Neues erwachse, führt Bakunin dann dazu, anzunehmen, daß in der *«Volksanarchie»*, die das «Leben selbst» und die *«Energie der Revolution»* leiten wird, ein Organ zu finden sei, das in «geheimen und universellen Assoziationen der revolutionären Brüder», d. h. in konspirativen Geheimbünden, sich darlebt. Etwas von einem frühmittelalterlichen Verschwörerwesen wird durch ihn ständig in die Gegenwart hereingerufen.

Bakunin selbst trat eindrucksvoll auf, er «war ein großartiger Volkstribun, der vollendet zu den Massen zu reden verstand und, was das Wunderbarste war, in verschiedenen Sprachen. Seine große Gestalt, die Kraft seiner Gebärden, der von Herzen kommende, überzeugende Ton, die kurzen, wie mit dem Beil zurechtgehauenen Sätze, das alles machte einen gewaltigen Eindruck ... Die Rede war ohne logische Konsequenz, auch nicht reich an Gedanken. Gewaltige Worte, Ausrufe, Donnerschläge, Löwengebrüll, brausender Sturm, leuchtende Blitze, etwas Elementares, Flammendes.» So erinnert sich Baron Wrangel in seinen Memoiren (B. Nicolaevsky/O. Maenchen-Helfen, S. 294 f.). Später nannte Eugène Varlin (1839–1871), ein französischer Bakuninist, diese von Bakunin begründete Strömung *«antiautoritären Kommunismus»*.

Die Philosophie der Tat spaltet sich also nunmehr in mehrere Strömungen: die eine versucht mit Machtmitteln – soziale Revolution und Diktatur des Proletariats – die gesellschaftlichen Aufgaben zu lösen, die andere strebt die Anarchie, die Herrschaftslosigkeit, an. Bakunin sagt: «Ich hasse den *Kommunismus*, weil er die *Verneinung der Freiheit* ist, und *ohne Freiheit kann ich nichts Menschliches denken*. Ich bin darum kein Kommunist, weil der Kommunismus alle Kräfte der Gesellschaft im Staat konzentriert und vom Staat absorbieren läßt, weil er notwendigerweise zur Zentralisierung des Eigentums in den Händen des Staates führt». Demgegenüber nennt er sich einen *«Kollektivisten»* (zit. n. Wittkop, S. 74). Darin bildet Bakunin den Gegenpol zum Individualisten Stirner. Aus der kollektiven Seele, aus dumpfen Triebkräften der mystischen Völkergemeinschaft tauchen jene Inspirationen in Bakunin auf, die die Sehnsucht nach Freiheit, Gleichheit und Brüderlichkeit erfüllen. Damit wird aber nicht nur Vergangenes, sondern auch ein tief zukünftiges Gemeinschaftsideal ansichtig, wie es dann vor Augen steht, wenn der Mensch sich durch die Phase des selbtbewußten Wissens und des kritischen Selbstbewußtseins zu einem neuen Erlebnis der Gemeinschaft hindurchgearbeitet haben wird. In der Bewußtseinsseele der Gegenwart geht der einzelne durch Einsamkeit, Isolierung und Verlassenheit hindurch. In einer erst zu erringenden Eigenschaft des Geistselbst hat das Seelengefüge so viel Kraft errungen, daß es sich, ohne Verlust für sich selbst, in einer produktiven Weise wieder der Gemeinschaft zu öffnen vermag, von der Bakunin schon jetzt träumt. Sein Ziel, seine Erwartung liegt in einer fernen Zukunft, und weil er ahnt, daß davon in der Gegenwart noch wenig anwesend ist, vermeint er durch Zerstörung der Gegenwart diese Zukunft herbeizwingen zu können. Aus russischen Ursprüngen tritt dieses Ideal auf, und zwar atheistisch und unreflektiert, aber eben auch zeitlich verfrüht.

3. Anarchismus: Die Abirrung in die Propaganda der Tat und der heutige Terrorismus

Diese tatsächliche Verfrühung, mit der ein erst künftig aus den dann errungenen Fähigkeiten heraus zu verwirklichendes Ideal formuliert wird, birgt Gefahren in sich, wenn es nicht durch tiefere Kräfte, wie sie spirituell etwa bei Cieszkowski da waren, abgesichert wird. So verwundert es nicht, daß Bakunin für Verführungen offen war, die das rasch und systematisch zu verwirklichen versprachen, was er aus eigenem Temperament so sehnsüchtig erstrebte. Doch geschah dies erst eine Generation später, 1869, nach seiner sibirischen Gefangenschaft. Aber nur aus einer Zusammenschau läßt sich der Zusammenhang dessen, was als Inspiration bereits 1842 auftrat und als Volksanarchismus formuliert wurde, mit seinem Freiheitsverlangen einerseits und einem *bis in die Gegenwart wirksamen Phänomen,* den extremen terroristischen Gewaltaktionen andererseits, verstehen. Die Verführung und damit Gefährdung besteht darin, daß in dem ordnungsauflösenden, teilweise chaotisierenden Element der Anarchie Kräfte entbunden werden, die (wie jede Revolution zeigt) «umschlagen» nicht in Befreiung, sondern in weitere Gewalttaten, in Terror, in Zwang. Das Ziel der Befreiung schlägt dialektisch um in neuen, unberechenbaren Zwang und in Gewalt. Die freigesetzten Kräfte benötigen Bindungen an Höheres, wenn dieser Umschlag vermieden werden soll: an die Menschenwürde, die Achtung des anderen, die eigene sittliche Verantwortung und Stärke. Bakunin entging dieser Gefahr schon in der Theorie nicht. 1848 stand er in Dresden Seite an Seite mit Richard Wagner auf den Barrikaden.[3] Während der Hofka-

3 Wagner fängt die Stimmung ein: «Ich will zerstören die Herrschaft des einen über den anderen, der Toten über die Lebendigen, des Stoffes über den Geist; ich will zerbrechen die Gewalt der Mächtigen, des Gesetzes, des Eigentums. Der *eigene* Wille sei der Herr des Menschen, die *eigene* Lust sein einziges Gesetz, denn das *Heilige ist allein der freie Mensch,* und nichts Höheres ist denn Er. . . Mit dem himmelstürmenden Rufe ‹*Ich bin ein Mensch*› stürzen sich die Millio

pellmeister vor den siegreichen königlichen Truppen fliehen kann, wird Bakunin gefangen genommen und zum Tode verurteilt, an Österreich und dann an Rußland ausgeliefert. Dort erfuhr er dasselbe Urteil zum drittenmal, er erwartet den Tod, wird aber schließlich nach einer Beichte an den Zaren zu lebenslangem schweren Kerker «begnadigt». Er verbüßt unter schwersten Haftbedingungen viele Jahre (1851–57) seine Strafe, wird dann aber «erlöst» und nach Sibirien verbannt (1857–61), von wo er über Japan, Alaska nach England und danach in die Schweiz fliehen kann.

Dieser Hintergrund macht verständlich, daß er, der vom zaristischen Autokratismus seelisch und leiblich Gemarterte, empfänglich wird für jene, die sich inzwischen in Rußland als Revolutionäre gegen den Zarismus hervorgetan hatten und auf dessen Sturz sinnen, wobei sie teilweise an Bakunin anknüpfen, aber auch an Marx. Wieder in Freiheit, orientiert sich Bakunin an den zeitgenössischen Strömungen seiner Heimat. Er gerät in den Bannkreis von Nihilisten, jenem literarischen Typus des russischen Revolutionärs, der auf die Gestalt des Bazarro in Turgenjews *«Väter und Söhne»* (1862) zurückgeht. Turgenjew selbst wiederum orientiert sich an den *Urnihilisten* N. G. Černyčevskij (1828–1889), N. A. Dobrojukov (1836–1861) und D. J. Pisarev (1842–1868). Sie waren allesamt radikale Materialisten, die sich ihrerseits wieder an den deutschen Materialisten Feuerbach, Büchner u. a. in ihrem Diesseitsbezug ausrichteten. Sie wirkten sozial vor allem durch ihr vorbildliches *Märtyrertum*, mit dem sie für ihre Anschauungen eintraten. Sie lehnten strikt alle Werte und Einrichtungen ab, die sich nicht dem materialistischen, instrumentellen Gebrauch der Vernunft erschließen. Ihre Vorschläge und Vorstellungen wurden im Zarenreich in Form der Literaturkritik vorgebracht – dies war die einzig mögliche Darstellungsform gegenüber der Zensur –, also verhüllt oder verschleiert. Im Zusammenhang mit diesen Literaturkritiken kommt es zur Ausbildung von ersten umfassenderen Revolutionstheorien, wobei besonders Pjotr N. Tkačev (1844–1886) und Sergej G. Nečaev (1847–1882) hervorgehoben seien. Andere, den westlichen Sozialideen zugewandte, einflußreiche Denker wie Alexander J. Herzen (1812–1870) oder der eigenständig anarchistisch denkende Peter A. Kropotkin (1842–1891) seien hier nur erwähnt. Letzterer entfaltet seine Wirksamkeit für den «Anarchokommunismus», eine vollständig freie Gütergemeinschaft mit wechselseitiger Hilfe, erst

nen, die lebendige Revolution, *der Mensch gewordene Gott* hinab in die Täler und Ebenen und verkünden der ganzen Welt das neue Evangelium des Glückes» (zit. n. Löwith, S. 201).

als er nach Verhaftung und Flucht 1876 im Westen lebt, also zu einer Zeit, als Bakunins Leben sich schon dem Ende zuneigt. Tkačev und Nečaev – beide Mittzwanziger – sind es, die Bakunins Gedanken über die Lust an der Zerstörung und die Revolution im Rußland der ausgehenden sechziger Jahre aufgreifen, sie aber mit dem Gedanken einer für das politische Handeln notwendigen straffen Zentralisierung verflechten. Beide halten es nämlich – anders als Bakunin – für aussichtslos, die bäuerlichen Massen Rußlands für das Ziel einer Revolution gewinnen zu wollen, denn das verlangte zuvor ein langes sozialpädagogisches Wirken, das aber einem wahren Revolutionär schon vom Begriff her nicht zukommt. Ihrer Auffassung nach verlangt die *Revolution,* rein «politisch-technisch» gemacht zu werden, und zwar durch eine Gruppierung Verschworener in einem gewaltsamen Umsturz mit nachfolgender *Machtergreifung* von Seiten einer *disziplinierten Elite, die sich aller zweckmäßigen Mittel bedienen darf.* Nečaev ist es, der dieses Ziel als *«Propagandist der Tat»*[4] in selbstaufgebauten Zirkeln verfolgt, denen er ob ihres konspirativen Charakters bei den Emigranten im Westen ein Ansehen zu geben vermag, als ob in den wichtigsten Städten Rußlands ein dichtes Netz ihm gehorsamer Verschwörer bestünde. Durch selbstlancierte Nachrichten führt sich Nečaev, ein aus armen Verhältnissen kommender Arbeitersohn, der die Volksschullehrer-Ausbildung durchlaufen hatte, im Westen und auch bei Bakunin ein. Was von der Inkarnation der Revolution in dem Eingeweihten blieb, war das Muster, nach dem zu verfahren ist: durch Morde, Anschläge auf Repräsentanten oder Symbole des Zarismus, d. h. der Autokratie oder allgemeiner: des Systems, in der Bevölkerung ein Klima der Verunsicherung zu schaffen. Damit werden erste Schritte der Zerstörung eingeleitet, durch die das Ganze untergraben und eine Revolutionierung vorbereitet wird. Diese vermag dann eine kleine Gruppe Verschworener zu bewerkstelligen.

Diese Einstellung wird in Rußland zunächst von vielen älteren Revolutionären, die auch entschieden gegen die Autokratie sind, mit Argwohn betrachtet. Bakunin war es zunächst, der sich zum Anwalt dieser jungen russischen Radikalen machte. Während Herzen in einer Schmähschrift angegriffen worden war, sieht Bakunin in den «ungewaschenen Seminaristen und Nihilisten diese außerhalb des Volkes einzig frische Kraft. . . Nein, Herzen, welche Fehler diese Jugend auch haben mag, ihre geistige Haltung und ihre Gesichtspunkte sind denen der Pogodins,

4 Der Ausdruck wird erst 1876 von dem französischen Arzt Paul Brousse (1837–1898) geprägt, der formuliert: «Der Weg der Revolution führt durch eine königliche Brust».

Aksakows und Turgenjews unendlich überlegen... Diese Jugend steht so hoch über jenen Lustgreisen, daß sie ihre Ehre nicht beschmutzen kann, wenn sie mit ihren Fingern auf sie zeigen... Mängel sollen uns aber nicht blind machen vor der ernsthaften, jawohl ernsthaften und großen jungen Generation... vor ihrer echten Leidenschaft» (so schreibt Bakunin am 22. 6. 1867 aus Ischia).

Zwei Jahre später treffen Nečaev und Bakunin in Genf zusammen, ein fanatisch Besessener der jungen Generation trifft einen hoffnungs- und erwartungsvollen gealterten Emigranten, den das Schicksal schwer gezeichnet, aber im Streben nach Erneuerung des gesellschaftlichen Daseins nicht brechen konnte. Durch Ogarev vermittelt, kommt im März 1869 die Begegnung zustande, die wir im einzelnen zwar nicht kennen, die aber bei Bakunin so einschlägt, daß er als Mitautor des noch zu erörternden «Revolutionären Katechismus» angesehen wird. Bakunin ist von Nečaev begeistert, Herzen «fand in seinem Blick etwas Seltsames und Erschreckendes» (N. A.Tuchova-Ogarev, n. Bakunin, Gewalt, S. 26). Nečaev verschwindet rasch wieder, taucht dann Anfang 1870 erneut und aus Rußland kommend in Genf auf.

Was war zwischen Nečaevs erstem und zweitem Besuch geschehen? In Erwartung einer Revolution in Zusammenhang mit einer weiteren Phase der Bauernbefreiung im Frühjahr 1870 formierten sich verschiedene Gruppierungen, aber schon die ersten Unruhen führten zu einer Verhaftungswelle, der Nečaev durch seine Abreise ausweicht, wobei er selbst aber gleichzeitig durch Briefe und Telegramme zur Verhaftung von Freunden beiträgt. Dieser Verrat an Freunden hing wohl damit zusammen, daß Nečaev Ende 1869 zwei Freunde veranlaßt hatte, einen dritten wohlhabenden Freund «im Auftrag des Komitees», in dessen Namen Nečaev stets wie von einer «Hintergrund-Autorität» sprach, zu ermorden. Den konspirativen Regeln der Gruppe entsprechend, gehorchten die Genossen; dieser Dritte, Ivanov, wurde ermordet in einer Grotte der Landwirtschaftsakademie von Peterskoe aufgefunden. Kurz darauf werden die Mörder verhaftet, der Anstifter wird von ihnen aber nicht genannt. Zwei Gründe gibt German Lopatin für den Mord an: «die verletzte Eigenliebe . . . Nečaevs und der Verstoß gegen den Paragraphen, der bestimmt, daß das ‹Komitee› unkontrolliert über das Vermögen der Mitglieder bestimmt» (n. Gewalt, S. 25). Nečaev verstand sich als das Komitee und duldete keine abweichenden Auffassungen. Außerdem wollte er an den Besitz Ivanovs herankommen. Er erlebt sich nicht als gewöhnlichen Menschen, sondern als Gefäß, in dem ein höheres, umgreifenderes Wesen – die Revolution – Platz genommen hat. Indem er mit fanatischem Eifer, mit gewalttätigem Zwang nur einen einzigen Gedanken verfolgt, spinnt er ein Netz, in sich stimmig, das keiner Prüfung an einer äußeren Wirklichkeit mehr bedarf. Diese aufgewandte Kraft, um den Revolutionsgedanken zu erfassen, verändert das innere Erleben so, daß es eine Steigerung des eigenen Wesens erzeugt und seine Bestätigung am Gedanken der Revolution erfährt: ein sich selbst aufschaukelndes System der Bezugslosigkeit nach außen.

Die Besessenheit von dämonischen Mächten ist unverkennbar, das menschenverachtende dieser Gesinnung ist offenkundig. Bakunin – er hat an der Abfassung nicht mitgewirkt – kannte den Katechismus natürlich und war zunächst davon fasziniert. Nečaev vermochte Bakunin sogar dazu zu bewegen, die Übersetzung von Marxens ‹Kapital› ins Russische einzustellen, um sich ganz der revolutionären Arbeit zu widmen. Nečaev wird zu diesem Zweck selbst im Namen des Komitees gegenüber dem Verleger mit Drohungen tätig. Doch da wird in der Verwirrung Klarheit geschaffen: In Anwesenheit von Nečaev wird Bakunin durch G. A. Lopatin (1845–1918) über die wirklichen Verhältnisse aufgeklärt, und das Komitee wird als fiktiv, d. h. lediglich aus Nečaev bestehend, entlarvt. Daraufhin faßt Bakunin einen umfangreichen Brief ab, an dem er eine Woche lang arbeitet (Juni 1870). Darin anerkennt er Nečaevs «außerordentlichen Fanatismus», die «tiefe Leidenschaft und Energie» für die Revolution, kritisiert aber die Unerfahrenheit, die Verneinung der wirklichen Natur des Menschen, einen mystischen Pantheismus, vor allem aber den Jesuitismus Nečaevs. «Meine Methode unterscheidet sich von der Ihren vor allem darin, daß sie nicht den Nutzen und nicht einmal die Möglichkeit einer anderen Revolution als der spontanen, d. h. der vom Volk ausgehenden und sozialen Revolution gelten läßt. Jede andere Revolution, davon bin ich überzeugt, wäre unehrlich, schädlich und verhängnisvoll für die Freiheit und das Volk» (Gewalt, S. 64). «Wer weiß, welche Ideen noch im russischen Volke keimen, die man dann am Tage der Revolution wird aufblühen sehen» (ebd., S. 64). Der große Irrtum Nečaevs neben seiner Unerfahrenheit sei das von ihm übernommene System Ignatius von Loyolas und Machiavellis, «von denen der eine sich vornahm, die gesamte Menschheit zu versklaven, während der andere sich bemühte, einen mächtigen Staat zu schaffen» (ebd., S. 84). Für Bakunin war damit die Irritation, die von der Aussicht ausging, mit Terroranschlägen die Revolution machen zu können, beendet, nicht aber für andere.

Nečaev brach noch bei verschiedenen Emigranten ein, ging nach Zürich, wurde dort verhaftet und dann nach Rußland ausgeliefert, erneut verurteilt (1873) in einem Prozeß, in dem er als Krimineller angeklagt war, wobei er sich propagandistisch geschickt als politischer Gefangener und seine Urheberschaft am Mord an Ivanov als eine politische Tat bezeichnete. Seine Ideen breiten sich durch die Prozeßberichterstattung in weiten Kreisen aus. In der Haft stirbt er am 21. 11. 1882 an Skorbut, «ein Gläubiger ohne Gott und ein Held ohne Phrasen» (Bakunin, zit. n. Wittkop, S. 80).

4. Zerstörungslust und okkulte Hintergründe

Was liegt hier vor, wenn die Lust an gesellschaftlicher Zerstörung so unbedingt wird, daß sie auch vor Mitverschworenen nicht haltmacht, d. h. direkt Menschenleben zerstört? Dies ist nur aus einer verborgenen, d. h. okkulten Überlieferung bestimmter Handhabungen heraus zu verstehen. Die Orte, an denen diese zumeist verschwiegene Praxis geübt wurde, heißen, einer griechischen Benennung folgend, Mysterien. Dies sind Orte, an denen Führer von Völkergemeinschaften aufgrund von okkultem Wissen versuchten, sich in eine bestimmte Verbindung zu höheren Kräften einer verborgenen Welt zu setzen und aus den dabei empfangenen Inspirationen die Geschicke der ihnen anvertrauten Menschen, wie es den jeweiligen Zeitaufgaben entsprach, zu lenken. Dabei lassen sich zwei Mysterienformen unterscheiden: solche, die einen «rechten» und solche, die einen «schwarzen» Weg beschreiten. Erfolgreich sind beide, an der Moral aber scheiden sich die Methoden und die Geister. Schauen wir für die zweitgenannte Art auf entsprechende mexikanische Tempelanlagen, die sowohl in ihrer großartigen Architektur als auch in ihrer bildnerischen Ausschmückung überliefert sind: im Zentrum, dem Sanktuarium, befindet sich ein Opferstein, der so beschaffen ist, daß das Opfer – in diesem Falle ein Mensch – mit nach hinten zurückgebogenem Kreuz und festgebundenen Armen und Beinen dem Priester den Bauch so zukehrt, daß dieser mit einem Messer in den lebendigen Leib hineinzuschneiden vermochte. Bei der Opferzeremonie strahlt das pulsende Blut in einer Fontäne auf, und der Priester entnimmt innere Organe dem zunächst bei vollem Bewußtsein befindlichen Opfer, um seinerseits diese Organe den höheren Mächten zu übereignen. Was während dieses Ritus geschieht, ist vergleichbar der Handlung eines Chirurgen, nur hat sie eine andere Qualität. Während der Chirurg den Eingriff vornimmt, um dem Kranken zu helfen, ist die Absicht des

Priesters, den Lebenden zum Tod zu befördern, und indem er bei diesem Vorgang des Opfers elementar sinnliche Erlebnisse hat – das pulsierende, aufspritzende Blut mit seiner Wärme, das pulsierende Herz, den kontrahierenden Magen –, wird er wie in einen Rauschzustand versetzt und in seinem Bewußtsein ekstatisch über das Alltagsbewußtsein hinausgehoben; er hat nun Wahrnehmungen, die dem alltäglichen Bewußtsein entzogen sind. Diese Wahrnehmungen höherer Art beruhen darauf, daß mit dem Opfer jene leibgestaltende, den Leib durchziehende Geistigkeit des Lebens im rituellen Eingriff zerstört wird und sich zugleich dem Leibe so entringt, daß der im ekstatischen Rauschzustand befindliche Priester diese Kräfte als bildschaffende, inspirierende aufzufangen vermag. Dabei erlebt er ebenso wie die sich dem Leib entringende Seele des soeben Gemordeten die Weltgestaltungsmächte. Auch ein Einblick in die sich befreiende Seele wird möglich und in die sich in ihr vollziehenden Erlebnisse. Es enthüllt sich aber auch die Teilhabe anderer Verstorbener und den Sterbevorgang begleitender höherer geistiger Wesenheiten, die dem Alltags-Ich bei gegebener Konstitution sonst verborgen bleiben.

Dieses «Opfern» eines Menschen ist ein komplexer, vielschichtiger Prozeß, der auf wenigstens zwei Ebenen verläuft: im Bereich der innerseelischen Einsichtnahme in die sich vom Leib befreiende Seele sowie in der Freisetzung von Kräften, die aus der Zerstörung resultieren. Indem nämlich der durch Schöpfermächte gestaltete Leib, der Tempel der Gottheit, zerstört wird, entbindet sich jene Geistigkeit, die im menschlichen Organismus, ihn gestaltend, einverwoben war, und wird als *Macht* für das herausgehobene *«Über»-Bewußtsein* des Priesters ansichtig. Dieser Vorgang kann sogar derart systematisiert werden, daß sich in diesem Akt der rituellen Tötung eines anderen Menschen eine Wesensveränderung im Handelnden vollzog; er wurde als *«eingeweiht»* in ein anderes als das alltägliche Wissen bezeichnet. Aber der Einweihungsvorgang brachte dem Initiierten nicht nur ein anderes, verändertes – höheres – Bewußtsein, er wurde auch ein «anderer», ein anderes Wesen nahm von ihm Besitz. Dieses andere Wesen kann sein besseres, bisher noch schlummerndes eigenes Zukunftswesen, der Idealmensch, sein oder eben der niedere, ungeläuterte Vergangenheitsmensch, der Doppelgänger. Es ist der «andere», der einen anderen Namen trägt als der bisherige bürgerliche Mensch, den eines Heiligen oder Teufels. Rituell wurde deshalb bei einem Einweihungsvorgang ein neuer Name gegeben, wovon die Weihe im Mönchtum heute noch Kunde gibt: etwa «Bruder Franz» oder bei der «Erhebung» ins Amt «Gregor» oder «Johannes

Paul». Neben diesen «gesitteten», d. h. «geheiligten» Formen des Vorgangs gab und gibt es auch *«Gegenbilder»*. Sie gruppieren sich um das Werk der Zerstörung, um dadurch zur «Erhebung» zu kommen. Es handelt sich dabei um «schwarze Praktiken», die sich – sofern sie in der Gegenwart angewandt werden – wohl auf okkulte Überlieferung abstützen können. Dabei ist nicht nötig, daß der Destrukteur selbst direkt so vorgeht, wie jene Priester in Mexiko; schon der Gedanke der Zerstörung, die Vorbereitung, Aufregung und Teilhabe am Werk der Vernichtung können einen vergleichbaren Effekt haben, daß nämlich etwas wie eine Wesensverschiebung und zugleich Ermächtigung auftritt, im Auftrag eines höheren Wesens (eines Komitees, einer Partei oder etwa der RAF) zu handeln. Alle Zerstörungsgedanken zielen auf diesen Inspirationsquell.

Wenn nun Terrorakte im Sinne der Propaganda der Tat durch bestimmte Gruppierungen ausgeübt werden, so hat dies neben den geschilderten Abläufen auch noch andere, verborgene Folgen. Welche Wirkung üben die Gemordeten nachtodlich auf die anderen, durch Alter und Krankheit «natürlich» Verstorbenen aus? Das kann bei entsprechendem okkulten Wissen aufgeschlossen werden: gewaltsam und vorzeitig aus dem Leib gerissene Seelen haben auf die Seelen anderer Verstorbener eine Wirkung der Ängstigung und Furcht, weil sie etwas wissen, «was die anderen Seelen nicht zur Unzeit von ihnen erfahren möchten... (Ihnen) bleibt nämlich dadurch, daß sie auf diese Weise ums Leben gekommen sind, ... eine gewisse Benutzungsmöglichkeit der Kräfte (die an die Leiblichkeit gebunden sind, weiterhin gegeben), zum Beispiel der Verstandeskräfte ... Dadurch ist es ihnen möglich, gewisse Dinge (im Reich der Verstorbenen) früher zu wissen, als es eigentlich im Fortgang der Menschheitsentwicklung heilsam ist» (Steiner, GA 178, 6. 11. 1917, S. 84).

Dieser Tatbestand könnte für jene, die vorsätzlich einen Mord ausüben, genutzt werden, wenn es ihnen gelänge, mit den so zu Tode Gebrachten Verbindung aufzunehmen. Deshalb gilt es nicht nur die äußere Seite von Propagandaaktionen zu beachten, sondern auch die okkulte, wie nämlich der Verstorbene genutzt werden kann, um durch ihn Einsicht in zukünftige Entwicklungen zu erlangen. Dabei wird insbesondere ein Wissen davon erlangt, wie die sich «von unten» befreienden Massen künftig «von oben» geführt werden können. Die Mittel zur Lenkung der Massen, ihre Impulsierung und Dämpfung kann bei bestehender Möglichkeit dadurch in Erfahrung gebracht werden. Vor diesem Hintergrund erhalten die oft unverständlichen und unaufgedeckten Mordaktionen noch einen anderen Sinn, auf den R. Steiner 1917 hinwies. Aber auch die Flut von Folterungen, Unterdrückung und Ausmerzuung Andersdenkender oder von rassischen oder religiösen Minderheiten, wie sie sich in diesem Jahrhundert in grauenvoller, nicht auslotbarer Fülle entfaltet hat, wirft die Frage nach den Gründen der Destruktivität, des Sadismus und Satanismus im großen auf.

Die Destruktivität mit wechselnden Gesichtern hat einen okkulten Charakter und fordert dazu auf, *«den vollbewußten Kampf gegen das in der Menschheitsentwicklung auftretende Böse» aufzunehmen* (Steiner, GA 178, 14. 11. 1917). Dazu ist aber notwendig, daß zuerst der Quell des Bösen in jener Inspiration, wie sie bei Bakunin in der glühend ersehnten Revolution als verführerisches Heilsgeschehen auftrat. Bakunin und Nečaev fingen – mehr oder minder ahnungsweise – etwas von den bestehenden okkulten Möglichkeiten ein, die der Zerstörung eignen: diese setzt nämlich jene Formkräfte und geistigen Inhalte des Zerstörten frei, die zuvor in den geformten Zusammenhang eingebunden waren. Jeder Erscheinung liegt ein wirksames Geistiges zugrunde, welches das Erscheinende «im Innersten» zusammenhält. Dieses wird im Falle der Zerstörung, des Verwelkens, Verwesens «frei» und geht als eine Qualität in die Weltgeistigkeit über, die in sich Provinzen aufweist, die im Falle der mineralischen, pflanzlichen, tierischen und menschlichen Welt gänzlich verschieden sind (vgl. Steiner, GA 130, 1. 10. 1911, S. 95 ff.). Die *Einbindung* dieser Geistigkeit wirkt für den Täter selbst, soweit er sich ihrer bewußt zu werden vermag, *befreiend,* seelisch gesprochen: *lustvoll,* steigernd. Aber jeder nur auf Zerstörung sinnende Gedanke, der nicht zugleich das Neue inhaltsvoll-plastisch ausformt, erzeugt, wirkt so, daß er nur neuerliche Gedanken der Zerstörung hervorbringt. Sie bilden das Böse schlechthin (vgl. Steiner, GA 178, 15. 11. 1917, S. 38, und 16. 11. 1917, S. 47 ff.). Aber es kann nicht um die Zerstörung und das Böse gehen, sondern um die Verwirklichung des Guten, Besseren. Das ersehnt Bakunin. Daß es in der Auseinandersetzung mit dem Bösen errungen werden muß, ahnt er – und so taucht er gelegentlich zu tief darin unter, aber immer mit dem Ziel, das Gute zu bewirken. Nečaev allerdings verliert sich ganz in der Destruktion. Daß es auch Wege der Aussöhnung ohne die Destruktion und Gefährdung durch Kräfte der Finsternis, des Bösen, gibt, hat Cieszkowski aufgezeigt. Die wilden Kritiker und Destruktoren werden Zeugen dafür, daß beim Kampf hinter den Kulissen des äußeren Geschehens «ganz besonders wirksame Geister der Finsternis ... in das Reich der Menschen versetzt» wurden (ebd., 18. 11. 1917, S. 173). Dieses Ereignis «vom Anfang der vierziger

Jahre: der Kampf gewisser (finsterer) Geister mit höheren Geistern, der dann 1879 damit beschlossen worden ist, daß gewisse Geister mit Engelnatur, Geister der Finsternis, verfallen sind dem Ereignisse, das als die Überwindung des Drachens durch Michael symbolisiert wird», findet seinen Ausdruck in differenzierten Gedankenformen, die vom Zerstörungsdrang bis zum platten vordergründigen Materialismus reichen, der jede geistige Wirksamkeit leugnet (ebd., 19. 11. 1917, S. 195).

5. Anarchie als Instrument der Freiheit

Kehren wir zu Bakunin selbst zurück. Bei seinem Aufenthalt in Italien (1867) entwirft er die Prinzipien einer zu gründenden *Allianz*, die «den Atheismus, die Verneinung jeder Autorität und jeder Machtausübung, die Unterdrückung der juristischen Rechte, die Abschaffung des Bourgeoisie-Geistes» zum Ziel hat. «Die Allianz erklärt die Arbeit zur Grundlage der Gesellschaft und fordert, von unten nach oben die freie Föderierung herzustellen» (zit. n. Wittkop, S. 69). Es entsteht 1865/66 ein *Katechismus*, der zu den radikalsten politisch-sozialökonomischen Utopien zu zählen ist, die sich in der Literatur auffinden lassen: *«Die Freiheit ist das absolute Recht aller erwachsenen Männer und Frauen, für ihre Handlungen keine andere Bewilligung zu suchen, als die ihres eigenen Gewissens und ihrer eigenen Vernunft, nur durch ihren eigenen Willen zu ihren Handlungen bestimmt zu werden ... Der Mensch ist nur unter in gleicher Weise freien Menschen wirklich frei ... Absoluter Ausschluß jedes Prinzips von Autorität und Staatsraison... Die politische und ökonomische Organisation des sozialen Lebens darf folglich nicht mehr wie heute von oben nach unten und vom Mittelpunkt zum Umkreis ausgehen, nach dem Prinzip der Einheit und der erzwungenen Zentralisation, sondern von unten nach oben und von der Peripherie zum Zentrum nach dem Prinzip der freien Assoziation und Föderation ... Abschaffung der Klassen, Rangstufen, Privilegien und Unterschiede aller Art ... Die Freiheit jedes mündigen Individuums, Mann oder Frau muß also absolut und vollständig sein; Freiheit zu gehen und zu kommen, laut jede Meinung auszusprechen, faul oder fleißig, unmoralisch oder moralisch zu sein... Die Freiheit kann und soll sich nur aus sich verteidigen... Jedoch soll die Gesellschaft nicht völlig waffenlos bleiben gegen schmarotzende, bösartige, schädliche Personen. Da die Arbeit die Grundlage aller politischen Rechte sein soll, so kann die Gesellschaft ... diese Rechte großjährigen Personen entziehen. . ., die (ohne berechtigt zu sein), auf Kosten öffentlicher oder privater Wohltätigkeit leben . . . Absolute Abschaffung aller entwürdigenden und grausamen Strafen, körperlicher Züchtigung und der Todesstrafe»* (ebd., S. 70). Das stehende Heer fällt ebenso weg wie Staatsgrenzen, Zölle, Erbrecht, Eigentum an Grund und Boden. Um das zu erreichen, sind internationale Revolutionen nötig. Der Unterschied zwischen Bakunin einerseits und Marx, Nečaev u. a. andererseits besteht darin, daß die Revolution im Sinne von Bakunin «nicht nur *für* das Volk, sondern *durch* das Volk gemacht» wird; sie ist in den ersten Tagen blutig, aber sie wird niemals *«kalt ausgeübter Terrorismus»* sein.

Es ist bezeichnend, daß Bakunin das Feuer der Zerstörung schätzt, die hitzige Phase der Revolution, weniger die systematisch kalt berechnende mechanische Destruktion, daß er also luziferische Befeuerung der ahrimanisch-mechanischen Gründlichkeit vorzieht. Ordnung und Einheit ergeben sich von selbst, wenn Gewalt und Despotismus beseitigt sind. Mit diesen Gedanken hat er vor allem in der romanischen Welt einen großen Zulauf bei Arbeitern und Intellektuellen gefunden, verheißt doch die von ihm verkündete Anarchie jene Formen des menschlichen Zusammenlebens, wie sie zu keiner Zeit vorher gesellschaftlichen Verbänden eigneten, aber als Ideal, als Traum schon vorhanden waren. Ist nicht durch die Anarchie wahre Freiheit erst möglich? Diese Erwartung erfüllte Abertausende, insbesondere Arbeiter und Intellektuelle.

Wie ist es nun mit Bakunins Wirkung – sehen wir von Nečaev, der zuvor behandelt wurde, einmal ab – in seinem Herkunftsland? Bakunins Wirkung stößt – geistig gesehen – auf den Widerstand von P. L. Lavrov (1823–1900), der ebenfalls als Emigrant in der Schweiz lebt, früher Offizier war, naturwissenschaftlich hochgebildet, und weder wie andere Russen dem Nihilismus verfällt noch zu viel von der Wissenschaft erwartet. Lavrov glaubt nicht – wie Bakunin – , daß Massen den Gang der Geschichte bestimmen, sondern nur *zum kritischen Denken befähigte menschliche Individuen.* Gleichwohl sind Bakunins *Leitsätze über «Gott und Staat»* nicht ohne Einfluß auf ihn. In diesen Bakuninschen Leitsätzen heißt es: «Wir weisen alle privilegierte, patentierte, offizielle und legale Gesetzgebung, Autorität und Beeinflussung zurück . . . Von allen Despotismen ist die des Doktrinärs oder religiösen Erleuchteten die ärgste . . . Nur dann bin ich wahrhaft frei, wenn alle Menschen, die mich umgeben, ebenso frei sind wie ich . . . *Es ist an der Zeit, mit allen Päpsten und Priestern ein Ende zu machen* . . . Ausbeuten und Regieren ist ein und dasselbe. . .» (n. Wittkop, S. 94).

Mit dieser jeden autoritären Führungsstil entschieden ablehnenden Haltung ist Bakunin der «geborene» Kontrahent von Marx, den er zu den «Päpsten» zählt, und zwar deshalb, weil er schon weiß, was nach der Revolution kommen wird. Bakunin lehnt den Kommunismus ob seiner autoritären Einschlüsse ab und bekennt sich zu einem freiheitlichen Sozialismus, er will *«Gerechtigkeit, aber nur auf dem Weg zur Freiheit;* ein Sozialismus, der sie aus seiner Mitte verstößt oder sie nicht als das einzige schöpferische Prinzip und als Grundlage akzeptiert, würde nur ganz direkt zur *Sklaverei und zur Bestialität* zurückführen» (Brief, April 1868, in: La démocratie, Genf, n. Wittkop, S. 123). Diese unterschiedliche Einstellung zu Führung und Autorität spaltet die aufkommende soziale Bewegung sogleich in zwei Lager: das autoritär-zentralistische mit Marx als Führer und das anarchistisch-freiheitliche mit Bakunin als Wächter und Brandleger.

Im *anarchistischen Gedanken* wird ein Prinzip an der Wurzel erfaßt, nämlich das des *freien Menschen.* Diese Freiheit, wie sie Bakunin versteht, wird aber nicht im Individuum und seinem Bewußtsein gesehen, sondern ausschließlich in der Art der gesellschaftlichen Verfassung. Diese – in welcher Form sie auch immer auftritt – wird prinzipiell als unterdrückend abgelehnt. Doch erfährt der so gefaßte Gedanke – bei Bakunin sagt man besser: diese Empfindungsweise – eine Verengung, wenn nicht gar eine gefährliche Reduktion, insofern nämlich, als er sich in der Dimension revolutionären Handelns erschöpft. Wird aber das Prinzip des «Anarchischen» so allgemein gefaßt, daß es abgelöst von den revolutionären Rahmenbedingungen gedacht wird, dann entsteht erst Freiheit, d. h. wenn die «Gesetzmäßigkeit nicht mehr *über* uns, sondern *in* uns ist». Damit wird «das vom Ich ausgehende Geschehen» bestimmt (Steiner, Wahrheit u. Wissenschaft, GA 3, S. 91). In diesem Fall ist freies Handeln nicht nur durch sich selbst bedingt, etwa ausschließlich von innen, sondern eben auch in einem Bezug nach außen, d. h. sozial, zu sehen.

Wenn eine Freiheitsbeschränkung aus der Gesellschaftsordnung resultiert, so weist diese Tatsache, sofern sie als solche überhaupt erlebt wird, immer *auch* darauf zurück, daß unabhängig davon zuerst der Mensch zu dieser inneren Freiheit fähig sein muß. Dies wurde erstmals von Stirner, dann später immer wieder neu, insbesondere in Auseinandersetzung mit dem real existierenden Sozialismus etwa von M. Michailov, Solschenizyn und vielen anderen aufgewiesen. Was also Bakunin erstrebt, ist, zunächst den Rahmen zu schaffen, um diesen freien Menschen dann zur Entfaltung zu bringen, über den er selbst allerdings nicht weiter nachsinnt. Der zentrale *Bereich der Freiheit ist ein rein geistiger,* ein solcher, -

der mit den Bewußtseinsvorgängen zu tun hat; insofern er aber für den Handelnden in der sozialen Welt bereits vorgeformt ist, kann davon Beengung und Zwang ausgehen. Ziel der Anarchisten ist es, daß diese Bedingungen entfallen. Dann ergibt sich in einem für sie unklaren Akt von selber die innere Freiheit. Tatsächlich ist es aber so, daß dahinter die wahre Arbeit erst anhebt. Denn das soziale Leben kann uns zu einem gesetzmäßig Handelnden machen und von außen steuern; frei, aus eigener Einsicht, handeln können wir nur selbst, das nimmt uns niemand ab (Steiner, Philosophie d. Freiheit, GA 4, S. 170).

Was der bakuninische Anarchismus zu Recht erstrebt, ist die Freiheit des Geisteslebens. Dabei stößt er auf die Ordnungsstrukturen und nimmt sie umfassend – gleichsam als einziges Übel – zum Handlungsmotiv, um Herrschaftsfreiheit auf Dauer zu erreichen. Weitere Ziele, wie soziale Verbesserung, Abbau der Ungleichheit sowie Bildung von Bruderschaften usw., fügen sich der übergeordneten Zielsetzung ein. Eine weitere Einseitigkeit besteht darin, daß diese absolute Form des Anarchismus den Staat, das Ordnungsprinzip schlechthin, zerstören will, um damit den inneren Quell der Freiheit zu entbinden, anstatt genauer zu untersuchen, wie die «Grenzen der staatlichen Wirksamkeit zu bestimmen» und das wirtschaftliche Leben zu ordnen sei; insgesamt wird – bei vielen stimmigen Annahmen – ein wirklichkeitsferner Vorgriff in eine ferne, ideale Zukunft getan, die Bakunin bereits an die Türen pochen hört. Diese Diskrepanz zwischen gesellschaftlicher Erfahrung und anarchischer Hoffnung konnte bisher – außer auf denkerischem Gebiet und für das Geistesleben – an keiner Stelle real gemildert und der Einsicht eingängig gemacht werden. Bakunin richtet seinen Blick nur auf das eine Prinzip der Gesellschaft, eben die Herrschaft, die Gewalt. Es ist dasselbe Prinzip, das er in seiner eigenen Biographie am stärksten zu spüren bekommen hatte. Andere Dimensionen des gesellschaftlichen Lebens treten dagegen zurück.

Zweifellos finden sich in seinen Gedanken der Föderalisierung – ähnlich wie in dem westlichen Anarchismus – wichtige Hinweise auf eine – entmachtete – staatliche Ordnung, aber das realistische Ziel für den Hoheitsbereich müßte die Rückführung der rechtlichen Gestaltung auf den «reinen Staat» sein, d. h. auf jenen Bereich, der von allen Mündigen mitbestimmt wird und nur das regelt, was aus mündiger Einsicht, nicht aber aus Fachkenntnis und Sachverstand verwaltet werden kann. In dieser Richtung hat dann erst Rudolf Steiner 1917/19 Ansätze Humboldts und Bakunins wie Stirners mit seiner Idee der sozialen Dreigliederung weitergeführt, über die später kurz zu sprechen ist.

Diese traumhaften Zukunftsprojektionen wurden – wie schon gezeigt – zum Mutterschoß für die *«Propaganda der Tat»*. Indem das Empfinden stets auf das Kommende gerichtet war, drängte alles darauf hin, doch mit jenen Mitteln, die durch den Anarchismus überwunden werden sollten – eben mit Gewalt –, das Ziel der Gewalt- und Herrschaftslosigkeit zu errreichen. Nečaev war es, der in Bakunins unerschütterliches luziferisches Hoffen jene zwanghafte ahrimanische Verdichtung, ja jene Umpolung der ursprünglichen Absichten hineintrug, die etwas qualitativ ganz Neues schaffen, indem er den dehnbaren Begriff der Revolution mit dem Inhalt des Machbaren erfüllt. Was schon in den 40er Jahren als Inspiration empfangen worden war, verwandelt sich zu Beginn der 70er Jahre des letzten Jahrhunderts so, daß einzelne und Gruppen zu terroristischen Aktionen greifen, um ihre Absichten durchzusetzen – insgesamt sind dies *verzerrte und späte Ausläufer der Philosophie der Tat*, die eine Generation vorher aufgetreten war. Was unter *Berührung durch den Zeitgeist* geboren wurde, entwickelte sich unter dem *«Dämon des Widergeistes»* weiter, und wiederum ein weiteres Jahrhundert später erlebte dieser terroristische Gewaltansatz eine ungeahnte Neuauflage in zahllosen Terroraktionen in allen europäischen Ländern, im nahen und fernen Osten, durch unterschiedliche Gruppen: Fanatiker christlicher Provenienz, baskische Nationalisten, ferner alle sich irgendwie als revolutionär verstehenden Gruppierungen, die gegen Kapitalismus und Imperialismus «kriegerisch» kämpfen wie die Rote Armee Fraktion, die action directe usf. Der von Nečaev propagierte «Katechismus» tut seine Wirkung, stellt er doch in Aussicht, daß durch gezielte Aktionen 1. jene Zerstörung partiell erreicht wird, die Voraussetzung für das Neue ist, 2. ein Verbund revolutionärer Genossen hergestellt wird, die schon deshalb zusammenhalten, weil sie gleichermaßen durch ihre Taten verbunden und gefürchtet sind, 3. das Unglück durch Terrorakte so vermehrt werden kann, daß «schließlich die Geduld des Volkes erschöpft» wird «und es zu einem Massenaufstand veranlaßt» (§ 22). «Unsere Angelegenheit ist die schreckliche, totale, unerbittliche und allgemeine Zerstörung» (§ 24). Zielsetzung und Aktionen lassen sich so weit instrumentalisieren, daß sie abgelöst von ihrer Entstehung – bei wechselnder Absicht – beliebig eingesetzt zu werden vermögen. Damit aber wird das Kampffeld international, das heißt, jeder Ort der Erde kann Schauplatz werden. Die Rechte, die Linke, die Ultraorthodoxen, Fundamentalisten, Islamiten, Christen, ja sogar Staaten, kurz: jeder kann das Instrument für seine Zwecke einsetzen (vgl. im einzelnen Leber: Freiheit durch Gewalt?).

Was steckt an Inspirationen hinter diesen Gedanken, wie sie im «Revolutionären Katechismus» sich kundgeben? Die Aktionen «legal» oder «illegal» ausgeübter Brutalität von Seiten der «Unterdrückten» oder die sich so verstehen, nehmen ebenso sprunghaft zu, wie umgekehrt die Unterdrückung, die Formen der sichtbaren Machtausübung durch die Herrschenden in Militär und Polizei mit ihren brutalen Übergriffen durch Verhaftung, Folter und Zensur im 19. Jahrhundert verstärkt werden. In unserem Jahrhundert geschieht einerseits eine durchgängige zunehmende Verrechtlichung (seit dem Ersten Weltkrieg), andererseits aber bilden sich totalitäre Regimes aus und ziehen durch ihre Konflikte mit den demokratischen Staaten eine unvorstellbare «Über-Rüstung» nach sich, mit ungeahnter Vernichtungswirkung auf beiden Seiten. Der Impuls der Ohnmächtigen und Unterdrückten, alles zu zerstören, resultiert aus der Erfahrung, daß dem Bestehenden eine wesenseigene Kraft unveränderlicher Beharrung und Selbstbehauptung innewohnt. Dadurch steigert sich einerseits das Erleben, etwas ändern zu wollen und zu müssen, und andererseits die Erfahrung, es nicht zu können, erst zur Empörung, dann zur *Besessenheit*, und indem man die eigene Ohnmacht endgültig gewahr wird, taucht als der einzige Ausweg der Impuls auf: Zeichen der Vernichtung durch Terrorakte, durch Morde an Repräsentanten der Macht oder durch Zerstörung von Einrichtungen zu setzen, um das Bewußtsein der Öffentlichkeit zu wecken und durch Entsetzen Mitleiden hervorzurufen.

Die ersten «Aktionen» richten sich gegen Mitglieder eines Herrscherhauses, möglichst natürlich gegen das gekrönte Haupt einer Dynastie, die durch Schüsse oder Bomben getroffen werden. Ist dieses unerreichbar, dann gegen ein anderes Familienmitglied, um durch das Attentat zu verdeutlichen, daß der «Repräsentant des Bestehenden» wie dieses selbst den Weg des Vergänglichen zu nehmen hat. In unserer Zeit richten sich die «Aktionen» gegen Symbole des Systems, Träger der Herrschaft wie Wirtschaftsführer u. a. Aber auch Sprengstoffanschläge, Gewaltakte auf Einrichtungen des öffentlichen Lebens wie Post, Bahn, Polizei und Militär sollen einerseits Angst und Schrecken verbreiten und damit ein für *«Propaganda»* empfängliches Klima schaffen, andererseits aber auch Ausdruck für die *«machtvolle Ohnmacht»* der Täter sein. «Stolz» ist schon im letzten Jahrhundert die Reihe der Attentate auf den Zaren, dann auf den deutschen Kaiser, auf Könige, «stolz» auch die Reihe der tatsächlich Gemordeten – gekrönte Häupter, Militärs usf. Einmal war sogar die Zielsetzung, das monarchische System als Ganzes zu beseitigen, durchaus erfolgreich: das Attentat von Sarajewo löste den Ersten

Weltkrieg aus, der schließlich auch zum Untergang der Monarchien führte.

Kann dies als Nachweis für den grundsätzlichen «Erfolg» der Konzeption gelten? Inzwischen sind die Terrorakte Legion geworden. Schon früh erkannte Mackay, der den reinen Anarchismus lehrte, daß für einen getöteten Minister ein Dutzend anderer bereit steht, um ihn zu ersetzen. Und entsprechend gilt, daß wenn ein Flugzeug entführt wird, 20 000 andere weiterfliegen, wenn eine Bank oder ein Rechenzentrum zerstört wird, die anderen weiterarbeiten, daß ferner die Sicherung gegen Terror zunimmt und die Akteure ihr Tun kaum dem Volk, um das es ihnen geht, verständlich machen können. Während so die Massen durch spektakuläre Aktionen aufgeschreckt werden sollen, steigern die herrschenden Mächte zum Schutz vor Übergriffen ihre Gewaltmittel, die Überwachung, rüsten die Polizei besser aus, richten – trotz Sparmaßnahmen – neue Kontrollen und zugehörige Planstellen ein. Was zur Freiheitssicherung und -mehrung antrat, läßt durch die ungeeigneten Mittel im Ergebnis das Ziel ins Gegenteil umschlagen: weniger Freiheit, mehr Herrschaft, *machtvolle Ohnmacht* ist die Folge der Tatpropaganda.

Das Motiv der Terroristen bleibt für eine Alltagsratio unverständlich. Doch was vordergründiges äußeres Geschehen ist, das hat auch tiefere geistige Hintergründe. Worin bestehen diese? In jenem Zeitalter, das berechtigterweise auf *Teilhabe und demokratische Mitwirkung* hinorientiert ist, findet zugleich eine im öffentlichen Bewußtsein weniger bemerkte und damit weniger verankerte Gegenbewegung statt, nämlich die, daß die tatsächliche Führung der Massen und die letztlich maßgebenden Entscheidungen allein durch *wenige einzelne Persönlichkeiten oder sehr kleine Gruppen* erfolgen, oftmals werden diese sogar durch die Gestalt der öffentlichen Meinung gelenkt, so etwa im Fall der Kuba-Krise, wo die «demokratische» Entscheidung über einen Atomkrieg sich auf die Zirkel um Kennedy und Chruschtschow zuspitzte. Jeder Machtwechsel von einem Vorsitzenden der KPdSU zum nachfolgenden oder jeder Präsidentenwechsel in den USA ist heute noch eher Zeichen für die tatsächlichen Machtverhältnisse als für eine egalitäre Demokratie. In jeder zugespitzten Entscheidungssituation wird die demokratische Verfassung in eine monokratische oder oligarchische Machtausübung übergehen. Das zeigt die Antithese zur Demokratie. Die Möglichkeiten zur Steuerung der Massen von oben ergeben sich als Gegenstück zur Demokratie wie von selbst und entstehen dadurch, daß sich das Interesse und die Aufmerksamkeit der Bevölkerung auf vordergründige, nebensächliche Sachgebiete und Fragen richtet, während große Weichenstellungen stillschweigend geschehen. (Man denke an den Einstieg in die friedliche Kerntechnik mit Hilfe der Forschungsfinanzierung.) Dieser prinzipiell politische Vorgang wurde von tiefer Blickenden schon im 19. Jahrhundert vorhergesehen, und diese erkannten eine Aufgabe darin, «Vorsorge» dafür zu treffen, «daß diejenigen, die auf diese Weise zu gewissen Machtimpulsen kommen, die Würdigen seien» (Steiner, GA 178, 6. 11. 1917, S. 80 f.). Sowohl äußerlich als auch okkult (vgl. S. 309) blieben alle Terroraktionen vergeblich, wenn es darum ging, Einfluß auf die Lenkung der Massen zu erlangen. Sie waren stets laienhaft und ohne «durchgreifende Erkenntnis der okkulten Zusammenhänge gemacht worden» und nicht «einheitlich geleitet» (Steiner, GA 178, 6. 11. 1917, S. 87), so daß sie sich letztlich als *Versuche mit «untauglichen Mitteln»* erwiesen (ebd., S. 86).

Max Stirner

VI. Max Stirner und der individuelle Anarchismus

1. Leben des individuellen Anarchisten

Der große Versuch Hegels, das «Ich» aller individueller Züge zu entkleiden, es nur als Idee zu betrachten und im allgemeinen Weltgeist aufgehen zu lassen, führte schließlich bei Hegels Schülern dazu, es wieder dem Tatsächlichen anzunähern. Auf diesem Weg der Wiedergewinnung des Ich wird allerdings nicht das Ich selbst entdeckt, sondern zuerst die Rahmenbedingungen, die Hüllen des Ich, des Humanen, Menschlichen. So wird von Feuerbach die Gattung, von Marx die «Sozietät», die ihm als *der* Mensch gilt, entdeckt, wobei sich die bestehenden Verhältnisse als kritikwürdig, die Entfaltung des Menschen hemmend erweisen. In der Art, wie alle Hegel-Schüler mit der Kritik umgehen, wobei ja in jedem Vorgang der Kritik das Bestehende mit einem Bild des Sein-Sollenden verglichen wird, gabelt sich der Weg der einzelnen Schüler: während Bakunin ebenso wie Bauer, Marx und Engels und zeitweilig auch Hess in der Revolution, d. h. in der Zerstörung der bestehenden Verhältnisse den Ausweg sehen, wodurch der Mensch «zu sich» kommt, nimmt Cieszkowski eine ganz andere, entschiedene Position ein. Er kann bei der Betrachtung der Hüllen nicht den Kern, das Ich und seine Herkunft ausblenden. So kommt er zur größten Weite der Herleitung des Ich, zur Palingenesie.

Dahinter bleibt Stirner zurück, weil er sich nicht mit dem durch Cieszkowski erreichten Stand auseinandersetzt, sondern bei Hegel beginnt. Seine Suche nach dem Ich führt ihn dahin, daß er das abstrakte – und damit verlorene – «Ich» Hegels wieder auf das einzelne, konkrete und individuelle Ich zurückwendet. «Für mein Denken ist nämlich der Anfang nicht ein Gedanke, sondern Ich, und darum bin Ich auch sein Ziel», ihm geht es um das alltägliche Ich, nicht das absolute oder metaphysische.

Der Gedanke der *Unabhängigkeit* dieses Ichs, das Herrschaftslosigkeit verlangt, führt Stirner ebenso zum Anarchismus wie Bakunin, jedoch verweist in diesem Fall das gleiche Wort auf ganz verschiedene

Inhalte. *Stirners anarchistische Grundhaltung ist ganz individualistisch,* sie zielt auf den *freien Menschen,* das einzelne Ich. Er sieht radikal von jeder Gemeinschaftsbeziehung ab, heiße diese nun Gattung, Volk, Rasse oder Klasse.

Max Stirner (1806–1856), dessen Schaffen und dessen Veröffentlichungen im wesentlichen in die kurze Zeitspanne von 1842–1845, also rund drei Jahre, fallen, strahlt auf wie ein Komet und vergeht ebenso: seit 1848 ist er so gut wie vergessen. 1845 ist das Erscheinungsdatum seines Hauptwerkes, das wohl bereits im Oktober 1844 vorlag. In diese Zeit fällt auch eine bemerkenswerte Wandlung, die sich bei dem Junghegelianer an der Kritik des Hegelschen Allgeistes entzündet und ihn endgültig zum Einzel-Ich hinführt. «Diese Umwandlung hat Stirner offenbar in den ersten Monaten des Jahres 1842 vollzogen», wie Steiner anläßlich eines von H. H. Houben wiederentdeckten und neuerlichen Abdruckes eines Aufsatzes von Stirner (über Bauers Posaune des Jüngsten Gerichts) im Magazin für Literatur bemerkt (GA 32, S. 356).

In der «Rheinischen Zeitung» erschien 1842 – noch bevor Marx Chefredakteur des Blattes wurde – von Stirner, einem Mitglied aus dem Kreis der «Freien», ein Aufsatz über *«Das unwahre Prinzip unserer Erziehung oder der Humanismus und Realismus».* Gleich in den ersten Sätzen heißt es dort: «Bildet man unsere Anlage, Schöpfer zu werden, gewissenhaft aus oder behandelt man uns nur als Geschöpfe, deren Natur bloß eine Dressur zuläßt?» Ziel sei: *«Jeder vollendet in sich.»* Dann wird ausgeführt, daß das Wissen nicht bis zum Kern der Persönlichkeit vordringen könne. Darum müsse das Wissen geläutert werden, indem es das Wollen fortreißt, «so daß das frei bewegliche Ich, von keiner nachschleppenden Habe beirrt, frischen Sinnes die Welt durchzieht, ein Wissen also, das nicht persönlich geworden, gibt eine erbärmliche Vorbereitung fürs Leben ab . . . Ist es der Drang unserer Zeit, nachdem die Denkfreiheit umschlägt . . ., so kann das letzte Ziel der Erziehung nicht mehr Wissen, sondern das aus dem Wissen geborene Wollen sein, und der sprechende Ausdruck dessen, was sie zu erstreben hat, ist: *der persönliche oder freie Mensch».* Heute wird der unterwürfige Mensch erzogen, dafür reicht ein «Abrichten»; so erziehen seither «Humanisten Gelehrte» und Realisten «brauchbare Bürger». Das *«Wissen muß sterben, um als Wille wieder aufzuerstehen und als freie Person sich täglich neu zu schaffen.»* Die *ewigen* Charaktere, in welchen die Festigkeit nur in dem unablässigen Fluten ihrer stündlichen Selbstschöpfung besteht, und die darum ewig sind, weil sie sich in jedem Augenblick selbst machen. . ., die gehen nicht aus (der realistischen) Erziehung hervor. Wenn jeder sich vollendet, so wird auch die Gemeinschaft, das soziale Leben vollendet. Die Schulfrage wird deshalb zur Lebensfrage» (Kleinere Schriften, S. 9 ff.).

Der Autor ist Johann Caspar Schmidt. Er nannte sich beziehungsreich – seiner ausgeprägten Stirn wegen einen studentischen Spitznamen annehmend – Max Stirner. Er war seit 1839 Lehrer an einer Privaten Höheren Töchterschule in Berlin und gesellte sich dem Kreis der *«Freien»* zu, der eine große Personengruppe umfaßte, so die Brüder Bauer, Buhl, Meyen, Maron, Köppen, ferner im weiteren Umkreis die Literaten Mügge, Riedel (Herausgeber des «Athenäums»), Kleefeld, Cornelius, M. Veit, Waldeck, Eichler, Faucher, Nauwerk, Flotwell u.v.a. Treffpunkt war zunächst das Lesekabinett von Dr. Häring, dann später ein Kaffeehaus und schließlich die Hippelsche Weinstube.

Stirners Hauptwerk *«Der Einzige und sein Eigentum»* erregte sofort nach dem Erscheinen großes Aufsehen. Den Intellektuellen fiel es schwer, dieses Werk einzuordnen. Als die ersehnte Revolution (1848) das Empfinden mit Beschlag belegte, war für dieses Denken kein Platz mehr, Stirner wurde vergessen. Doch eine Generation später, im Zusammenhang mit Nietzsches Philosophie – sie setzt in manchem Bauers Ansätze fort –, erlebte Stirners Werk eine Wiederentdeckung und übte nun neuerlich einen beträchtlichen Einfluß aus. Diese Wiederentdekkung erfolgte durch *John Henry Mackay* (6. 2. 1864–16. 5. 1933). Er war in Schottland, der Heimat des Vaters geboren, und nach dessen frühem Tod in Deutschland, der Heimat der Mutter, aufgewachsen. 1888 war er beim Studium von Langes *Geschichte des Materialismus* in London auf einen merkwürdigen Titel gestoßen, den Titel von Stirners Werk. An das Werk selbst gelangte er erst ein Jahr später, 1889, in Zürich, wo er es mit wachsender Erregung las, klärte sich ihm doch daran der eigene Individualismus. In Stirner fand er «eine Art Bruder im Geiste und im doppelten Sinne sich selbst» (Solnemann, S. 50). Ihm ist damit auch ein tieferes Stirner-Verständnis zu danken. Diese Wiederentdeckung und neuerliche Wirksamkeit geschah dann 33 Jahre nach dessen Tod (1856). Nun ist es, als ob nachtodlich die Individualität Stirners in und durch Mackay einen «ungeheuren, unvergleichlichen Eindruck» auslöst. Das Werk läßt diesen nicht mehr los, er ruft öffentlich dazu auf, ihm Daten, Erlebnisse und Erinnerungen über Stirner mitzuteilen, wobei er seine Forschungen in der bisher einzigen Biographie, 1898 veröffentlicht, zusammenfaßt[1]. Stirner entfaltet nun zum zweiten Mal eine beträchtliche Wirksamkeit.

1 Max Stirner – Sein Leben und sein Werk, Berlin 1898, Freiburg 1977[3].

Johann Caspar Schmidt wurde am 25. Oktober 1806 in Bayreuth geboren, der Vater war Flötenmacher, starb aber bereits ein halbes Jahr nach der Geburt des Sohnes an Schwindsucht. Die Mutter heiratete zwei Jahre später einen Apotheker, K. F. Ballerstedt, der sich in Kulm an der Weichsel niederläßt und bald den Stiefsohn zu sich holt, der dann später aber die Schule in Bayreuth besucht, wo er bei den Paten wohnt. Nach erfolgreichem Abitur studiert er in Berlin, Erlangen und Königsberg. In seiner Staatsexamensarbeit über das Schulgesetz «flimmert die Betonung des Ich» hindurch (ebd., S. 51). Der «Einzige», eben Stirner selber, war «von *unbedingter, gleichmäßiger Liebenswürdigkeit*. . . nie von Zorn hingerissen . . . gefällig, wo er es sein konnte, . . . unaufdringlich in jeder Weise . . . er genoß die allgemeinste Achtung und Sympathie . . . nie soll es vorgekommen sein, daß er irgend jemandem einen Vorwurf gemacht . . . oder etwas Mißliebiges hinter dem Rücken des Nächsten gesagt hätte . . . Zeugnis für die innere Vornehmheit (ebd., S. 101). Darin ist er grundverschieden von seinen Gegnern, vor allem Marx und Engels, die ihn – in der «Deutschen Ideologie» - «zermalmen», ohne daß Stirner davon gewußt oder es später je zur Kenntnis bekommen hätte. Äußerlich schien er keiner Leidenschaft fähig. Stirner hatte viele Bewunderer, aber keine Anhänger. Seine Botschaft von der *«Souveränitäts-Erklärung des Individuums, seiner Unvergleichlichkeit und seiner Einzigartigkeit»* war zunächst, wenngleich kurz aufleuchtend, spurlos an seinen Zeitgenossen vorbeigegangen, bis sie in den 90er Jahren wieder auferstand.

Stirners Lebensausklang ist still. Seine erste Ehe endet mit dem Tod der zweiundzwanzigjährigen Frau bei der Geburt des Kindes. Es wird berichtet, daß sie sich «einmal unbewußt im Schlaf entblößt habe und daß es ihm unmöglich gewesen sei, sie . . . wieder zu berühren» (ebd., S. 102). Später heiratet er die emanzipierte Marie Dänhardt, mit der er einige Jahre zusammenlebt, wobei der friedfertige Stirner durch die selbstbewußte und unabhängige Dame manches zu ertragen gehabt haben wird. Sie verläßt ihn, geht über London nach Australien und kehrt verarmt nach London zurück, wo sie zum Katholizismus konvertiert. Stirner, der nach Veröffentlichung seines Hauptwerkes keinem geregelten Brotberuf mehr nachging, stirbt nach mehrmaliger Schuldhaft am 25. 6. 1856 im fünfzigsten Lebensjahr. Von ihm erscheinen noch zwei Bände «Geschichte der Reaktion», im wesentlichen Texte anderer Autoren. «Die Reaktion tritt in demselben Momente ins Leben, in welchem die Revolution zur Welt kommt: beide werden im gleichen Augenblick geboren» (ebd.).

2. Entdeckung der freien Persönlichkeit

Im Hinblick auf die Kritik an Hegel finden sich sowohl Marx und Engels als auch Stirner in völliger Übereinstimmung; auch Feuerbach wirkt in ähnlich beeindruckender Weise auf die Genannten. Ebenso drängt es Marx und Engels fast zur gleichen Zeit zur Praxis, als Stirner für die Erziehung fordert, daß sie den Willen erreichen müsse. Allerdings enden damit auch schon die Gemeinsamkeiten, denn die Wege zweier Strömungen, die beide Hegel zum Ausgangspunkt haben, gehen auseinander wie eine sich öffnende Schere. Die Weggabelung, vor der Stirner wie Bakunin, aber auch Marx stehen, genauer zu betrachten, lohnt sich. Bei Marx lauten die Stationen: «Für Deutschland ist die *Kritik der Religion* im wesentlichen beendigt, und die Kritik der Religion ist die Voraussetzung aller Kritik ... Das Fundament der irreligiösen Kritik ist: *Der Mensch macht die Religion* ... Und zwar ist die Religion das Selbstbewußtsein und das Selbstgefühl des Menschen, der sich selbst entweder noch nicht erworben oder schon wieder verloren hat. Aber *der Mensch,* ... das ist *die Welt des Menschen,* Staat, Sozietät. Dieser Staat, diese Sozietät produzieren die Religion, ein *verkehrtes Weltbewußtsein...* Es ist also die *Aufgabe der Geschichte,* nachdem das *Jenseits der Wahrheit* verschwunden ist, die *Wahrheit des Diesseits* zu etablieren... Die Kritik des Himmels verwandelt sich damit in die Kritik der Erde ...» (Zur Kritik der Hegelschen Rechtsphilosophie, Einleitung, MEW 1, S. 378 f.).

Der Mensch wird für Marx zum «konkreten Wesen», das aber, genauer betrachtet, auch wieder eine Abstraktion darstellt: er macht es nämlich zu einem ausschließlichen Gesellschaftswesen, denn Marx kennt nicht den Kern des Individuums, sondern nur dessen Hülle, das Kollektiv, die Sozietät, womit er dessen Wesen identifiziert. «Da im Marxschen Kategoriensystem der Mensch als Hoffnungsträger fungiert, eschatologischer Teil des Oberbegriffs ‹die Menschen›- also: Volk –, sind auch Nationen mögliche Träger und Vollender des ‹Sprungs nach vorn› oder eben nicht. Mensch – Familie – Volk – Nation ist eine logische Kette bei Marx, deshalb ist eine Nation für ihn auch wie ein Individuum in Verantwortung zu nehmen, sie ist schuldig oder nicht schuldig. Man kann sie hassen oder lieben ... Das Schlimmste aber ist und bleibt ein Russe» (Raddatz, S. 121).

Daran wird deutlich, daß Marxens Zugriff zur konkreten Person, zum Ich, abstrakt, wie über der Wirklichkeit schwebend bleibt. Er setzt trotz seiner Hegelkritik im Grunde Hegels Verdrängung des Individuums auf einer anderen Schiene fort und opfert es zwar nicht dem Weltgeist, wohl aber der Gesellschaft.

Zu diesem Verfahren steht nun Stirner – ohne daß er Marxens neue Einsichten kennen würde, aber Hegelschem Geist in der Methode verpflichtet – *antithetisch.* Er entwickelt die beiden Ansatzpunkte von 1842: *die freie Persönlichkeit und das Ergreifen des Willens* in seinem Hauptwerk konsequent weiter. Mit den dort vorgelegten, extremen, fast absurden Ergebnissen kann er leicht und gründlich – schon durch seine radikale, überspitzte Ausdrucksweise – mißverstanden werden. Er war nach John Henry Mackay, seinem Biographen, der *«kühnste und radikalste Denker» der Deutschen* (Mackay, Stirner, Vorwort), der darum ringt, das selbstbewußte Ich des gegenwärtigen Menschen zu erfassen. Sein Werk beginnt mit der Überschrift: *«Ich hab mein Sach' auf Nichts gestellt.»* - «Was soll nicht alles Meine Sache sein; Vor allem die gute Sache, dann die Sache Gottes, die Sache der Menschheit, der Wahrheit, der Freiheit, der Humanität, der Gerechtigkeit; ferner die Sache Meines Volkes, Meines Fürsten, Meines Vaterlandes; *endlich die Sache des Geistes* und tausend andere Sachen . . . Nur *Meine* Sache soll niemals Meine Sache sein.» Stirner ist nicht willens, daß sein Ich die «Gattung Mensch» über sich setzt, aber auch nicht irgendwelche Institutionen. «Pfui über den Egoisten, der nur an sich denkt! . . . Das Göttliche ist Gottes Sache, das Menschliche Sache ‹des Menschen›. Meine Sache ist weder das Göttliche noch das Menschliche, ist nicht das Wahre, Gute, Rechte, Freie usw., sondern allein das Meinige, und sie ist keine allgemeine, sondern ist – *einzig*, wie Ich einzig bin. *Mir geht nichts über Mich»* (Der Einzige, S. 3 u. 5). Steiner ist von dieser Gedankenführung tief ergriffen und nennt Stirner «den freiesten Denker . . . den die neuzeitliche Menschheit hervorgebracht hat» (Steiner, Nietzsche, GA 5, S. 96). Doch zunächst noch zu einigen Gedanken Stirners.

In der Betrachtung des Menschenlebens zeigt sich eine Entwicklung vom Kind zum Jüngling, zum Mann. «Wie ich mich hinter den Dingen finde, so muß Ich *Mich* später auch *hinter den Gedanken finden,* nämlich als ihr Schöpfer und *Eigner.* In der Geisterzeit (Jugend) wachsen Mir die Gedanken über den Kopf, dessen Geburten sie doch waren; wie Fieberphantasien umschwebten und erschütterten sie Mich, eine schauervolle Macht. Die Gedanken waren für sich selbst *leibhaftig* geworden, waren Gespenster wie Gott, Kaiser, Papst, Vaterland usw. Zerstöre Ich ihre Leibhaftigkeit, so nehme Ich sie in die Meinige zurück und sage: Ich allein bin leibhaftig. Und nun nehme ich die Welt als das, was sie Mir ist, als die *Meinige,* als Mein Eigentum: Ich beziehe alles auf Mich . . . so stoße Ich als Eigner die Geister und Ideen zurück in ihre ‹Eitelkeit›. Sie haben keine Macht mehr über Mich» (Der Einzige, S. 14 f.).[2]

Für Stirner sind *soziale Erscheinungen* eine reine *Angelegenheit des Bewußtseins,* des eigenen Willens, der zwar auf den Herrscherwillen der Gesellschaft trifft. Aber alles Recht ist «fremdes Recht», das man «Mir gibt». Es dauern die Staaten nur so lange, als es einen *herrschenden Willen* gibt, und wie dieser herrschende Wille gleichbedeutend mit dem eigenen Willen angesehen wird. «Des Herren Willen ist – Gesetz . . . Für ihn ist's unumgänglich nötig, daß Niemand einen *eigenen Willen* habe! hätte ihn Einer, so müßte der Staat diesen ausschließen (einsperren, verbannen usw.); hätten ihn Alle, so schafften sie den Staat ab. Der Staat ist nicht denkbar ohne Herrschaft . . . Der *eigene Wille,* Meiner, ist Verderber des Staates . . . *Der eigene Wille und der Staat sind todfeindliche Mächte»* (Der Einzige, S. 214). Dabei arbeitet Stirner dialektisch: «Was Du zu sein die *Macht* hast, dazu hast Du das *Recht.* Ich leite alles Recht und alle Berechtigung aus Mir her. Ich bin zu allem *berechtigt,* dessen Ich mächtig bin» (ebd., S. 207). «Immer ist die Gesamtheit über dem Einzelnen und hat eine Gewalt, welche *berechtigt* genannt, d. h. welche *Recht* ist» (ebd., S. 217).

Hegel entsprechend hat er eine *triadische Geschichtsauffassung: Realismus und Idealismus* herrschen in der Vergangenheit. Wo das Bewußtsein zu sich selbst kommt, herrscht der *Egoismus.* Während Hegel das Universelle, Allgemeine als Ausdruck des selbstbewußten Geistes in die Betrachtung zieht, ist es bei Stirner das Besondere, Persönliche, Individuelle im Menschen. Von Fichte aber setzt Stirner sich ab: «Wenn Fichte sagt: ‹Das Ich *ist* Alles›, (so sagte ich, Stirner:) nicht das Ich ist Alles, sondern das Ich *zerstört* Alles, und nur das sich selbst auflösende Ich, das nie seiende Ich, das *endliche* Ich ist wirklich *Ich.* Fichte spricht vom absoluten Ich. Ich aber spreche von Mir, dem vergänglichen Ich» (ebd, S. 239).

Feuerbach, der den Gattungsmenschen feiert, setzt Stirner entgegen: «Ich bin aber nicht ein Ich neben anderen Ichen, sondern das alleinige Ich: Ich bin einzig. Daher sind auch meine Bedürfnisse einzig, meine Tage, kurz Alles an mir ist einzig. Und nur als dieses einzige Ich nehme

2 «Nicht mehr und nicht weniger als die Souveränitätserklärung des Individuums, seine Unvergleichlichkeit und seine Einzigartigkeit ist es, was Stirner verkündet . . . An die Stelle unseres müden, zerquälten, sich selbst zermarternden Geschlechtes tritt jenes stolze, freie der ‹Einzigen›, dem die Zukunft gehört» (Mackay, Stirner, S. 150 f.)

Ich mir alles zu eigen ... Nicht als Mensch und nicht den Menschen entwickle ich Mich. Dies ist der Sinn des *Einzigen*» (Der Einzige, S. 483). Der Egoist kann sich keinem Verein anschließen, keiner Partei. Stirner beschreibt dann das Ich als Einziges, das Name – ohne begrifflichen Inhalt – ist; der Inhalt ist Erleben. Ihm ist konkret nur das eigene Erleben, also er sich selbst! Dies ist die Position des radikalen Individualismus, der Hegels Allgeist-Ich überwindet, er ist ebenso Absage an den Kollektivismus, an die Überbewertung der das Ich umschließenden Hüllen. Stirner rettet das Ich, das alltägliche, gegen die Auflösung im Allgeistigen (Hegel) oder im Kollektiv, heiße es nun Gattung (Feuerbach) oder Sozietät (Marx). Cieszkowski sucht dieses Ich auch über den Tod hinaus zu erhalten (Palingenesie).

3. «Egoismus»: Herausforderung zu Kritik und Weiterentwicklung

Auf die Stirnersche Position sind Angriffe bequem von jenen – Marx und Engels – zu führen, die sich der gleichen Aufgabe verpflichtet sehen: Hegel zu überwinden. Wie könnte es anders sein, als daß Marx sich an Stirner selbst klärt, indem er diesen angreift? Auf das mögliche gemeinsame Kampfziel macht ihn Engels am 19. 11. 1844 aufmerksam: Der «Egoismus ist nur das zum Bewußtsein gebrachte Wesen der jetzigen Gesellschaft». Die Wertung von Moses Hess, der das Werk einen «praktischen Unsinn» nannte, läßt Engels nicht gelten. «Wir müssen es nicht beiseite werfen, sondern als Ausdruck der bestehenden Tollheit ausbeuten und, *indem wir es umkehren,* darauf fortbauen ... Aber was an dem Prinzip wahr ist, müssen wir auch aufnehmen. Und wahr ist daran allerdings das, daß wir erst eine Sache zu unserer eigenen egoistischen Sache machen müssen, ehe wir etwas dafür tun können ... Wir müssen vom Ich, vom empirischen, leibhaftigen Individuum ausgehen, nur nicht, wie Stirner, drin stecken bleiben, sondern uns von da aus zu dem Menschen erheben. ‹Der Mensch› ist immer eine Spukgestalt, solange er nicht an den empirischen Menschen eine Basis hat. Kurz, wir müssen vom Empirismus und Materialismus ausgehen, wenn unsere Gedanken und unser ‹Mensch› etwas Wahres sein sollen. Wir müssen das Allgemeine vom Einzelnen ableiten.»

Engels sieht nicht einen Verstandesegoismus, sondern einen «Egoismus der Herzen» als «Ausgangspunkt für unsere Menschenliebe». – Ihm ist die «Abstraktion» zuwider, er hält «Stirners Abstraktion» für eine «idealistische», diejenige von Hess und Feuerbach für eine «materialistische».

Die Stellungnahme von Karl Marx auf Engels' Brief ist nicht erhalten; beide, so geht aus einem späteren Brief (20. 1. 1845) hervor, nähern sich in der Beurteilung Stirners weiter einander an. Sie nehmen sich in der *«Deutschen Ideologie»* des «Sankt Max» und «Sancho», des «einfältigen Jakob» an, wie Stirner bei ihnen stereotyp und durch unendliche Wiederholung zur Langweiligkeit abgenutzt heißt. Seine einseitigen, überspitzten und in manchem, was auf das soziale Leben, die gesellschaftlichen Einrichtungen und auf die ökonomischen Verhältnisse zielt, zweifellos recht unzulänglichen Darstellungen ermöglichen ihnen – *im Widerspruch zu ihm* –, das geschichtliche Gesetz des *historischen Materialismus* zu entwickeln. Stirner geht ins Extrem, sieht nur noch das Ich, den Einzigen, sie – Marx/Engels – dagegen sehen nur noch den Menschen als Sozietät und verkennen, wozu das Ich selbst befähigt ist: zu These *und* Antithese, zu Hingabe und Entfremdung. Für sie wird Stirners Auffassung zu einem Ausdruck seiner *«kleinbürgerlichen Stellung»*. «Seine Willensschwäche, die ihn nicht befähigte, sein Leben aus eigener Kraft zu gestalten, veranlaßten ihn, in eine übersteigerte Gegenhaltung zu fallen und sich zum überschwenglichen Apologeten einer überschwenglichen Willenskraft zu machen» (Cornu, III, S. 85 f.).

Wie stand es in dieser Hinsicht mit Marx, wie mit Engels? Mit dieser Frage kommt man leicht auf Abwege. Immerhin: im Charakter und in der Lebensführung, im Alltag und der gelebten Existenz war Stirner zweifellos konsequenter und unbürgerlicher als seine beiden «revolutionären» Gegenspieler, die ihm zwei Drittel der umfangreichen «Deutschen Ideologie» widmen. Diese enthält die Summe der Kritik bereits im Vorwort: «Ein wackerer Mann bildete sich einmal ein, die Menschen ertränken nur im Wasser, weil sie vom Gedanken der Schwere besessen wären.»

Die Frage, was denn nun abstrakt und was konkret sei, wird von Marx/Engels so gelöst, daß dies letztlich die Praxis, die praktisch-kritische, d. h. revolutionäre Tätigkeit entscheiden müsse. Dabei bleibt aber die Tatsache weiterhin ungeklärt, ob nicht aus der Theorie eine Praxis geschaffen werden kann, die zwar äußerlich «wirklich», aber dem Menschen nicht gemäß ist, letztlich also doch eine Abstraktion in die Wirklichkeit überträgt. Und dies gilt tatsächlich, denn sonst wäre der unaufhörliche Widerspruch des real existierenden Sozialismus zur Theorie von der Befreiung des Menschen nicht möglich. Wenn also Stirner den einzelnen, konkreten Menschen, «das Ich, Mich als maßgeblich» ansieht und Engels ihm den Herzensegoisten als konkreten gegenüberstellen will, so mündet er mit Marx sehr wohl in die Abstraktion ein, die aber die Wirklichkeit so gestaltet, daß, solange nicht die Kategorien gesund – krank, heil-unheil eingeführt werden, als Praxis offen läßt, ob sie konkret, d. h. den Umständen und dem Menschen in ihrem So-Sein angemessen ist. Das dabei von Marx/Engels gewonnene Ziel der Geschichte hat die *Befreiung des Menschen* als eines Klassenzugehörigen, nicht aber die des einzelnen, des Individuum, zum Inhalt.

Jeder Mensch erfährt sich als Mittelpunkt aller Erlebnisse, jedes Ego, jedes Ich ist Zentrum und Bezugspunkt aller Vorstellungen, Absichten, Anlagen, Fähigkeiten. Von hier aus greift er auf Außenverhältnisse zu, verarbeitet dort entsprechende Eindrücke, und zwar ganz verschieden, eben dem Ego entsprechend. «Um Dich dreht sich Alles, Du bist die Mitte der Außenwelt und die Mitte der Gedankenwelt. Deine Welt reicht soweit, als Dein Fassungsvermögen reicht . . . Du Einziger, bist ‹Einziger› nur zusammen mit ‹Deinem Eigentum›» (Kleinere Schriften, S. 354). Dies gilt nicht nur für Stirner, jeder ist ein Einziger. Jeder Mensch kann naturgesetzlich gar nicht anders als sich selber als Mittelpunkt «seiner» Welt zu erleben, also alles, auch die Mitmenschen, von seinem Ich, seinem Ego her bewußt oder unbewußt zu beurteilen. Alle Reaktion geht vom Ich aus. Alles Luststreben hängt mit diesem Zentrum zusammen, insofern ist jeder «egoistisch.» «Ich aber bin durch Mich berechtigt zu morden, wenn Ich Mir's selbst nicht verbiete.» Diese Überspitzung bietet Angriffsflächen, obgleich Stirner niemals Mord gebilligt hätte, aber Zwänge von außen, und seien es solche des Rechts, lehnte er ab. «Ich aber *will* nicht morden und brauche mir das gar nicht zu verbieten, weil das meiner ganzen Wesensart widerspricht» (Der Einzige, S. 340). Und so, wie Stirner sich sein Ich ins Zentrum des Einzigen setzt, weiß er auch, daß in jedem anderen Menschen ein ebenso unvergleichliches Ich, ein Einziger mit seinem Eigentum lebt. Hat er erst einmal sich selbst gewonnen, indem er alles andere abwies, alle Forderungen und Ansprüche auf sein Ich, so ist er in der Lage der Freiheit, und aus dieser Freiheit ist eine Stufe der Reife und Menschlichkeit zu gewinnen, die unvergleichlich und ganz konkret-menschlich ist. Denn als konkreter Mensch bin ich mit anderen verbunden, bin verbunden mit Tier- und Pflanzenwelt, kurz: der gesamten Natur. Würdige ich sie nicht, so beschneide ich mich selbst in meinem konkreten Leben. Der radikale Egoist weiß von sich, weiß aber auch, daß in jedem anderen das gleiche Ich lebt. Dann kann ich zwar Egoist sein, nicht aber Autist und bezugslos im Verhältnis zu anderen existieren. «Ich liebe die Menschen auch, nicht bloß einzelne, sondern jeden. Aber Ich liebe sie mit dem Bewußtsein des Egoismus; Ich liebe sie, weil die Liebe *Mich* glücklich macht, Ich liebe, weil Mir das Lieben natürlich ist, weil Mir's gefällt. Ich kenne kein ‹Gebot der Liebe›. Ich habe Mitgefühl mit jedem fühlenden Wesen, und ihre Qual quält, ihre Erquickung erquickt auch Mich: töten kann Ich sie, martern nicht . . . Sehe ich den Geliebten leiden, so leide ich mit, und es läßt Mir keine Ruhe, bis Ich alles versucht habe, um ihn zu trösten und aufzuheitern . . .» (Der Einzige, S. 324 f.).

Dies sind Gedanken, die in viel systematischerer Weise, weil weniger von Erkenntnis- als vielmehr von Gesellschaftsproblemen ausgehend, zur selben Zeit Pierre Joseph Proudhon mit seinem Mutualismus, dem Prinzip der Gegenseitigkeit (1840/1843) im Hinblick auf wirtschaftliche Assoziationen, formuliert.

4. Stirners Nachfolger

Wird der Gedanke der Entwicklung, wie er den Dialektikern eignet, radikal zu Ende gedacht, so führt der Stirnersche Ansatz konsequent in den Anarchismus, allerdings anderer Art als bei Bakunin. Erwartet dieser von der Revolution unbeschränkte Gleichheit, die vollkommene Freiheit aller Menschen ohne geringste Einmischung irgendeiner Regierung, indem die längst keimhaft, wenn auch unbewußt programmatisch vorgebildeten Ideen innerhalb des Volkes nun ans Tageslicht und als gesellschaftsgestaltende Kraft zur Offenbarung gebracht werden (Gewalt, S. 75 und 66), so setzt Stirner ganz auf den einzelnen Menschen, der sich von keiner äußeren Macht Gesetze, Normen vorschreiben läßt. Dieser Anarchismus resultiert aus dem Erleben, daß das Ich, daß die Wahrheiten, die den Menschen frei machen, im Menschen, im Erkennenden selbst liegen. Aus ganz eigenständigem Erleben heraus kommt R. Steiner als Fünfundzwanzigjähriger 1886 zu recht verwandten Überzeugungen: «Der Antrieb zum Handeln liegt nicht außer, sondern in uns.» Oder: «Der Mensch läßt sich nicht von einer äußeren Macht Gesetze geben, er ist sein eigener Gesetzgeber» (GA 2, S. 125 f.).

Zunächst ist es notwendig, daß alle Kräfte wegfallen müssen, die die Welt von außen lenkten, um dann den Menschen zu seinem «eigenen Herrn im allerbesten Sinn des Wortes zu machen» (ebd.). Einmal auf dieser Spur, kann diese Auffassung nur dazu gelangen, an die Wurzel vorzudringen und alle Überordnung, alle Herrschaft, allen Zwang überhaupt abzulehnen, also anarchistisch zu werden. Was auf diesem Weg gemeinhin zuerst ins Auge fällt – was nicht alles meine Sache sein soll: Vaterland, Staat, Religion –, sind die Machtinstanzen, der König, die Bürokratie, die Kirchen mit ihren Glaubenssetzungen usf. Wenn dem so ist, dann muß dieser Individualismus zur Ablehnung jeglicher Autorität, auch der sittlichen, kommen. Die notwendigen Klärungen und Folgerungen vollzieht R. Steiner in der «Philosophie der Freiheit» (1894), wo er sich vor allem mit der philosophischen Begründung solcher Autoritäten anlegt, nämlich mit Kants kategorischem Imperativ. Dieser Satz, daß der Mensch so handeln solle, daß die Grundsätze seines Handelns für alle gelten können, scheint freiheitlich zu sein, ist aber «der Tod alles individuellen Handelns. Nicht wie *alle* Menschen handeln würden, kann für mich maßgebend sein, sondern was für mich in dem individuellen Fall zu tun ist» (Philosophie d. Freiheit, GA 4, S. 163). Demgemäß gibt es für diesen *ethischen Individualismus* niemals eine Ethik als Wissenschaft von sittlichen Normen, sondern nur eine solche, die aus vorgefundenem Verhalten eine «Naturlehre der Sittlichkeit» beschreibt (ebd., S. 165). Der freie Mensch fragt nicht, was andere meinen oder was die Absicht oder das Gebot Gottes sei, sondern er handelt aus Liebe zur Handlung, zur Tat; weder das Übliche noch die allgemein-menschliche Maxime oder eine sittliche Norm leitet hierfür an (ebd., S. 166 f.). Ebenso wie Stirner gibt es für diesen Individualisten Steiner nicht nur die Herrschaftslosigkeit als einzig dem Menschen angemessene Verfassung, sondern auch den Atheismus: «Wie der Gottgläubige die Gesetze seines Handelns aus dem Willen seines Gottes ableitet, so kann derjenige, der eingesehen hat, daß im Ich das Wesen aller Dinge liegt, die Gesetze des Handelns nur im Ich finden ... Solange wir an ein uns fremdes Weltwesen glauben, stehen uns auch die Gesetze unseres Handelns fremd gegenüber» (GA 30, S.150).

Wenigstens drei Fragestellungen ergeben sich gegenüber diesem Anarchismus oder ethischen Individualismus, der niemals, wie es die ihn diffamierende öffentliche Diskussion rasch, leichtfertig und erfolgreich tat, mit Schrankenlosigkeit, Selbstsucht oder der Propaganda der Tat verwechselt werden darf: 1. Wie steht es im Hinblick auf die Grenzziehung zum anderen Inidividuum? 2. Wie verhält er sich im Hinblick auf Verbrechernaturen und damit auf Gewaltmittel? 3. Welche Konsequenzen hat er im Hinblick auf die Geschichtsauffassung?

R. Steiner begegnet John Henry Mackay, dem Stirner-Biographen, schon in Weimar nach 1890, dann freundet er sich in seiner Berliner Zeit,

d. h. nach 1896, mit ihm an und lernt dessen Auffassungen schätzen, stimmen sie doch auf weiten Strecken mit ihm überein; damit aber wird Steiner auch mit Stirner bekannt, was sich nach 1896 in seinen Aufsätzen widerspiegelt, wobei Stirner zu Akzentsetzungen, nicht aber zu einem Neuansatz im Werk des ersteren führt. Vor diesem Hintergrund lassen sich die zuvor gestellten Fragen auch von Überlegungen her beantworten, wie sie bei sowohl bei Mackay als auch bei Steiner zu finden sind.

Ausgangsort ist dabei ein Monismus, der nicht hier den Menschen und dort Gott, hier Ich und dort Kollektiv sieht, sondern die Immanenz des Göttlichen in allem. So ist es ein Unding, einen Seinsgrund anzunehmen, der außerhalb der Idee liegt. «Der gesamte Seinsgrund hat sich in die Welt ausgegossen, er ist in sie aufgegangen» (GA 2, S. 125). Was dementsprechend R. Steiner, erkenntniskritisch begründet, von der *Göttlichkeit der Welt* sprechen läßt, tritt auch bei dem drei Jahre jüngeren Mackay früh auf: «Dem Zeitlichen mußt du entfliehen – dann wirst du sein ein Glied im Reigen der Geister, die das All durchziehen» (n. Solneman, S. 112).

Nun zur Frage, wie der freie Mensch zum anderen steht. Habe ich die Pflicht zu lieben, wie mir die Kirche gebietet, so ist Liebe gefordert, nicht aber errungen. Egoismus ist nicht Autismus, sondern in ihm ist stets auch der andere anwesend. Gerade die Kritik am Bestehenden, das Mitgefühl gegenüber dem Unterdrückten, die Empörung über die Herrschaft erregt Mackay, es trifft seinen Stolz, wenn er «sehen mußte, wie tief sich die Menschen erniedrigten voreinander» (n. Solneman, S. 48). Ferner: «Der wahre Egoist baut sein Glück nicht auf dem Unglück anderer auf. Er weiß, daß das Glück seiner Nebenmenschen sein Glück, ihr Unglück sein Unglück, ihre Freiheit seine Freiheit und das eine ohne das andere nicht denkbar ist» (Mackay, Abrechnung, S. 164). Gerade derjenige, der die Freiheit errungen hat, weiß, «daß seine Freiheit wächst oder abnimmt mit der Freiheit des anderen, daß er in demselben Maße unabhängiger wird, als er seinem nächsten erlaubt, unabhängig von ihm zu sein» (ebd., GW III, S. 235, n. Solneman, S. 62). *Der Anarchismus kennt keine Gewalt, sondern nur die Mittel der «Entziehung, Gehorsamsverweigerung, Unbotmäßigkeit – Aufkündigung des Zwangsverhältnisses mit allen Mitteln und in jeder Form. Und Aufklärung, geistige Aufklärung, unablässig, immer und immer wieder* . . . Die Lehre der Anarchie kannte das Wort ‹Sollen› nicht. Sie erließ keine Vorschriften. Sie gab keine Befehle. Sie sagte nicht: du sollst nicht stehlen! – du sollst nicht töten! – du sollst nicht müßiggehen! – Sie schrieb nicht vor, wie die Menschen zu leben hatten, sie war kein Vademecum der Glückseligkeit;

sie ‹verbot› nichts. Sie war eine *rein negative Forderung*, welche lautet: *Laß andere in Frieden*, damit du selbst in Frieden gelassen wirst. – Sie verspottete alle Systeme, mittels welcher die Menschheitsbeglücker ihre Opfer um jeden Preis selig machen wollten, und verlachte die Narren, welche eine neue Zukunft, ein ‹Drittes Reich› aufzubauen versuchten und die Zukunft so malten, wie sie sich in ihren wirren Köpfen spiegelte» (Freiheitssucher, S. 216 ff.).

Mackay zieht die Summe des Freiheitsbegriffes, der in sozialer Beziehung, d. h. im Verhältnis von Mensch zu Mensch nur dann stimmt, wenn niemand gezwungen wird, «etwas zu tun oder zu lassen, was ich nicht tun oder nicht lassen will, so lange ich nicht selbst in diese gleiche Freiheit der anderen, zu tun oder zu lassen, was sie wollen, gewaltsam eingreife.» So kann der Musikalische sich Genüsse verschaffen, die dem Unmusikalischen nichts wegnehmen. Eine freiwillige Einschränkung der eigenen Freiheit verstößt nicht gegen die Freiheit, weil dadurch vermehrte Freiheit zu erwachsen vermag, etwa wenn ein Kapitän ein Schiff lenkt. Jedes *Vorrecht* ist indessen gegen die Freiheit.

Mackay will den Begriff der Gewalt als Anwendung äußeren körperlichen Zwangs beschränkt wissen auf den Angriff. Wird dieser mit gleichen Mitteln abgewehrt, so etwa bei der Abwehr eines Räubers, dann berührt diese «*defensive* Gewalt», die nur ausnahmsweise möglich sein kann, nicht die Freiheit. Eine zwangsfreie Beziehung zwischen Menschen ist nur als *freie Vereinbarung* freier Persönlichkeiten möglich. Unter Außerachtlassung aller Rechte und Pflichten, die alle normativ wirken, steht man einzig vor der Wahl der Verständigung mit allen anderen Menschen aufgrund freiwilliger Vereinbarungen, wo keiner von Vorrechten ausgehen darf, oder der aggressiven Gewalt des Faustrechts, die eine Verständigung ablehnt. Zwischen Staaten, im Völkerrecht, gibt es diese beiden Formen. Der größte Aggressor des Rechts aber ist der Staat.

Wie steht es nun mit jenen, die ihre Freiheit, ihr Ich noch nicht ergriffen haben? In einer Besprechung von Steiners «Philosophie der Freiheit» bei ihrem Ersterscheinen 1894 kritisiert Bruno Wille, der sie sonst zutreffend und zustimmend wiedergibt, daß die Folgerungen im Hinblick auf die sozialen Auswirkungen unzulänglich gezogen wurden, und vermutet, daß bei Steiner die Kenntnis der Herrschaft nicht reiche, so wenn er meine, der freie Geist habe nicht nötig, über die Gesetze des Staates hinauszugehen (wiederabgedruckt in Beiträge zur Gesamtausgabe 79/80, S. 43–44). Wie ist vom Standpunkt des Anarchismus mit Verbrechern umzugehen? Wille meint, nicht durch Polizei und Repression, sondern durch solche Mittel, die die freie Vereinbarung in die Hand gibt, nämlich durch «wirtschaftlichen und geselligen Boykott, mit dem die freie Gesellschaft über rohe und verbrecherische Menschen eine natürliche, ihrer Schlechtigkeit genau angemessene und mit ihr schwindende Strafe» verhängt (ebd., S. 48).

In der Begegnung mit Mackay gestalten sich in dieser Hinsicht Steiners Gedanken, wie sie aus seinen Aufsätzen hervorgehen, aus: Natürlich glaubt auch der Anarchist nicht, daß es «übermorgen keine Taschendiebe mehr gäbe, wenn man morgen den Staat abschaffen würde. Aber er weiß, daß man nicht durch Autorität und Gewalt die Menschen zur Freiheit erziehen kann» (GA 31, S. 285).

Damit gelangen wir zur letzten Frage, nach den Auswirkungen des individuellen Anarchismus im Hinblick auf das Geschichtsverständnis. Ausgangspunkt für Stirner war es, das Ich gegenüber Hegel wieder zu gewinnen. Dies gelang ihm durch den Anarchismus oder Egoismus. Während alle anderen Dialektiker die Hüllen, die Abhängigkeiten des Ichs von der Gesellschaft aufweisen, müßte sich für den sich unabhängig wissenden Menschen, ähnlich wie für Marx und Engels, eine letztliche Emanzipation von diesen überlieferten Bindungen ergeben, obgleich «alles apriorische Konstruieren von Plänen, die der Geschichte zugrunde liegen sollen», gegen die historische Methode ist (GA 2, S 127). Aber rückblickend läßt sich dennoch ein soziologisches Grundgesetz aufzeigen, daß nämlich die Menschheit *«im Anfange der Kulturzustände nach Entstehung sozialer Verbände»* strebt; *«dem Interesse dieser Verbände wird zunächst das Interesse des Individuums geopfert; die weitere Entwicklung führt zur Befreiung des Individuums von den Interessen der Verbände und zur freien Entfaltung der Bedürfnisse und Kräfte des Einzelnen»* (Steiner, GA 31, S. 255).

Von Stirner geht die Wiedergewinnung des Selbstes aus, von den geistigen Nachfolgern wird diese Position zum individuellen Anarchismus ausgebaut, d. h. bis zur Gestaltung eines gesellschaftlichen Vertragssystems (Mutualismus) geführt und gegen bestehende Machtstrukturen die Methode der Verweigerung und des passiven Widerstands entworfen. Indem das Ich sich auf sich selbst besinnt, legt es die Quellgründe der wahren menschlichen Existenz frei. Damit ist die wahre Produktivkraft bloßgelegt, Kapital, Eigentum, d. h. alle gesellschaftlichen Einrichtungen und Strukturen sind erst Folge, Rahmenbedingungen, die so zu gestalten sind, daß die Quelle strömen, ja sich entwickeln kann. So das Konzept des Anarchismus. Er lehnt jede Beeinflussung, jede Herrschaft von anderen als unberechtigt ab. Doch ob dadurch die

Quelle selbst sprudelt, die notwendigen Inhalte zutage fördert, ist damit nicht ausgemacht. Und so kann es denn nicht verwundern, daß Stirner, nachdem er die Freilegung der Quellhorizonte geleistet hatte, nichts Weiteres zu sagen hatte.

Und Steiner? Er geriet in eine innere Krise, eine *«geistige Prüfung»* : «Damals nun, um 1898 herum, sollte meine Seele mit dem rein ethischen Individualismus in eine Art Abgruund gerissen werden. Er sollte aus einem rein Innerlichen zu etwas Äußerlichem gemacht werden. Das Esoterische sollte ins Exoterische abgelenkt werden» (Steiner, GA 28, XXVII). Erst als ihm der Durchbruch zur geistigen Erkenntnis und zur geistigen Welt – über die Beobachtung des Erkenntnisvorgangs – gelungen war, brachte der Quell auch neue Inhalte, die dem Ich Nahrung waren. «Als ich dann, im Beginne des neuen Jahrhunderts, in Schriften ... mein Erleben des Geistigen geben konnte, stand, nach der Prüfung, der ‹ethische Individualismus› wieder an seinem richtigen Ort... Der in die Geistwelt Schauende findet sein eigenes Wesen immer veräußerlicht, wenn er Meinungen, Ansichten *aussprechen* soll», er entfremdet sich dann dem ursprünglichen Erleben im Begrifflichen, d. h. er hat aus inneren Erlebnissen und Anschauungen, nicht nur aus klugen Abstraktionen zu sprechen (ebd.).

Zu diesen sich erschließenden Inhalten aber ist bei Steiner auch die Erfahrung mit der Arbeiterschaft als Lehrer an der von Wilhelm Liebknecht begründeten Arbeiterbildungsschule getreten, und zwar nicht nur das soziale Elend, sondern auch das gesamte Wirtschaftsgefüge mit all den bestehenden und aus der Arbeitsteilung geforderten gegenseitigen Abhängigkeiten, gewissermaßen die Antithese zum ethischen Individualismus. Aus dem Individualismus waren zur Lösung der Problematik wenig Beiträge zu erwarten, wohl aber aus der Einsicht in geistige Inhalte. Und so kann Steiner dann nach der Prüfuung auch in einem ersten Zugriff das «Soziale Hauptgesetz» formulieren:

«Das Heil einer Gesamtheit von zusammenarbeitenden Menschen ist um so größer, je weniger der einzelne die Erträgnisse für sich beansprucht, d. h. je mehr er von diesen Erträgnissen an seine Mitarbeiter abgibt, und je mehr seine eigenen Bedürfnisse nicht aus seinen Leistungen, sondern aus den Leistungen der anderen befriedigt werden» (GA 34, S. 213).

5. Revolution des Wortes und der Tat

Vergegenwärtigen wir uns nochmals Stirner. Er wie seine Geistesgenossen unterliegen leicht Mißverständnissen, schon ob ihres Sprachgebrauchs, der anders besetzte Wörter aufnimmt und ihnen andere Inhalte gibt. «Dein Mensch, das Ende und Ergebnis des Christentums, ist als ‹Ich› der Anfang und das auszunützende Material der neuen Geschichte, einer Geschichte nicht des Menschen oder der Menschheit, sondern – ‹Meiner›». Jede Moral, jedes Prinzip inneren Halts wird da destruiert. Doch gerade darin ist «*Stirner* am leichtesten mißzuverstehen. Er *leugnet nicht das moralische Handeln. Er leugnet bloß das moralische Gebot.* Wie der Mensch handelt, wenn er sich selbst richtig versteht, das wird von selbst eine moralische Weltordnung ergeben ... So wenig es je einem vernünftigen Menschen einfallen wird, das Kranke zum Gesunden zu rechnen, weil es ebenso wie jenes durch Naturgesetze hervorgebracht ist, so wenig möchte Stirner das Unmoralische zum Moralischen zählen, weil es ebenso entsteht, wenn der einzelne sich selbst überlassen ist. Was aber Stirner von den abstrakten Denkern unterscheidet, das ist seine *Überzeugung, daß im Menschenleben, wenn die einzelnen sich selbst überlassen sind, das Moralische ebenso das Herrschende sein werde, wie in der Natur es das Gesunde ist. Er glaubt an den Göttlichen Adel der Menschennatur*» (Steiner, GA 18, S. 314 f.). Deshalb will er den einzelnen – *konkret* – frei lassen, darum stellt er «die Sache» auf das lebendige Ich. Gemeinhin «wird der Einzelne, der einzelne Mensch, als Auswurf betrachtet, und dagegen der allgemeine Mensch, ‹der Mensch› honoriert» (Stirner, Einzige, S. 224). Obgleich zutiefst revolutionär, verwirft Stirner gesellschaftliche Revolutionen: «Die Revolution zielt auf neue Einrichtungen ..., die Empörung führt dahin, Uns nichts mehr einrichten zu lassen, sondern Uns selbst einzurichten, und setzt auf ‹Institutionen› keine glänzende Hoffnung ... Sie ist nur ein Herausarbeiten Meiner aus dem Bestehenden. Verlasse Ich das Bestehende, so ist es tot und geht in Fäulnis über ... Einrichtungen zu machen, gebietet die Revolution, sich auf- oder emporzurichten, heischt die Empörung» (ebd., S. 354).

Diese auf Empörung (Stirner) und Revolution (Marx/Engels) abstellenden Strömungen suchen gleichermaßen die Entfremdung zu überwinden, indem sie die Persönlichkeit im Individualismus oder als Klassenzugehörigen im Sozialismus als konkreten Menschen nehmen; beide überwinden Hegel nur einseitig.

«Anarchismus ist wie das Schwenken eines roten Tuches – in blinder Wut stürzen die meisten auf dasselbe los, ohne sich Zeit zu ruhiger Prüfung zu lassen», sagt Mackay. Dazu Steiner: «Nichts anderes ist ja des Anarchisten Überzeugung, als daß ein Mensch nicht über Denken, Wollen und Fühlen des anderen herrschen kann, daß nur ein Zustand des Gemeinschaftslebens fruchtbar sein kann, in dem jeder selbst Richtung und Ziel seines Wirkens vorzuzeichnen in der Lage ist. Bisher glaubte jeder zu wissen, was *allen Menschen* in gleicher Weise frommt» (Steiner, GA 32, S. 259). Es war das Kreuz alles bisherigen Gemeinschaftslebens, dies zu erzwingen. Doch der wahre Anarchismus hat «nichts zu tun mit dem lächerlichen Gebaren jener unglückseligen und unklaren Gesellen, welche die gegenwärtige Gesellschaftsordnung mit Gewalt zu überwinden trachten» (ebd., S. 260)

Die Sympathie Steiners resultiert aus seinem Freiheitsverständnis: «Vorschriften für *sittliches* Handeln gibt es nicht. Der Anarchismus ist nicht deshalb zu verwerfen, weil er unsittlich, sondern weil er unzweckmäßig ist» (Steiner, GA 31, S. 171). In einer Diskussion über den Anarchismus und die «Propaganda der Tat» wehrt sich Mackay gegen die «Taktik der Gewalt». Diese Täter sind «keine Anarchisten, sondern samt und sonders revolutionäre Kommunisten» (ebd., S. 281), deshalb bleibt Mackay beim Ausdruck Anarchismus, den er gegen Übergriffe eines «falschen Geistes» reinzuhalten sucht. Dem hält Steiner entgegen, daß er es vermieden habe, seine Anschauung «individuellen oder theoretischen Anarchismus» zu nennen, vielmehr habe er seine Ziele offen benannt, aber nicht mit traditionellen Bezeichnungen belegt. Auf ihn selbst sei zwar der Begriff «individualistischer Anarchist» anwendbar, aber sogleich hätte er sich seinerseits dann von den Tat-Propagandisten abzusetzen. «Der ‹individualistische Anarchist› will, daß kein Mensch durch irgend etwas gehindert werde, die Fähigkeiten und Kräfte zur Entfaltung bringen zu können, die in ihm liegen. Die Individuen sollen in völlig freiem Konkurrenzkampfe sich zur Geltung bringen. Der gegenwärtige Staat . . . hindert den Individualismus auf Schritt und Tritt an der Entfaltung . . . Der individualistische Anarchist . . . weiß, daß man nicht durch Autorität und Gewalt die Menschen zur Freiheit erziehen kann. Er weiß dies eine: man macht den unabhängigsten Menschen dadurch den Weg frei, daß man jegliche Gewalt und Autorität aufhebt. Auf die Gewalt und die Autorität aber sind die gegenwärtigen Staaten gegründet . . . Deshalb bekämpft er den Staat . . . – und deshalb bekämpft er ebenso energisch die ‹Propaganda der Tat› . . .» (ebd., S. 285). An anderer Stelle heißt es: «Der Anhänger dieser Richtung steht genau auf dem Boden, auf dem diejenigen sich befinden, die durch Inquisition, Kanone und Zuchthaus ihren Mitmenschen begreiflich zu machen suchen, was sie zu tun haben. Der wahre Anarchist bekämpft die ‹Propaganda der Tat›» (GA 33, S. 163).[3]

Daraus folgt dann, daß es einen Bereich der Gesellschaft geben muß, der neben der Selbstbestimmung des Ich frei von Herrschaft sein muß: Hochschule und Schule sollen frei sein, d. h. sich selbst verwalten (ebd., S. 289 ff.). «Wir haben nicht die Aufgabe, unserer heranwachsenden Generation Überzeugungen zu überliefern. Wir sollen sie dazu bringen, ihre eigene Urteilskraft, ihr eigenes Auffassungsvermögen zu gebrauchen ... Unsere Überzeugungen gelten nur für uns ... Nicht an unsere ‹Wahrheiten› soll die Jugend glauben, sondern an unsere Persönlichkeit. Daß wir *Suchende* sind, sollen die Heranwachsenden bemerken. Und auf die *Wege der Suchenden* sollen wir sie bringen» (ebd., S. 233 f.).

Aufgefordert, den *«Egoismus in der Philosophie»* geistesgeschichtlich zu begründen, faßt R. Steiner eine umfangreichere Darstellung für einen Sammelband mit dem Titel: *«Der Egoist»* ab. Hier behandelt er Stirner im Kontrast zu Hegel. Bei Hegel ist die Natur nichts anderes als der in Raum und Zeit auseinandergelegte Inhalt des Ich, die Natur ist damit der sich entfremdete Geist – so wird bei ihm das Ich unpersönlich zur Idee. «Nicht das einzelne persönliche, individuelle Ich des Menschen darf sich seine Bestimmung vorsetzen, sondern das von diesem abstrahierte, große, objektive, unpersönliche Welt-Ich, die allgemeine Welt-Vernunft, die Welt-Idee. Dieser ... hat sich das individuelle Ich zu fügen» (GA 30, S. 141). Darin offenbart sich bei Hegel ein Rest von Gottes- und Jenseitsglaube. Stirner fordert hingegen vom Ich, es sollte einsehen, daß alle Wesen, die es im Lauf der Zeit über sich gesetzt hat, aus seinem Leib geschnitten und als Götzen in die Außenwelt versetzt hat: Gott, Weltvernunft sind Ebenbild des Ich. *«Ich bin Mensch!* Ich brauche den Menschen nicht erst in mir herzustellen.» Erst aus dieser Wendung gegen Hegel ist Stirners Selbstgenügsamkeit *und* Radikalität in einem verständlich. «Alle übrigen Dinge der Welt kann man durch Ideen definieren, das eigene Ich aber müssen wir als Einzelnes in uns *erleben.* Alles, was über den Einzelnen in Gedanken ausgesprochen wird, kann seinen Inhalt nicht in sich aufnehmen, es kann nur auf denselben hindeuten» (ebd., S. 144).

3 Noch später antwortet R. Steiner auf die Frage eines Russen seine politische Einstellung betreffend, daß er sich am liebsten «Anarchist» nennen würde, doch damit sei so viel nicht zu Bejahendes verbunden, daß er sich besser als «Nearchist» bezeichne (A. Turgenjeff, in: Erinnerungen, S. 210).

Daß Stirner die einzigartige Stellung des Ich herausgearbeitet hat, gibt ihm für Steiner einen herausragenden Platz in der Geschichte des Individualismus; gegenüber den sozialen Problemen der Zeit – den entscheidenden Rahmenbedingungen – bleibt sein Denken unzulänglich, da greift die «Deutsche Ideologie» in vielem tiefer. Und deshalb auch fiel Stirner zunächst dem Vergessen anheim. «Der Weg, auf dem Stirner zu seiner Anschauung des Einzelnen gelangt ist, kann als universale Kritik aller das Ich unterdrückenden allgemeinen Mächte bezeichnet werden. Die Kirchen, die politischen Systeme (der politische Liberalismus, der humane Liberalismus), die Philosophen, sie alle haben solche allgemeinen Mächte über den einzelnen gesetzt» (ebd., S. 147).

Der von Stirner gegangene Weg befreit von all diesen Mächten, um zum Ich zu gelangen. Doch dahin führen auch andere Wege. So z. B. wenn die eigene Erkenntnistätigkeit beobachtet wird, denn dieses ist *meine* Sache. «Die Gedanken, die ich mir über die Dinge mache, produziere ich aus meinem Innern heraus. Sie gehören . . . trotzdem zu den Dingen. Das Wesen der Dinge kommt mir also nicht aus ihnen, sondern aus mir zu. Mein Inhalt ist ihr Wesen. Ich käme gar nicht dazu zu fragen, was das Wesen der Dinge ist, wenn ich nicht in mir etwas vorfände . . ., was ich nur aus mir nehmen kann. Im Erkenntnisprozeß entnehme ich aus mir das Wesen der Dinge. Ich habe also das Wesen der Welt in mir. Folglich habe ich auch mein eigenes Wesen in mir» (ebd., S. 149 f.). Das hat dann für das Handeln Konsequenzen: mein eigenes Handeln ist dann auch Teil des Weltgeschehens. Suche ich dafür Gesetze, so «schöpfe» ich sie aus dem Inhalt des Ich. «Hat das Ich sein Handeln dem Wesen nach wirklich durchdrungen, dann fühlt es sich als den Beherrscher desselben. Solange wir an ein uns fremdes Weltwesen glauben, so lange stehen auch die Gesetze unserem Handeln fremd gegenüber. Sie beherrschen uns. Sind sie aus solcher fremden Wesenheit in das ureigene Tun unseres Ich verwandelt, dann hört dieser Zwang auf» (ebd., S. 150). Dies bildet die Grundlage des ethischen Individualismus, den Steiner zwar ganz unabhängig, geistig aber durchaus im Anschluß an die Denkformen, die von Stirner entwickelt wurden, schöpferisch gestaltet.

Der Beitrag Stirners erweist, daß es zwar gelingt, die Selbstbestimmung freizulegen, das Ich in seiner Kraft und Funktion zu begründen, daß aber zugleich die gegenseitigen Abhängigkeiten, die sozialen Zwänge, Industrialismus, Geldordnung usw. von daher nicht zureichend zu gestalten sind. Was als der eine Quell aufgedeckt wird, der Einzige, er gliedert sich doch in verschiedene Gegebenheiten – schon anthropologisch: in Fähigkeiten, Können, Wissen, in Bedürfnisse, Abhängigkeiten, in Mängel und in Begegnungen mit anderen. Wie ist diese wenigstens dreifache anthropologische Wirklichkeit mit der sozialen Realität zu vermitteln? Das bleibt die offene Aufgabe.

VII. Schluß und Ausblick

Die Kontrastierung der beiden Lebensläufe von Marx und Engels mit fünf weiteren Zeitgenossen, die alle vom Hegelianismus ihren Ausgang nahmen, kann einige Dimensionen im Verhältnis sozialer Gegebenheiten zum einzelmenschlichen Ich (und umgekehrt) aufdecken, die dann verborgen bleiben müßten, wenn, wie es allzu häufig geschieht, nur auf Marx, den brillantesten unter ihnen, gebannt hingeblickt wird.

Vergegenwärtigen wir uns zunächst nochmals die Geburtsdaten der Dargestellten in chronologischer Folge: Stirner 1806–1856, Bauer 1809–1882, Bakunin 1814–1887, Cieszkowski 1814–1894, Hess 1815–1875, Marx 1818–1884, Engels 1820–1895.

Die Geburtsjahre streuen über vierzehn Jahre, wobei unter den Vorgestellten Stirner mit 12 Jahren zeitlichem Vorsprung vor Marx der Älteste ist. Die Mehrzahl wird mit geringem Abstand zwischen 1814 und 1820 geboren, und zwar zumeist in dem durch den Wiener Kongreß neugeordneten Preußen (Ausnahmen: Bakunin, Cieszkowski), das zwischen den bereits industriell entwickelten Rheinprovinzen, von wo Hess, Marx und Engels kommen, und den agrarisch bestimmten östlichen Kernlanden ein erhebliches Gefälle aufweist. Berlin als Hauptstadt hat einen Sonderstatus; dort leben Bruno Bauer und Max Stirner. Cieszkowski und Bakunin als Adelige des Ostens stammen aus gebildeten, ja hochgebildeten, weltläufigen Häusern reicher Grundherren, alle anderen sind bürgerlicher Herkunft. Mit Ausnahme von Cieszkowski lernen alle – Engels nur ganz gelegentlich – selbst wirtschaftliche Not kennen; indessen erfährt keiner das «proletarische Dasein» - das bei allen (außer Stirner und Bauer) einen hohen Rang in ihrem Denken einnimmt – am eigenen Leib. Jeder der Dargestellten gerät gleichermaßen in den Bannkreis des Hegelschen Denkens. Das verbindet sie bei aller sonstigen Verschiedenheit. Den Höhepunkt ihres eigenen selbständigen Denkens erringen sie alle zu Beginn der vierziger Jahre des vorigen Jahrhunderts, wobei sich die vom Lehrer geistig erreichte Höhe kaum noch halten läßt. Die gesellschaftlichen Fragen greifen sie gleichermaßen direkt und engagiert auf, wie sie sich auch fast alle (außer Bauer und Stirner) den sozialen Nöten zuwenden.

Das Hegelsche Denken stellt einen der Gipfel der bisherigen menschlichen Erkenntnisbildung dar, vergleichbar Platon und Aristoteles, Thomas oder Kant. – Hegel wird in dem ihm wesenseigenen Denken zu seiner Zeit das Sprach-Organ und ein adäquater *Ausdruck des «Zeitgeistes»*, wenn wir seinen eigenen Begriff für seine Leistung verwenden. Daher sowohl seine herausragende wie zugleich breite geistige Wirkung, an die kaum ein zweiter Philosoph der Neuzeit heranreichte, Kant, Descartes, Spinoza vielleicht ausgenommen. Im Unterschied aber zu Hegels *begrifflichem Denken* über den Zeitgeist verstehen ihn seine Nachfolger nur noch nominal; doch es bleibt ein Faktum: er läßt sich oberhalb des Begriffsnetzes durchaus *wesenhaft* fassen. Das heißt dann aber, daß der Zeitgeist selber über ein eigenes personhaftes Wollen auf höherer, hierarchischer Ebene ebenso verfügt wie über ein «ihm selbst eigenes» Ziel. Dieses kann sich, da es auch auf das Reich der Menschen gerichtet ist, dort freilich nur in Korrespondenz und Abhängigkeit von der im Menschenreich vorhandenen Einsicht und im menschlichen Wollen manifestieren. «Eingriff» und «Steuerung» von Seiten des Zeitgeistes folgt demnach über einen bestimmten Weg oder Kanal, der sich in der Suchbewegung und dem Streben der Menschen nach Erkenntnis und «Einsicht» äußert. Als entscheidende Offenbarung des Zeitgeistes können dabei jene *«Einfälle»* oder «Inspirationen» gelten, die mit neuen Vorstellungsinhalten und Verstehensweisen (Paradigmen) das geistige Klima einer Epoche prägen. Der Art dieser Einfälle, die von den hier vorgestellten Denkern selbst beschrieben werden, sind wir nachgegangen. Dabei konnte festgestellt werden, daß es *«fällig»* war, nach dem hochgespannten Blick in das «Reich der Ideen», in das Begriffsnetz, den Blick auf «neue Götter», die des Diesseits, zu richten. Das lag als Zeitaufgabe an.

Hegels Bewußtsein war wach und klar für die Zeitforderungen auf dem Gebiet der Erkenntnis; es reichte bis zu dem «diamantenen Begriffsnetz», hinter dem die Ideen als Wesen stehen, die mit Hilfe der dialektischen Methode allerdings nicht selbst «er-faßt» werden, sondern nur in den Begriffen sich abbilden. Das war Hegel allerdings Leistung genug, aber für viele andere nicht zureichend, weil die Begriffe in einer Schwebelage blieben, die gleichsam aufforderte, entweder «nach oben» zu intuitiver Wesensbegegnung eines Höheren durchzubrechen oder zum Gang in die «materiellen Verhältnisse». Hegel selbst weiß, was die Zerrissenheit bedeutet, darum sein Streben nach Versöhnung – im Absoluten des Begriffs –, durch die er dem Gegensatz von Glauben und Wissen zu entkommen sucht. Selbst drängt es ihn weder zum Wesenhaften der Idee, also zu den schaffenden Geistwesen, noch zu einer zulänglichen Beschreibung des Gegebenen, Diesseitigen, Wirklichen, denn dieses gilt ihm von vornherein – begrifflich durchgängig – als vernünftig, selbst dann, wenn eben die Vernunft zweifelnde Fragen an das Bestehende in seinem So-Sein zu stellen hatte. Die begriffliche Versöhnung hielt gegenüber der heraufziehenden Industrialisierung mit den Klassengegensätzen, dem Antagonismus von Reich und Arm, Besitzenden und Habenichtsen nicht stand. Dies konnte er selbst noch nicht wahrnehmen, denn der Schub der Industrialisierung in Deutschland setzte erst nach der Juli-Revolution, also genau nach Hegels Tod, verstärkt ein. Die andere Möglichkeit der Wesensbegegnung «nach oben» ergriffen Hegel – und noch weniger seine Nachfolger – schon deshalb nicht, weil hier die eigene Erfahrung gänzlich fehlte und keine angemessenen Methoden der Geisterkenntnis ausgebildet waren. Und was aus der Offenbarungstradition überliefert war, konnte vor einem aufgeklärten Bewußtsein nicht Stand halten.

Nun gilt es zu beachten, daß Hegels Versöhnung mit der von ihm tief erlebten Entzweiung dadurch zustande gekommen war, daß er sich zur *«männlichen Vereinigung mit der Zeit»* (so schreibt er am 14. 9. 1800) entschloß, also durch einen freien Akt, um nicht in der Entzweiung mit sich und der Welt verharren zu müssen. «*Wenn* aber eine solche Vereinigung ‹unedel und niederträchtig› wäre, dann bliebe nur übrig das ‹absolute Eins› der Vereinzelung und Fixierung – sei es auf die blanke Subjektivität des inneren Daseins oder auf die sture Objektivität der äußeren Welt. Die Selbstentzweiung des einen und des ganzen Lebens in ‹absolutes Endliches gegen absolutes Unendliches› wäre dann das Letzte und Absolute» (zit. n. Löwith, S. 179 f.). Aus seinem Entschluß resultiert also die von ihm geschaffene Einheit und Versöhnung, während die Entzweiung als Ausgangsposition, aus der stets neue Aufbrüche resultieren können, grundsätzlich für jeden anderen bestehen bleibt.

Den von Hegel vollzogenen Entschluß je individuell für sich zu erneuern, fällt den Nachfolgern insofern schwer, als neben dem inneren Erleben der Entzweiung die Hinwendung zum Diesseitigen unvermeidlich war, und diese seine äußere Spaltung, seine sozialen Gegensätze und die gesellschaftlich-politisch widersprüchlichen Zustände sich durch keinen inneren Akt der Versöhnung beseitigen lassen. «Die Kritik der Junghegelianer wiederholt die Kritik, die Hegel selbst durchgemacht hatte, bevor er sie in seinem System überwand» (ebd., S. 181). So schlägt dann die Versöhnung im Hinblick auf Kirche und Staat um «in die religiöse Empörung von *Kierkegaard* und die soziale von Marx» (ebd.).

Darum wird für diese Denker eine Weiterentwicklung des vom Meister scheinbar abgeschlossenen Systems notwendig, eine Versöhnung in noch größerer Tiefe und im Hinblick auf den wahren, kommenden, d. h. sich selbst auch entwickelnden Zeitgeist. Der fällige Ausgleich muß – in der Versöhnung – zu mehr *Wirklichkeits-Nähe* führen, d. h. aber tatsächlich, daß die Philosophie nicht mehr nur verstehen und erklären soll und darf, sondern selbst gestaltend in die Wirklichkeit einzugreifen hat, sie muß Tat werden, hat also aufzuhören, Philosophie zu sein, wie es zuerst Cieszkowski, dann Hess und ihnen folgend Marx formulieren.

Diese so wiederaufgebrochene Entzweiung schafft neuerlich einen Raum, durch den der fortschreitende Zeitgeist in Form von Eingebungen, von Bewußtseinsangeboten und Verstehensweisen zu wirken vermag, aber es ist auch die *Stunde der Verführung:* der Auflösung in den selbstbezogenen Egoismus Stirners, des stoischen Aristokratismus radikaler Kritik, die sich auf das Selbstbewußtsein verläßt, ohne selbst etwas zu tun (Bauer), der radikalen Formierung der Massen aus der Gewalt der Ideologie (Marx/Engels) oder der wilden Zerstörung (Bakunin). Für den erkennenden Menschen stellt sich die Aufgabe in doppelter Richtung: Wo ist das *Wirkende in den geschichtlichen und sozialen Erscheinungen* zu suchen, kommt es *von «oben», aus dem Geist, oder von «unten», aus der Materie?* Wo sitzen die wahren Triebkräfte? Kommen sie aus einer Welt lichter geistiger Wesen, dann wäre deren innere Substanz in Moralität und Liebe zu suchen. Kommt die Wirksamkeit dagegen von unten, aus dunklen Triebkräften der Natur oder der Gesellschaft, dem Besitzdrang der Herrschenden, dem Egoismus, der Ausbeutung, dann wären eben die äußeren Verhältnisse und die gegebenen Naturkräfte Determinanten, um deren Ausnutzung und Beherrschung die fortgeschrittene, zeitgemäße «Philosophie der Tat» sich zu kümmern hätte. Was von «oben» kommt, durch den Zeitgeist inspiriert, kann und darf unter einem Zeitgeist, der im Reifestadium zum Bewußtsein seiner Freiheit fortschreitet, nicht mehr offenbarungshaft, durch Wunder oder Magie in das Bewußtsein einbrechen, sondern vermag nur über die freie, selbstergriffene Einsicht des Menschen Einfluß zu gewinnen und von da aus als Angebot zu freiem, menschlich verantwortetem Handeln zu wirken. Jener Zeitgeist, der im zweiten Drittel des vergangenen Jahrhunderts sich anschickt, seine Zeitregentenschaft vorzubereiten (vgl. S. 129 ff.) und der all jene geistigen Wirksamkeiten und Wesen, die die Freiheit für den Menschen nicht wollen, weil dadurch schwerste Gefährdungen hervorgerufen werden können, deshalb aus den «geistigen Reichen» vertreibt – Michael –, kann selbst nur den Menschen völlig frei lassen, d. h.

dieser soll ganz «aus sich» heraus entscheiden und handeln, also weder aus überlieferter Tradition und Ordnung, noch aus Klasseninteressen, sozialen Zwängen und persönlichen Triebgewalten. Dazwischen, zwischen dem faktisch Drängenden, Zwingenden und der überlieferten, geoffenbarten Moralordnung, hat er den eigenen Weg zu finden, sich selbst zu behaupten in der *Tat*, d. h. er hat Freiheit aus sich zu erlangen, eine eigene Welt zu erbauen: Ein Weg steter Gefährdung, des möglichen Absturzes und Mißlingens. Die Alternative «nach unten» - gewissermaßen als Inspiration des Widergeistes der Zeit – veranlaßt, das Wirkliche allein und ausschließlich in der diesseitigen, eindeutigen, materiellen Welt zu suchen und von daher, etwa aus den gesellschaftlichen Kräften das Tun deterministisch bestimmen zu lassen. Sie gefährdet diesen Weg der Freiheit und erstickt ihn in der Doppelheit von unbewußten, persönlichen Triebstrukturen und dem naturhaften Egoismus (Kampf ums Dasein mit immer besserer Anpassung) einerseits und einsehbarer Interessengebundenheit, Klassenzugehörigkeit und daraus resultierenden Widersprüchen (Antagonismen) andererseits.

Diese Weggabelung, die Situation der Freiheit, öffnet sich nach Hegel aufs neue als die Problematik der Entfremdung im Innern der einzelnen, die um Erkenntnis ringen, radikal für das Erleben. Auch die soziale Wirklichkeit mit einer so niemals vorhandenen Heftigkeit der Verelendung offenbart unversöhnliche Gegensätze, die gerade von Hegel Belehrte mit aller Wucht und «unvermittelt» erleben. So stellt sich neben dem «inneren» Entfremdungserlebnis die Entscheidungsfrage über den künftigen, sowohl geistig als auch sozial einzuschlagenden Weg. *«Unser krankhaftes Zeitalter»* sehnt sich nach «Heilung eigener Gebrechen» (Cieszkowski, Antrag 1855, S. VI). Das Geschehen verdichtet sich in den Jahren 1838–1845 zu einem *geistigen Entscheidungskampf*, von dem Bauer spricht. Es geht um die Frage, wie Hegels «Hauptfehler» zu beheben ist, den Marx darin sieht, daß dieser den «Widerspruch der Erscheinung als Einheit im Wesen, in der Idee faßt, während er allerdings ein Tieferes zu seinem Wesen hat, nämlich einen wesentlichen Widerspruch . . .» (MEW 1, S. 195 f.). Der Weg geht für Marx zwar auch zur Versöhnung, aber zunächst durch die Verschärfung der Negation. «Die kapitalistische Produktion erzeugt mit der Notwendigkeit eines Naturprozesses ihre eigene Negation. Es ist die Negation der Negation. Diese stellt nicht das Privateigentum wieder her, wohl aber das individuelle Eigentum auf Grundlage der Errungenschaft des kapitalistischen Hirns: der Kooperation und des Gemeinbesitzes der Erde und der durch die Arbeit selbstproduzierten Produktionsmittel» (Kapital I,

S. 791). Marx reduziert die «Wirklichkeit» und das Leben auf die materielle Wirklichkeit.

Die andere Position, die Cieszkowski vertritt, geht vom gleichen Fehler Hegels aus, der es unmöglich macht, tätig in die Welt einzugreifen, doch für sie gelangt in der dritten Epoche der Mensch erst zur vollen Reife, verantwortlich zu handeln, es ist dies das Zeitalter des Willens und des Heiligen Geistes, das herannaht. Erst auf dieser Stufe wird das «Sollen in der Wirklichkeit durch das Tun – aus dem Denken – in das Sein übergehen» (Historiosophie, S. 136). Doch das setzt voraus, «sich mit der Wirklichkeit zu entfalten» (ebd., S. 147), d. h. die in dem Wirklichen veranlagten Kräfte zu entwickeln. Voraussetzung hierfür ist: sich stärker zum Geist, zum Übersinnlichen, zur Moralität hin zu entwickeln. «Um eine Wahrheit zu entwickeln, kann man *nicht genug ideell* sein; denn das *reelle* Gute ist nur deren (des Ideellen) andere Seite» (ebd., S. 148). Realität und Idealität sind für die Philosophie der Tat keine Gegensätze; eine nur abstrakte Idealität allerdings reicht nicht weit genug, d. h. sie reicht nicht bis zu jener Wirklichkeit, wo Stoff bzw. Materie *und* Idee bzw. Geist eine Einheit oder vielmehr eine doppelte Ausprägung derselben Sache sind. Für Cieszkowski entwickelt sich die geistig-übersinnliche Welt ebenso wie die äußere Wirklichkeit. Die Welt des Absoluten ist nicht eine jenseitige, dualistisch der äußeren Welt entgegengesetzt, dem Raum und der Zeit entrückt, sondern mit ihr tatsächlich verbunden und dadurch erst mit der menschlichen Geschichte und der Natur verknüpft, die darum auch wie diese sich entwikkelt. Das Absolute kann daher nicht im Entrückten, Hehren liegen, sondern allein in einer höheren Wirkmächtigkeit, die eben nicht nur das Gewordene, sondern auch das Zukünftige, im Wirklichen auch das Mögliche, im Tatsächlichen das Moralische, im Sein das Sollen umschließt. Beide Wirklichkeiten, die äußere tatsächliche und die ideelle, werden durch den, seiner selbst bewußt, aus Einsicht Handelnden versöhnt. In aller äußeren Wirklichkeit steckt ein Übersinnliches, dieses aber entwickelt sich als etwas Werdendes – nur gesund und heilsam in Verbindung mit dem Menschen.

In der Mitte des 19. Jahrhunderts setzt sich ein *«gewaltiger Umschwung»* in den bisher ausgebildeten Anschauungs- und Verstehensweisen durch (Steiner, GA 225, 6. 7. 1923, S. 69). Was sich bei den Nachhegelianern gebündelt als Frage des sozialen Verstehens und der Erkenntnis des Menschen zeigte, war – und dabei muß der Blick auf weitere, hier nicht behandelte Gebiete ausgedehnt werden – allerdings schon entschieden, ohne daß dies überhaupt von den hier vorgestellten

Denkern zureichend bemerkt worden wäre: durch die neue Anschauungsweise der positivistischen Naturwissenschaft, durch das Gesetz von der «Erhaltung der Kraft und des Stoffes» (Energieerhaltungssatz) von Julius Robert Mayer, 1842, und die Abstammungslehre Darwins im gleichen Jahr (veröffentlicht aber erst 1859 in der Entstehung der Arten, wodurch die Beherrschbarkeit der Naturkräfte theoretisch erschlossen und der Mensch vom Tier her verständlich wurde. Im zweiten Jahrhundertdrittel breitet sich diese positivistische Denkweise aus, weil durch sie die Erfolge in Form der technischen Verfügbarkeit der Natur augenfällig werden. Der Siegeszug der Technik: Eisenbahn, Telegraph, chemische Düngung mit ungeahnter Ertragssteigerung sind einige Stationen des Erfolgs. So wird die Methode nachträglich bestätigt durch die technologischen äußeren Erfolge und für jeden Menschen einsehbar. Dementsprechend wird das öffentliche Bewußtsein mit populären und mechanistischen Vorstellungen überflutet.

Dadurch – und das ist entscheidend – werden indirekt zugleich jene Denker des «Zwischenreiches», d. h. auf dem Gebiet des Sozialen bestätigt, die alle Triebkräfte im Diesseitigen, in den materiellen Kräften (Produktionsverhältnissen und Klassengegensätzen) suchten. Wir haben in der Natur- wie Sozialwissenschaft ein einheitliches Bestreben: die Erscheinungen aus *einer Quelle* zu verstehen und zu interpretieren. Der «echte Monismus» war das allgemeine Anliegen. Einzig *Cieszkowski* sieht diese verbreitete Form des Monismus als eine *Verkürzung* des Seins und der Wirklichkeit an, nämlich dann, wenn in der Synthese nicht mehr der Ursprung aus den Gegensätzen enthalten ist. Der *wahre Monismus* ist für ihn deshalb nicht aus einem einzigen Prinzip, sondern nur triadisch zu denken. Denn schon der Mensch als geschichtliches Wesen zeigt, daß er an drei Zeitdimensionen Anteil hat. Wer deshalb nur in einer Zeitachse von der Vergangenheit zur Zukunft und nicht auch von der Zukunft zur Gegenwart denkt, verfehlt die Wirklichkeit, er fällt aus der Entwicklung heraus in die Eindimensionalität. So steigert sich bei Cieszkowski aus der Einsicht in die historische Entwicklung, um die sich alle Hegelschüler bemühen, der Ich-Begriff in eine Weite, die sonst bei keinem der Zeitgenossen anwesend ist. Zwar eignet allen vorgestellten Denkern ein bedeutendes Selbsterleben, aber Cieszkowski erhöht es über die Subjektivität, das Zufällige der Umstände und die Zeitgebundenheit hinaus und nimmt den höheren, unvergänglichen Kern, das Überzeitliche, als zu Erstrebendes, erst in der Anlage Vorhandenes, aus Ewigkeit Kommendes und in Ewigkeit Gehendes – das Ich – in den Blick (vgl. Gott und Palingenesie).

Allen Denkern, mit denen wir uns beschäftigten, eignet eine hohe Empfindlichkeit für ihr eigenes Ich, darum sind alle gleichermaßen sensibel für das, was sich einerseits in der sozialen Welt zwischen den Menschen, andererseits aber auch im geistigen Umkreis hinter den Kulissen des äußeren Geschehens begibt. Diese im Zeitengang damals erfolgenden tiefgreifenden Veränderungen sowohl innerhalb des sozialen Geschehens wie zwischen dem Zeitgeist und seinen Widersachern spiegeln sich in der Zerrissenheit, in den sozialen Gegensätzen, gesellschaftlichen Spannungen und Erkenntnis-Aporien. Dieser Dualismus wird vom Bewußtsein so eingefangen, daß es zunächst sich den *religiösen Fragen* zuwendet; erst danach werden die Fragen des *staatlichen Lebens*, schließlich die *sozialen Fragen*, die sich aus der Industrialisierung der Eigentumsordnung ergeben, aufgegriffen und der Kritik unterzogen. Künftige Möglichkeiten einer brüderlich-sozialistischen Gesellschaftsgestaltung werden den französischen Vorbildern entsprechend aufgegriffen.

Bei den vorgestellten Denkern läßt sich, wie wir sahen, zeigen, wie sie, nahezu alle in kurzer Zeit, zu entschiedenen Materialisten geworden, selbst in ihrer Entwicklung von einem Transzendenten ergriffen werden und diesem ein erstaunlich empfängliches Organ leihen – ob es nun der «blitzartige Einfall» bei Marx oder Bauer ist, der erlebt, wie ihn ein böser Dämon ergreift, oder ob es die «Erhebung» bei Cieszkowski ist oder die dumpfe Ahnung der Werdekräfte bei Bakunin usw. –, das ruft auf, die darin wirkende geistige Qualität genauer zu untersuchen. Was das Bewußtsein spiegelt, verhält sich zum Bewußtsein selbst wie das Gesehene zum Sehen; der Vorgang des Sehens wird über den Inhalten des Gesehenen vergessen. So auch hier: die Gedankeninhalte sind klar, bewußt, die Ursache, wodurch sie erlangt wurden, tritt nur gelegentlich und dann allenfalls ahnungshaft auf. So verfügt etwa Bauer noch über eine überlieferte Terminologie, um verschiedene *geistige Wirksamkeiten als «gut» oder «böse»* zu benennen. Gleichwohl ist er außerstande, verläßlich zu beurteilen, was denn tatsächlich an Eingebungen vorliegt, wenn er feindliche Mächte als nahestehend erlebt.

Jeder der Junghegelianer ist von seiner – ihm persönlich obliegenden – Aufgabe für den Fortgang der Menschheit tief durchdrungen. Das führt bei der gegebenen persönlichen «Empfindlichkeit» und bei unterschiedlicher Einsicht in die Gegebenheiten zur Trennung innerhalb der vom gleichen Lehrmeister Geschulten. Zwar empfindet sich jeder als *«beauftragt»* – doch läßt sich fragen: von wem? Engels etwa ist erfüllt vom Glücksgefühl, daß er einer Zeit voller weltgeschichtlicher Entscheidungen angehört und daß er selbst die «Krone des wahren Lebens», den «Gral», gefunden hat. Bauer erlebt Gott als «tot», aber sein eigenes Selbstbewußtsein als desto lebendiger, d. h. gottgleich. Ähnlich empfindet sich auch Marx, der nichts Geringeres tut, als stets «für die Welt» zu arbeiten. Daraus wird für ihn der Mandatserteiler und Auftraggeber ablesbar: es ist der Zeitgeist oder gar der Weltgeist, in dessen Auftrag sich die einzelnen sehen und auch dementsprechend handeln. Doch was begrifflich schon bei Hegel fehlte, wird hier geradezu aufdringlich: der Geist ist lediglich Begriffsschatten, nicht aber ein Wesen, so daß sich seine moralische Qualität «gut oder böse?» ganz verflüchtigt. Was bei Bauer noch aus der theologischen Tradition herumspukt: das Erlebnis und Wissen, daß zu jedem Geist, sei er einer des Volkes (Archangelos), der Zeit (Arché) oder gar der Welt (Exusiai), eine Widergeistigkeit, ein Doppelgänger, ein Schatten, ein Dämon, existiert, ist für die Erkenntnis inzwischen verloren. Wie der einzelne Mensch als Individualgeist (Ich) die Möglichkeit hat, «bei» und «in sich» zu sein, also vollgültig zu handeln, so besteht aber auch die Gefährdung, daß er abwesend, entrückt oder zwanghaft besessen zu sein vermag, «außer sich». Weil diese begriffliche Unterscheidung dem Hegelianismus fehlt, schiebt sich ein «moralfreier Raum» in das Handeln der vorgestellten Denker herein: von menschheitlichen Zielen der Befreiung, Überwindung der Entäußerung und Entfremdung ergriffen, wird von ihnen nicht der Einzelmensch, sondern die «gesetzlich» ablaufende Entwicklung in den Blick genommen. Unter dem umfassenden, abstrakt-intellektuellen Ziel geht der Einzelmensch in seinem So-Sein mit seinen eigenen Strebungen bei den meisten vorgestellten Denkern verloren. Kaum wird der Mensch aus dem aufklärerischen Bemühen, die Entfremdung zu überwinden, erstmals auch in den niederen Klassen und damit auch im Proletariat entdeckt, verflüchtigt sich der Einzelmensch sogleich wieder – und nur der Klassenzugehörige bleibt. Dadurch bildet sich neuerlich eine Verfügbarkeit – der Zugriff auf den Klassenzugehörigen – und eine erneute Entfremdung, da sie den Interpreten und Herrschern über das «richtige Klassenbewußtsein» eine pharaonische, unkontrollierte Macht geben: Einfallstor für die Qualität der Verführung, des ahrimanisch Bösen. Im anderen Fall, wo, wie bei Bakunin, das «Volk» als kollektiver Inspirationsquell dumpfer Triebkräfte oder wo, wie bei Stirner, nur das isolierte Ich des Anarchisten und Egoisten erlebt wird, kommt es zur undurchschauten Steigerung und Überheblichkeit luziferischer Versuchung. Das rechte Gleichgewicht, die wirkliche Aussöhnung fehlt bei beiden Positionen.

Die Einsicht in die Doppelheit eines verführenden geistigen Wirkens, des luziferisch und ahrimanisch Bösen, und in die eines «guten Geistes der Zeit» führt dahin, nicht mehr nur auf den Inhalt des Gedachten, sondern auf den Vorgang, in diesem Fall auf die Inspirationsquelle selbst zu achten, aus der die Gedanken gespeist werden. Diese Quelle der Gedanken entstammt bei den Nachhegelianern eben nicht *einem Geist.* Cieszkowski treibt Hegels Ansatz weiter, wenn für ihn nicht das, was ist, auch schon vernünftig ist; vielmehr soll das, was vernünftig ist, auch sein. Das führt zur Philosophie der Tat. Bei ihr wird ein Unterscheidungsvermögen aufgerufen im Hinblick auf eine a) *fortschreitende* sowie b) eine *beschleunigte* (luziferische) und eine c) *retardierende* (ahrimanische) Geistigkeit, die sowohl im einzelnen Menschen wie im Volk als auch in den Vorgängen der Zeit wirksam sind. Denn ohne diese Differenzierung steht man letztlich hilflos vor zwar verständlichen und durchaus wirklichen, aber dennoch verhängnisvollen, weil unmoralischen Entwicklungen. Steiner formuliert diesen Zusammenhang einmal so, daß er darauf hinweist, wie mit dem Materialismus und Atheismus zwar der Geist geleugnet wird, wie aber *die Menschen durch die Leugnung keineswegs den Geist loswerden.* Der fortschreitende Geist ist unabänderlich mit der Menschheit verbunden. Wenn allerdings die Menschen dem *Genius dieses Zeitalters* absagen, dann tritt der zweifache *Dämon dieses Zeitalters* an sie heran. «Und als der Intellekt so weit war am Beginne des letzten Drittels des neunzehnten Jahrhunderts (also zu jener Zeit, als der Marxismus bereits voll ausgebildet war), daß er ganz und gar nur dem Mechanismus des physischen Leibes folgte, selbst automatisch, mechanisch wurde und damit auf seine höchste Stufe kam . . ., da benahm sich der Intellekt so, wie der Mensch sich benimmt, wenn er dem *Genius absagt. Dann faßt ihn der Dämon des Zeitalters»* (Steiner, GA 225, 21. 7. 1923, S. 141). Diesen Vorgang vergegenwärtigen wir in der konkreten Entwicklung an einzelnen Denkern nach Hegel. War der Gruß der frühen Sozialisten: *«Alle Menschen werden Brüder»,* womit ein umfassend menschheitlich Christliches als Aufgabe und Ziel aufgerufen wurde, ersetzt Marx diesen Gruß durch die Parole: «Proletarier aller Länder vereinigt Euch!» Damit werden jeweils Kräfte des Hasses auf die Kapitalisten aufgerufen, durch Zusammenschluß des Teils (Proletariat) soll dieses das Ganze (neue Menschheit) bilden.

Unser Zeitalter hat es nach Cieszkowski mit der Tat zu tun; der Primat des Guten, des Moralischen, muß – als Aufgabe – erst errungen werden. Das Verzerrte, Unheilvolle, Destruktive, das die Zeit zeigt, ist das Gegenbild dessen, was errungen werden muß: Verantwortung, moralisches Handeln, nicht nur im Privatleben, sondern in allem gesellschaftlichen und wirtschaftlichen Tun. Das Böse als prinzipielle Herausforderung tritt zunehmend an die Menschheit heran: in Auschwitz, in Folter, Terror, Rassengegensätzen, Unterdrückung, aber auch in Naturverseuchung und Rüstungsirrsinn, kurz: in Greueltaten mit unendlich vielfältiger Gestaltung.

Die Ausbreitung moralischer Fragenaufwürfe hängt einerseits von den sozialen Gegebenheiten, d. h. dem Industrialismus, der Verelendung, den Widersprüchen usf., ab, andererseits vor allem aber davon, daß dies als Problem gesehen und erkannt wird. Dazu, daß dies geschieht, trägt aber gerade der Gedanken-Monismus bei, wie er bei den materialistischen Nachfolgern Hegels auftrat. Versuchte er doch sich in berechtigtem Streben des Dualismus zu entledigen, der einer befreiten, jenseitigen Existenz zuliebe das Jammertal hinnieden leichter hinzunehmen gewillt war als der Monismus, der aus seiner einheitlichen Haltung die Gegensätze hier und jetzt zu überwinden und auszugleichen hatte. Doch dieser theoretische Ausgleich geschah zu schnell, ohne die tatsächlichen Widersprüche und Gegensätze wirklich zu überwinden. Die Urheber dieses schnell zupackenden Monismus waren bestrebt, den Dualismus «*aufzuheben,* aber vergaßen, ihn zu *erheben* . . . (die) widerstreitenden Begriffe (sind) nicht einfach, wie bisher, sondern einschließend zu gebrauchen, d. h. triadisch» (Cieszkowski, Vater Unser I, S. 316, n. Zoltowski, S. 134). Das ist *«vermittelter Monismus»* im Unterschied zum Dualismus oder dem schnellen, d. h. «einfachen» Monismus.

Die Gedankenangebote der Junghegelianer wollten das ein für allemal Erlösende, Notwendige und Richtige zur Versöhnung beitragen, gleichsam das Endgültige und Absolute schaffen, das Überzeitliche in der Gesellschaftsgestaltung herbeiführen, so insbesondere Marx und Engels. Und in der Tat verdanken wir ihnen die tiefste, eindringendste Analyse der sozialen Zustände des Industrialismus. «Wahrhaftig, ich bewundere Karl Marx wegen seiner Gedankenschärfe, wegen seines umfassenden historischen Blickes, wegen seines großartigen umfassenden Gefühles für die proletarischen Impulse der neueren Zeit, wegen seiner gewaltigen kritischen Einsicht in den Selbstzersetzungsprozeß des modernen Kapitalismus und wegen seiner vielen genialen Eigenschaften. Wer ihn aber kennt, der weiß, daß Karl Marx immer im Grunde genommen eben der große Sozialkritiker war, der jedoch immer da im Stiche läßt, wo hingewiesen werden soll auf das, was eigentlich zu geschehen hat. Schon da liegt der Ursprung desjenigen, was wir . . . als *Unvermögen* sehen, zu einem positiven Aufbau zu kommen» (Steiner, GA 330/31, 22. 4. 1919, S. 45). Wo es aber um das Werdende, Künftige geht, betrifft dies eben auch die Schicht des innersten menschlichen Wesens, die der Moral, denn in allen Handlungen ist Sittlichkeit oder Unsittlichkeit, Gutes oder Böses enthalten. Gerade in dieser Schicht wirkt der Einfluß der «Dämonen». Der nicht vermittelte Monismus führt zur *Gewaltsamkeit*, wenn er das eine Gültige in der tatsächlich vielgestaltigen Wirklichkeit durchsetzen will.

Anders als Marx sieht Cieszkowski den Widerstreit und den Kampf ums Dasein als notwendig an, aus den verschiedenen Zeitumständen resultierend, die es nicht «abzuschaffen», sondern zu harmonisieren und in eine Gleichgewichtslage zu bringen und damit zu befrieden gilt. Nur der «unfruchtbare» Kampf der Gegensätze soll beendet und in eine kraftvolle Spannung übersetzt werden, so daß sich der Reichtum des Lebens erst voll entfalten kann. «In jedem Organismus ist Kampf und muß Kampf sein. Die einzelnen Organe kämpfen miteinander und pflegen doch die Gemeinschaft, und das nennt man Prozeß des Lebens. Der Organismus ist eben dadurch Organismus, daß die widerstreitenden und aufeinander wirkenden Organe miteinander übereinstimmen, wie es Hippokrates ausdrückte ... *Das Aufhören des Kampfes im Körper ist der Tod. Seine Harmonisierung ist erst Gesundheit*» (Vater Unser I, S. 229, zit. n. Zoltowski, S. 110).

Als *Krankheit* bezeichnet Cieszkowski alles, was vom Bösen, von der Immoralität herrührt, was an den Lebenskräften der Menschheit nagt. «Wo ist eure gepriesene Erfahrung, oh überweise Staatsmänner, wenn ihr nach so vielen erlittenen Schäden und trotz der Warnungen der Einsichtsvollen unter euch noch nicht zur Überzeugung gekommen seid, daß ein solch eiterndes Geschwür im Organismus der Menschheit all ihre Glieder mit Ohnmacht oder Unruhe erfüllen und alle Säfte der Gesellschaft vergiften muß» (Vater Unser I, S. 211, n.ebd., S. 121). So ist für Cieszkowski, anders als für Bauer, Bakunin und Marx, Revolution etwas, was aus *Verschuldung*, nicht aber aus «der Natur der Sache» hervorgeht; sie ist fatale Folge der Tatsache, daß die Herrschenden den «wahren Fortschritt» nicht anerkennen wollten, gerade durch Revolution entsteht niemals Fortschritt, sondern allenfalls Barbarei.

Schauen wir nochmals auf die Zeit um 1845: Wer hat in dem Gewirr der Positionen recht, wer verficht die zukünftigen, d. h. fortschreitenden Ideen, die mehr Menschlichkeit, mehr Würde, mehr Selbstbewußtsein vermitteln und ermöglichen? Einer der Hegelianer, der Liberalismus oder das reaktionäre Preußen? Zunächst überrollt die Revolution von

1848 faktisch alle Positionen. Für Marx, Engels, Bakunin und Hess bildet die Revolution die Erfüllung ihrer Erwartungen, ehe sie mit der Emigration eine tiefe Enttäuschung erlebten. Zwar stellte die Insurrektion von 1848 die überlieferte ständisch-feudale Sozialordnung radikal in Frage, wie sie der aufgeklärte Absolutismus überformt und geschaffen hatte, aber für die soziale und wirtschaftliche Besserung brachte sie nichts; der heraufkommende Industrialismus mit seinen Klassengegensätzen spielte in Deutschland – anders als für Frankreich – noch kaum eine Rolle, wohl aber wurde das besitzende und das damit beinahe identische Bildungsbürgertum sich seiner Aufgabe in der Teilhabe am politischen Prozeß bewußt. Zunächst strömten in die kurzzeitig geöffnete Bresche aus den vier Himmelsrichtungen Bewegungsimpulse und Willensrichtungen herein: 1. die liberal-bürgerlichen, 2. die radikaldemokratischen, 3. die sozial-kommunistischen und 4. die anarchistischen. Sie hoben sich in ihren unterschiedlichen Absichten weitgehend auf, was sich in endlosen, geistvollen, aber auch kleinlich-besserwisserischen Debatten reichlich dokumentierte, so daß das geistreiche Professorenparlament «mit deutscher Gründlichkeit, parlamentarischer Unerfahrenheit und Umständlichkeit . . . und mit einer ungezähmten Redelust» die Chance der sozialen Neugestaltung verstreichen ließ. Die restaurativen Kräfte bekamen in kurzer Zeit wieder die Oberhand (Sell, S. 155). «Politische Ideale mit Einsatz von Leib und Leben zu verteidigen, war das Bürgertum nicht geneigt» (ebd., S. 156).

Wir fragen nochmals: wer hat von den vorgestellten Denkern mit seiner Position recht, wer vergegenwärtigt ein Mehr an künftiger Entwicklung, wer ein Mehr an Menschenwürde, wer bringt die Entwicklung auf den «rechten» Weg? Diese Fragen sind freilich so falsch gestellt, denn bei einer Prüfung der logischen Richtigkeit und plausiblen Stimmigkeit eines Ansatzes ist noch nicht darüber entschieden, ob er auch in die soziale Wirklichkeit so eingreift wie beabsichtigt. Denn von daher betrachtet, sind die geschichtlichen Abläufe von 1848 bis 1917 wesentlich durch andere Einflußgrößen bestimmt worden als von den Gedanken der Nachhegelianer.

Das Bürgertum nämlich erwies sich als stärker geschichtsgestaltend denn das Proletariat; dennoch ließ sich jenes anders als dieses durch geringe Zugeständnisse an bürgerlichen Rechten schon zufriedenstellen. Und der es ergreifende Nationalismus rückte die Aufgaben gesellschaftlicher Gestaltung (demokratische Teilhabe, soziale Gerechtigkeit, Meinungsfreiheit) auf den zweiten Platz hinter der Sehnsucht nach deutscher Einigung. Durch die Reichsgründung wurden die Erwartungen des Bürgertums dann voll befriedigt, größere Ziele hatte es nicht. Deutschland hatte scheinbar seine Aufgabe gefunden. «Jede Großmacht braucht eine Rechtfertigung, um Anerkennung und nicht bloß Furcht zu wecken, und Bismarcks Werk hatte wohl das Recht des historischen Schicksals, aber nicht die Rechtfertigung im Zeichen einer Idee für sich ... Echte große Politik ist ohne Rechtfertigung durch einen zündenden Gedanken, in dessen Auftrag sie geführt wird, nicht möglich» (Plessner, S. 53 u. 55).

Nur im Untergrund lebten die Forderungen des Proletariats zunächst fort, bis sie durch den von Lassalle 1863 gegründeten Allgemeinen Deutschen Arbeiterverein erstmals an die Oberfläche kamen. Doch erst die in Eisenach 1869 begründete Sozialdemokratische Partei bot eine Plattform, von wo aus die Gedanken von Marx/Engels allmählich einfließen und damit wirksam werden konnten. Zunächst aber ist festzuhalten, daß keiner der Nachhegelianer nach 1848 bedeutenden Einfluß auf die geschichtliche Entwicklung und deren Gestaltung durch seine Gedanken erlangt hatte, wenn sie auch sehr wohl Ausschnitte der treibenden Kräfte berühren.

Im Untergrund wirkte, gelegentlich mit Aktionen der Propaganda der Tat zutage tretend, der Anarchismus weiter, das Bürgertum verdrießend. Mehr stillschweigend breitet sich die inferiore Strömung des antisemitischen Atheismus Bauerscher Prägung im Bürgertum aus. Der fruchtbare Ansatz Cieszkowskis trat – abgesehen von zwei Anträgen im preußischen Abgeordnetenhaus – nicht hervor, ja sein Hauptwerk blieb zu Lebzeiten unveröffentlicht, wobei er bessere Zeiten für dessen Wirkungsgeschichte abwarten wollte.

Die gleiche Unbekanntheit umgibt Marx und Engels; noch etwa 40 Jahre nach dem Höhepunkt des geistigen Entscheidungskampfes sind beide – abgesehen von sozialistischen Zirkeln – nahezu unbekannt. Es ist die Leistung von Engels, daß er durch seine außerordentliche Fähigkeit zum Kontakt mit zahlreichen sozial engagierten Menschen, durch seine ausgedehnte Korrespondenz und die ratsuchenden Fragen der deutschen Arbeiterführer, die tastend und unsicher das Neuland des parlamentarischen Wirkens betraten, die Entwürfe seines Freundes ebenso wie die eigenen Gedanken einbringen konnte. So entreißt er das Werk und den Namen des Freundes der Vergessenheit und bringt es als wirksame Größe in die wachsende sozialistische Arbeiterschaft als Orientierungsmarke mit ein und verhilft dieser zur Selbstdefinition. Marx wird so endgültig vor dem Vergessen gerettet.

Damit aber wird sichtbar, daß über das «Rechthaben» nicht die Logik des Gedankens als solche entscheidet, sondern die Frage, ob er in menschlichen Bewußtseinskräften wirksam zu werden und diese zu formieren und zu motivieren vermag. Doch selbst die Übernahme der Gedanken von Marx in die deutsche Arbeiterschaft durch Engels' Vermittlung reicht für die Wirksamkeit nicht aus, vielmehr muß hier noch eines anderen Menschen gedacht werden, der das Werk weiterentwikkelt: *Lenin.* Dieser hochbegabte, systematische Kopf erhält durch das gründliche Studium von Marx selbst Klarheit über die notwendige Revolutionsstrategie. Anders, als Marx angenommen hatte, ist der Ausbruch der Revolution für ihn nicht ein rein naturhafter, unbeeinflußbarer Vorgang, aus den gesellschaftlichen Triebkräften resultierend, die sich bei genügendem Widerspruch von Produktivkräften und Produktionsverhältnissen notwendig, aber letztlich nicht bestimmbar, entladen; vielmehr ist – das ist Lenins neue Einsicht – *Revolution* gestaltbar, ja *machbar* – durch eine verschworene Gemeinschaft von Revolutionären, die weiß, worum es geht, und welche die geschichtlichen Gesetze kennt. Dies ist die *Avantgarde des Proletariats.* Von nun an wird es notwendig, daß die Weissagung, d. h. das, was theoretisch notwendig ist, zusammenfällt mit dem Handeln (der Partei), also der Praxis. Wer das Tun begründet, erhält den Titel «großer Lehrer» (Sternberger, S. 40 ff.). Kommt es zu verschiedenen Interpretationen dessen, was fällig, d. h. aus der Geschichte heraus notwendig ist, so kommt es zu (blutigen) Auseinandersetzungen im Führungskreis der Avantgarde, bis sich eine «Inspiration» durchsetzt, denn das Geschäft der Revolution hängt mit Inspiration unauflöslich zusammen. Trotzki schreibt: *«Revolution ist rasende Inspiration der Geschichte»* (Mein Leben, S. 300). Dabei ergibt sich dann das Problem, wer als Exeget das Orakel der Geschichte zu deuten und das Losschlagen bestimmen kann und darf. Die Antwort von Ludmilla Stahl, einer Mitkämpferin unter den Bolschewiken, lautet: «Wenn wir die Parolen Lenins akzeptieren, tun wir nur, was das Leben ihm eingibt», Lenin ist gleichsam ein von den Geschichtskräften selbst Inspirierter (Sternberger, S. 135).

Lenin wird aus seinem Züricher Exil durch *«dämonischen Einfall»* just in jenem Augenblick von seiten des deutschen Generalstabs nach Rußland gebracht, wo zwar nicht durch Klassengegensätze, wohl aber durch Krieg, Hungersnot und eine unfähige Regierung sich eine revolutionäre Situation gebildet hatte. Dort gelingt seinem herausragenden organisatorischen Geschick, das überlieferte, autokratische System des Zarismus durch ein inhaltlich gleichwertiges System, die *Diktatur des Proletariats,* abzulösen.

Die *Wirklichkeit,* die aus so gearteten Inspirationen geschaffen wird, entstammt einem Geist, der aus Lenins eigenen Worten offenbar wird: «Wenn man Moskau nimmt – *4 700 verantwortliche Kommunisten – und dieses bürokratische Ungetüm,* diesen Haufen, *wer leitet da und wer wird geleitet?* Ich bezweifle sehr, ob man sagen könnte, daß die *Kommunisten* diesen Haufen leiten. Nicht sie sind die Leiter, sondern *sie werden geleitet!»* (Ausgewählte Schriften, S. 1132). Doch wer ist es, der dann leitet? Da schweigt Lenin. Das ist aber nicht nur Rhetorik. Vielmehr liegt eine Form unauslotbarer und zugleich Beängstigung auslösender Selbststeuerung zugrunde. Es kann vielfältig beobachtet werden, wie insbesondere in Bürokratien nicht die Besten, sondern häufig die Schlechtesten, Parteitreuen ausgewählt werden und daß trotz deren erwiesener Unfähigkeit dennoch das System irgendwie funktioniert (vgl. Voslensky). Im «Faust» zeigt Goethe, wie diese «Besetzungen» von Ämtern gleichwohl zur Funktionstüchtigkeit kommen, wie das in Bürokratien durchgängig der Fall ist. Für ihn ist es der Geist Mephistopheles, der Geist der Finsternis, der die fehlende Fähigkeit ersetzt, die bei der Schwäche des einzelnen durch den Geist des Systems ausgefüllt wird (vgl. Steiner, GA 172, 13. 11. 1916, S. 98 f.).

Das Ich ist hierbei aus der Verantwortung gedrängt und durch Apparat und System ersetzt, es erlebt allenfalls noch die Überwältigung von außen durch das System. Damit aber kehrt sich das ursprüngliche Anliegen der Nachhegelianer um, die «Befreiung» wird zur erneuten Unterdrückung, die Negation der entfremdeten bürgerlich-kapitalistischen Gesellschaft führt nicht in die Befreiung, sondern zur bürokratischen Entfremdung. Der Grund liegt darin, daß die Negation der bürgerlichen Gesellschaft keine vollständige war, oder darin, daß Extreme eben nur Halbwahrheiten sind: Aus der bürgerlichen Gesellschaft wurde das rationale Organisationsprinzip und Herrschaftsmittel der Bürokratie in den realen Sozialismus übernommen, doch die menschliche Wirklichkeit ist reicher, als die Zuordnung in Klassen und Interessengruppierungen glauben macht. Damit aber ist der angezielte geschichtliche Fortgang, der im Selbstbewußtwerden und in der moralischen Handlung des einzelnen seinen Sinn erhält, verkehrt, denn der einzelne wird vom Kollektiv und dessen Verwaltungsform überwältigt und – neuerlich entfremdet. Kurz: der Marxismus trug nicht zur Versöhnung bei, sondern schuf den menschheitsbedrohenden Gegensatz der politischen Systeme von Ost und West mit ihrem sich aufschaukelnden Rüstungswahn. Unversöhnlich stehen die Gegensätze der Freiheitsansprüche (im liberalistischen) und der Befreiungsanspruch (im sozialistischen Verständnis) einander gegenüber, wobei das auslösende Moment, die soziale Widersprüchlichkeit (Klassengegensätze), durch den Produktionsfortschritt und eine Verbesserung des Einkommens gemildert und entspannt wurde. Das Zentrum des Kampfes, der Gegensätze hat sich verlagert, zugleich aber auch verschärft. Neben dem ideologischen Kampf zwischen West und Ost trat der Gegensatz von Reich und Arm, von Nord und Süd, der Gegensatz der technisch-industriellen Welt und der traditionellen Gesellschaftsordnungen hervor, der die Menschheit zerreißt. Aber auch innerhalb der wohlhabenden Gesellschaften bedrohen die unübersehbar gewordenen Widersprüche, die zwischen wirtschaftlich rationaler *Produktion* einerseits und *Lebenswelt* andererseits bestehen: radioaktive Abfälle, chemische Verseuchung, Umweltzerstörung existentiell die Menschheit. Hiervor nehmen sich die Aporien des 19. Jahrhunderts fast bescheiden aus.

Was in unserem Jahrhundert ausgebreitete widersprüchliche Wirklichkeit wurde, trat eben in den Entscheidungsjahren von 1838–1845 zunächst als ein Angebot des Genius der Zeit und seiner konkurrierenden Dämonen in Gedankenformen an die wachsten Geister dieser Epoche heran, und zwar einerseits als Aufruf zu sozialer Versöhnung, aber auch zu moralischer Gestaltung. Diese Aufforderung wurde damals unterschiedlich ergriffen. Nach und nach lebte sich das, was zunächst Gedanke war, als Zielsetzung des Wollens in die Handlungen ein, und die Wirklichkeit gestaltete sich diesem Gedanken entsprechend: Doch nicht alle Gedankenformen kamen gleichermaßen zum Zug. Vielmehr lebte sich vor allem der Marxsche Ansatz und seine Lösung zur Überwindung der Klassengegensätze (in der Leninschen Modifikation) in die soziale Wirklichkeit ein. Dadurch wurden die Widersprüche, die Entfremdung weltweit tiefer. So sind die Aporien unversöhnlicher denn je. Was ist der Grund dafür?

Ein leichtes oder gar bequemes Entkommen aus der Entfremdungsproblematik gibt es offenkundig nicht, ebensowenig eine Patentlösung. Soll es überhaupt eine Lösung, Entspannung oder Versöhnung geben, muß zuerst der Mensch zu sich selbst kommen. Außerhalb des Paradieses gelingt ihm dies aber nur dann, wenn er sich selbst bewußt in seinem Ich als Persönlichkeit erlebt, damit aber erlebt er sich auch zugleich – als sich selbst entfremdet. Doch dasselbe Erlebnis, das ihm Entfremdung vermittelt, das aus dem Ich resultiert, vermag auch als Ich durch das ihm selbst eigene Denken, wenn es nicht in seiner abstrakt-intellektuellen Pose verharrt, sondern zu bildhaft imaginativer Qualität und moralisch verantworteter Verbindlichkeit durchstößt, Versöhnung zu stiften. Damit wird das in der Bewußtseinsseele lebende Ich durch ein Höheres befruchtet und gelangt zum Geistselbst (vgl. S. 204). Bis zum allgemeinen ideellen Denken in reinster Form kam Hegel, was ihm aber noch fehlte, war der Durchbruch aus der Idee zum sich in Bildern offenbarenden Wesenhaften einerseits und von der Idee zur Tat andererseits, zur Tat, die als moralische Handlung die Idee der Außenwelt einfügt. Moralische Handlungen gewinnen ihre Qualität, d. h. die Sittlichkeit, durch ihre Bezüglichkeit, d. h. konkret: durch den Bezug, der auf den anderen Menschen, auf dessen soziale Situation, sich richtet. Der Mensch ist dabei der Einzelmensch, aber auch der Mensch allgemein, die Menschheit. Dadurch aber gerät dann die umfängliche Aufgabe der Versöhnung, die es zu erzeugen gilt, voll in den Blick: im Hinblick auf den Menschen in seiner Persönlichkeit als einzelnen und im Hinblick auf die Gesellschaft und ihre Verfassung. Moralität heißt dann für die Gesellschaft: das *«Sein-Sollende»*, das Zukünftige in die Gegenwart hereinzurufen und nicht nur das Bestehende als «wirklich» und damit vernünftig zu beschreiben. Dieses Zukünftige aber kann nicht etwas Utopisches sein, das im unendlich Fernen liegt, sondern etwas, das als Anlage bereits in der gegenwärtigen sozialen Wirklichkeit enthalten ist. Wird zu weit in die Zukunft gegriffen, führt die beste Absicht – aus Ideologie oder Utopie (Mannheim) – zur neuerlichen Überwältigung des Einzelmenschen in der Gesellschaft und zur Vertiefung der Entfremdung. Deshalb ist ein dialektischer Zeitbegriff, der das Werden als Zusammenklang von Vergangenheit und Zukunft lebendig erfaßt, unverzichtbar.

Doch worin bestehen die bereits in jedem einzelnen *und* in der Gesellschaft veranlagten moralischen Keime des «Sein-Sollenden», die es in der Entfremdungssituation aufzurufen gilt? Sie sind nichts Einheitliches, sondern, will man sie begrifflich fassen, als *dreifaches* Ideal zu formulieren: «Es wirkt der *Grundsatz*, daß in der Zukunft *kein Mensch Ruhe haben soll im Genusse von Glück, wenn andere neben ihm unglücklich sind*... (ferner:) das *Ziel, daß in der Zukunft jeder Mensch in jedem Menschen ein verborgenes Göttliches sehen soll*... (und schließlich:) *dem Menschen die Möglichkeit zu geben durch das Denken zum Denken über den Abgrund hinweg zum Erleben im Geistigen zu kommen*» (Steiner, GA 182, 9. 10. 1918, S. 140 ff.).

Wie läßt sich diese Zukunft, die im Erleben des Einzelmenschen schon gegenwärtig ist, wie jeder verständige Blick in die Zeit lehren kann, in die gesellschaftliche Wirklichkeit hereinrufen? Wiederum nicht auf einem, sondern nur auf vielfältigen, auf drei Wegen. Ehe wir diese aufzeigen, wenden wir uns neuerlich einem allgemeinen Gedanken zu: Hauptanliegen muß es sein, durchaus abstrakt gesprochen, aber konkret gemeint: Den Menschen so zu befreien, daß er als einzelmenschliche Individualität in die Lage kommt, die auch in ihm bestehenden Spannungen und Gegensätzlichkeiten in aktiv ergriffener Freiheit zu überwinden und in der eigenen Seele immer aufs neue zu versöhnen. Das stellt sich nicht von allein ein, sondern bedarf eines Entschlusses, einer Handlung, durch die Moralität in den Menschen einzieht. Moralität, die eben dadurch sittlich wirkt, daß sie über die Einsicht für die Folgen des eigenen Tuns gegenüber der sozialen und natürlichen Welt (sei es in Rüstung, in Industrialisierung, in Naturzerstörung u. a.) das eigene Handeln verändernd gestaltet. Dafür aber ist eine unabdingbare Voraussetzung, daß die gesellschaftliche Ordnung Freiräume gewährt, in denen mit dem Mittel der Selbstverwaltung durch Selbstgestaltung eigene, neue Konzeptionen erprobt und zur sozialen, verantworteten Wirklichkeit werden. Wie der einzelne an den Abgrund seines eigenen Daseins kommt und sich dort, will er weiterkommen, selbst neu als Lernenden und Übenden zu ergreifen hat, so auch die Gesellschaft: sie benötigt Orte des Lernens, Orte der Erfahrung, der Übung, des Experiments neuer Sichtweisen. Dieses ist allein in einem *freien Geistesleben* möglich. Wo einzelne diesen übenden Weg aus der Entfremdung gehen, vermögen sie auch sich wieder in Rückwendung auf die Gesellschaft gerade aus neuer Einsicht mit anderen zusammenzutun und die von ihnen erübte Substanz – als moralisches Potential – in die Gesellschaft zurückfließen zu lassen.

Nun hat beides einen natürlichen Zusammenhang: die individuelle Übung des einzelnen auf der einen Seite und die Gesellschaftsentwicklung auf der anderen. Die Individualisierung kann durch gesellschaftliche Strukturen erheblich gefördert oder beträchtlich gelähmt werden. Zwar kann der einzelne durchaus unabhängig von Lähmung oder Förderung durch die Gesellschaft in jedem Moment für sich selbst mit der inneren Arbeit beginnen – und dafür bestehen sogar vielfältige Übungswege, welche die Anthroposophie reichhaltig ausgearbeitet hat –, doch damit hat er «für sich», nicht aber für die Gesellschaft etwas verändert. Hierzu muß er sich mit anderen verbinden. Und gerade innerhalb der Gesellschaft etwas zu verändern, war Anliegen der Nachhegelianer und muß es auch für uns sein. Denn die Menschenwürde verletzende Formen der Widersprüche haben an Tiefe und Subtilität zugenommen, sind umfassender geworden.

Wie ist aber im Gesellschaftszusammenhang eine Versöhnung möglich? Doch wohl nur durch Abbau von Machtstrukturen. Dabei sehen wir die Bürokratie und in ihrem Zentrum den Staat als «Einrichtung des Zwanges», wie ihn Lenin (in: Staat und Revolution) bestimmt. Dort heißt es: «Solange es einen Staat gibt, gibt es keine Freiheit. Wenn es Freiheit geben wird, wird es keinen Staat geben.» Ohne soweit zu gehen wie Lenin, dessen System ja den *totalen Staat* erstmals verwirklicht hat, heißt die Aufgabe nach wie vor: so viel Macht abzubauen wie möglich, damit im Bereich des Soziallebens der Mensch dem Menschen begegnen kann und *Menschenschätzung und -achtung* auszubilden vermag. Anstelle der Zentralisierung gilt es darauf zu achten, überall *Entscheidungs-Freiräume* zu schaffen, die Selbstverwaltung ermöglichen.

Gehen wir von einigen Zahlen aus. Die gesamtwirtschaftliche Aktivität eines Landes schlägt sich im Bruttosozialprodukt nieder, die Staatsquote (öffentliche Hände) daran umfaßt zwischen 43 % und 53 % im Westen und gegen 100 % in sozialistischen Ländern. Der Bereich staatlicher Verwaltung erstreckt sich «seiner Natur nach» auf Verkehr, Verteidigung, öffentliche Sicherheit. Dafür beträgt der Anteil an den Staatshaushalten 44 %. Wir können die Angaben hierfür als den eigentlichen Kernbereich des Staates und seiner Aufgaben bezeichnen. Aber aus den für alle westlichen Gesellschaften repräsentativen Zahlwerten ergibt sich, daß der Staat seinen Einflußbereich und damit die Bürokratie erheblich weiter ausgedehnt hat. Denn wofür werden die restlichen 56 % ausgegeben? In Bereiche, die zumeist der staatlichen Lenkung unterliegen, prinzipiell aber ebenso und sogar wesentlich besser durch Selbstverwaltung wahrgenommen werden könnten. Zwar schlägt das Netz der sozialen Sicherheit, also der ganze Bereich der Daseinsvorsorge inzwischen mit 40 % Anteil an den öffentlichen Haushalten der Bundesrepublik zu Buche, und er wird formal auch tatsächlich durch Selbstverwaltungsformen ausgefüllt; diese sind aber von seiten des Staates derart durchstrukturiert, daß es faktisch keinen Unterschied mehr macht, ob Selbst- oder Staatsverwaltung vorliegt. Eine Körperschaft gleicht der anderen wie ein Ei dem andern. Immerhin ist doch ein Bereich auszumachen, der in der Bundesrepublik mit 16 % aus den öffentlichen Kassen versorgt wird und ebenso der staatlichen Verwaltung unterliegt, das aber nun wirklich nicht tun müßte: das Bildungsleben vom Kindergarten über die Schulen zu den Hochschulen. Denn gerade hier wäre eine Vielfalt von Selbstverwaltungs-Einrichtungen nicht nur zu schaffen, sondern auch sozial zu erüben. Warum kann nicht jede Schule ihre Angelegenheiten selbständig im Zusammenwirken der daran Beteiligten ordnen? Warum sind Lehrer und Eltern weniger kompetent als Verwaltungsbeamte und Parlamentarier? Herrschte im Schul- und Hochschulwesen eine ausgedehnte Selbstverwaltung, so würde ein Strom von Kräften befreit werden, und vor allem würde der Mensch selbst in seinen Entwicklungsgesetzen Grundlage der pädagogischen Gestaltung werden. Nicht Anforderungen von außen, die fremdbestimmend das Schulwesen regulieren wollen, übten, die pädagogischen Beziehungen verfremdend, einen Druck auf die geistige Entwicklung der nachwachsenden Generation aus. Durch die Verwaltungsbürokratie ergießt sich eine Flut von Ablähmungs-Modalitäten in Form von Erlassen über die Betroffenen, wodurch zahlreiche Initiativen geschwächt oder unmöglich gemacht werden.

In der staatlichen Förderung wissenschaftlicher Forschung – sie betrug in der Förderung etwa der atomaren Technologie in drei Dezennien in der Bundesrepublik nahezu 100 Mrd. DM, eine unvorstellbare Größenordnung! – manifestiert sich das überall zugrundeliegende rationale Zweckdenken: was absehbaren technischen Nutzen stiftet und damit zur Machterhöhung beiträgt, wird gefördert. Damit breiten sich die lebensfeindlichen Wirkungen und Folgen aus, die in Umweltzerstörung und -verseuchung mit Erschrecken wahrgenommen werden. Gäbe es auch nur eine prozentual gekoppelte Förderung *alternativer* Forschungsansätze – sagen wir: 10 – 20 % –, dann könnte heute schon auf lebenssteigernde und -fördernde Methoden im Landbau, in der Medizin, ja auch in der Technologie geblickt werden. Was fehlt, ist die Befreiung des geistigen Lebens innerhalb der Gesellschaft. Diese aber hat die Schaffung der Selbstverwaltung zur Voraussetzung (vgl. Leber, Selbstverwirklichung).

Nun, auch Selbstverwaltung stellt Probleme, so daß leicht Befürchtungen aufsteigen, die hindernd im Wege stehen. Wo Selbstverwaltung der eigenen Angelegenheiten praktiziert wird, fallen zunächst überlieferte Strukturen, die als Korsettstangen von außen Halt geben, weg – und damit tritt leicht Streit, Entzweiung, Trennung zwischen den Beteiligten auf. Um zur wahren Geistesgegenwart im Sozialprozeß zu kommen, hat der Mensch sich durch seine eigenen Schichten, die ihn an seiner Entwicklung hindern, hindurchzuarbeiten und die andere Persönlichkeit in ihrem Sosein angemessen zu respektieren. In jedem Menschen steckt ein «zweiter Mensch», sein eigenes Schattenwesen, der eigene Dämon – er wird durch straffe, herrschaftliche Verwaltungsstrukturen klein gehalten, ja unterdrückt. Fallen diese Strukturen in der Selbstverwaltung weg, so werden diese Tiefenschichten auch mitbefreit, und man muß mit ihnen umgehen lernen. Dies aber fordert einige Übung. Die

Unterdrückung des zweiten Menschen durch äußere Strukturen heißt nun allerdings keineswegs, daß man dieses eigene, dunkle Wesen in sich deshalb schon beherrscht. Erst wenn die antisozialen Triebkräfte, die dämonischen Gewalten unter der Schwelle, vom Tagesbewußtsein einmal wahrgenommen werden, kann man sich auch mit ihnen auseinandersetzen und dadurch dann eigene Kräfte steigern. Erst indem man Widersprüche, Hemmungen erfährt, durchlebt, durchleidet und zu verarbeiten lernt, wachsen dem Menschen Kräfte zu, die bereichernd Neues, Künftiges erbilden. Erst auf diesem Weg wird sich die Erfahrung erschließen, wie *durch das Denken über den Abgrund hinweg zum Erleben des Geistigen zu kommen ist.*

Einer anderen, weiteren Form der *Selbstverwaltung* bedarf das von Kräften des Interesses und der Macht durchsetzte *Wirtschaftsleben,* das sich als zweiter Quell der Unterdrückung und Ausbeutung, inzwischen aber auch als Quell des Gegensatzes von Nord und Süd erwiesen hat. Eine Spannung, auf die klarblickende Sozialisten, wie gezeigt, stets hinwiesen, ergibt sich aus der Eigentumsordnung, eine andere – nicht leichter zu nehmende – aus den gegensätzlichen Interessen von Herstellung (Unternehmer, Kapitalisten) und Verbrauch (Konsumenten und Händlern), von Produktion und Konsum, wobei der sich erneuernde Spannungszustand in «Konjunkturen und Krisen» aufbricht. In der Arbeitsteilung sah Marx die Entfremdung, in der ungerechten Verteilung der Erträge die Entäußerung des Menschen. Dieses inzwischen erreichte Entwicklungsstadium der hocharbeitsteiligen Produktionsverhältnisse über die Erde hin läßt sich nicht umkehren, es gilt, statt es zu beklagen, Formen zu schaffen, in denen sich Menschen sachgerecht zusammenschließen und zu einer *gerechten Preis- und Einkommensgestaltung* kommen. Indem sich die gegensätzlichen Interessen aus den Kreisen von Konsumenten, Handeltreibenden und Produzenten in Assoziationen zusammenschließen, werden diese nicht wie bisher allein aus Produktionsinteressen bestimmt, sondern indem die Verbraucher aus ihren Interessen in diesem gesellschaftlichen Organ mitsprechen können, werden sie die Produktion in den Dienst der menschlichen Bedürfnisse stellen. «Was einer wirklich braucht, kann nur er wissen; was er leisten soll, will er aus seiner Einsicht in die Lebensverhältnisse des Ganzen beurteilen» (Steiner, GA 23, S. 10). Zur notwendigen Einsicht ins Ganze wird zukünftig auch das Leid und die Not in den anderen Ländern – außerhalb der Überflußgesellschaften – gehören, für die es gegenwärtig private caritative Hilfe, aber kein gesellschaftliches Wahrnehmungs-, geschweige denn ein «Tatorgan» gibt, zu dem sich aber die genannten Assoziationen entwickeln können (vgl. Sozialwissenschaftliches Forum II).

Damit haben wir in Umrissen die Idee der sozialen Dreigliederung, wie sie von Rudolf Steiner 1917/1922 formuliert wurde, dargestellt. Diese dreigliedrige Gesellschaftsordnung ist zeitgemäß, sie ergibt sich als Konsequenz aus dem Versöhnungsstreben, wie es erstmals bei den Hegelianern auftrat. Entsprechend der Auffassung von Cieszkowski ist bei «versöhnten» Sozial-Gestaltungen nichts anderes möglich, als daß sie im «Werden» gehalten werden. Genau dies, stets neue, sachgerechte Lösungen zu erarbeiten, ist Anliegen der Dreigliederung, die Organe für diese Lösungen, den gesellschaftlichen Funktionen entsprechend, aufzeigt: die Selbstverwaltung der Bildungs- und Kultureinrichtungen, ein auf den Kernbereich beschränktes, demokratisch verfaßtes Staatsleben und ein assoziatives Wirtschaftsleben, wo die Interessengegensätze durch Zusammenarbeit sich allmählich ausgleichen können. Diese Gestaltungsform entspricht in ihrer triadischen Struktur der Menschheit der Gegenwart und nächsten Zukunft. Wir können sie als Erfüllung, als Synthesis der Bemühungen der dargestellten Nachhegelianer, aber auch des Liberalismus und Sozialismus betrachten, die darin in je eigener Weise «aufgehoben» sind.[1] Die Idee der Selbstverwaltung wird nicht das Vollkommene bringen. «Das wird im wirklichen Leben auch gar nicht zu fordern sein. Daß das Best-Mögliche zustande komme, das allein kann angestrebt werden» (Steiner, GA 23, S. 8). Was wir heute denken, gestaltet die Wirklichkeit von morgen.

1 Für die weitere Darstellung vgl. Steiner, GA 23, 24 u. a., ferner Brüll, Latrille, Leber, Lindenau, Schweppenhäuser.

Zeittafel

(1802–1850)

1802	Arnold Ruge geb., († 1880)
1804	Ludwig Feuerbach geb., († 1872)
1806	Johannes Caspar Schmidt (Max Stirner) geb., († 1856)
1808	David Friedrich Strauß geb., († 1874)
1809	Bruno Bauer geb., († 1882)
1814	Michail Bakunin geb., († 1876) August Graf Cieszkowski geb., († 1894)
1814/15	Wiener Kongreß: Neuordnung Europas nach der Französischen Revolution; Politische Restauration
1815	Moses Hess geb., († 1875)
1817	Karl Grün geb., († 1887)
1818	Karl Marx geb., († 1883)
1819	Karlsbader Beschlüsse: Unterdrückung freiheitlicher Regungen, insbesondere gegen liberale Burschenschaften gerichtet, Zensur
1820	Friedrich Engels geb., († 1895) Deutscher Bund (Wiener Schlußakte)
1823	Monroe Doctrin
1825	Ferdinand Lassalle geb., († 1864) Claude Henri Saint Simon, bedeutender franz. Sozialist, gestorben
1830	Juli-Revolution in Paris infolge Verletzung politischer Rechte durch Karl X., unter dem Nachfolger Louis Philipp (Bürgerkönig) wirtschaftlicher Aufschwung Marx auf Jesuitengymnasium in Trier Polnische Revolution (gegen Rußland) Belgien trennt sich von Holland
1831	Tod Hegels Carus hält Vorlesungen über Psychologie, gebraucht erstmals den Begriff des Unbewußten Heine in Paris: «Reisebilder»

1832	Tod Goethes
	Pierre Leroux prägt den Begriff «Sozialismus»
1833	Deutscher Zollverein
1834	David Friedrich Strauß: «Leben Jesu»
1835	Verbot von Werken der Jungdeutschen (Börne, Gutzkow, Heine, Laube u. a.) durch Zensur bis 1842
	Darwin auf Galapagos
	Halleyscher Komet erscheint
	Erste deutsche Eisenbahn: Nürnberg – Fürth
	Allgemeiner Dt. Kindergarten von Froebel gegründet
1836	Heinrich Heine: Die romantische Schule
	Schopenhauer: Über den Willen in der Natur
	Cieszkowski über jonische Philosophie
	Studienbeginn von Marx in Bonn
1837	Gründung der Halleschen Jahrbücher (Ruge und Echtermeyer), ab 1840 Deutsche Jahrbücher
	«Göttinger Sieben» Professoren (Dahlmann, Gebr. Grimm u. a.) aus Dienst entlassen, als sie gegen Verfassungsverletzung protestierten.
	Kölner Kirchenstreit
	Morsetelegraph erfunden
	Engels beendet Schule, beginnt Lehre
	Königin Victoria besteigt Thron
	Marx in Berlin, Doktorklub
1838	Cieszkowski: Prolegomena zur Historiosophie der Geschichte
	Marx' Vater gestorben
	Beginn des Opiumkrieges (Großbritannien – China) bis 1842, China als Markt geöffnet
	Chartistische Bewegung in England (will Stimmrecht für Arbeiter)
	Feuerbach: Geschichte der neueren Philosophie
	Comte prägt Begriff Soziologie
	Weitling: «Die Menschheit, wie sie ist und wie sie sein sollte»
	Engels veröffentlicht unter dem Pseudonym Oswald erste Aufsätze und Gedichte
1839	Bruno Bauer Privatdozent in Bonn
	Louis Blanc (1813–1882): «Organisation der Arbeit» (für staatlich geförderte Produktionsgenossenschaften)
	Kinderarbeit in Preußen eingeschränkt, um Militärtauglichkeit zu erhöhen

Feuerbach: Zur Kritik der Hegelschen Philosophie
1840 Friedrich Wilhelm III. stirbt, Friedrich Wilhelm IV. (bis 1858) löst Hoffnungen auf Reformen aus, doch der König orientiert sich an orthodoxem Protestantismus und wird rasch reaktionär
Erste Arbeiterbildungsvereine
Kultusminister Altenstein gestorben. Nachfolger wird Eichhorn
Fröbel verlegt Allgemeinen Deutschen Kindergarten nach Keilhau, 1837 gegründet
Proudhon: Qu'est-ce que la propriété?
Beginn der bürgerlich-liberalen Bewegung in Preußen
Friedrich Wirt fordert Schutzzölle für deutsche Industrie
1841 Feuerbach: Wesen des Christentums
Hess: Die europäische Triarchie
Lockerung der Zensur bis Januar 1843
Engels beendet Lehre in Bremen (März), Ende Sept. in Berlin zum Militärdienst, Studium ab November
Marx promoviert
Bruno Bauer (anonym): Die Posaune des jüngsten Gerichts
1842 1. Januar Rheinische Zeitung gegründet, Marx von Oktober an für 5 Monate Chefredakteur, Mitarbeiter: Marx, Stirner
Engels tritt in Berlin in Kontakt mit Edgar Bauer, im Kreis der Junghegelianer
Cieszkowski: Gott und Paligenesie
Oktober: Engels kehrt nach Barmen zurück
Cieszkowski und Michelet gründen Philosophische Gesellschaft in Berlin zur Pflege Hegels
Marx und Ruge in engem Kontakt
Amtsenthebung Bauers, Aufschwung «der Freien», Stirner tritt ihnen bei
Darwin verfaßt Gesetz der Auslese
J. R. Mayer: Gesetz von der Erhaltung der Kraft
Bakunin (Elyzard) sieht Luft schwanger von Zerstörungskräften
Stirner veröffentlicht Aufsätze in der Rheinischen
Bruno Bauer: Die gute Sache der Freiheit und meine eigene Angelegenheit, u. a. Schriften
Weitling: Garantien der Harmonie und Freiheit
Ende November Engels in Manchester
Lorenz von Stein: Geschichte des Sozialismus und Kommunismus des heutigen Frankreichs

Hess, Bauer sprechen von der förderlichen Macht der Destruktion
Marx tritt vom Chefredakteursposten zurück (März)

1843 Rheinische Zeitung verliert Lizenz
Stirner heiratet Marie Wilhelmine Dänhardt
Juni: Marx und Jenny von Westphalen heiraten
Edgar Bauer: Die liberalen Bestrebungen in Deutschland
November übersiedelt Marx nach Paris, Verbindung zu Heine, Ruge, Herwegh u. a.
B. Bauer gibt (bis 1844) Allgemeine Literaturzeitung heraus; veröffentlicht (u. a.): Zur Judenfrage
Ruge: Anekdota zur neuesten deutschen Philosophie und Publizistik
Herwegh: Einundzwanzig Bogen aus der Schweiz
Bruno Bauer: Das entdeckte Christentum
Feuerbach: 2. Aufl. von Wesen des Christentums

1844 Marx/Ruge gründen «Deutsch-Französische Jahrbücher», kurz darauf in Preußen verboten, darin Engels Kritik der Nationalökonomie
Marx zur Judenfrage, zur Kritik der Hegelschen Rechtsphilosophie; Politisch-Ökonomische Schriften bleiben unveröffentlicht
Marx überwirft sich mit Ruge
Auseinandersetzung von Marx mit Proudhon und Bakunin
Heine: Deutschland ein Wintermärchen
Weberaufstand in Schlesien (Juni)
September: Begegnung Marx/Engels in Paris, gemeinsames Programm. Engels in Barmen, geht auf Reisen, nimmt zu Sozialisten persönlich Kontakt auf
Oktober: Stirner, Der Einzige und sein Eigentum, sofortige Beschlagnahme, bald aber Freigabe.
Stirner verläßt Höhere Töchterschule, schreibt Aufsätze für Buhls Berliner Monatsschrift

1845 Marx/Engels: Heilige Familie
Februar: Ausweisung von Marx aus Paris wegen antipreußischen Artikels, geht nach Brüssel
April: Engels in Brüssel
Marx/Engels: Deutsche Ideologie
Engels: Die Lage der arbeitenden Klassen in England
Stirner versucht Milchvertrieb zu organisieren

1846 Streit Marx/Engels mit Weitling
Stirner übersetzt Franz. und Engl. Nationalökonomen
Kommunistisches Korrespondenzkomitee in Brüssel
Engels geht nach Paris, wo er von der Familie finanziell unterstützt wird; bekämpft Proudhon
1847 10-Stundentag in England gesetzlich
Engels Mitglied im Bund der Gerechten, verfaßt «Grundsätze des Kommunismus», erhält mit Marx Auftrag, Programm auszuarbeiten
Wirtschaftskrise
Marx: Misère de la Philosophie
Kongreß des Bundes in London, der sich den Namen gibt: Bund der Kommunisten
Sonderbundkrieg in der Schweiz
1848 24. Februar: Manifest der Kommunistischen Partei
Revolution in Paris (22./24. Febr.)
Märzrevolution in Deutschland und Österreich, Ziel: Demokratische Verfassung
11. April: Marx und Engels in Köln, Neue Rheinische Zeitung
Paulskirche: Nationalversammlung
Forderung des 12-Stundentags
Engels agitiert im Rheinland
Neue Rheinische Zeitung 1. 6. 1848–18. 5. 1849
Presseprozeß gegen Rheinische
Erstarken der alten Kräfte
1849 Mai-Aufstand in Dresden (Wagner/Bakunin aktiv)
Marx aus Preußen ausgewiesen, geht nach Paris, dann London
Engels im Willichschen Freikorps in der Pfalz
Flucht in die Schweiz, Okt. nach London
1850 Preußen erhält Verfassung (Dreiklassenwahlrecht für Abgeordnetenhaus)
Engels arbeitet in Manchester

Literaturverzeichnis

Blumenberg, Werner: Karl Marx (rm), Reinbek 1962

Bakunin, Michail: Staatlichkeit und Anarchie u. a. Schriften, hrg. v. H. Stuke; Frankfurt u. a. 1983 (Ullstein Materialien)

– «Gewalt für den Körper. Verrat für die Seele?» – Ein Brief von Michail Bakunin an Sergej Nečaev. Eine Debatte über Ethik und Moral der Revolutionäre und den «Revolutionären Katechismus». Mit einer Einleitung und Anmerkungen von Arthur Lehning, Berlin 1980

Barnikol, Ernst: Das entdeckte Christentum im Vormärz – Bruno Bauers Kampf gegen Religion und Christentum und Erstausgabe seiner Kampfschrift, Jena 1927

– Bruno Bauer – Studien und Materialien. Aus dem Nachlaß ausgewählt und zusammengestellt von Peter Reimer und Hans-Martin Sass, Assen 1972.

Bauer, Bruno (anonym): Die Posaune des jüngsten Gerichts über Hegel den Atheisten und Antichristen. Ein Ultimatum, Leipzig 1841. Reprint Aalen 1969

– Die gute Sache der Freiheit und meine eigene Angelegenheit, Zürich und Winterthur 1842. Reprint Aalen 1972

– Das entdeckte Christentum. Eine Erinnerung an das achtzehnte Jahrhundert und ein Beitrag zur Krisis des neunzehnten (1843), Erstausgabe Jena 1927

Beiträge zur Rudolf Steiner Gesamtausgabe, Veröffentlichung aus dem Archiv der Rudolf Steiner-Nachlaßverwaltung, Dornach

Bochénski, Joseph und Gerhard Niemeyer (Hg.): Handbuch des Weltkommunismus, Freiburg und München 1958

– Der sowjetrussische dialektische Materialismus (DIAMAT), [4]Bern und München 1962

Brederlow, Jörn: «Lichtfreude» und «Freie Gemeinden» – Religiöser Protest und Freiheitsbewegung im Vormärz und in der Revolution von 1848/49, München/Wien 1976 (In: Studien zur modernen Geschichte, Bd. 20)

Brüll, Dieter: Der anthroposophische Sozialimpuls – Ein Versuch seiner Erfassung, Schaffhausen 1984

Burckhardt, Jakob: Die Kultur der Renaissance in Italien, [15]Leipzig 1926

Cieszkowski, August v.: Prolegomena zur Historiosophie, eingeleitet v. R. Bubner, Anhang v. Jan Garewicz, Hamburg 1981

– Gott und Palingenesie – Erster, kritischer Theil. (Erstes kritisches Sendschreiben an Herrn Professor Michelet. Auf Veranlassung seiner Vorlesungen über die Persönlichkeit Gottes und die Unsterblichkeit der Seele), Berlin 1842

– Gott und Palingenesie – Erster, kritischer Theil. (Erstes kritisches Sendschreiben an Herrn Professor Michelet. Auf Veranlassung seiner Vorlesungen über die Persönlichkeit Gottes und die Unsterblichkeit der Seele), Berlin 1842

Cornu, Auguste: Karl Marx und Friedrich Engels
Bd. 1: 1818–1844, Berlin (O) 1954
Bd. 2: 1844–1845, Berlin (O) 1962
Bd. 3: 1845–1846, Berlin u. Weimar 1968

Darwin, Charles: Autobiographie, hg. S. L. Sobol, Leipzig/Jena 1959

Das Junge Deutschland, Texte und Dokumente, hg. v. Jost Hermand, Reclam 1966

Deuchert, Norbert: Vom Hambacher Fest zur badischen Revolution – Politische Presse und Anfänge deutscher Demokratie 1832–1848/49, Stuttgart 1983

Dhondt, Jan: Das frühe Mittelalter. Fischers Weltgeschichte, Bd. X., Frankfurt/M. 1968

Ehret, Hermann: Nachruf auf Walter Kühne (1885–1970), in: Mitteilungen aus der anthroposophischen Arbeit in Deutschland, H. 92, 1970, S. 136–138

– Hegel und Immanuel Hermann Fichte, in: Die Drei 11/1970, S. 543–550

– Über das verschüttete Schrifttum des Grafen August Cieszkowski 1814–1894, in: Goetheanum 11/1972, S. 85

– Das Vater-Unser des Grafen August Cieszkowski, die Erweckung des christlichen Willens, in: Goetheanum, 2/1973, S. 12–12; 7/1973, S. 55–57

– Der Dichter Zygmunt Krasinski über Graf August Cieszkowski, in: Goetheanum, 52/1980, S. 407

– Die Bedenken Cieszkowskis zur Berufung Schellings, nach Berlin, in: Goetheanum, 40/1980, S. 308–309
– Die Anfangsmeditation Cieszkowskis zum dritten Band des Vater-Unser, in: Goetheanum, 22/1981, S. 174
Enzensberger, Hans Magnus (Hg.): Gespräche mit Marx und Engels, Frankfurt/M. 1981
Erinnerungen an Rudolf Steiner, Stuttgart 1979
Fedossejew, F. N. (Leiter eines Autorenkollektivs) u. a.: Karl-Marx-Biographie, Übers. aus dem Russischen v. H. Zikmund, Frankfurt/M. 1982
Feuerbach, Ludwig: Das Wesen des Christentums, Reclam Leipzig
Friedenthal, Richard: Karl Marx. Sein Leben und seine Zeit, München und Zürich 1981
Fromm, Erich: Anatomie der menschlichen Destruktivität, Reinbek 1977
Goertz, Hans-Jürgen (Hg.): Alles gehört allen. Das Experiment Gütergemeinschaft vom 16. Jahrhundert bis heute, München 1984
Hartmann, Georg: Vom Wirken der Zeitgeister, in: Sternkalender, Dornach 1977, S. 89–94
Hegel, Georg, Wilhelm Friedrich: Werke. Hg. v. E. Moldenhauer u. K. M. Michel, Frankfurt/M. 1977 ff.
Hertz-Eichenrode, Dieter: Der Junghegelianer Bruno Bauer im Vormärz, Diss. FU Berlin 1959
Hess, Moses (anonym): Die heilige Geschichte der Menschheit. Von einem Jünger Spinozas, Stuttgart 1837.
– (anonym): Die europäische Triarchie, Leipzig 1841
– Sozialistische Aufsätze 1841–1847, hg. v. Theodor Zlocisti, Berlin 1921
Hirsch, Helmut: Friedrich Engels (rm), Reinbek 1965
– Rosa Luxemburg (rm), Reinbek 1976
Jacobs, Wilhelm G.: Johann Gottlieb Fichte (rm) Reinbek 1984
James, J. Martin: Männer gegen den Staat – Die Vertreter des individualistischen Anarchismus in Amerika 1827–1908, 2. Bd., Hamburg/Freiburg 1980
Kliem, Manfred: Friedrich Engels – Dokumente seines Lebens 1820–1895, Leipzig 1977

Kirchhoff, Jochen: Friedrich Wilhelm Joseph v. Schelling (rm), Reinbek 1982

König, Karl: Geister unter dem Zeitgeist – Biographisches zur Phänomenologie des 19. Jahrhunderts, Stuttgart 1973

Koigen, David: Zur Vorgeschichte des modernen philosophischen Sozialismus in Deutschland. – Zur Geschichte der Philosophie und Socialphilosophie des Junghegelianismus. Diss. Bern 1901

Kuczynski, Jürgen: Die Geschichte der Lage der Arbeiter in Deutschland, Bd. 1,
1. T.; 1789–1870, [6]Berlin (Ost) 1954

Kühne, Walter: Die Polen und die Philosophie Hegels, in: Tschizewsky, Dmitrij (vgl. dort)

– Graf August Cieszkowski ein Schüler Hegels und des deutschen Geistes – Ein Beitrag zur Geschichte des deutschen Geisteseinflusses auf die Polen, Leipzig 1938. Reprint Nendeln Liechtenstein 1968; (Veröffentlichungen des Slawischen Instituts an der Friedrich-Wilhelm-Universität zu Berlin, hg. v. Max Vasmer,
Bd. 20)

– Neue Einblicke in Leben und Werke Cieszkowskis – Aus dem unveröffentlichten Nachlaß. In: Jahrbücher für Kultur und Geschichte der Slawen, Breslau. I. Teil, Bd. VI, 1930, S. 54–66. II. Teil, Bd. VII, 1931, S. 3–36

Künzli, Arnold: Karl Marx, eine Psychographie. Wien / Frankfurt / Zürich 1966

Latrille, Wolfgang: Assoziative Wirtschaft – ein Weg zur sozialen Neugestaltung. Die pragmatischen Aspekte der Dreigliederung. Stuttgart 1985

Leber, Stefan: Selbstverwirklichung, Mündigkeit, Sozialität. Eine Einführung in die Idee der Dreigliederung des sozialen Organismus, Frankfurt/M. 1982

– Freiheit durch Gewalt? Zum Phänomen des Terrorismus – Vom Gedanken der Anarchie zur Propaganda der Tat, Stuttgart 1987

– (Hg.) Das soziale Hauptgesetz, in: Sozialwissenschaftliches Forum 1, Stuttgart 1986

Lenin, Wladimir Iljitsch: Ausgewählte Werke in zwei Bänden, Berlin (Ost) 1958

Lessing, Gotthold E.: Die Erziehung des Menschengeschlechts

Lindenberg, Christoph: Vom geistigen Ursprung der Gegenwart – Studien zur Bewußtseinsgeschichte Mitteleuropas, Stuttgart 1984

Lindenau, Christof: Soziale Dreigliederung – Der Weg zu einer lernenden Gesellschaft – Ein Entwurf zum anthroposophischen Sozialimpuls, Stuttgart 1983

Lösche, Peter: Anarchismus, Darmstadt 1977

Löwith, Karl: Von Hegel zu Nietzsche – Der revolutionäre Bruch im Denken im Deutschland des 19. Jahrhunderts. Marx und Kierkegaard, [5]Stuttgart 1964

Mackay, John Henry: Max Stirner – Sein Leben und sein Werk, Berlin 1898

Maikowski, René: Polens Schicksalsweg – Vom Wesen und den Aufgaben des polnischen Volkes, Freiburg/B. 1982

Marx-Engels: Ausgewählte Schriften in zwei Bänden, Berlin (O), 1958

Marx, Karl und Friedrich Engels: Werke, Berlin (Ost) = MEW

– Der Briefwechsel, 4. Bd., dtv. – Reprint 1983

– Gesamtausgabe, Berlin (Ost) = MEGA, 1. Abt., Bd. I/1 u. 2

Mayer, Gustav: Friedrich Engels – Eine Biographie
Bd. I F. E. in seiner Frühzeit
Bd. II F. E. und der Aufstieg der Arbeiterbewegung in Europa. Berlin 1975

Neher, Walter: Arnold Ruge als Politiker und politischer Schriftsteller – Ein Beitrag zur deutschen Geschichte des 19. Jahrhunderts, Heidelberg 1933 (In: Heidelberger Abhandlungen, Heft 64)

Nettlau, Max: Der Vorfrühling der Anarchie – ihre historische Entwicklung von den Anfängen bis zum Jahre 1864, Berlin 1925

Nicolaevsky, Boris und Otto Maenchen-Helfen: Karl Marx – Eine Biographie, Frankfurt/M. 1982

Pascal, B.: Über die Religion, Heidelberg 1954

Plessner, Helmuth: Die verspätete Nation – Über die Verfügbarkeit bürgerlichen Geistes (1939/1959), in: Gesammelte Schriften VI, Frankfurt 1983 (S. 7–223)

Raddatz, Fritz J.: Karl Marx – Der Mensch und seine Lehre, München 1981

Rapp, Dietrich: Zwienatur des Ich – Auf der Schwelle der Bewußtseinsseele, in: die Drei 1/1984, S. 1–5

Ruckhäberle, Hans-Joachim (Hg.): Frühproletarische Literatur. Die Flugschriften der deutschen Handwerksgesellenvereine in Paris 1832–1839. Kronenberg/Ts. 1977

Sass, Hans-Martin: Ludwig Feuerbach (rm), Reinbek 1984

Schweppenhäuser, Hans-Georg, Das soziale Rätsel in den Wandlungen der Individuen und Gesellschaften der Neuzeit, Dornach 1985

Schläger, Eduard: Bruno Bauer und seine Werke. In: Schmaitzners Internationale Monatsschrift. Zeitschrift für allgemeine und nationale Kultur und deren Literatur, Chemnitz 1882, Bd. I, S. 378–400

Schroeder, Hans-Werner: Der Mensch und das Böse – Ursprung, Wesen und Sinn der Widersachermächte, Stuttgart 1984

Seeger, Reinhart: Friedrich Engels. Die religiöse Entwicklung des Spätpietisten und Frühsozialisten. In: Christentum und Sozialismus VII, v. E. Barnikol. Halle 1935

– Herkunft und Bedeutung des Schlagwortes: «Die Religion ist Opium für das Volk». Theologische Arbeiten III, v. E. Barnikol, Halle 1935

Sell, Friedrich L.: Die Tragödie des Deutschen Liberalismus, Baden-Baden 1981

Silberner, Edmund: Der junge Moses Hess im Lichte bisher unerschlossener Quellen (1812–1840). In: International Review of Social History, Vol. III, Assen 1958, S. 43–70 u. 239 – 268

– Moses Hess: Geschichte seines Lebens, Leiden 1966

Skerst, Herman v.: Altrussische Kulturstätten, Stuttgart 1975

Solneman, K. H. Z.: Der Bahnbrecher John Henry Mackay – Sein Leben und sein Werk, Hamburg 1979

Sozialwissenschaftliches Forum

Bd. 1: Das Soziale Hauptgesetz – Beiträge zum Verhältnis von Arbeit und Einkommen, Stuttgart 1986

Bd. 2: Die wirtschaftlichen Assoziationen – Beiträge zur Brüderlichkeit im Wirtschaftsleben, Stuttgart 1987

Stadelmann, Rudolf: Soziale und politische Geschichte der Revolution von 1848, München 1948

Steiner, Rudolf:

GA 2. Grundlinien einer Erkenntnistheorie der Goetheschen Weltanschauung, mit besonderer Rücksicht auf Schiller, Dornach 1979

GA 4. Die Philosophie der Freiheit. Grundzüge einer modernen Weltanschauung, Dornach 1978

GA 5. Friedrich Nietzsche – ein Kämpfer gegen seine Zeit, Dornach 1963
GA 9. Theosophie. Einführung in übersinnliche Welterkenntnis und Menschenbestimmung, Dornach 1978
GA 13. Die Geheimwissenschaft im Umriß, Dornach 1977
GA 18. Die Rätsel der Philosophie in ihrer Geschichte als Umriß dargestellt, Dornach 1968
GA 23. Die Kernpunkte der sozialen Frage in den Lebensnotwendigkeiten der Gegenwart und Zukunft, Stuttgart 1972
GA 24. Aufsätze über die Dreigliederung des sozialen Organismus und zur Zeitlage 1915–1921, Dornach 1982
GA 26. Anthroposophische Leitsätze. Der Erkenntnisweg der Anthroposophie. Das Michael-Mysterium, Dornach 1982
GA 28. Mein Lebensgang. Eine nicht vollendete Autobiographie, Dornach 1982
GA 30. Methodische Grundlagen der Anthroposophie 1884–1901. Gesammelte Aufsätze zur Philosophie, Naturwissenschaft, Ästhetik und Seelenkunde, Dornach 1961
GA 31. Gesammelte Aufsätze zur Kultur- und Zeitgeschichte 1887–1901, Dornach 1966
GA 35. Philosophie und Anthroposophie. Gesammelte Aufsätze 1904–1918, Dornach 1965
GA 39. Briefe 1892–1902, Dornach 1953
GA 99. Die Theosophie des Rosenkreuzers. Vierzehn Vorträge in München 1907, Dornach 1979

GA 109. Das Prinzip der spirituellen Ökonomie im Zusammenhang mit Wiederverkörperungsfragen. Ein Aspekt der geistigen Führung der Menschheit. Dreiundzwanzig Vorträge 1909, Dornach 1979

GA 130. Das esoterische Christentum und die geistige Führung der Menschheit. Dreiundzwanzig Vorträge in den Jahren 1911 und 1912, Dornach 1977

GA 168. Die Verbindung zwischen Lebenden und Toten. Acht Vorträge im Jahr 1916, Dornach 1976

GA 171. Innere Entwicklungsimpulse der Menschheit. Goethe und die Krisis des neunzehnten Jahrhunderts. Kosmische und menschliche Geschichte. Bd. II. Sechzehn Vorträge 1916, Dornach 1964

GA 172. Das Karma des Berufes des Menschen in Anknüpfung an Goethes Leben. Kosmische und menschliche Geschichte, Bd. III. Zehn Vorträge 1916, Dornach 1980

GA 177. Die spirituellen Hintergründe der äußeren Welt. Der Sturz der Geister der Finsternis. Geistige Wesen und ihre Wirkungen, Band I. Vierzehn Vorträge 1917, Dornach 1977

GA 178. Individuelle Geistwesen und ihr Wirken in der Seele des Menschen. Geistige Wesen und ihre Wirkungen. Band II. Neun Vorträge 1917, Dornach 1980

GA 180. Mysterienwahrheiten und Weihnachtsimpulse. Alte Mythen und ihre Bedeutung. Geistige Wesen und ihre Wirkungen. Bd. IV. Sechzehn Vorträge 1916/17, Dornach 1980

GA 181. Erdensterben und Weltenleben. Anthroposophische Lebensgaben. Bewußtseins-Notwendigkeiten für Gegenwart und Zukunft. Einundzwanzig Vorträge in Berlin 1918, Dornach 1967

GA 184. Die Polarität von Dauer und Entwickelung im Menschenleben. Die kosmische Vorgeschichte der Menschheit. Fünfzehn Vorträge in Dornach 1918, Dornach 1983

GA 185. Geschichtliche Symptomatologie. Neun Vorträge in Dornach 1918, Dornach 1982

GA 192. Geisteswissenschaftliche Behandlung sozialer und pädagogischer Fragen. Siebzehn Vorträge in Stuttgart 1919, Dornach 1964

GA 199. Geisteswissenschaft als Erkenntnis der Grundimpulse sozialer Gestaltung. Siebzehn Vorträge und eine Ansprache 1920, Dornach 1967

GA 207. Anthroposophie als Kosmosophie. Erster Teil: Wesenszüge des Menschen im irdischen und kosmischen Bereich. Der Mensch in seinem Zusammenhang mit dem Kosmos. Band VII. Elf Vorträge in Dornach 1921, Dornach 1981

GA 208. Anthroposophie als Kosmosophie. Zweiter Teil: Die Gestaltung des Menschen als Ergebnis kosmischer Wirkungen. Der Mensch in seinem Zusammenhang mit dem Kosmos. Band VIII. Elf Vorträge in Dornach 1921, Dornach 1981

GA 225. Kulturphänomene. Drei Perspektiven der Anthroposophie. Zwölf Vorträge in Dornach 1923, Dornach 1961

GA 236. Esoterische Betrachtungen karmischer Zusammenhänge. Band II. Siebzehn Vorträge in Dornach 1924, Dornach 1977

GA 239. Esoterische Betrachtungen karmischer Zusammenhänge. Band V. Sechzehn Vorträge in Dornach 1924, Dornach 1975

GA 282. Sprachgestaltung und Dramatische Kunst. Neunzehn Vorträge und eine Fragenbeantwortung in Dornach 1921, Dornach 1981

GA 330. Neugestaltung des sozialen Organismus. Vierzehn öffentliche Vorträge in Stuttgart und ein Aufruf 1919, Dornach 1983

Sternberger, Dolf: Grund und Abgrund der Macht – Kritik an der Rechtmäßigkeit heutiger Regierungen, Frankfurt/M. 1962

Stirner, Max: Der Einzige und sein Eigentum, Reclam

– Kleinere Schriften, hg. v. J. H. Mackay, [2]Berlin 1914

Stöckl, Günther: Russische Geschichte – Von den Anfängen bis zur Gegenwart, Stuttgart 1962

Strauß, Herbert: Zur sozial- und ideengeschichtlichen Einordnung Arnold Ruges; in: Schweizer Beiträge zur Allgemeinen Geschichte, Bd. 12, Bern 1954, S. 162–173

Strawe, Christoph: Marxismus und Anthroposophie, Stuttgart 1986

Stuke, Horst: Philosophie der Tat – Studien zur Verwirklichung der Philosophie bei den Junghegelianern und Wahren Sozialisten. In: Industrielle Welt 3, Stuttgart 1963

– Sozialgeschichte – Begriffsgeschichte – Ideengeschichte. Gesammelte Aufsätze, hg. v. W. Conze n. H. Schomerus (in: Industrielle Welt 27), Stuttgart 1979

Teichmann, Frank: Apollon – der Herr des Schicksals. Folgen des eigenständigen Denkens, in: die Drei 9/1980, S. 526–531

Tschižewsky, Dmitrij (Hg.): Hegel bei den Slawen, Darmstadt 1961

Uexküll, Gösta v.: Ferdinand Lassalle (rm) Reinbek 1979

Unger, Carl: Schriften I, Stuttgart 1964

Voigt, Andreas: Die sozialen Utopien. Fünf Vorträge, Leipzig 1906

Voslonsky, Michael S.: Nomanklatwa – Die herrschende Klasse der Sowjetunion, [3]Wien u. a. 1980

de Vries, Theun: Baruch de Spinoza (rm) Reinbek 1984

Weber, Hermann: Lenin (rm), Reinbeck 1983

Weitling, Wilhelm: Das Evangelium des armen Sünders. Die Menschheit wie sie ist und wie sie sein sollte. Hg. v. Wolf Schäfer, Reinbek 1971

Wesel, Uwe: Der Mythus vom Matriarchat – über Bachofens Mutterrecht und die Stellung der Frau in frühen Gesellschaften vor der Entstehung staatlicher Herrschaft, [2]Frankfurt/M. 1981

Wiedmann, Franz: Georg Wilhelm Friedrich Hegel (rm), Reinbek 1965

Willmann, Otto: Geschichte des Idealismus, Bd. 3: Der Idealismus der Neuzeit, [2]Aalen 1979

Wittkop, Justus Franz: Michail A. Bakunin (rm), Reinbek 1983

Wojtzak, Albert (O. M.): Philosophie der Freiheit bei Graf August Cieszkowski – Eine spiritualistische Lösung des Freiheitsproblems, Diss. Freiburg/U. Niepokalanow 1933

Wulff, Berthold: Umkämpftes Ichbewußtsein: Hegel und Nietzsche, in: Goetheanum 1/2, 1985, S. 3–5

– Hegel, die Eleusinischen Mysterien und das Schicksalsgesetz, in: Goetheanum 3, 1985, S. 10–12

Zlocisti, Theodor: Moses Hess – Der Vorkämpfer des Sozialismus und Zionismus 1812–1875. Eine Biographie. Berlin 1921

Zoltowski, Adam: Graf August Cieszkowskis «Philosophie der Tat» – Die Grundzüge seiner Lehre und der Aufbau seines Systems (Diss. München 1904), Posen 1904

Quellennachweis der Abbildungen:

Marx, S. 18; Engels, S. 76; Bauer, S. 240; Bakunin, S. 290: International Instituut voor Sociale Geschiedenis, Amsterdam.

Hess, S. 272: Gemälde von Adolf Köttgen im Stadtgeschichtlichen Museum Düsseldorf.

Cieszkowski, S. 214; Stirner, S. 316: Vorlagen stellte der Autor zur Verfügung.

Namensregister

Zeichen der Zeit

1 Atomtechnik und Anthroposophie

Die Energiekrise als Prüfstein moralischer Verantwortlichkeit
Von Stefan Leber

Aus dem Inhalt: Die Energiekrise und ihr scheinbarer Ausweg / Von den Ursachen: Neuzeitliche Wissenschaftsmethode / Zerstörungskräfte aus alter Mysteriensicht / Von zu erstrebenden Bewußtseinszuständen und von technischen Zerrformen / Kernkräfte und Moralität / Zur Bildsprache der wirtschaftlichen Nutzung / «Was sagt Anthroposophie zur Kerntechnologie?»

2 Indiens Erbe – Illusion und Wirklichkeit heute

Von Heimo Rau

Aus dem Inhalt: Weltgegensätze zwischen Ost und West / Der Hinduismus als religiöses und soziales Phänomen / Indiens Erbe – Illusion und Wirklichkeit.

3 Friedensfähigkeit durch Anthroposophie

Aus dem Inhalt: Vom inneren Kampffeld / Aggression und Frieden / Bewußtseinsstufen zum Frieden / Vom Geschichtsdrama des 20. Jahrhunderts / Die Idee der Wiederverkörperung.

4 Arbeitslosigkeit

Aus dem Inhalt: Konkurrenzkampf und Arbeitslosigkeit / Die Akkumulation des Kapitals und der Arbeitswillige ohne Aufgabe / Arbeitslosigkeit und technischer Fortschritt / Jugendarbeitslosigkeit / Arbeitslosigkeit – Freiheit zur Arbeit.

5 Assoziative Wirtschaft

Ein Weg zur sozialen Neugestaltung. Von Wolfgang Latrille

Aus dem Inhalt: Von der Einheit zur Dreigliederung / Das soziale Hauptgesetz / Ein neuer Begriff des Eigentums an den Produktionsmitteln und am Kapital / Die Ersetzung des Lohn- und Gehaltssystems durch ein Teilungsverhältnis / Die Assoziationen der Wirtschaft / Das Problem der Arbeitslosigkeit / Ein gesundes Geldwesen.

6 Bildschirmtechnik und Bewußtseinsmanipulation

Von Rainer Patzlaff

Aus dem Inhalt: Bewußtsein im Umbruch / Menschliche und unmenschliche Intelligenz / Bildersehnsucht und ihre Perversion / Die Wirkungen des Bildschirms / Fernsehen und Meditation / Der Mensch als Kathodenstrahl-Marionette / Der Angriff auf das Ich. Die geheime Mission des Bösen.